社会资本、知识转移与后发地区企业技术创新研究

曹素璋　著

中国财经出版传媒集团

经济科学出版社

Economic Science Press

图书在版编目（CIP）数据

社会资本、知识转移与后发地区企业技术创新研究／
曹素璋著 . —北京：经济科学出版社，2021.3
ISBN 978 - 7 - 5218 - 2353 - 0

Ⅰ.①社… Ⅱ.①曹… Ⅲ.①社会资本 - 关系 - 企业
创新 - 研究 - 贵州、云南、广西 ②知识资源 - 关系 - 企业
创新 - 研究 - 贵州、云南、广西 Ⅳ.①F279.23

中国版本图书馆 CIP 数据核字（2021）第 020620 号

责任编辑：白留杰
责任校对：齐　杰
责任印制：范　艳

社会资本、知识转移与后发地区企业技术创新研究
曹素璋　著
经济科学出版社出版、发行　新华书店经销
社址：北京市海淀区阜成路甲 28 号　邮编：100142
教材分社电话：010 - 88191309　发行部电话：010 - 88191522
网址：www. esp. com. cn
电子邮箱：bailiujie518@ 126. com
天猫网店：经济科学出版社旗舰店
网址：http：//jjkxcbs. tmall. com
北京密兴印刷有限公司印装
710×1000　16 开　22.25 印张　400000 字
2021 年 4 月第 1 版　2021 年 4 月第 1 次印刷
ISBN 978 - 7 - 5218 - 2353 - 0　定价：76.00 元
（图书出现印装问题，本社负责调换。电话：010 - 88191510）
（版权所有　侵权必究　打击盗版　举报热线：010 - 88191661
QQ：2242791300　营销中心电话：010 - 88191537
电子邮箱：dbts@ esp. com. cn）

前　言

　　创新是企业获得持续竞争力、保持持续竞争优势的根本，后发地区企业更需要借助创新实现赶超。但创新又是一个多因素多主体的、复杂的动态系统工程，人们对其孜孜以求，仍然有许多未知或不甚明了的机理和规律亟待探索，后发地区企业在面对创新时尤其有更多的困难和挑战亟需解决。这是一个需要政界、业界和学界共同绵绵用力、久久为功的重大课题。

　　创新的概念经过几十年的演进，已经有了巨大的变化。以知识为基础的创新不再被认为是产生于独立个体的离散事件，而更多地被认为是一种过程。更具体地说，是一种解决问题的过程；是一种主要发生在企业内、以企业为主要行动者的过程；是一种涉及企业与其环境中不同行为主体关系交互作用的过程。这些关系既有正式的，也有非正式的，它们将企业嵌入不同的网络中；是一种多样化的学习过程。学习可以是"用中学""干中学"和"分享中学"。组织学习既产生于内部知识源，也产生于外部知识源。学习成功的关键是学习主体的吸收能力；是一种涉及知识转移的过程。知识转移中显性知识的交换是必要的，但不是充分的，隐性知识的交换更为重要；是一种学习和交换的交互作用过程，其中不同行为主体之间的相互依存性生成一个系统，即一个创新系统，也可称之为一个创新环境、一个创新集群或者一个创新网络。

　　创新概念的这种演变产生了两个后果：第一，创新不再被认为是只涉及技术解决方案的一个离散事件，而是一个还包含社会互动在内的过程；第二，创新不再只由有形资本（物质资本、财务资本）的组合来予以解释，还要以无形资本、特别是社会资本的组合来予以解释。

　　创新离不开知识的生产和管理。企业对知识的获取不仅仅是依靠市场或者是科层，更有赖于企业通过互动和学习网络在区域内积累的社会资本。社会资本理论认为企业具有创造并分享知识的能力，并以此来提高其创新能力。社会资本为行动者提供接触潜在知识源的机会，有助于跨越组织边界的知识转移。

知识是一个动态的复杂系统，随着与环境的互动而发生各种变化。不同主体之间的连接关系是知识资源流动的渠道。社会资本所包含的关系连接、信任、规范、互惠等要素使得知识转移成为可能，并且更为便利和顺畅。诸如相互理解、团队合作、共同的习俗和法则、网络联结的强度和紧密度等社会资本内容，都已经被认为是与组织的知识转移相关联的。知识的黏性，以及收集、分享和利用知识的复杂性，使得成功的知识转移需要信息源和接受者双方的积极参与。知识转移主要是一种社会过程。

由此可见，知识、知识转移和以知识为基础的创新都是复杂的、动态的和高度情境化的。迄今国内外以社会资本与创新为主题的研究有许多，但得出的研究结论却是复杂的、多样的，甚至是相互矛盾的，究其根本，情境可能是造成这种局面的主要原因之一。

后发地区由于经济资源和人力资源的相对短板，其知识创造能力相较于先进地区处于劣势，为了提升创新能力、改善创新绩效，通过社会资本获取外部知识无疑是一条更为便捷、更为有效的途径，通过社会资本的培育并有效发挥其作用，促进知识的有效转移，从而加快创新的步伐，提高创新的成功率，不失为后发地区企业一个更有效的努力方向，也对提升整个国家的创新能力和创新效益具有重大的理论和实践意义。

鉴于此，本书以后发地区企业的技术创新为研究对象，以黔、滇、桂等后发地区企业为样本，从知识接受者角度，沿着创新能力发展的根本机制（知识转移）—知识转移的根本机制（吸收能力）—吸收能力的相对维度（社会资本）的路径，以社会资本与知识转移的情境因素交互作用的视角，探讨后发地区企业技术创新能力发展的方法与途径，以期对后发地区乃至整个国家的技术创新作出贡献。

本书的研究十分重视情境在管理实践和管理研究中的作用，具体到本书的研究主题，则体现为对社会资本的不同维度、不同类型和不同内容，以及知识转移过程的不同组织形式、不同因素特征和作用机理，对不同类型的创新以及创新不同阶段的影响，作了详细的区分和情境化细颗粒的研究，在研究方法上，作了理论研究、实证研究和案例研究多样化的尝试，以期更为科学准确地发现社会资本透过知识转移对后发地区企业技术创新的作用机理，探索后发地区企业技术创新能力提升的有效途径。

　　本书是在作者主持的国家哲学和社会科学一般项目研究成果的基础上修改而成，书中参考了大量国内外研究者的研究成果，在此一并表示衷心感谢！也要感谢在研究过程中提供帮助的所有单位和个人！感谢作者所在高校的鼎力支持！此外，还要特别感谢经济科学出版社和白留杰老师的支持和辛苦工作！当然，文责自负，书中不当之处欢迎读者朋友批评指正。

作　者

2021 年 3 月于上海

目　　录

第 1 章

绪　　论

1.1　国内外研究现状述评及研究意义

1.1.1　国内外研究现状评述

(1) 技术创新能力发展相关研究

技术创新能力对于一个企业、一个地区、一个国家的经济发展和竞争优势的重要性，已无需赘言。从世界范围看，后发地区（国家）企业技术创新能力的发展就是一个技术追赶的过程，包括典型的引进、消化吸收和改进三个阶段，其中最著名的要数金麟洙从韩国实践出发提出的逆 A - U 模型（Kim，1997）。国内学者也作了大量卓有成效的研究。吴晓波（1995）用进化观点探讨并分析了发展中国家在技术引进基础上进行的二次创新的过程与性质，提出了"引进—模仿—消化、吸收—改进型创新—全新型创新"的"二次创新"模式。谢伟（1999）以技术能力为对象来描述学习过程，提出了发展中国家技术能力发展和技术学习的过程模式：技术引进—生产能力—创新能力，生产能力和创新能力的形成构成了产业技术能力发展的阶梯，每上一个台阶都是技术能力的一次跃迁。魏江和葛朝阳（2001）提出了组织技术能力增长的"平台—台阶"模式，即"平台扩展—上台阶—新平台的扩展—上新台阶"的循环过程。赵晓庆和许庆瑞（2006）分析了技术能力演化的轨迹和技术能力积累的机制，提出了技术能力形成的内外途径交替的螺旋运动模式。苏敬勤和洪勇（2008）从技术能力发展路径、技术能力提升途径以及技术能力提升过程的差异性三个角度对后发国家企业的技术能力发展进行了理论与实证研究，证实了后发国家企业的技术能力发展遵循着从技术引进到自主性创新逐步演进路径的观点。

（2）知识转移相关研究

从以往研究资料可以看出，企业技术创新能力发展的实质就是知识转移。但是考虑到知识产权和竞争优势的原因，技术知识的拥有者不会轻易将其让出。即使在技术知识可得的情况下，知识转移的成功和有效性也是多因素综合的结果。所以，知识转移在世界范围内都成为一个研究热点，涌现了大量研究成果。从分析层面看，有个人、团体、组织、联盟、产业、区域等，可概括为组织内和组织间两大类。从研究视角看，有行为动机、组织学习、知识特性、组织特征、环境特征、网络结构、管理过程等。从研究对象看，有影响因素、过程设计、机制选择等。从知识转移渠道看，宏观的有技术转让、合资企业、企业并购、战略联盟等，可概括为契约关系和伙伴关系两大类（Fey & Birkinshaw，2005），微观的有员工流动、岗位轮换和电子媒介等。随着研究的深入，知识转移的内在机制和针对性管理成为亟待解决的问题和研究的重点。从本质上说，学习和吸收能力无疑是知识转移最根本的内在机制（Fiol & Lyles，1985；Cohen & Levinthal，1990），如何学习、如何理解和提高吸收能力遂成为研究的攻坚点。从管理上讲，情境管理无疑是既符合知识转移本质特征又符合管理权变原则的，因为知识转移本质上是一个复杂、动态、情境化的过程（Goh，2002；Simonin，2004）。

艾尔比诺等（Albino et al.，1998）提出的知识转移分析框架包括四个核心要素：转移主体、转移情境、转移内容、转移媒介。卡明斯和邓（Cummings and Teng，2003）提出的知识转移情境框架模型则包括知识情境、知识受体情境、关系情境、转移活动情境四个维度。根据社会建构理论，知识与生产知识的情境特征相互渗透，知识是特定情境的产物。知识内容和情境互为构成要素，相互联动、不可分割（辛文卿，2010）。国内学者将情境理论引入知识管理研究中，始于2003年。徐金发等（2003）从五个方面构建了知识的情境维度，分析了情境与知识转移的互动关系，提出了知识转移的情境模型和相应的两种情境模式，并作了相关的案例研究。邸强等（2005）分析了组织知识情景的基本概念，研究了组织知识情景的类型和建立模式。余光胜等（2006）从知识的情境依赖性出发，研究了默会知识的共享条件，指出即使在信息化背景下，默会知识的充分共享也必须有共同在场的沟通。王清晓和杨忠（2005）从情境视角研究了跨国公司母子公司之间的知识转移。许强等（2006）则运用基于情境的知识转移分析框架剖析了母子公司管理度。马骏等（2007）利用知识转移情境理论分析了知识转移成本影响因素。邱均平和谢辉（2010）探讨了知识转移情景的内涵以及情景转换与知识转移的关系，提出了基于情景转换的知识转移理论模型。李春利（2011）从知识转移情境过程的构成要素、转移过程和转移特点出发，分析了情境触发机制、主体意愿提升机制、渠道多元机制和过程描述机制四个层面的知识转移情境的动力机制。从上述文献可以看出，国内对知识转移情境管理的研究起步较晚，成果较少，且多从知识属性角度研究，从企业为实现有效知识转移而采取的管理决策和管理行为的研究少之又少，因此进行更深入的探究很有必要，这也是本书努力的方向。

（3）社会资本相关研究

由于技术创新能力是涉及情境与相互依赖性的许多行动者的知识交换与交互作用的结果（Landry et al.，2002），所以苏布拉马尼亚姆和杨德（Subramaniam and Youndt，2005）认为，社会资本是技术创新能力发展的又一基石。根据那哈皮特和戈沙尔（Nahapiet and Ghoshal，1998）的定义框架，社会资本包括三个维度：结构维度、关系维度和认知维度。在社会资本与创新关系的研究中，经常涉及的结构成分有网络规模、结构洞、关系强度与中心性，关系成分有信任与规范，认知成分有共同认知和共同愿景。从现有的研究结论看，网络规模对于创新普遍具有积极影响。企业拥有的直接伙伴越多，产品创新越多（Ahuja，2000）。高管团队和关键知识员工拥有的网络联系越多，企业拥有的知识创新能力越强（Smith et al.，2005）。与上述线性关系不同，麦克法登和坎内拉（McFadyen and Cannella，2004）发现网络规模与创新之间存在一种二次方程式关系。作者对这种网络规模效益递减的解释是，维护和扩大行动者社会网络的潜在机会成本增加了，当超过某一临界点之后，扩大社会联系的成本就开始大于其收益。结构洞经常与网络幅度和网络密度等概念并行使用，它们都包含了一个行动者网络联系人的异质性水平和非连通性。结构洞观点和网络凝聚性是社会资本书中争论得最为突出的两个对立观点。前者认为，结构洞使行动者接触到新颖的社群、多样化的体验和经常变化的思想。从网络幅度意义上说，这意味着大的网络幅度带来更多的可供交换的多种类型的信息和知识，从而为创新作出更多的贡献。而网络中的凝聚性联结则带来刚性，它会阻碍合作与创新（Burt，1992）。相反，网络凝聚性理论家则认为，密集网络（结构洞更少的网络）有利于建立信任和培育合作（Coleman，1988）。在个体分析层面上，结构洞的观点大都得到了支持，如罗丹和格鲁尼克（Rodan and Galunic，2004）、莫兰（Moran，2005）、弗莱明等（Fleming et al.，2007）等。而在团队和组织分析层面上，研究发现则不尽一致：哈加登和萨顿（Hargadon and Sutton，1997）的研究表明，结构洞有益于创新；阿胡亚（Ahuja，2000）对化学工业技术创新的研究则发现结构洞与创新之间为负相关关系；奥布斯菲尔德（Obsfeld，2005）的研究表明，网络密度与创新参与之间存在正向关系。关于结构洞对于创新效应的不一致，林南（Lin，2001）提出的解释是，结构洞或者网络凝聚性的作用体现在不同的环境中，创新的情境因素决定了结构洞与创新之间关系的方向性。从总体上考察，关系强度与创新的关系被证明是正相关的，如蔡和戈沙尔（Tsai and Ghoshal，1998）、兰德里等（Landry et al.，2002）、史密斯等（Smith et al.，2005）等。如果更具体地考察，关系强度与创新之间的关系则表现出一定的差异性。首先，麦克法登和坎内拉（McFadyen and Cannella，2004）和林德等（Leender et al.，2003）发现二者之间是一种二次方程关系。林德等（Leender et al.，2003）也发现，团队内部的关系强度与团队的创造力之间是一种倒 U 型关系。其次，佩雷－史密斯（Perry-Smith，2006）、罗利等（Rowley et al.，2000）等研究发现，弱关系对于创新也具有正效应。网络中心性指的是行动者在网络中的位置。蔡和戈沙尔（Tsai and Ghoshal，1998）发现，占据网络中心位置的行动者通常被认为更值得信赖，而信任导致创新。伊巴拉（Ibarra，1993）的研究表明，中心性对管理创新的参与程度有影响，但是对技术创新的参与程度没有影响。佩雷－史密斯（Perry-Smith，2006）发现，中心性与外部关系数量相互影响：在实验室中占据中心位置的研究者，当他们的外部关系更少时，更具有创造性；而处于边缘地位的研究者，外部关系更多时，创造性更高。关于信任，相关实证研究一致性地认为是有助于创新的，如李和崔（Lee and Choi，2003）、达克利和克莱尔（Dakhli and Clercq，2004）、莫兰（Moran，2005）等。但是，信任是一个非常泛化的术语。不同类型的信任以及信任影响创新的路径会有很大的区别。规范也是一个多重意义的构念，包括团结、团体凝聚力、开放性等。埃尔斯等（Ayers et al.，2001）的研究表明，包括团结、灵活性和冲突协调的关系规范与新产品成功正相关。史密斯等（Smith et al.，2005）则发现，支持冒险和团队工作的文化对知识创造和新产品开发具有强烈的影响。但是，从理论上讲，有一些太过强势的规范也许对创新具有伤害作用，因为它们可能导致群体思维，并因此扼杀创新。所以，学者们中间似乎存在一个共同的假定，认为特别的规范只适用于特别的创新阶段（O' Reilly，1989；Russell and Russell，1992）。

国内研究方面，陈劲和李飞宇（2001）将社会资本分为三层关系：企业与相关企业之间的横向联系；与供应链各环节之间的纵向联系；与企业外部相关实体、群体之间的社会联系。通过实证分析，发现社会资本与企业技术创新业绩正相关。徐海波和高祥宇（2006）提出了一个人际信任对知识转移的影响机制的整合框架，认为人际信任是通过四种不同类型的作用模式来促进知识转移的。柯江林等（2007）以知识分享与知识整合为中介变量，构建并验证了企业 R&D 团队社会资本与团队效能的关系，结果显示，知识分享与知识整合在团队社会资本与团队效能关系中扮演了完全中介功能，对团队效能均有显著正效应。谢洪明等（2008）以我国珠三角地区企业为调查对象，对社会资本、组织学习与组织创新之间的关系进行实证研究，发现社会资本对技术创新有显著的直接影响。李志宏和朱桃（2009）提出了社会资本对个体间非正式知识转移影响的假设与理论模型，通过实证研究对模型进行了验证和修正，揭示出社会资本三个维度对个体间非正式知识转移效果产生正向的显著影响。朱亚丽等（2011）发现，网络密度对知识转移双方企业的转移意愿有显著的正向影响。

从上述相关研究可以看出，社会资本的结构成分对于创新有显著的影响。但是，这些影响倾向于受到情境因素的调节。社会资本的关系成分在不同的情境中都被证明与创新正相关。这就充分说明，社会资本对于知识转移乃至创新绩效的影响是高度情境化的，情境管理是非常有意义的。社会资本的认知成分与创新关系的实证研究文献比较少见，似乎说明其对创新的贡献相对较弱。可能正因为如此，很多文献在提到社会资本时，只提结构资本和关系资本，而不提认知资本。

1.1.2　研究意义

本书的研究符合知识经济时代的发展趋势，也符合国家大力提倡自主创新、转变经济增长方式的经济发展和产业政策，而后发地区企业技术创新能力的发展更是一个亟须探究并寻求切实的方法与途径的重大问题。后发地区企业在资本、技术和人才方面都较为薄弱，如何通过合作、学习、社会资本的管理与发展来实现知识的有效转移，进而实现自身的知识创造和产品/技术创新，不失为一个更有效的努力方向。从目前我国研究现状看，以后发地区企业为样本，探索社会资本、知识转移和技术能力发展的研究还有待大力发展。因此，本书具有较强的理论与实际意义。

1.2　研究的基本思路、观点和主要内容

1.2.1　基本思路与观点

技术创新能力发展的实质就是学习与知识转移。在知识转移过程中，知识接受者本应付出更多主动性努力。从知识接受者角度，吸收能力是知识转移最根本的关键成功因素。在现有研究中，吸收能力往往是以研发支出、专利、人才等为其代理指标，可称之为绝对（硬）吸收能力。其实，社会资本也是吸收能力的重要组成部分，可称之为相对（软）吸收能力，这一点尚未得到应有高度的重视。相比较而言，后发地区企业发展绝对吸收能力比相对吸收能力受到的资源限制更大、难度更高。鉴于此，本书以贵州、云南、广西等后发地区企业为样本，从知识接受者角度，沿着创新能力发展的根本机制（知识转移）—知识转移的根本机制（吸收能力）—吸收能力的相对维度（社会资本）的路径，以社会资本与知识转移的情境因素交互作用的视角，探讨后发地区企业技术创新能力发展的方法与途径。

本书的基本观点是：后发地区企业要切实有效地发展技术创新能力，①促进知识的有效转移是切入点和关键途径；②管理和开发社会资本这一相对吸收能力是有效方法；③必须实施情境管理，针对技术创新的不同主体、不同类型、不同阶段、不同战略，知识转移的不同知识特征和行为特征，以及社会资本的不同维度和作用机制采取不同的措施。

虽然从广义上讲，技术创新能力、知识转移和社会资本的研究已有很多，但是从创新能力发展的知识转移机制、知识转移的情境管理和社会资本相对吸

收能力角度所作的研究并不多，面向后发地区企业实际，将三者整合到一个框架中，以求解决后发地区企业技术创新能力发展问题的研究则更少。

1.2.2　主要内容

本书由 15 章组成，除了第 1 章（绪论）和第 15 章（结语）之外，研究的主要内容包括 13 章，分成 3 个部分：第一部分是理论研究，包括第 2 章至第 4 章共 3 章内容；第二部分是定量研究，包括第 5 章至第 10 章共 6 章内容；第三部分是案例研究，包括第 11 章至第 14 章共 4 章内容。

（1）绪论

介绍了本书研究主题的国内外研究动态、本书的研究意义、基本思路、主要内容和主要的贡献和创新。

（2）理论研究

第 2 章，社会资本、知识转移与创新：一个整合模型的构建。本章首先构建了一个社会资本、知识转移和创新的整合模型。大量的研究对社会资本、知识转移与创新的关系进行了探讨。为了解释社会资本和创新之间的联系、知识转移与创新之间的联系，涌现了许多的理论和框架。然而，大多数研究都是聚焦于上述三个变量之中两两之间的关系。本书认为，要更好地揭示社会资本与技术创新之间的关系及其作用机制，必须更多地去研究二者之间中介变量的作用和效应，如知识转移；而知识转移面临许多困难，需要有效的赋能因素和便利渠道，如社会资本。因此，需要将上述三个变量有机地整合在一个框架内，才能更好地理解技术创新能力培育的内在逻辑，找到更切实可行的技术创新能力培育的方法和途径。具体而言，社会资本的哪些组成部分对创新产生了影响？社会资本的这些组成部分与创新之间是什么关系？哪些因素可能改变这种关系？知识转移有哪些特征？知识转移可能碰到哪些障碍？知识如何有效地转移到创新者手里？社会资本如何为技术创新过程中的知识转移赋能？总之，知识转移的有效性、社会资本对创新的影响都是高度情境化的，结构洞、关系强度、信任、规范等在知识转移和创新过程中的作用都具有情境差异性。在什么情境条件下，社会资本与知识转移对于技术创新能力的影响是最为有效的，现有文献也少有证明。因此，为了回答上述问题，本章首先试图揭示社会资本、知识转移与技术创新能力之间的直接和间接关系，并识别情境条件是如何调节这些关系的，从而为后续研究奠定科学基础。为此，本章在回顾现有相关理论和实证研究的基础上，构建了一个社会资本、知识转移与技术创新能力情境管理的整合模型。

第 3 章，社会资本视角下关系情境管理与组织间知识转移。在第 2 章的基础上，进一步探讨情境管理对知识转移的重要性，构建了一个社会资本视角下关系情境管理与组织间知识管理的概念性现象分析框架。知识转移是一个复杂的过程，从本质上说，它有赖于关系情境、知识特征以及企业的学习能力与激励机制。本章的焦点是分析关系情境、组织间学习的本质以及企业通过合作关系以实现知识转移的先决条件的相关问题。只有在合作的先决条件被创造出来之后，个体和组织的能力以及组织文化的鼓励才能从本质上对企业吸收新知识的能力产生影响。因此，对知识转移情境下合作关系管理的本质和动态的理解，是关于企业是否有能力获得新的竞争力的根本性问题。知识是高度情境化的，知识转移也是高度情境化的。社会资本是知识转移的使能因素。本章是概念性探讨，目的就是要讨论如何才能形成组织间知识转移的先决条件，因此从关系、规范、信任、承诺、认知等社会资本的视角，分析并理解这些相互依存性对于关系管理和组织间学习的意义，提出了一个现象分析的概念性框架。

第 4 章，企业内外部网络结构、社会资本利益与知识转移。主要考察企业内外部网络结构的不同构型如何影响企业从其联盟伙伴处获取知识并将这些知识在其业务单位之间传播的能力。本章的理论基础是联系的数量和类型、总体网络结构和网络伙伴的性质决定知识的获取与转移。本章通过理论探讨，从三个方面作出贡献。第一，以前的研究倾向于只是孤立地去探究网络连接，本章将这些已有研究予以扩展，通过分析这些网络结构转化为联盟伙伴间知识转移的整个过程，考察企业内外部网络的交互作用，得出了一些有意义的理论洞察和管理启示。第二，突出阐明了不管是在组织之间，还是在组织内部，社会资本利益都不是均匀分布的。特别是阐明了，一个企业如何最大化其外部网络社会资本的私人利益，同时又最大化其内部网络社会资本的集体利益。这种结构最终又将最大化联盟伙伴间的知识转移程度，提高企业为技术创新目的的知识转移的效率和效果。第三，对社会资本的私人利益和集体利益进行区分，为调和相互抵触的社会资本的中介观（强调网络的桥接性）和闭合观（强调网络的封闭性）提供了方法途径。前者更好地解释了对企业外部网络有价值的私人利益的累积，而后者更好地解释了对企业内部网络有价值的集体利益的累积。

（3）定量研究

在第一部分理论研究的基础上，本部分作进一步的定量研究。

第 5 章，后发地区社会资本与企业技术创新绩效的多层面分析。本章选取云南、贵州、广西三个我国相对后发省区的数据，从结构性社会资本的角度，以社会网络和社会联系的密度测度社会资本，以新产品开发、新技术引进和现有产品升级三个指标测度企业技术创新绩效，从区域和企业两个层面实证检验后发地区社会资本对企业技术创新绩效的影响。本项工作是一个多层次罗吉斯蒂回归分析，避免了单一层次回归分析没有考虑环境对个体行为或结果的影响的缺陷。多层建模利用的层次结构化数据，将个体数据聚类，形成更高层次的群体数据，即将第一层次的企业数据聚类形成第二层次的区域数据。多层次回归模型可以测量区域层面的情境变量对个体行为和结果的相对规模和影响。此外，通过把区域层面情境变量和企业层面协变量之间的交互项包括进来，就有可能打开区域效果（宏观—微观机制）的"黑盒子"，并显示具有不同特征的企业如何因其区域背景或情境的不同而受到不同的影响。研究结果表明，在社会网络和社会联系相对发达的地区，企业一般更有可能进行技术创新；企业在 R&D 支出和员工培训方面的政策对技术创新绩效的影响受社会资本水平的影响而改变，其调节效应取决于技术创新活动对新颖性的要求。本章分析明确指出了社会资本对企业技术创新绩效影响的重要区域效应。后发地区企业应该特别重视社会资本的培育和维护，发展与外部组织尤其是先进地区组织的联系，拓宽知识转移渠道，改善知识转移效果，强化企业对外部知识的获取能力，有效地提高企业技术创新能力和绩效。

第 6 章，桥接型社会资本、黏合型社会资本与区域技术创新。现有文献中关于社会资本对企业技术创新效应的研究结果并不一致，既有积极的，也有消极的。为了进一步了解社会资本对技术创新的作用机制，本章将社会资本区分为桥接型社会资本和黏合型社会资本，探讨不同类型的社会资本对技术创新的效应。本章将验证这样一个假设，即对技术创新起作用的不是社会资本本身的"量"，而是社会资本"黏合性"和"桥接性"的不同性质：在拥有大量桥接型社会资本的开放地区，企业技术创新的速度更快，而黏合型社会资本更可能导致以冗余知识交换、锁定、认知停滞为基础的闭环网络的生成。对技术创新起作用的因素包括技术创新者之间网络关系的强度和类型两个方面。社会资本对于技术创新的影响不仅取决于网络密度和知识个体之间的联结强度（总社会资本），而且取决于这些联结所能扩展的信任范围。知识个体的网络信任范围越宽广（即桥接型社会资本水平越高），互补性知识交换的可能性就越大，对技术创新绩效积极影响的可能性也就越大。本项工作仍以云南、贵州、广西三省区为实证研究的样本，分别对桥接型社会资本和黏合型社会资本进行了两种独立的测量。这些测量会对各省区的技术创新活动进行回归分析，并列出OLS 和 IV 估计值，对影响以前研究的内生性偏误进行全面处理。结果表明，只有桥接型社会资本对技术创新活动有积极影响，而黏合型社会资本要么与技术创新负相关，要么不显著。这个结果说明，当且仅当社会资本成为非冗余、互补性知识交换的渠道时，才是技术创新的根本性驱动因素。

第 7 章，结构社会资本对区域创新网络知识转移影响的社会网络分析。本章利用社会网络分析法，选取云南、贵州、广西三个相对后发省区的 16 家产业技术创新战略联盟样本，调查了 194 家企业，分析区域创新网络中的知识转移，特别着重于网络结构、行动者在网络中的位置以及关系强度的效应，以探讨促进网络中知识转移和吸收的条件。产业技术创新战略联盟是一种典型的区域创新网络组织，也是一个知识联盟，通过整合产业技术创新资源，提高产业技术创新能力，获取竞争优势，其本质上是一个知识转移、知识创新与知识应用的过程。分析结果显示，样本中网络成员之间存在高水平的信息和知识交换，并证实了所提出的 3 个研究假设：①在区域创新网络中，强关系的效益比弱关系的效益更大；②网络凝聚性（网络成员的整体连通性）对知识和信息转移有积极影响；③中间人位置产生相当大的私人和社会收益。

第 8 章，关系强度与知识转移：信任的中介作用。前述 3 章定量研究主要关注的是社会资本的结构维度，探讨了结构社会资本不同因素对于知识转移、区域创新能力和创新绩效的影响。本章将社会资本理论的结构维度（关系强度）和关系维度（信任），与知识管理和组织学习理论相结合，建立一个知识转移的理论模型并作实证检验，多角度、多层面更全面深入地进一步探讨知识转移的机理。首先从结构特征、关系特征和知识特征三个方面阐述了知识转移的典型特征，并提出了将知识转移三种特征融合在一起的综合研究框架。从云南、贵州、广西三个省区各选择一家大型制药企业作为研究样本，利用标准的自我中心网络调查技术调查了 106 位受访者，利用多层线性模型对所收集的数据进行分析。研究结果对知识转移模型提供了实证支持，并有三个重要的发现：第一，证明了仁善信任和能力信任对强关系和有用知识接受之间的联系具有中介作用；第二，一旦控制这两个信任维度，则揭开了弱关系对有用知识接受的效益，即弱关系提供了接触非冗余信息的途径；第三，证明了虽然仁善信任改善了隐性知识和显性知识二者的知识交换有用性，但是对于隐性知识交换而言，能力信任尤其重要。

第 9 章，社会资本和知识特征对跨区域知识转移地理效应的调节作用。技术创新需要知识转移，后发地区企业技术创新能力的发展更是一个学习、吸收、赶超的过程，尤其需要外部知识的流入，特别是先进地区的知识跨越地理边界向后发地区的转移。本章旨在进一步讨论地理因素对知识转移的影响，并考察知识流动的特征——知识源、知识本身和知识接受者三个方面的特征——是如何强化或者减弱地理关系效应的。本项工作考察了我国生物技术企业对国内和国际专利的引用情况，以确定是否以及什么时候企业间的知识会跨越区域和国家的边界而流动起来。本章假定知识的流动由于受到地理边界的影响而变得缓慢，并回答两个相关的问题：①跨越地理边界而流动的知识本身有什么特别的特征吗？②对吸收能力可能有互补作用的企业和企业间层面的条件会影响跨地理边界的知识流动吗？通过研究发现，在生物技术产业，地理的边界和界限确实影响了知识的流动。但是，本章研究结果也表明，关于知识流动与相隔距离负相关这一虽然被广泛接受但确实过于简单化的观点，并不是一个准确的经验刻画。事实上，在某些情况下，地理邻近性并不重要，而在另一些情况下，地理邻近性具有与人们的假定相反的明显的非线性效应。因此，本章研究为有关地理因素与知识流动之间关系的探讨提供了一个新的有意思的起点，也为后发地区学习、吸收先进地区的知识提供了启示。

第 10 章，社会资本与知识转移的治理机制。虽然有许多关于社会资本的研究结果都证实了社会资本在知识转移中的重要作用，但是他们并没有涉及社会资本差异性的形成机制问题，即为什么不同的组织会有不同的社会资本水平，不同的社会资本对知识转移会有不同的作用和效果？应该如何对社会资本和知识转移进行治理？本章的主要目的就是要论述并检验促进社会资本和知识转移的治理机制。在借鉴有关社会资本，尤其是阿德勒和昆（Adler and Kwon，2002）的研究结果的基础上，本章提出三种基本治理机制：层级机制、社会机制和市场机制。利用采自云南、贵州和广西三个省区的三家公司的 472 位多样性调查对象的数据，就上述机制对社会资本和知识转移的影响进行实证检验。本章广泛地借鉴了阿德勒和昆（Adler and Kwon，2002）关于社会资本决定因素的模型，但同时将知识治理方法（KGA）理论与其相融合，进一步发展了阿德勒和昆的理论。研究结果实质性地证明了，社会资本对知识转移具有正向影响，而且更重要的是，指出了哪些治理机制是促进或弱化社会资本的形成的，不同的治理机制以各种不同的方式影响着社会资本的提升。社交治理机制促进了个体对社会资本的正评价，是社会资本的重要驱动因素，而层级治理机制的应用效应往往为负。市场治理机制的效应则是复杂的，其对社会资本的正间接效应被其负直接效应所抵消。这些发现，对于管理者为促进知识分享而提升社会资本的努力，具有直接的启发意义。

（4）案例研究

社会资本和知识转移都是高度情境化的，也是多维和复杂的，为了进一步揭示社会资本通过知识转移提高企业技术创新能力、提升企业技术创新绩效的机理和途径，本部分试图通过后发地区技术创新网络典型案例研究，将定性研究与定量分析相结合，更充分地探讨成功的经验和失败的教训，以增强本书解决问题的实际效果。

第11章，社会资本使能因素与产品开发中的知识转移过程——贵州省大学科技园案例研究。以贵州省大学科技园为背景，聚焦于在资源和服务都有限的小型科技园的背景下，企业新产品开发过程中如何实现知识转移，本地创新系统有什么样的影响。本章首先从创新系统、社会资本、产品开发过程、组织网络化、知识转移过程5个方面，构建了一个综合的理论框架，并对每一个方面都作了理论建构和分析。在对贵州省大学科技园发展现状进行分析之后，从5个方面进行了深度思考，并提出了具体的建议。①培育基于信任的创新生态系统；②规划有利于社会资本成长的科技园空间布局；③提高信息中介服务水平，促进知识向产品开发转移；④加强知识供应链管理，提高知识转移效率；⑤构建集成知识网络，加强显性知识和隐性知识的整合等。

第12章，社会资本、竞争力因素与企业技术创新：贵州白酒企业网络案例研究。众所周知，虽然合作网络在参与这种组织安排的企业所取得的成果中扮演着重要的角色，但同一网络中不同的参与企业所取得的成果并不一致，其强度也不是在所有的情况下都是相同的。其中的根源可能在于企业社会资本和竞争力因素的异质性。为了进一步验证社会资本和竞争力因素是否对参与网络的企业技术创新产生影响及其作用机制，本章选择贵州省酿酒工业协会和贵州省白酒企业商会两个企业网络中的白酒制造企业进行案例研究。研究得出了很有意思的结果：社会资本没有直接影响企业的技术创新，而竞争力因素直接影响了企业的技术创新；但社会资本影响了竞争力因素，通过竞争力因素影响到企业的技术创新。导致这一结果的原因有两个：一是与企业网络的性质有关，案例中的两个企业网络都不是产业技术创新联盟之类的、以促进技术创新为主要目的的组织，其更直接的目标恰恰是要提升企业的市场销售能力；二是进一步说明了社会资本对技术创新的影响需要中介因素的传导，对这些中介因素及其作用机制的研究显得尤其重要。此外，本章的研究结果还确定了企业的规模和地位影响了其在网络中的社会资本水平，以及由此导致的企业技术创新的信息和知识来源。当网络成员的规模和实力较大时，其在网络中容易处于中心位置，从而可以获得更多的资源和互惠合作的机会，因此其用于技术创新的信息和知识的来源就更多地与网络伙伴有关。相反，如果网络成员的规模和实力较小时，其在网络中的位置往往比较边缘化，能够获得的有价值资源较少，合作和互惠的水平较低，那么这样的网络成员就更倾向于在客户、供应商和组织内部环境中寻求技术创新的源泉。

第 13 章，黏合型社会资本与企业技术创新的案例研究。希望通过具体的案例，进一步揭示社会资本对技术创新产生影响的微观基础，更具体地说，就是不同类型的社会资本对不同类型的技术创新，或者对技术创新过程的不同阶段的作用机制。本章的目的是要研究在黏合型社会资本情境下，社会资本机制如何运转，考察其对技术创新过程的效应。特别是要回答以下相关问题：在黏合型社会资本情境下，社会资本如何影响技术创新活动？不同类型的社会资本如何影响技术创新的研究、开发、实施和扩散等不同过程？为此，选择一个贵州省近年来发展势头良好的产业——信息技术产业，以该产业的产业联盟——贵州省信息技术产业联盟为研究案例，采用内容分析法，对通过开放式访谈采集的数据进行分析，探讨黏合型社会资本和桥接型社会资本对企业技术创新的作用机制。得到的主要结果如下：①在黏合型社会资本的情境下，社会资本促进了技术创新；②那些保证群体意识的社会资本要素是更重要的创新智慧；③黏合型社会资本支持了技术创新的实施和扩散，而桥接型社会资本支持了技术创新的初始阶段（即研究/创意阶段）。

第 14 章，认知和关系社会资本对产学研联盟合作创新影响的案例研究。

本章试图建立关于企业如何才能促进与学术机构在产学研联盟中开展富有成果的合作的理论。前述各章从不同的角度和层面较充分地探讨了社会资本的结构维度对知识转移和技术创新的影响，本章则聚焦于社会资本的关系和认知维度。现有的研究主要探讨了社会资本的正式结构，本章则要探讨社会资本的内容以及它们之间的相互关系，对社会资本不同维度之间的交互作用进行了探讨，而这正是目前研究比较欠缺的方面。为此，本章选择两个来自后发地区省区的、处于不同发展阶段的产学研技术创新战略联盟作纵深案例研究，探讨企业和学术机构如何随着时间的推移在产学研技术创新联盟中实现良好的合作，特别是探讨认知社会资本和关系社会资本如何在缓解企业和学术机构面临的合作挑战、促进企业技术创新能力的提升方面发挥作用的社会整合机制。研究的结果得出如下结论：①企业与学术机构的认知社会资本水平越高，越能更好地缓解产学研联盟所面临的挑战；②产学研联盟中较高的参与度提高了企业和学术机构的认知社会资本水平，从而提升了产学研联盟的成果水平；③企业与学术机构的关系社会资本水平越高，产学研联盟中的机会主义行为越少；④较高的初始关系社会资本水平有助于企业对产学研联盟的项目目标施加影响，从而降低合作面临的挑战；⑤较高的产学研联盟参与度提高了企业与学术机构的关系社会资本水平，从而提升了合作的成果水平；⑥企业的初始关系社会资本水平越高，随着时间的推移，越能够发展与学术机构的认知社会资本水平；⑦企业的初始认知社会资本水平越高，随着时间的推移，越能够发展与学术机构的关系社会资本水平；⑧与从合作开始就缺乏认知社会资本和关系社会资本的企业相比，具有认知社会资本或者关系社会资本的企业，在产学研联盟中更能够与学术机构进行富有成果的合作。

（5）结语

结语部分介绍了本书完成的主要研究工作、主要结论、管理启示和政策建议以及存在的研究局限。

1.3 研究的主要贡献和创新

第一，将技术创新理论、知识转移理论、社会资本理论和情境管理理论融合在一起，构建了一个社会资本、知识转移和技术创新的情境管理整合模型，并构建了一个社会资本视角下关系情境管理与组织间知识管理的概念性现象分析框架。不仅为探讨后发地区企业透过社会资本和知识转移提升技术创新能力和绩效提供了理论模型，也为技术创新、知识转移、组织学习等理论的发展作出了贡献。

第二，本书广泛探讨了社会资本结构维度（网络密度、中心性、强连接、弱连接、结构洞、桥接型社会资本、黏合型社会资本）、关系维度（信任、规范、互惠）和认知维度（共同愿景、共同目标、共享价值观）对促进后发地区知识转移、从而提升后发地区企业技术创新能力和绩效的各种效应和作用机制。更为重要的是，对社会资本不同维度之间的交互作用进行了探讨，这一点正是现有研究的薄弱之处。例如，第 8 章将社会资本理论的结构维度（关系强度）和关系维度（信任），与知识管理和组织学习理论相结合，建立一个知识转移的理论模型并作实证检验。研究结果证明了仁善信任和能力信任对强关系和有用知识接受之间的联系具有中介作用；一旦控制这两个信任维度，则揭开了弱关系对有用知识接受的效益，即弱关系提供了接触非冗余信息的途径；虽然仁善信任改善了隐性知识和显性知识二者的知识交换有用性，但是对于隐性知识交换而言，能力信任尤其重要。又如，第 14 章探讨了认知和关系社会资本对合作创新的影响。研究发现，认知社会资本撬动了关系社会资本，因为当企业和学术机构对合作的基础达成一致意见之后，他们之间建立人际关系就容易多了。反过来，对于那些与合作的学术机构缺乏共识和目标不一致的企业而言，关系社会资本的存在有助于他们建立认知社会资本。

第三，现有文献都没有能够充分探讨国家或区域社会资本对微观层面的行为和结果进行影响的机制与渠道。可以说，宏观层面的社会资本影响微观个体企业行为或绩效的机制其实仍然是一个"暗箱"。本书的研究采用多层次建模方法，将技术创新绩效的微观数据与区域社会资本的综合测度相结合，考察区域层面社会资本的差异对企业层面行为和结果的影响，避免了单一层次回归分析没有考虑环境对个体行为或结果的影响的缺陷，探讨了社会资本的区域效应，即宏观－微观机制，是对社会资本影响企业技术创新机制研究的一个重要贡献。

第四，传统观点认为，知识转移受到地理因素的影响。而后发地区要实现技术创新能力的提升和赶超，必须有跨地理区域的知识转移。为此，本书作了专门的研究。研究发现，地理的边界和界限确实影响了知识的流动。但是，社会资本和知识特征对跨区域知识转移的地理效应具有调节作用。在某些情况下，地理邻近性并不重要，而在另一些情况下，地理邻近性具有与人们的假定相反的明显的非线性效应。因此，本书为有关地理因素与知识流动之间关系的探讨提供了一个新的有意思的起点，也为后发地区学习、吸收先进地区的知识提供了启示。

　　第五，本书将阿德勒和昆（Adler and Kwon，2002）关于社会资本决定因素的模型，与知识治理方法（KGA）理论相融合，提出并实证检验了促进社会资本和知识转移的三种基本治理机制：层级机制、社会机制和市场机制。构建了一个将企业层面的因素（社会结构、社会资本和组织价值）与其个体层面的决定因素联系在一起的模型。在构建该模型中，确定并从理论上阐明了治理机制－社会资本－知识转移链条背后的因果机制，从而避免了出现解释上的"黑箱"，即没有微观基础的宏观解释。研究结果对知识治理机制的作用提供了深刻的洞察：这些治理机制对于知识转移的作用完全受到其对社会资本影响的介导；社交治理机制被证明对促进社会资本具有强正向影响，而层级治理机制的效应一般为负。市场机制的影响趋于中性。这些发现，进一步发展了阿德勒和昆（Adler and Kwon，2002）的理论，对于管理者为促进知识分享而提升社会资本的努力，具有直接的启发意义。

第 2 章

社会资本、知识转移与创新：
一个整合模型的构建

　　创新被认为是组织、国家和区域成功的关键。创新能力是企业成长最重要的能力。研究者和实践者都花费了大量的精力去发现创新培育机制。传统上，人们认为创新的诱导因素包括组织结构因素、管理者对于变革的态度、技术知识资源、内外部的交流与沟通等。近年来，社会网络和社会资本的概念成为创新研究的重要词汇。苏布拉马尼亚姆和杨德（Subramaniam and Youndt, 2005）认为，社会资本是创新的基石。这可能是源于这样一个趋势，即人们不再将创新看作是孤立的创新者从事的离散事件，而是涉及情境与相互依赖性的许多行动者的知识交换与交互作用的结果。创新需要来自不同类型行动者的不同类型知识的汇聚。而社会资本使这种汇聚得以发生。

　　大量的研究对社会资本、知识转移与创新的关系进行了探讨。为了解释社会资本和创新之间的联系、知识转移与创新之间的联系，涌现了许多的理论和框架。然而，大多数研究都是聚焦于上述三个变量之中两两之间的关系。本书认为，要更好地揭示社会资本与技术创新之间的关系及其作用机制，必须更多地去研究二者之间中介变量的作用和效应，如知识转移；而知识转移面临许多困难，需要有效的赋能因素和便利渠道，如社会资本。因此，需要将上述三个变量有机地整合在一个框架内，才能更好地理解技术创新能力培育的内在逻辑，找到更切实可行的技术创新能力培育的方法和途径。

　　具体而言，社会资本的哪些组成部分对创新产生了影响？社会资本的这些组成部分与创新之间是什么关系？哪些因素可能改变这种关系？知识转移有哪些特征？知识转移可能碰到哪些障碍？知识如何有效地转移到创新者手里？社会资本如何为技术创新过程中的知识转移赋能？总之，知识转移的有效性、社会资本对创新的影响都是高度情境化的，结构洞、关系强度、信任、规范等在知识转移和创新过程中的作用都具有情境差异性。在什么情境条件下，社会资本与知识转移对于技术创新能力的影响是最为有效的，现有文献也少有证明。因此，为了回答上述问题，本书首先试图揭示社会资本、知识转移与技术创新能力之间的直接和间接关系，并识别情境条件是如何调节这些关系的，从而为后续研究奠定科学基础。为此，本章的目的是在现有相关理论和实证研究的基础上，构建一个社会资本、知识转移与技术创新能力情境管理的整合模型。

2.1　社会资本与创新的概念回顾

关于社会资本和创新的概念，文献中都有过大量的讨论。本章首先对这两个概念作一基本的回顾，目的并不是要对这两个概念进行详尽的研究，也不是试图解决这两个概念研究中的冲突，而是为了对这两个概念的研究有一个初步的了解，并为本书划定界限。

2.1.1　社会资本

社会资本的概念起源于社会学，用以描述个体或社区所拥有的资产。自20世纪70～80年代晚期，社会学家布尔迪厄（Bourdieu）、科尔曼（Coleman）和普特南（Putnam）等提出社会资本概念至今，社会资本一直在社会科学领域占有主导地位，尤其是在社会学、政治学和经济管理领域。正如郑杭生（2003）所言，社会资本为社会科学提供了新的解释范式，也为各学科尤其是经济学、人类学、社会学和政治学之间的对话提供了通道。在政治学领域，社会资本被用来解释导致社会和经济繁荣的社会中的公民参与及相关活动。管理学则用社会资本来解释个体、群组和组织的绩效。今天，社会资本和人力资本、金融资本、经济资本一样被广泛使用。人们认为，社会资本概念主要针对网络成员之间的关系与联结，这是一种有价值的资源，它通过创立规范和相互信任，使得网络成员的目标更容易实现。换言之，社会资本是网络与机会的混合体，通过资源调动，帮助网络成员解决大量社会、政治和经济问题。

所以，在众多领域、众多作者的研究中，形成了社会资本定义纷繁复杂的多样性。

（1）社会资本是什么

社会资本是一种资源。

一般认为，现代社会资本理论发轫于法国社会学家皮埃尔·布尔迪厄（Pierre Bourdieu）。1972 年，皮埃尔·布尔迪厄在设计"实践理论"时用到了社会资本这个说法，几年之后，布尔迪厄在阐述文化资本、经济资本和符号资本之前，对社会资本作了清楚的阐述。布尔迪厄认为，社会资本是通过拥有一个相互认识和认可的或多或少制度化关系的持久网络，一个行动者积累的实际和潜在资源的总和（Bourdieu，1986）。一个人所拥有的社会资本量取决于他/她能够成功动员的网络数量，乃至与其相联结的所有主体共同拥有的社会资本量。布尔迪厄认为，社会就是一个获取、拥有和更新为其所独有的资源的"战场"。这些被布尔迪厄称为"资本"的资源是社会权力的条件性事件，它们以一种不均衡的、稀疏的方式被分布在这个战场上。虽然社会资本是由一些社会领域和社会互动所带来的权力的组合，但社会资本确实与经济学相关。实际上，布尔迪厄认为资本和权力在很大程度上是同义的，资本可以是影响某一特定方面的任何资源，为个体提供获得某一特殊利好机会的任何资源。著名美国社会学家科尔曼将社会资本定义为家庭和社区社会组织中有益于儿童或青少年的认知和社会发展的一组资源（Coleman，1988）。科尔曼认为，社会资本不是一个单一的实体，而是具有如下两个共同特征的许多不同形式的实体：它们都由社会结构的某个方面组成，它们都促进了该结构内的个人的某些行为。沿着布尔迪厄的路径，那哈皮特和戈沙尔（Nahapiet and Ghoshal，1998：243）将社会资本定义为"内嵌于、产生于、获取于个人或社会单元所拥有的关系网络的实际与潜在资源的总和"。林南（Lin，1999）将社会资本定义为通过有目的性的行为获取或收集的、根植于社会结构中的资源。因此，按照林南（Lin，1999）的观点，社会资本由三个组成部分构成：根植于社会结构中的资源，个人对于这些社会资源的可获得性，以及个人在有目的性的行为中对这些社会资源的收集或利用。金和阿尔德里奇（Kim and Aldrich，2005）则认为，社会资本是一组嵌入在人际关系中的社会资源，以及人们通过其社会联系获得的资源，否则这些资源需要消耗人力资本或财务资本才能获得。

社会资本是一种能力。

科尔曼（Coleman，1988）同时也认为社会资本是一种能力，是人们去完成具有共同利益项目的一种合作能力，不管是作为一个群体还是组织的一部分。科尔曼还提出了另一个社会资本的定义：社会资本是人们进行沟通的力量和能力（Coleman，1990）。社会资本是行动者通过在社交网络或其他社会结构中的会员身份获得利益的能力（Portes，1998），是社会群体为共同利益而合作和共事的一种累积性能力（Woolcock，1998）。社会资本是行动主体与社会的联系以及通过这种联系摄取稀缺资源的能力（边燕杰和丘海雄，2000）。

社会资本是一种社会关系、网络和规范。

普特南（Putman，1993）指出，社会资本是"社会组织的特征，如信任、规范和网络，它们可以通过促进协调行动来提高社会效率"。他说到，社会资本的目标是人际交往、社会网络、共同规范、互惠互利和值得信赖（Putnam，1995）。福山（Fukuyama，1999）则认为，社会资本是促进两个或多个个体之间合作的一种具现化的非正式规范。对于福山来说，社会资本不是影响社会互动的资源，而是影响社会互动的规范。社会资本也可能是信任和宽容的文化（Inglehart，1997），或者个人或团体可以利用的善意（Adler and Kwon，2002）等。林南（Lin，2001）则将社会资本视为一种期望获得市场回报的社会关系投资。世界银行将社会资本定义为植根于社会结构的规范和社会关系，它使人们的活动更加和谐并取得满意的进步（Cohen and Prusak，2001）。社会资本可以是人与人之间的联系（Durlauf，2002），也可以是将人们凝聚在一起的因素，如信任等（Bowles and Gintis，2002）。社会资本包括人们创造的、用以解决公共问题的社会信任、社会规范和社会网络（Adam and Roncevic，2003）。社会资本是构成或导致可以用于个人或集体利益的资源的关系网络（Dakhli and De Clecq，2004）。安德森等（Anderson et al.，2007）认为，社会资本不是任何传统意义上的资本资产，最好被认为是一种依附于和内嵌于社会互动之中的条件。如果必须把它具体化，它就是一种品质，人们用它的通货来建立社会关系。这种社会交换的钱币是根据社会交往的普遍规范和期望来衡量的信任和相互依赖。因此，社会资本不是一种隐喻性的"资本"，而是一种已被交易的和未被交易的相互依存的旋转共同基金。

在国内学术界，作为最早研究社会资本的学者之一的张其仔（1999）认为，社会资本是一种社会网络，它既是一种人与人之间最重要的关系，也是一种资源配置的主要方式。张方华（2003）也认为社会资本是资源配置的一种重要方式。陈劲（2001）则认为社会资本既是一种关系总和，也是一种能力总和，即社会资本是指一个企业与相关企业之间的横向联系，与其供应链各环节之间的纵向联系，与企业外相关实体、群体之间的社会联系等社会关系总和，以及该企业获取并利用这些关系来摄取外部信息和其他资源的能力总和。郑杭生和奂平清（2003）认为社会资本的内涵是不同层次的社会主体（包括个人、群体、社会甚至国家）间紧密联系的状态及其特征，具体表现为社会网络、规范、信任、权威以及为某种行动所达成的共识等。

上述文献从各个不同的视角论述了社会资本到底是什么。其实，社会资本是一个多维度的构念，它有时候体现为上述的某一个方面，而实质上，它是上述各个方面的一个综合体。

（2）社会资本是个人产品还是公共产品

关于社会资本是个人产品还是公共产品也产生过许多争论。格莱瑟等（Glaeser et al.，2002）将社会资本定义为个人的社会特征。作为社会资本一词的创始人之一，劳瑞（Loury，1977）也是从个体层面来看待社会资本的。劳瑞较早地将社会资本概念用于经济理论领域，用以批评新古典主义假定、收入分配的不公平、发展中的问题以及农业经济问题等。他认为，一个人的社会地位会极大地影响资源的获取（Loury，2000）。与这种个体观相反，科尔曼（Coleman，1988）坚信，社会资本是一种公共产品，它的生产更少地源于私人活动者在市场中的交互作用。从前述科尔曼（Coleman，1988）对社会资本的定义可知，科尔曼将社会资本定义为具有如下两种共同要素的多种实体：它们是社会结构的一部分，并能促进该社会结构中行为主体的某些行动，即社会资本是通过关系网络、互助合作、相互信任和社会规范使得群体或个体活动更为容易的某种东西。普特南（Putnam，1993）认为社会资本具有网络、规范和社会信任等促进协调与合作的社会组织的特征。这种聚合的观点表示社会资本是群体财产。国内学者陈劲（2001）也认为社会资本是公共物品，具有共享性、相互作用性。说社会资本是个人产品，是因为它可以善意的形式进行私人交易（Putnam，1993）。说社会资本是公共产品，是因为通过社会资本获得的好处是免费的、自然的，并且不需要对同一网络的人们作出任何解释的（Burt，1992；Coleman，1988）。

本书认为，社会资本的贡献者和受益者可以是个人，但从本质上说，社会资本是一种受限的公共产品。所谓受限，是指网络内的社会资本对于全体网络成员而言，是公共产品，但网络外的成员无权享受。对于网络外的成员而言，它是排他的。

（3）社会资本与其他资本形式的区别

众所周知，资本有多种形式。有形资本专指物质材料，人力资本专指人的特性与能力。经济资本存在于人们的银行账户中，人力资本存在于人们的头脑中，而社会资本则存在于人们的关系结构中。要想拥有社会资本，一个人必须与他人有联系，而正是这些他人而不是自己才是一个人优势的真正来源（Portes，1998）。哈尔彭（Halpern，2005）明确指出，社会资本与人力资本的区别在于：人力资本仅仅存在于个体之中，并集中体现在个体所累积的专门知识的存量之中，而社会资本则是存在于人们与网络之间关系之中的资源，它栖身于社会性联结之中。社会资本存在于社交领域，表现为社会互动。由于社会资本必须附属于互动中，因此是一种社会化生产，因此它必然是一种群体或网络现象。社会资本可能是一种资产，但它不能被拥有或借入。它只能在社会互动中产生和共享。简单地说，社会资本只有在其被共享时才存在。

科尔曼（Coleman，1988）认为，社会资本与金融资本、物质资本、人力资本并立，其中最重要的经济差异在于，与其他三类资本被认为是私人物品不同，社会资本主要是公共物品，每个人都可以利用。科尔曼写到，社会资本的主要作用之一就在于创造新一代的人力资本。他认为，像其他类型的资本一样，社会资本也是生产性的，能够达到某些特殊的目的，如果没有社会资本，这些目的是无法实现的。和物质资本和人力资本不一样的是，社会资本并不总是可变的，除非是面向某些特定的活动。某种形式的社会资本，能够使某些活动成为可能，但是对于另外一些活动来说，可能是无用的甚至是有害的。从本质上说，社会资本存在于活动者彼此之间的关系中。

物质资本聚焦于有形的物质客体，人力资本聚焦于个人技能，而社会资本则指向人际关系，它蕴含于社会网络、规范和信誉之中（Putnam，1995）。社会资本是社会关系的产物，产生于互动中，但存在于网络中。不过值得注意的是，虽然社会资本是关系性的，但只有在异质性群体之间的关系中，其影响才最为深远。同时，值得注意的是，和其他资本一样，社会资本也是生产性的。

（4）社会资本的效益

社会资本有其广泛而深刻的实践意义，其后果可能是有益的，也可能是病态的。积极的结果包括社会控制或遵守规范，家庭支持和通过家庭外部网络调节的利益，以及通过它们发挥作用的积极结果。这些已经被证明会影响到个人或家庭的收入、社区层面的集体行动等。社会控制的内在价值在于，它使正式或公开的控制变得不必要。一方面，社会资本嵌入社会结构的方式可能有助于公共利益。另一方面，例如在政治和政府机构中存在的腐败和任人唯亲的现象，就是内嵌于强大的、紧密编织的社会群体之中，而不是对全体公民负责的社会资本负面影响的明证。

社会资本被看重的是它的潜在效益。人们发现，社会资本拥有在许多各种不同社会生活领域达成理想结果的能力，如受教育程度、社区发展、经济发展、减少犯罪、民主政治、健康与知识交换等。林南（Lin, 2001）将这些效果归为两类：一类是工具效果，如财富、权力与声誉；另一类是表达效果，如健康和生活满意度等。就经济效益而言，社会资本能够提升职业生涯成功度、提高求职效能、促进资源交换、降低交易成本和员工离职率、最小化人员冗余、提高效率、诱发信息流动、开发知识资本、增进创造性和创新，最终提高个体、组织、社会、国家和区域等各个层面的经济绩效。

同时，由于社会资本既可以看作个人产品，又可视为公共产品，与之相对应，社会资本既具有私人利益，又具有社会集体利益。

（5）社会资本的分析单位

社会资本的分析单位从个体、群组、组织到社区、区域、国家，各不相同。早期的社会资本多以社区为分析单位，如科尔曼（Coleman, 1988）将纽约钻石批发业的成功归因于犹太人社区内部的高水平的社会资本。钻石商人之间的高度信任使其更容易进入相似交易商的网络，建立对于高尚的商业流程和协议的共同理解，不用契约和保证金也能做成生意。沿着相同的路径，普特南（Putnam, 1993）对意大利南北部的研究表明，由于北部的社会资本水平更高，所以意大利北部的政府效能要比意大利南部高。在组织层面上，社会资本已经被证明有助于知识分享和创新。比如，汉森（Hansen, 1999）对多事业部的电子企业的研究表明，通过事业部之间的网络从其他事业部获取知识能够加快项目完成的速度。蔡和戈沙尔（Tsai and Ghoshal, 1998）对电子业跨国公司的研究显示，社会互动与信任影响了资源的交换和产品创新。在个体层面，社会资本可以影响信息和资源的获取，从而影响个体的成功。格兰诺维特（Granovetter, 1973）对白领员工的研究发现，通过弱关系能够更快速地找到更好的工作。伯特（Burt, 1992）对高科技电子企业的管理者进行过调查，发现具有更多样性网络的管理者能够得到更早的提拔。

国内对社会资本的研究，较早的也是从个体层面进行研究的，如企业家的社会资本（陈传明，2001；周小虎，2002），城市居民社会资本（边燕杰，2004）等。边燕杰（2000）也较早地研究了企业的社会资本，任秋芳和李晓红（2007）研究了组织内的社会资本等。

（6）广义的定义框架

从上述文献可以看出，社会资本的概念定义呈现多样性的局面。为了能够包容社会资本的不同定义，需要一个广泛的定义框架，这有助于涵盖所有明确以社会资本作为核心概念的研究。相比较而言，那哈皮特和戈沙尔（Nahapiet and Ghoshal，1998）的框架是使用得最为广泛的框架。该框架将社会资本的不同切面综合成三个维度：结构维度、关系维度和认知维度。

结构维度指的是人们之间相互连接的配置与模式，它是非人格化的，并且可能是相对客观的，所要处理的社会资本的属性包括网络密度、连通性、层级等。该维度与社会网络的概念有重叠。在有关社会资本的研究中，结构维度是研究得最多的，也形成了一些著名的理论与范式，如格兰诺维特（Granovetter，1973）的"强关系和弱关系"，伯特（Burt，1992）的"结构洞"，以及"黏合型社会资本和桥接型社会资本"的区分等。强关系通过强的、重复性互动得以产生，人们逐渐地发展出共享的社会机制，使得彼此之间的沟通有效并高效。弱关系则是迥然不同的社会群体之间的桥梁。弱关系使得人们可以获得新颖的、非冗余的信息和机会，从而显示出其价值。但是伯特（Burt，1992）提出，"弱关系"的提法不恰当，不是因为关系弱而产生价值，而是因为接触到了新的社会群体而产生利益。因此，"结构洞"一词才更适合于描述为接近新颖信息提供途径的非冗余关系。

关系维度指的是在一个社会网络中将人们团结在一起的信仰和规范。该维度中的关键概念包括尊重、友谊、信任、可信赖度、期望、规范、义务等。一种有效并稳固的关系的形成，有赖于关系性社会资本的存在。该维度的社会资本在行为模式中最为彰显。这一维度的社会资本也得到了广泛的讨论，如科尔曼（Coleman，1988），普特南（Putnam，1993）以及福山（Fukuyama，1995）等。

社会资本的认知维度指的是同一社会网络中人们对一种共同语境的需求，包括由共同的代码、语言和叙事所体现出来的共同的表征、诠释和意义系统。语境不是指一套固定的环境背景，而是一个广泛的动态过程，能够通过社会互动相互构成。它既是通过互动的过程得以建构的，又被用来对新的情势进行解读。秋（Choo，1998）在他的意义建构模型中，揭示了构成该维度的各概念之间的关系。意义建构模型描述了个人经历其环境变化并试图理解其意义的过程。人们被要求理解并建立发生在其周围环境中的变化所具有的意义。海曼（Heyman，1994）的推论是，语境构成了对人们用来理解的各种因素的个人解释。因此，解释并附加意义的过程是由个人的语境所决定的。这个过程所得出的结果就是新知识的生成。那哈皮特和戈沙尔（Nahapiet and Ghoshal，1998）指出，认知维度虽然在战略领域中得到了重视，但是在社会资本概念中却是讨论得最少的。

社会资本的三个不同维度并不是相互排斥的，而是彼此高度关联的。通过社会互动（结构维度），人们发展彼此间的信任关系（关系维度）和共同的目标与价值观（认知维度）。虽然那哈皮特和戈沙尔（Nahapiet and Ghoshal，1998）的框架被认为是用于分析组织层面的社会资本的，但是它所包含的社会资本的切面范围确实比较广泛，这使得它可用于分析个体、团队、组织、社区和国家等各个层面的社会资本。

其他的一些框架主要是以那哈皮特和戈沙尔（Nahapiet and Ghoshal，1998）概念框架的某部分为焦点。比如，李晓红（2007）把社会资本分为关系和认知两个维度，并且认为二者的关系是关系型社会资本决定了认知型社会资本，而认知型社会资本则会反作用于关系型社会资本。阿德勒和昆（Adler and Kwon，2002）将善意作为社会资本概念的核心，将社会网络定位为社会资本的源头，而将团结定位为社会资本的效果。

所以，本书有关社会资本的讨论将采用那哈皮特和戈沙尔（Nahapiet and Ghoshal，1998）的框架。

2.1.2　创新

创新是现代经济的关键驱动力之一，创新能力被认为是企业生存和发展的关键。通过向市场提供新的产品、重新设计生产流程、重新配置组织实践等方式来创造经济价值的能力，是提高企业、产业和区域竞争力和经济增长的命脉。

（1）概念定义

关于创新有很多定义，这是一个经常被误解的概念。创新经济学的开创者约瑟夫·熊彼特（1912）第一个从经济学角度系统地提出了创新的概念。他指出，创新就是建立一种新的生产函数，即实现生产要素的一种从未有过的新组合。熊彼特的创新概念包括下列五种情况：①创造一种新的产品，也就是消费者还不熟悉的产品，或者已有产品的一种新的特性；②采用一种新的生产方法，也就是在有关的制造部门中尚未通过经验检定的方法，这种新的方法不一定非要建立在科学新发现的基础上，它还可以是以新的商业方式来处理某种产品；③开辟一个新的市场，也就是有关国家的某一制造部门以前不曾进入的市场，不管这个市场以前是否存在过；④取得或控制原材料或半制成品的一种新的供给来源，不管这种来源是已经存在的还是第一次创造出来的；⑤实现任何一种新的产业组织方式或企业重组，比如造成一种垄断地位，或打破一种垄断地位。

在被主流经济学忽视了几十年之后，熊彼特的创新理论终于在20世纪50~60年代才得到人们的逐渐重视。一方面得益于美国兰德公司与OECD的资助，20世纪50年代开始对创新活动展开有目的的研究；另一个重要的原因就是索洛（Solow）等令人信服地证明了技术进步对经济增长的重要作用（柳卸林，2014）。创新可以被理解为一种被个人、群体、组织或者其他实体认为是新的想法、物件或者实践（Rogers，1983）。范德芬和安格勒（Van de Ven and Angle，1989：20）将创新定义为"新想法、新流程、新产品或者新服务的生成、接受和实现"。

许多人将创新看作一个过程。达夫特（Daft，1978）认为，创新可以被定义为一种理念被构想与实施的过程。萨文迪（Salvendy，1992）指出，创新不仅仅是一个简单的行为。它不只是一种新的认识或一种新现象的发现，不只是一种创造性发明的闪现，不只是一种新产品的开发或制造过程；也不仅仅是创造新的资本和市场。相反，创新涉及所有这些领域的相关创造性活动。它是一个相互联系的过程，在这个过程中，从研究到服务的许多具有充分创造性的行为以一种综合的方式结合在一起，以实现一个共同的目标。

（2）对创新的认识

创新的概念经过几十年的演进，人们对创新的认识已经有了巨大的变化。在20世纪50年代，创新被认为是一种离散事件，是由一个个独立的科学研究者和发明创造者所创造的知识导致的结果。而现在，创新更多地被认为是一种过程所导致的结果，其成功存在于大量多样性行为主体在相互依存的情境中的交互作用和知识交换。创新概念的这种演变产生了两个后果：第一，创新不再被认为是只涉及技术解决方案的一个离散事件，而是一个还包含社会互动在内的过程；其次，创新不再只由有形资本（物质资本、财务资本）的组合来予以解释，还要以无形资本、特别是社会资本的组合来予以解释。

以知识为基础的创新不再被认为是产生于独立个体的离散事件，而更多地被认为是：①一种过程，更具体地说，是一种解决问题的过程；②主要发生在企业内，而不是发生在政府机构或者政府实验室内的一种过程；③一种涉及企业与其环境中不同行为主体的关系的交互作用的过程。这些关系既有正式的，也有非正式的，它们将企业嵌入不同的网络中；④一种多样化的学习过程。学习可以产生于"用中学""干中学"和"分享中学"。学习还可以产生于内部知识源和外部知识源。外部学习指的是企业的吸收能力；⑤一种涉及显性知识和隐性知识交换的过程。显性知识的交换是必要的，但不是充分的；⑥一种学习和交换的交互作用过程，其中不同行为主体之间的相互依存性生成一个系统，可称其为一个创新系统、一个创新环境、一个创新集群或者一个创新网络。

比如创新系统有，①国家创新系统，包括基础设施、制度体系、教育和培训管理系统以及它们之间的相互联结与网络；②区域创新系统，其边界取决于集群、行政机构、基础设施、技术工人数量、培训机构、制度体系等的地理跨度，网络与联结的程度，产业和企业的特异性等因素；③产业创新系统，跨越区域与国家边界，通用技术或者平台技术可以应用于多个产业部门、区域和国家。

（3）创新的类型

自熊彼特之后，创新理论的发展大体上形成了两大分支，一是以爱德温·曼斯菲尔德（E. Mansfield）、南希·施瓦茨（N. L. Schwartz）、克里斯托夫·弗里曼（C. Freeman）、多西（G. Dosi）、厄特贝克（J. M. Uttetback）等为代表的技术创新学派，深入探讨技术的创新与模仿、推广与转移、技术创新的动力和来源、技术创新的阻力机制和环境因素等问题；二是以道格拉斯·诺斯（Douglas C. North）等为代表的制度创新学派，从新制度经济学的角度，研究制度因素与企业技术创新和经济效益之间的关系，强调制度安排和制度环境对经济发展的重要性（丁娟，2002）。本书主要讨论技术创新的问题。

从熊彼特的创新定义出发，或者说是按照创新的对象划分，可以将技术创新分为产品创新、工艺创新、市场创新、资源（或供应链）创新和组织创新。由于产品包括有形的实物产品和无形的服务产品，所以又可以分为服务创新，组织创新也可以称为管理创新。

按照创新强度的不同，可以把技术创新分为渐进性创新与突破性创新（Ettlie et al., 1984；吴贵生、王毅，2009）。

根据技术创新所采取的技术轨迹和所需知识的不同，可以将技术创新分为：①维持性创新和颠覆性创新。克里斯坦森和雷纳（Christensen and Raynor, 2003）在其《创新者的解答》一书中，提出"颠覆性创新"的概念。颠覆性创新是要为市场带来全新的产品或体验，或者开发新的市场。而维持性技术创新则是一种满足应用需求、沿着既有技术路径、提高已有产品性能的技术创新。②连续性创新和不连续性创新。不连续性创新即技术不连续性引起的创新变革（Veryzer, 1998）。魏江、冯军政（2010）将不连续性创新定义为"导致企业技术基础、市场基础或这两个方面都发生重大变化的创新"。③探索式创新和利用式创新。马奇（March, 1991）认为探索式创新是寻找新的技术轨迹，是对全新机会的尝试，如开发一种全新的产品或进入全新的市场领域。而利用式创新则是对现有成分的改进，是建立在现有技术轨迹基础之上的，如对现有产品进行更新换代（Benner & Tushman, 2003）。

从创新的主体和知识来源划分，可以把技术创新分为封闭式创新和开放式创新。封闭式创新是一种传统的创新模式，即所有的创新工作都由组织内部的人完成。而开放式创新则是目前非常流行的一种创新方式，它由亨利·切斯布朗（Henry Chesbrough）教授于2003年正式提出，是指"企业利用外部资源进行创新，提升企业技术创新能力"（Chesbrough, 2003）。

国内学者也对技术创新的模式进行了富有成效的探索，提出了一些原创性的技术创新范式，主要有：①集成创新，即技术集成、知识集成和组织集成（江辉、陈劲，2000）。②全面创新，由我国创新管理领域的创始学者之一许庆瑞院士于2002年正式提出，主要包含战略、市场、技术、组织和文化等的全要素创新，面向组织人员的全员创新以及面向组织地域和时间的全时空创新三个方面（许庆瑞，2007）。③协同创新，即"以知识增值为核心，企业、政府、知识生产机构（大学、研究机构）、中介机构和用户等为了实现重大科技创新而开展的大跨度整合的创新组织模式"（陈劲、阳银娟，2012）。④整合式创新。这是陈劲教授最近基于东方哲学和中国传统文化的优势，首次提出的一种全新的创新范式，也即战略视野驱动下的全面创新和协同创新（陈劲，2017）。

（4）创新的度量

创新研究中一个重要的问题就是对创新的度量。而对创新的度量也可能正是导致某些研究结果不一致的主要原因之一。现有的度量一般分为四类：①对创新成果数量的客观度量；②对创新性的主观评定；③对创新活动的投入；④以创新本身为焦点。第一类度量反映的是客观测量的创新成果的数量，如论文和著作的发表出版数量、专利数量、新产品或原型的数量、新产品销售额占比等。第二类是对产品和人的创新性的主观评价。在这个类别中，以行动者或产品作为评价的焦点。通常情况下，个人的表现由他们的主管来评定。例如，在罗丹和格鲁尼克（Rodan and Galunic，2004）的研究中，高管对经理们的创新绩效进行评价。莫兰（Moran，2005）用人力资源总监作出的评级作为对产品和销售经理们的创新表现的测度。佩里 - 史密斯等（Perry-Smith，2006）用主管的评级来评价研究人员的创造性。伯特（Burt，2004）使用的是高级经理对经理们的创意进行评级。有时也会采用自我报告的方式，通过成员自己对产品成功或某个单元的创新性和创造性的自我评价来测度创新。按照同样的思路，加西亚 - 莫拉莱斯等（Garcia-Morales et al.，2006）用首席执行官（CEO）对组织创新与竞争对手的比较来评估创新。第三类测度的焦点是人或组织在创新活动上所做的努力。奥布斯菲尔德（Obsfeld，2005）和 伊巴拉（Ibarra，1993）考察的就是个体在创新行为方面所表现出来的参与程度。第四类度量以对创新的重视程度作为衡量创新的中心。鲁佩尔和哈林顿（Ruppel and Harrington，2002）通过评估人们对他们的团队在多大程度上关注创新的看法来衡量创新，比如对创新的承诺，在团队中产生新想法或新产品的重要性等。拉塞尔和拉塞尔（Russell and Russell，1992）的创新度量方法既有对创新频率的主观评价，又有对组织中创新重要性的感知。

这四类对创新的度量可能彼此高度关联。对创新越是重视，以主观和客观手段测量的成功创新越多。然而，不同的度量方法可能反映不同概念的事物，从而对创新的影响因素（如本书中的社会资本）特征作出不同的反应。例如，对创新的重要性强调的感知可能反映行动者所在的整体环境。感知到的重要性反映了该单位的价值观和工作重心。客观指标反映创新的成果。重点是创新的结果。以创新为导向的环境并不能保证创新的成功，因为还有许多因素在起作用，比如融资模式、智力资本、财务资本等。以创新为导向的环境可能与更多的凝聚性相关，因为人们需要在这样一个环境中对创新的重要性形成共同的理解。然而，要想取得成功的创新结果，可能还有比凝聚性更重要的因素。即使这两种创新的度量与社会资本表现出相似的关系，它们仍然需要用不同的方式来解释。促成创新环境的因素可能与有助于建立对创新的共同理解的能力有关，而那些有利于创新成果的因素则与创新成功的前因变量有关，而不是与以创新为导向的环境相关。因此，在对研究结果进行解释，或者对现有关于创新的文献进行比较时，确定其结果度量是否属于同一范畴是非常重要的。此外，在同一研究中使用不同种类的度量，可能有助于梳理出社会资本变量对不同类别的创新所具有的潜在差别效应。所以，本书中可能会根据研究的情境交替或同时使用多种不同的创新度量方法。

（5）创新的影响因素

范德潘内等（Van der Panne et al.，2003）将创新的影响因素归纳为四类：①与企业相关的因素，如组织结构；②与项目相关的因素，如管理风格；③与产品相关的因素，如相对价格；④与市场相关的因素，如竞争压力。达曼波尔（Damanpour，1991）的研究确认了 13 种影响创新采纳的因素，如专业化、集中化、技术知识资源、内外部交流沟通等。

近年来，社会资本成为一个重要的创新诱导因素。正如鲍威尔等（Powell et al.，1996）所指出的，创新发生的地点不再是个体或者企业，而是企业根植于其中的网络，这个新的潮流将注意力移向了社会资本。从知识中心论的观点看，知识是社会政治和经济环境的固有部分，知识的创造通过资源的整合而得以发生。各种不同的机构内社会成分与机构间社会成分的交互作用影响了资源整合的方式。从宏观的观点看，伍尔考克（Woolcock，1998）认为，文化、权力和理性在形成社会和组织效果的过程中起到了非常重要的作用，但是这些效果实际上是受到社会资本调节的。所有这些言论都指出了采用社会资本的创新观是非常必要的。

虽然从理论上都强调了社会资本对于创新的重要性，但是将关于社会资本与创新之间关系的实证研究结果系统地整合起来的努力还不够。究其原因，可能有如下几个方面的因素。第一，不同研究领域的隔离给整合带来了挑战。企业战略研究者主要聚焦于企业间的网络与创新。组织行为学研究者倾向于以企业内部网络与创新为焦点，而政策研究者则聚焦于国家或者区域层面的社会资本与创新。如果将有关社会资本与创新研究的不同领域、不同层面、不同视角结合起来考虑，那么其中的一些相互冲突的研究发现，如结构洞与凝聚力、强关系与弱关系、社会资本的积极效应和消极效应等争论，都应该可以得到更好的解释。第二，分析单位的不同是造成缺乏整合的另一个因素。不同的分析单位，如个体、团队、事业单位、组织、企业间联盟、社区、城市、区域、国家，并没有划分不同的研究领域，社会资本是这些研究共同的基本构念。第三，以创造力、知识创造和创新为主题的研究，在文献数据库中是按照不同的关键词来组织的。在文献搜索中，上述三个关键词中，其中一个关键词下的文献，可能不会出现在其他两个关键词下。由于这三个领域是紧密联系在一起的，如果各自扫描单独的研究领域，很容易错过好的知识。为了弥补这些文献上的空白，本书试图将战略、组织行为和政策研究都纳入研究范围，并将其扩展到不同的分析单元，以期得到一个更全面的解释。

2.2　社会资本与创新的关系

在国内学术界，张方华（2003）较早地指出，将社会资本理论融入技术创新理论，即从社会学的角度来研究技术创新成功的社会条件，将技术创新理论体系与社会学、经济学进行有机的整合，将为技术创新理论的新发展开拓一个新的视野。

国内外大量的研究证明，社会资本对创新有促进作用。林洲钰、林汉川（2012）研究了中国制造业情境下社会资本与技术创新的关系。结果发现，社会资本较高的省份，企业的技术创新活动表现出更高的水平，社会资本提高了企业的技术创新回报。严成樑（2012）的研究表明，社会资本能在很大程度上促进知识创新，并且对高水平创新的促进作用比对低水平创新的作用更显著。彭晖等（2017）基于中国 2000～2009 年省级面板数据的实证研究发现，一方面，社会资本对地区技术创新产生直接正向影响；另一方面，社会资本还通过促进地区金融发展而间接地影响地区技术创新。

根据那哈皮特和戈沙尔（Nahapiet and Ghoshal, 1998）的划分，将社会资本分为结构、关系和认知三个维度。在结构维度方面，从已有的文献中可以确定四个主要的子构念：网络规模、结构洞、关系强度和中心性。在关系维度方面，信任和规范被认为是影响创新的最重要的因素。在认知维度方面，从文献中确定了共同愿景。李金龙、熊伟（2012）采用中国省级层面 1997～2009 年面板数据的实证研究发现，认知维度和结构维度的社会资本对技术创新的产出影响各不相同。刘寿先（2014）的研究表明：不同类型的结构性社会资本对不同类型的技术创新的影响不相同。频繁的社会互动、高度网络中心性和行业内部联系有利于渐进式创新；较低的社会互动、高度网络中心性和行业外部联系有利于激进式创新。

2.2.1 结构维度与创新

社会资本的结构维度主要指行动者的社会网络特征。在社会网络与创新的研究中，经常涉及的有四个主要的结构特征：网络规模、结构洞、关系强度与中心性。

（1）网络规模与创新

网络规模指的是一个行动者在其网络中所拥有的所有联系人的总数。从现有的研究发现可以看出，网络规模对于创新普遍具有积极的影响。网络规模大意味着行动者联系的人或组织的数量多。这些互动关系可能为行动者提供两个主要的实质性利益。其一是可以接触到大量的外部信息、知识和思想，其二是资源分享，如知识分享、降低交易成本、互补性与规模效应等。

网络规模的积极效应可适用于组织、群组和个体三个层面。在组织层面，一个企业拥有的直接伙伴越多，产生的产品创新越多。沿着相同的路线，一个组织中的高管团队和关键知识员工拥有的网络联系越多，企业拥有的知识创新能力就越强。在群组层面，对于 R&D 项目团队的早期研究表明，高绩效的团队比低绩效的团队拥有更多的网络联系。在个体层面，如罗丹和格鲁尼克（Rodan and Galunic，2004）对管理者的个人联系网络与其管理创新之间的关系进行了研究，结果表明，网络规模具有少量的积极影响。在奥布斯菲尔德（Obsfeld，2005）关于机械师参与汽车设计的研究中，网络规模没有显示出与创新的显著关系。这也许是由于参与到一个特别创新项目和其他研究中所用到的创新是有区别的。莫兰（Moran，2005）对销售经理绩效的研究，也没有显示出网络规模与创新之间存在显著的关系，但显示出网络规模对于销售绩效存在积极影响。这可能是由于在该研究中，销售经理的主要任务是销售而不是创新，他们利用网络的目的主要是销售业务的发展，而不是为产品和工艺的改进激发创新理念。

除了上述网络规模与创新之间关系的线性观点之外，有两个研究探索了另外的方向。麦克法登和坎内拉（McFadyen and Cannella，2004）的研究通过模拟发现了网络规模与创新之间存在一种二次方程式关系。他们的研究结果显示，当一个生物医学研究者在过去 5 年时间里，与其合作发表科研成果的作者超过 93 人，如果他继续扩大其网络，那么很可能会对其研究成果发表产生负影响。麦克法登和坎内拉（McFadyen and Cannella，2004）对这种网络规模效益递减的解释是，维护和扩大行动者社会网络的潜在机会成本增加了，如时间、金钱和精力等。开始的时候，一个行动者所累积的社会联系越多，其通过网络获取的创新越多。但是，这里存在一个临界拐点，超过这一临界点，扩大社会联系的成本就开始大于其收益。沿着相同的路线，范哈弗贝克等（Vanhaverbeke et al.，2002）也发现，在企业技术联盟与技术创新之间存在二次项关系。他们将这种效益递减归因于网络饱和与过度嵌入性。此外，他们还发现，现有的技术资本和社会资本的交互作用对于创新具有负效应。他们的发现表明，当一个企业的技术资本水平较低时，扩大其网络规模（加入新的联盟）将提升其创新率。但是，当一个企业已经拥有了较高的技术资本水平时，扩大其网络规模（加入新的联盟）并不能获取相应的收益。

可能产生的负面效果包括：关键信息向企业联盟中的竞争对手的溢出；由于没有足够的时间与太多的联系人保持联系，从而使得现有关系中的网络强度和权力收益减弱；在同一网络中的过度嵌入性；对其他行动者的风险等。

另一个可能减弱网络效应的因素是智力资本。智力资本指的是一个社会实体——不管是个体、团队、组织，还是国家——所拥有的知识与知能（Nahapiet and Ghoshal，1998）。范哈弗贝克等（Vanhaverbeke et al. 2002）的研究表明，企业现有的技术资本与其网络规模交互作用共同影响企业的创新。这个发现提供的经验证据表明，社会资本与智力资本是互补的，正是社会资本与智力资本的共同演进构成了组织优势的支撑基础。社会资本有助于新的智力资本的获取，同时，智力资本构成了社会系统和社会互动得以形成并发挥作用的基础。在目前的情况下，智力资本主要是被当作网络规模与创新关系研究中的一个独立预测变量，通常被证明是创新的一个主要的积极影响因素（McFadyen and Cannella，2004；Smith et al.，2005）。但是，不管是史密斯等（Smith et al.，2005）的研究还是麦克法登和坎内拉（McFadyen and Cannella，2004）的研究，都没有试图去检验网络规模与智力资本可能存在的交互作用效应。将来的研究有必要去发现，在更多样性的环境下，究竟是否存在现有的智力资本与网络规模交互作用对创新的影响。

（2）结构洞与创新

结构洞指的是与彼此互不连接的其他行动者（个人、组织或地区）的独有联系（Burt，1992）。结构洞经常与网络幅度和网络密度等概念并行使用。网络幅度（network range）表示一个行动者网络中跨越机构、组织或者社会边界的不同类型联系人的范围。网络密度反映一个行动者网络中的联系人相互连通的程度。所有这三个概念都包含了一个行动者网络联系人的异质性水平和非连通性。

近年来，国内学者对结构洞与创新关系的研究有了增加。钱锡红等（2010）以深圳市 IC 产业为例，实证分析得出的结论是：占有丰富结构洞的企业能够获得更多的信息，更容易把握市场机会，从而在创新方面更具优势。任胜刚等（2011）认为结构洞为高校、科研机构和企业等技术供需双方搭建起桥梁，在提升区域创新能力中的中介作用非常显著。党兴华和孙永磊（2013）认为结构洞资源丰富的企业在网络处于中介位置，具有很高的可见度，在信息、知识传播中促进网络惯例的形成。冯科等（2014）利用我国汽车行业合作专利构建创新网络，揭示了技术创新网络中结构洞的非均衡演进特征。通过协整分析表明，结构洞非均衡化水平的提高对技术创造性程度更高的技术创新产出有正向作用；而结构洞平均水平的提高对技术创造性程度较低的技术创新产出有正向作用。

社会资本研究中争论得最为突出的两个对立观点，即结构洞观点和网络凝聚性观点。结构洞观点认为，结构洞使行动者接触到新颖的社区、多样化的体验和经常变化的思想，可以为行动者提供优质的信息和机会，还可以从行动者的利益出发，利用和操纵那些非连通各方的信息流。从网络幅度的意义上说，这意味着大的网络幅度带来更多的可供交换的多种类型的信息和知识，从而为创新作出更多的贡献。而网络中的凝聚性联结则带来刚性，它会阻碍合作与创新。相反，网络凝聚性理论家则认为，密集网络（结构洞更少的网络）有利于建立信任和培育合作。他们相信，凝聚性网络能够诱导个体更乐意投入时间与精力去帮助他人，并建立始终如一的合作规范。

结构洞与网络凝聚性的争论也反映在创新研究中。在以个体为分析单位时，结构洞的观点大都得到了支持；而在其他的分析单位时，结构洞的观点部分地得到支持。伯特（Burt，2004）对一个大型电子公司的供应链经理所作的研究巩固了结构洞理论，该研究的结论是，如果一个经理的网络连接了不同的结构洞，那么他就更有可能表达他的思想并与同事讨论他的思想，更有可能使他的思想被高层管理者采用，他的思想也更有可能被认为是有价值的思想。而弗莱明等（Fleming et al.，2007）的结论是，闭合带给创新的是净负效应，即使是考虑了行动者的工作经历或者是其合作者的工作经历的情况下，仍然如此。莫兰（Moran，2005）的研究则发现，虽然不是很显著，销售经理社会关系的冗余与他们的创新绩效之间存在反方向关系。罗丹和格鲁尼克（Rodan and Galunic，2004）对经理创新绩效的研究揭示，具有更多的非连通性关系（网络幅度更大）的经理与更好的管理创新性之间存在微弱的正向关系。

当以团队、组织和城市作为焦点分析单位时，研究发现则表现得更加不一致。哈加登和萨顿（Hargadon and Sutton，1997）对一家设计公司（IDEO）的定性研究表明，结构洞有益于创新，因为 IDEO 的技术顾问担任了各种类型组织及其产品的中介人，所以他们能够产生新颖的想法和产品。这个观点也得到了佛罗里达等（Florida et al.，2002）以城市为分析单位所作研究的支持。在他们的研究中，以对同性恋和波希米亚人的容忍作为结构洞和稀疏网络的代理指标，根据这个指标，对不同的城市进行比较，结果发现，上述两个指标排名靠前的城市，其创新活动的排名也靠前。相反，阿胡亚（Ahuja，2000）对化学工业技术创新的研究则反驳了结构洞与创新之间存在正向关系：二者是负相关的关系。这意味着，公司与之结伴的组织越是多样化，其创新性越差。沿着同样的路线，奥布斯菲尔德（Obsfeld，2005）的研究表明，网络密度与创新参与之间存在正向关系。

章丹和胡祖光（2013）对 63 个国内的创新网络进行研究，发现较之于企业的利用式技术创新，网络结构洞更有利于企业探索式技术创新活动。孙笑明等（2013）认为西方个人主义文化中结构洞有利于创新，但在中国的集体主义和儒家传统文化中，填充结构洞才能得到更高的创新绩效。

关于结构洞对创新的矛盾效应，存在这样几种可能的解释。林南（Lin，2001）提出，结构洞或者网络凝聚性的作用体现在不同的情境中，因此，应该识别能够体现其有效性的条件。首先，任务依赖性程度可能影响结构洞对于创新的效应方向。任务权变性观点的解释是，如果凝聚是更为理想的追求，那么密集网络更为有利；而如果信息和权力收益是更为理想的追求，那么稀疏网络更为有利。有关社会资本与创新的研究为这个观点提供了支持。哈加登和萨顿（Hargadon and Sutton，1997）研究中的 IDEO 公司的设计人员、佛罗里达等（Florida et al.，2002）研究中的城市文学艺术专业人员并没有将他们的大部分精力用于人员的结盟以求创新。这个观点也适用于罗丹和格鲁尼克（Rodan and Galunic，2004）研究中的服务与营销经理，以及伯特（Burt，2004）研究中的供应链经理。但是，汽车制造公司设计人员的主要任务（Obsfeld，2005）、化学工业中企业间的合作（Ahuja，2000）涉及的相互依赖程度更高，需要努力汇聚更多的人员，团结一致以求创新。史密斯等（Smith et al.，2005）的研究得到了一个有趣的发现：当以知识创造能力作为结果变量时，网络幅度的系数为正，虽然不是很显著；而当以新产品和服务作为结果变量时，网络幅度的系数则变为负。因此，创新的主要任务似乎决定了结构洞与创新之间关系的方向性。这种定位也可以从另外一个角度反映出来。相关文献显示，结构洞能够为个体行为者带来有利影响，而闭合则为创新增加了负效应（即使行动者或者其合作者具有多样化的工作经历）。这也许是因为这样一个事实：当个体是焦点分析单位时，创新结果也是以个体拥有大部分控制权的结果为核心。这样，这些个体控制的结果彼此之间的相互依赖性低，发展凝聚性和强关系的必要性就不如在相互依赖性高的任务中那样成为一个必要的前提条件。

其次，基于结构洞桥接成本的解释。阿胡亚（Ahuja，2000）的研究发现与哈加登和萨顿（Hargadon and Sutton，1997）的研究结果有偏差，为此阿胡亚（Ahuja，2000）的解释是，在哈加登和萨顿（Hargadon and Sutton，1997）的研究中，担任多个产业中介人的设计顾问所承担的成本较低。而在阿胡亚（Ahuja，2000）的研究中，化学工业的企业联盟涉及情报向竞争对手溢出而产生的实质性成本。这种解释在罗丹和格鲁尼克（Rodan and Galunic，2004）的研究中也能讲得通。服务与营销经理的网络通常并不与竞争发生关联，因此他们的结构洞所带来的成本不如存在竞争时的成本高。在奥布斯菲尔德（Obsfeld，2005）的研究中，这种解释则不适用。奥布斯菲尔德（Obsfeld，2005）考察的是公司内部的网络，因此与竞争因素没有关联。不过，奥布斯菲尔德（Obsfeld，2005）研究的是结构洞对于创新参与的影响，而不是对于创新成功（如专利）的影响。密集网络似乎对于调动行动者参与创新是必要的，而创新的成功更多地取决于结构洞的成本与效益的平衡。

最后，智力资本与结构洞对于创新具有交互作用效应。行动者及其联系人的知识领域与工作经验的多样性对于结构洞与创新的关系具有调节效应。罗丹和格鲁尼克（Rodan and Galunic，2004）的研究发现，当考虑到经理人网络的知识异质性时，网络幅度的正效应就变得不显著了。弗莱明等（Fleming et al.，2007）的研究发现，创新者及其合作者的职业特征，如创新者工作经历的宽度、创新者工作过的企业数量、合作者工作经历的宽度、创新者的外部联系数量等，与网络闭合存在一种正向的交互作用效应。工作经历的增加减轻了网络闭合的负影响。在佩里－史密斯（Perry-Smith，2006）的研究中，无冗余和背景异质性被放在一起建模，结果无冗余被证明是不显著的。这些发现再一次回应了人力资本与社会资本互补性的观点（Adler and Kwon，2002）。就结构洞而言，这种互补性似乎源自这样一个事实：现有的知识和经历的多样性能够弥补由于结构洞的不足而造成的信息多样性的不足。从时间构面看，给定时间内的知识异质性可以看作是以前的结构洞——通过与不同的组织、合作伙伴等的接洽——所产生的结果，因为结构洞所产生的主要结果之一就是与多样化的、新颖的知识和理念的接触（Burt，1992）。知识或背景的异质性也许充当了结构洞与创新之间的一个调节变量。

从上述分析可以得出如下若干结论和建议。首先，大体上，结构洞对于个体创新具有正效应。为了验证这一结论，还需要更多的关于个体创新的研究。其次，二次方程式或效益递减模型还有待于验证。就效益递减而言，结构洞的扩展导致结构洞桥接成本增加，并可能超过其收益。未来的研究需要通过监控桥接更多结构洞的边际效益来证实这一结论。再次，知识异质性可能代替结构洞来解释对于创新的信息优势，并从而充当其中的一个调节变量。这是一个初步的结论，因为在某些情境中，当信息和知识作为创新的主要投入时，结构洞的效应很可能就集中在知识收益上，将结构洞作为知识异质性的代理指标应该是合理的。但是，当权力和影响成为结构洞的主要功效时，知识异质性可能不足以完全解释结构洞对于创新的效应。未来的研究需要探索知识异质性在结构洞有望实现实质性的权力与影响的情境下的潜在调节效应。最后，结构洞与创新的关系还可能受到创新任务的调节。可用于梳理出任务依赖性的影响的策略有若干种。一种方法是用创新阶段作为创新任务的代理指标。创新过程通常是由不同的阶段组成的，比如创新启动阶段、创新实施阶段等。在创新启动阶段，其中心任务是问题的感知和想法的形成，理想的网络配置应该包含更多的结构洞，从而接触到更多样性的社区。在创新实施阶段，所采取的行动主要是关于计划的实施和修正方面的，网络配置需要以建立闭合和团结为核心。在这种情况下，纵向研究是最适合的，这样可以跟踪不同的创新阶段，并对结构洞对于不同创新阶段的不同效应作出解释。或者，可以将不同创新阶段的行动者有意地包含在同一个样本中，测度并检验不同的创新阶段中结构洞的交互作用效应。还有一种更为直接的解析任务依赖性的方法，就是研究具有不同任务依赖性水平的行动者，从而检测任务依赖性对于结构洞和创新联结可能存在的调节效应。比如，在研究团队创新时，可以考虑同时包括两种类型的团队，他们的任务依赖性具有相当大的差异，如研究团队和制造团队；同时增加一个任务依赖性变量以检验可能存在的交互作用效应。但是，在这样做之前，需要开发更多的通用的创新测度指标，以便能够对不同类型团队的创新进行比较。

（3）网络关系强度与创新

关系强度指的是一种关系接触的性质，它是与关系相关的时间数量、情绪强度、亲密度和相互服务的组合（Granovetter，1973）。强关系蕴涵着密集的交互作用，从而产生相互信任、参加合作活动的意愿、社会凝聚力和集体认同感（Coleman，1988；Krackhardt，1992；Smith et al.，2005）。

有时候，人们认为关系强度意味着结构洞的不足，因为具有更强关系的人们更有可能是彼此相似的，或者存在关系冗余。但是，关系强度从概念上截然不同于结构洞。结构洞的概念指的是一个行动者所拥有的非连通性关系，它解释的是一种关系网络的性质，格兰诺维特（Granovetter，1973）称为结构性嵌入。而关系强度反映的是行动者与其联系人关系的紧密程度，解释的是行动者之间交互作用行为的强度，格兰诺维特（Granovetter，1973）称为关系性嵌入。与网络某一部分有紧密的联系并不排除大量结构洞的存在。强关系既可以存在于一个凝聚性（密集）群组之内，也可以存在于其外部。弱关系并不能自动地推断出结构洞。这两个构念相互关联，但不可互换。因此，关于关系强度与创新的研究和关于结构洞与创新的研究需要分开考察。

从总体上考察，行动者与其联系人的关系强度与创新的关系被证明是正相关的。社会性交互作用能够激励资源的交换与组合，从而促进创新。兰德里等（Landry et al.，2002）考察了制造企业与地区组织、省级组织、国家级组织以及国际组织的关系强度，结果发现，经常地参与网络活动有助于创新决策的作出，并且熟悉不同利益相关者不仅有助于作出创新决策，而且有助于创新的根本性程度。史密斯等（Smith et al.，2005）研究了一家公司的高管团队成员和关键知识员工与跨越组织边界的客户、联盟伙伴、董事会、政府机关之间的关系强度，发现这些关系对公司的创新有直接的贡献。团队内部的交流沟通密度对创新也是有益的。类似地，销售经理与其联系人之间的关系强度也与他们的创新绩效正相关。

如果进行更具体的考察，关系强度与创新之间的关系则表现出一定的差异性。首先，麦克法登和坎内拉（McFadyen and Cannella，2004）和林德斯等（Leenders et al.，2003）发现二者之间是一种二次方程关系。麦克法登和坎内拉（McFadyen and Cannella，2004）的研究表明，当一个生物医学研究者在 5 年时间里与同一个合作者进行 1.56 次合作时，其知识创造达到高峰值。更多的互动似乎会导致效益递减。林德斯等（Leenders et al.，2003）也发现，团队内部的关系强度与团队的创造力之间是一种倒 U 型关系。他们指出，过高或过低的交互作用频率都会阻碍团队的创造力，而当交互作用频率适中时，创造力是最高的。从直觉上看，二次方程或者效益递减关系比线性关系更为合理，尤其是在考虑到强化社会关系所需付出的潜在成本的情况下。开始的时候，随着社会关系的强化，增加关系强度的效益上升，行动者可以更容易地接触到资源与知识，但是这种效益上升不会是无限期的。与特定的人或组织的交互作用所能获取的收益是有限的。而且，随着关系强度的增加，就更少有时间去搜寻那些可能给创新带来好的想法的新资源。因此，效益递减关系是比线性关系更为现实的概念构想。

其次，与中上关系强度具有总体的正效应相反，弱关系显示出对创新具有正效应（Perry-Smith，2006；Rowley et al.，2000）。佩里 - 史密斯（Perry-Smith，2006）区分了研究科学家的弱关系数量和强关系数量。弱关系数量对创造力具有正向影响，而强关系数量则削弱了创造力。罗利等（Rowley et al.，2000）考察了钢铁和半导体行业的企业联盟，发现在半导体行业，对探索（即对新知识的追求）有更多的环境需求，弱关系对于企业的绩效具有正向效应；而在钢铁行业，更多的要求是利用（即对现有知识的开发利用），强关系对于企业的绩效具有正向效应。佩里 - 史密斯（Perry-Smith，2006）和罗利等（Rowley et al.，2000）的研究发现可以从两个方面来予以解释。首先，从结构洞的观点看，更多的弱关系与更多的结构洞相关，因此有更多的非冗余关系。正如结构洞一样，当创新的主要任务是创意的提出［比如 Perry-Smith（2006）和 Rowley et al.，（2000）研究中的半导体行业］，而不是变革的具体实施［比如 Rowley et al.，（2000）研究中的钢铁行业］时，弱关系更为合适。相反，当创新的主要任务更多地依赖合作和具体实施［比如 Rowley et al.，2000 研究中的钢铁行业］，而不是个体的创造性努力［比如 Perry-Smith（2006）和 Rowley et al.，（2000）研究中的半导体行业］时，强关系更为合适。其次，从网络规模的观点看，更多的弱关系可以负担一个更大的总体网络，因为弱关系需要更少的资源去维护，从而使得行动者可以保持更多数量的弱关系。但是，强关系需要行动者从有限的资源池中支付更多的资源去建立与维护，从而限制了行动者的总体关系数量。因此，佩里－史密斯（Perry-Smith，2006）和罗利等（Rowley et al.，2000）的研究结果与网络规模对创新具有正向影响的大方向是一致的。

为什么同时存在中上关系强度和弱关系都具有正向效应的研究结果呢？其原因也许部分地源于数据收集方法。大多数研究在测度关系强度时，都是要求人们对其关键联系人进行回忆。人们很自然地会想起那些他们经常联系并有正向交互作用的人，而要回忆起那些与其关系较远的人则更为费劲。即使有花名册的帮助，人们也许没有耐性一个一个地去仔细检查，并给予那些关系较远、联系较弱的人以足够的注意。因此，他们得到的联系人汇总情况也许已经偏向了具有较强关系强度的联系人，从而得出了中上关系强度具有正向效应的结果。这个问题可以通过使用尽可能更为客观的关系强度测度方法而得以缓和，比如将识别联系人的任务划分为若干阶段，从而保证有足够的时间和精力去回忆那些较弱的联系人，或者特意要求参与者将弱关系和强关系分开回忆。

最后，弱关系对创新的影响可能受到背景异质性的调节。在佩里－史密斯（Perry-Smith，2006）的研究中，行动者联系人的任期与职能异质性减弱了弱关系对于创造力的正向效应。在该研究中，弱关系的数量类似于结构洞，因为行动者所拥有的弱关系越多，越有可能接触到更多的非连通性网络。她的发现强化了智力资本和结构洞的交互作用效应。

在关于关系强度与创新关系的文献中没有观察到的是结构洞已经展示过的任务依赖性。除了佩里－史密斯（Perry-Smith，2006）的研究，关系强度显示了对于创新的一般性正效应，无论是什么样的任务或者分析单位。从理论上讲，严重倾向于个人控制的创意产生任务的创新任务可能受到强关系和凝聚性网络的阻碍。但是，关于关系强度与创新关系的文献并没有为这一理论观点提供支持证据（McFadyen and Cannella，2004；Moran，2005）。这一理论与实证发现之间的差距可能意味着，结构洞与关系强度是两个独立的构念，因为它们对于任务依赖性的反应是不相同的。对于任务依赖性的反应，结构洞似乎更为敏感，而关系强度没有反应。当创新任务的差异性更大时，这种任务反应性是否还能保持一致，尚需更多的研究来予以证实。使用创新阶段模型也许有助于检验关系强度对不同创新任务的敏感性。

有一条特别的研究路线，即小世界研究，整合了关系强度与结构洞的研究。小世界研究者相信，为了对创新形成积极影响，结构洞和网络凝聚性有必要同时共存。小世界的网络结构特点是，一方面在本地集群中有高水平的网络闭合和关系强度，另一方面与其他的集群保持大量的弱桥接关系（Fleming and Marx，2006；Uzzi and Spiro，2005）。乌齐和斯皮罗（Uzzi and Spiro，2005）对百老汇音乐团队的研究表明，百老汇音乐剧艺术家簇群联系得越紧密，他们合作开发的、能够带来成功的音乐剧的好创意越多。但是，随着这些簇群彼此交互作用超过某一临界值之后，不同簇群之间的创造性就变得雷同了。弗莱明和马克斯（Fleming and Marx，2006）描绘了硅谷和波士顿 128 公路的关系图，显示出同时具有两种条件的小世界是最具创造性的：①在发明者簇群内部具有强关系；②与其他簇群存在桥接性关系。最近，这种小世界的观点已经扩散到了组织间的联盟。卡帕尔多（Capaldo，2007）的纵向研究发现，二元网络结构——其特征表现为，核心是围绕焦点企业形成的强关系网络，外围则是一个很大的异质性关系网络——能够带来实质性的竞争优势。罗利等（Rowley et al.，2000）的研究也为此提供了支持，他们得出的结论是，企业网络的强关系与高密度组合破坏了探索性创新绩效。

小世界研究为未来的创新研究提供的启示是，需要同时考察结构洞和网络凝聚性。它们构成了存在于不同网络边界内的两个构念，而不是同一个构念的两个极端。结构洞反映的是行动者核心小组外部的非冗余关系，而网络凝聚性反映的是核心小组内部的关系强度。这样的一个核心小组通常可以在正式的工作单元，如团队或者企业中找到。在其他的时候，它们也许体现为超越了正式组织边界的簇群，如发明家网络、实践社团、企业联盟或者跨国联盟等。为未来的小世界类研究划分一个内部和外部的边界将是关键的第一步。

（4）网络中心性与创新

网络中心性指的是行动者在网络中的位置。处于网络中心的行动者就占据了一个监控信息流的有利位置，并拥有大量愿意并有能力为之提供重要机会与资源的联系人以及随之而来的优势。高度的中心性通常意味着在地位等级中拥有较高的位置，并因此拥有重要的权力来源。中心性对于创新的影响主要是通过提供轻易接触大量信息、知识和想法的机会，以及获取创新所需资源过程中的权力与影响等来实现的，因为处于网络中心的人们通常被认为是具有较高的地位，比处于边缘的人们更值得信赖，这样使得行动者与直接或间接联系人之间的路径更短，更有可能有效地获取信息与资源。蔡和戈沙尔（Tsai and Ghoshal，1998）的研究发现，中心性是通过信任来影响创新的，因为占据网络中心位置的行动者，由于频繁而紧密的交互作用，被认为要比其他人更值得信赖，而信任导致创新。伊巴拉（Ibarra，1993）研究了广告公司中的个体，发现中心性对管理创新的参与程度有影响，但是对技术创新的参与程度没有影响。佩里－史密斯（Perry-Smith，2006）发现，中心性与外部关系数量相互影响。在她的研究中，在实验室中占据中心位置的研究者，当他们的外部关系更少时，更具有创造性。相反，在实验室中处于边缘地位的研究者，当他们的外部关系更多时，创造性更高。

从上述三个研究中，可以得出三个初步的结论。第一，从正式组织的角度将内部关系与外部关系区分开来，似乎有助于提高中心性对于创新的预测力。佩里－史密斯（Perry-Smith，2006）的研究显示，内部关系和外部关系对于创新具有互补性效应。缺乏中心性也许可以通过大量的外部网络得到弥补。第二，创新的性质可能调节中心性对于创新的效应。伊巴拉（Ibarra，1993）的解释是，因为她所作研究中的技术创新涉及边界的跨越，而管理创新不涉及边界的跨越，所以中心性只成功地预测了管理创新。第三，中心性可能导致其他的社会资本子构念，如信任。但是，由于有关这个主题的研究数量很少，还需要更多的研究来为中心性对于创新的影响路径提供更多的洞见。

（5）网络规模、结构洞与关系强度的相互关系

在现有的文献中，网络规模、结构洞和关系强度相互关联，并有很多的模糊性。由于现有的实证研究多是分析性的，所以这三个构念之间的相互关系并没有得到充分的揭示。在现有实证研究所提供的片段的基础上，加上理论推理的整体观念，可以得出若干初步的结论。

网络规模和结构洞是相互关联的。较大的网络规模通常与更多的联系人相关，其中可以观察到更多的非连通性和更弱的密度。在预测创新方面，网络规

模和结构洞似乎是相互替代的。史密斯等（Smith et al.，2005）、罗丹和格鲁尼克（Rodan and Galunic，2004）和奥布斯菲尔德（Obsfeld，2005）已经证明，当网络规模和结构洞同时用作预测变量时，二者都是不显著的。但是，值得注意的是，阿胡亚（Ahuja，2000）的研究是一个例外，其中网络规模被证明对于创新具有正效应，同时结构洞被证明具有负效应。这可能意味着，大的网络规模导致既有冗余关系也有非冗余关系。当创新任务严重地依赖合作与协调时，比如在企业联盟中，与类似的企业结成较大的网络，可能比不同的企业结成的大网络，更有利于创造整合与协同效应。由于网络规模具有绝对的正效应，而结构洞具有相机效应，所以也许可以认为，网络规模和结构洞对于情境因素具有不同的敏感程度。因此，如果研究兴趣在于创新的任务，那么应该用到的是结构洞而不是网络规模。相反，如果创新任务与研究无关，那么应该使用网络规模。

网络规模与关系强度同样是相互关联的，但是，当两个构念的效应都被考察时，网络规模是不可置换的。大的网络可能使关系强度减弱，因为行动者的联系人越多，由于行动者的资源限制，花费在每一个联系人身上的时间就可能更少。但是，网络规模对于创新有超过关系强度的独特效应。在同时考察网络规模和关系强度的研究中，即使关系强度变量存在时，网络规模仍然显示出对于创新具有主要的正效应。较大的网络规模和较强的关系似乎成为创新的共生性理想特征。这个发现确证了关于核心小组内部的强关系与核心小组外部的广泛关系共存的小世界观点。

格兰诺维特（Granovetter，1973）讨论过结构洞与关系强度之间的关系，他的推理是，强关系通常意味着低水平的结构洞，而弱关系更有可能与非冗余关系联系在一起。很可能由于这种推理的原因，同时考察结构洞和关系强度效应的研究并不多。但是，格兰诺维特（Granovetter，1983）引用以前的研究认为，并不是所有的弱关系都担当桥接非连通关系的功能，只有那些桥接性弱关系才能为行动者提供优势。虽然佩里－史密斯（Perry-Smith，2006）和史密斯等（Smith et al.，2005）的研究发现，除了弱关系数量提供的解释之外，行动者关系的非冗余性并不能提供太多的关于创新的解释，但是两个研究中增加的变量，佩里－史密斯（Perry-Smith，2006）研究中的背景异质性和史密斯等（Smith et al.，2005）研究中的网络规模，可能已经污染了这种关系。基于小世界理论，外部结构洞和内部关系强度应该是彼此互补的。未来的研究可以探讨结构洞和关系强度各自对创新的影响，尤其是在处于核心小组之内还是核心小组之外的基础上来区分它们。沿着以下两个维度来考察行动者关系的不同效应也许是有帮助的：一个是沿着结构洞的维度，另一个是沿着关系强度的维度。

2.2.2　关系维度与创新

社会资本的关系维度反映的是行动者与其通过交互作用历史而发展起来的联系人之间的个人关系（Nahapiet and Ghoshal，1998）。根据那哈皮特和戈沙尔（Nahapiet and Ghoshal，1998）的观点，关系维度包括信任、规范、义务与预期（承担未来某些活动的承诺）以及认同（将自己看作是与其他人一样或者是一群人之中的一员的感觉）。社会资本与创新关系的研究大多聚焦于信任与规范。

（1）信任

信任是社会资本关系维度中被讨论得最多的子构念。关于信任的定义，学者们已达成一个一般性的共识，即信任是"在释读其他人的动机与行为时假定其为最佳的一种倾向"（Uzzi，1997：43），或者是对于他人不受监督或控制的行为不怕受到伤害的意愿（Mayer et al.，1995），或者是相信他人的故意行为将适合自己的立场的一种信念（Misztal，1996）。根据其表现与来源，信任可以被分成多个切面。比如，库克和沃尔（Cook and Wall，1980）将信任分成两个子概念：①对他人值得信赖的意图的信任；②对他人的能力与可靠性的信任。路易斯和魏格特（Lewis and Weigert，1985）则区分了基于认知的信任和基于情感的信任；前者是指基于充分理由基础上的信任，后者是指基于人们之间感情纽带基础上的信任。卢梭等（Rousseau et al.，1998）将路易斯和魏格特（Lewis and Weigert，1985）的模型进一步精炼成三种类型的信任：a. 基于威慑的信任；b. 基于计算的信任；c. 基于关系的信任。基于威慑的信任指的是迫使一方相信另一方的功利性考虑，其基础是如果信任被违背将遭受潜在的制裁。基于计算的信任指的是以经济交换的理性选择为基础的信任，或者是以相信信任行为能够导致有利结果为基础的信任。基于关系的信任指的是建立在导致正面情绪的过去重复互动基础上的信任。关于信任的前导因素和情境因素，可以参看迈尔等（Mayer et al.，1995）的模型以及舒尔曼等（Schoorman et al.，2007）对该模型所作的更新。此外，勒维克和邦克（Lewicki and Bunker，1996）将时间构面应用于信任，认为早期的信任是基于威慑的信任，因为各方之间缺乏互动；随之而来的是基于知识的信任，因为各方在掌握了有关彼此倾向的知识的基础上进行互动；最后是基于认同的信任，因为各方由于先前的互动关系彼此承认了对方的价值观。

信任已经得到了广泛的研究。信任被认为可以导致交易成本的降低、谈判的成功、争端的解决以及开放式沟通、合作和知识分享等。在创新的语境中，信任扮演了一个非常显著的积极角色。与创新同行的是不确定性和因果模糊性，因为创新通常需要踏入未知的土地或者使用以前并未组合在一起的资源。创新必须承担风险和损失。一同共事的人们之间的信任关系有助于引发共同的努力，培养心理安全感和冒险的意愿，绕过基于正式控制系统的程序和政策，无须严密的监督而允许尝试新的创意和新的方法。

在有关信任与创新关系的实证研究中，一致性地认为信任一般都是有助于创新的。一般性的信任以及对国家体制的信任与一个国家的创新性正相关（Dakhli and Clercq，2004）。同样，公司中员工的一般性信任与公司的创造性也是正相关的（Lee and Choi，2003）。莫兰（Moran，2005）的研究巩固了这样一个观点：销售经理与其联系人之间的信任水平高，他们的产品和流程创新就多。就不同事业单元之间的信任而言，以罗德里格斯等（Rodriguez et al.，2005）研究中的 R&D 部门和营销部门为例，信任同样与多种前沿的新产品绩效正相关。从外部来讲，对客户、供应商、政府机构以及其他的事业单元的信任，同样有助于组织创新（Landry et al.，2002；Tsai and Ghoshal，1998）。克莱格等（Clegg et al.，2002）对信任作了更细致的区分，他们将信任划分为两个子构念：①聆听的信任：员工相信组织会听取他们的想法和建议；②受益的信任：员工相信他们将分享组织中任何变革所带来的收益。结果发现，聆听的信任对创意的实施具有正效应，而受益的信任对于创意的提出具有正效应。

有关信任与创新关系的文献表明，信任普遍地对于创新具有正效应。但是，信任是一个非常泛化的术语。不同类型的信任以及信任影响创新的路径会有很大的区别。未来的研究需要聚焦于区分信任的不同形式与内容以及它们各自的影响。探索不同类型的信任的相互关系同样是有益的。

（2）规范

规范在有关组织文化的文献中非常普遍。规范通常被认为是通过隐含的控制系统调控成员行为的组织文化的一部分。规范是"关于什么是适当的或者不适当的态度与行为的预期"（O'Reilly，1989：12），或者是"隐含的行为规则"（Russell and Russell，1992：644），或者简单地说就是"多数人所作的事情"。规范可以帮助个体预见他人对其态度与行为会作出如何的反应，帮助他们根据这些预期来调整他们的行为，从而增加令人满意的行为，减少不受欢迎的行为。在诸如创新这样的不确定性情境中，规范成为主要的指导来源，因为正式的组织程序可能失效（Russell and Russell，1992）。奥莱利（O'Reilly，1989）识别了三种提高创造性的规范维度：冒险、交换的回报和开放，以及三种促进创意实施的规范维度：共同目标、自主和行为信念。但是，这些维度与创新的关系还没有得到定量检验。根据拉塞尔和拉塞尔（Russell and Russell，1992）所言，在他们的研究之前无人对创新规范进行过操作化。他们根据萨尔特曼等（Zaltman et al.，1973）所提出的创新四过程，即对潜在创新的知识意识、对创新的态度形成、创新决策过程和创新实施，提出了创新规范的 8 个维度，如对组织个体成员创造性活动的承认、组织内自由而开放的信息交换、对新创企业中适度冒险的支持、对创新的启动与实质性实施的支持等，用来测度这些维度的题项共有 31 个。但是，由于题项－构念比不足，他们的维度收敛为一个单因子，在他们对四个行业中的公司所作的实证研究中，该单因子被证明对创新具有很强的正相关关系。埃尔斯等（Ayers et al.，2001）研究了公司中的 R&D 和市场营销与新产品成功的关系，他们的结论是，包括团结、灵活性和冲突协调的关系规范与新产品成功正相关。

由于术语的不一致，有关规范的文献似乎比有关信任的文献更加乖离。有一些术语是相似的，可以作为一个构念来研究，如团结、团体凝聚性，因为二者反映的都是成员之间的关系紧密度。有时候，同一个术语传递着不同的意义，如开放性，在某些情况下，它被用来表示对新理念的开放态度，而在另一些情况下，它又被用来表示公司广泛搜寻外部信息和新奇事物的策略。由于所使用的术语不同，并因此导致所使用的测度也不一样，所以很难对不同的研究发现进行对比，或者为更深入的研究形成一个共同的基础。

从有关规范与创新关系的研究中得出的第二个观察是，有这样一个强烈的倾向，即学者们有意识地为不同的创新阶段选择规范。似乎在学者们中间存在一个共同的假定，认为特别的规范只适用于特别的创新阶段（O'Reilly，1989；Russell and Russell，1992）。这个假定是否正确，或者在什么条件下该假定是有效的，尚未得到实证支持。可能有一些培养一般性沟通和知识交换的规范，在某种条件下对于所有的创新阶段都是合适的。比如，当创新不是根本性的创新，创新阶段模糊、不易辨别时，尤其有可能是这样的。

此外，从理论上讲，有一些太过强势的规范也许对创新具有伤害作用，因为它们可能导致群体思维，并因此扼杀创新。埃尔斯等（Ayers et al.，2001）已经讨论过这种规范对创新可能存在的负效应，但是没有进行过实证检验。

信任与规范似乎是与社会网络研究相分离而发展的。其中一个可能的原因是，它们起源于不同的范式：社会网络起源于社会学研究，而信任与规范起源于组织文化/组织行为学研究。关系强度构念的出现可能是社会网络研究中关系方面的最近似的构念。在关系强度与关系性社会资本之间似乎存在着紧密的关系。试图同时研究社会资本的网络（结构）与关系（内容）两个方面的努力非常有限。蔡和戈沙尔（Tsai and Ghoshal，1998）以及史密斯等（Smith et al.，2005）是填补这一空缺的少数例子。蔡和戈沙尔（Tsai and Ghoshal，1998）发现，结构资本在影响知识交换和组合方面部分地受到关系资本的调节。史密斯等（Smith et al.，2005）则发现，除了结构资本之外，支持冒险和团队工作的文化对知识创造和新产品开发具有强烈的影响。同时研究社会资本的结构和关系两个方面，可能比孤立地研究其中任何一个方面更有解释力，因为网络结构只是为行动者与其联系人之间的合意互动打下基础。网络联结会如何发展并不能保证就一定能够诱发创新，增加创新诱导性互动机会的关系，其质量如何，是靠关系性社会资本来反映的。

2.2.3　认知维度与创新

根据那哈皮特和戈沙尔（Nahapiet and Ghoshal，1998）的论述，社会资本的认知维度指的是在各方之间提供共同的叙事、诠释和意义系统的资源。认知性社会资本体现在能够促进群体内沟通的共同的陈述和编码等属性上（Tsai and Ghoshal，1998）。这一维度很大程度地得益于认知心理学。认知心理学主要关注于人们是如何进行信息处理的。它假定个体将某一知识结构、心智模板施加于信息环境，以形成信息的形式与意义。它代表了某一给定概念、某一类刺激或者某一信息域的有组织的知识。知识结构分派注意力，促进编码与记忆检索，提供推论基础，提高问题解决的速度。共同认知指的是群体或者组织的成员共享的知识结构，它被用来以一种能够在群体和组织层面产生后续诠释与行为的方式来调整信息环境。共同认知既有积极的影响，也有消极的影响。一方面，共同认知可能使战略决策者看不到环境中的重大变化，危及其作出合理决策的能力；另一方面，共同认知也被证明能够积极地影响组织对于绩效低迷的反应、组织成员对于环境因素的诠释与回应、对多样性亚群体观点的调和、在变化的环境下理解与行为的延续以及组织的竞争优势等。

关于共同认知与创新关系的研究很有限。共同愿景被认为是创新研究中的一个重要的构念。纳努斯（Nanus，1992：25）将愿景定义为"关于某一过程、某一群体或者某一组织未来状态的一种心智模式"。因此，共同愿景指的是某一单位的成员共同享有的关于未来状态的一种共同的心智模式（Pearce and Ensley，2004）。当认知性社会资本与社会资本的其他维度分开研究时，认知性社会资本被证明具有一致性的积极效应。在加西亚－莫拉莱斯等（Garcia-Morales et al.，2006）对西班牙有关组织的研究中，共同愿景被证明与组织创新正相关。皮尔斯和恩斯利（Pearce and Ensley，2004）对产品与流程创新团队的纵贯研究显示，共同愿景与创新之间存在一种互惠的关系。初始的创新成功产生共同的愿景，而共同愿景反过来又促进了创新的效能。蔡和戈沙尔（Tsai and Ghoshal，1998）是唯一研究共同愿景与结构资本和关系资本相结合所产生的影响的研究者。他们发现，虽然认知资本（共同愿景）与关系资本显著相关，但它没有显示出对创新的显著影响。他们的研究结果表明，共同愿景也许与关系资本（信任）有重大重叠，因此在考虑了关系资本的情况下，共同愿景没有能够对创新提供额外的解释。

相比于社会资本的其他维度，有关共同认知与创新关系的文献更难以找到。这可能有这样几个原因。第一，用于共同认知的术语是散乱的。沃尔什（Walsh，1995）回顾了有关认知研究10年的文献，被用来代表认知的术语大约有80个，包括参照架构、注意力场域、因果图、认知路径、共同观点、蒸馏意识形态、解析现实、心智模式、组织框架、感知过滤等。这些术语使得研究者难以识别哪些研究是以认知为中心的。第二，创新研究者聚集在技术管理、战略管理和社会学周围，而认知研究者则聚集在组织行为学和社会心理学周围。这两种簇群之间的学科和范式分歧也许阻碍了他们彼此更为有效地利用对方的知识基础。第三，认知形式具有内在的连贯性，倾向于保持长期的一致性。圣吉（Senge，1990）评论说，心智模式具有双重并吊诡的效应。一方面，心智模式降低了复杂性，使得人们能够识别行为进程；另一方面，心智模式又导致人们低估了某些能够诱导恰当行为的信息。创新必须要搜寻那些未被注意的信息或者是新奇的路径，在那里，既有的认知形式通常受到挑战与改变。因此，搜寻能够促进创新同时又能够在矛盾的情况下持久的认知形式，限制了认知形式的研究范围。于是，搜寻能够诱导创新的认知形式的难题，使得识别动态并多视点而不是静态并单一的认知形式也很困难。这可能首先需要一场有关认知形式的概念和本质的内在革命。创新研究需要更新认知形式的定义，将动态性与多重性含于其中。同时还需要有探求共同认知域的创新方法，以反映培育创新思想和行为的机制。

2.2.4　三个维度的相互关系

那哈皮特和戈沙尔（Nahapiet and Ghoshal，1998）提出了社会资本的三个维度，但是没有提出任何关于三个维度之间关系的命题。关于结构维度和关系维度之间的分歧，现有的文献提供了相当大的支持，既有理论的，也有实证的。自从格兰诺维特（Granovetter，1973）以来，结构性嵌入和关系性嵌入的研究就是各自分离的。结构性嵌入包含了有助于解释其行为的、一个行动者的网络配置，而关系性嵌入则囊括了那些影响行为的关系及其对行为的影响的内容与质量。有关社会资本与创新关系的文献为结构维度与关系维度之间的区分提供了支持。当这两个维度同时被考虑时，它们被发现都有助于创新，但是它们的贡献是各自独立的（Moran，2005；Smith et al.，2005）。不过，这两个维度是相互加强的。特别是结构维度中的关系强度和中心性，与关系维度有紧密的联系。信任和规范与行动者与其联系人之间的联系花费多少时间、紧密程度如何等直接相关。关系强度促进了重复互动。因此，关系强度能够导致信任和规范。反过来，产生的信任和行为规范越多，越多的交互作用得到了促进，从而建立起来的关系越强。从信任到规范再到关系强度，存在一个反馈环。此外，位于网络中心位置的人们与许多人的联系路径更短，由此，知识得以分享，规范得以创造。位于网络中心位置的行动者通常被认为比外围人员更值得信赖，因此，被认为与其联系人之间存在更高水平的信任（Ibarra，1993；Perry-Smith，2006；Tsai and Ghoshal，1998）。中心性和信任之间存在一种互惠的关系：中心位置导致信任的建立，而信任通过缩短行动者与其联系人之间的路径加强了行动者的中心位置。

但是，当与结构维度和关系维度同时被考虑时，认知维度并没有得到如此的支持（Tsai and Ghoshal，1998）。在得出任何结论之前，认知维度还需要进一步地与关系维度相区分。现有的文献没有提供一个关系维度和认知维度之间的清晰界断。蔡和戈沙尔（Tsai and Ghoshal，1998）的研究在关系维度被控制的情况下，也没有发现认知维度和结构维度之间存在相关关系。认知维度和关系维度很可能构成了同一个维度。特别是关系维度下的规范，指的是对行为模式的共同预期，与共同认知有相当大的重叠。规范可能包括共同认知在内，比如，奥莱利（O'Reilly，1989）的共同目标规范似乎与共同愿景非常类似。

2.2.5　社会资本对创新的影响路径

以上的文献回顾总结了社会资本与创新关系实证文献中已经达成的一些共识，仍然存在的一些冲突和缺口，以及未来的研究可以努力的方向。在社会资本的三个维度中，研究得最多的是结构维度，其次是关系维度，最后是认知维度。文献回顾的主要发现总结如表 2 - 1 所示。

表 2 - 1　　　　　　　　　　社会资本与创新的研究发现总结

社会资本	组成部分	对创新的效应	潜在调节变量
结构维度	网络规模	• 正效应，但可能是二次方程或效益递减关系	• 智力资本 • 成本
	结构洞	• 对于创新产生具有正效应，但可能是二次方程关系	• 智力资本（知识/背景异质性） • 创新任务性质
	关系强度	• 对协调和创意实施具有负效应 • 正效应，但可能是二次方程或效益递减关系	• 成本 • 内外部联系 • 智力资本（知识/背景异质性）
	中心性	• 与外部网络交互作用	• 成本 • 内外联系
关系维度	信任	• 正效应	• 创新类型 • 信任类型
	规范	• 正效应	• 创新阶段
认知维度	共同愿景	• 当其他社会资本不在场时，正效应	

　　社会资本的结构维度主要考察社会网络变量，即网络规模、结构洞、关系强度和中心性。一般来说，网络规模、关系强度和中心性与创新的关系主要是正效应关系，而结构洞对于创新的影响受到情境变量的严重调节。网络规模与创新之间存在显著的正相关关系。网络规模似乎是一个过分简单化的构念，因为它只对行动者所拥有的联系人的纯数量作出解释，而不管这种关系的强度、质量或者内容。但是，它是一个很强大的构念，在不同的研究中都显示出与创新有很强健的关系。此外，虽然有一些研究显示，网络规模与结构洞在对创新的影响方面，具有相互替代效应，但是网络规模对于创新的影响显著地大于关系强度的影响。网络规模影响创新的主要机制是通过接触大量并很可能是多样化的信息和资源。尽管网络规模具有一般性的正效应，但还是存在两个可能的调节变量：建立关系的成本和现有的智力资本。未来的研究需要：①检验网络规模与创新之间的二次方程或者效益递减模型在更加多样化的环境下是否存在；②如果存在，则识别造成效益降低的成本因素；③考察网络规模与结构洞对于创新的替代效应；④检验网络规模与现有智力资本的交互作用效应。

　　结构洞对于创新的效应通过向行动者提供信息接触以及权力与影响来实现。结构洞对于创新的影响视情境因素以及知识/背景异质性而定。如果创新任务更多的是独立任务，或者桥接结构洞的成本较低，那么结构洞倾向于对创新具有正向效应。如果创新任务倾向于较高的任务依赖性，或者跨越边界的成本较高，那么结构洞倾向于负效应。梳理情境因素影响的方法包括研究不同创新阶段的结构洞效应，或者研究不同创新任务下的结构洞效应，以及评估桥接结构洞的主要成本。除情境因素之外，行动者及其联系人的知识和背景异质性也会调节结构洞的效应。知识异质性很可能是结构洞的中介变量，有必要检验中介模型。结构洞效应是否以及有多少受到了知识异质性的中介需要进一步的考察。从现有的研究看，在知识密集型创新中，结构洞的影响可能全部受到了知识和背景异质性的中介。结构洞所具有的理论上的权力和影响优势在创新中是否有意义，在创新过程中从权力与影响优势中产生的中间结果是什么，也需要更多的实证研究。

　　网络关系强度对创新成果的影响存在差异性。通过在网络中建立信任和凝聚力，总体关系强度对创新产生积极影响，而吊诡的是，弱关系的数量也对创新产生积极影响。关于小世界的研究指出了一个很有前途的方向，它将结构洞和网络凝聚性结合在一起，这有助于解决二者之间的争论。区分核心组内外部的关系强度，而不是将所有的联系人合计为一个整体，将有助于确定关系强度分别从内部和外部的角度对创新的影响机制。此外，这两种关系强度都涉及维护成本，因此关系强度与创新之间的二次方程或收益递减的关系更值得关注。同时，关系强度与智力资本之间可能存在的交互作用关系还需要进一步的实证和探索。

关于网络中心性与创新关系的研究还很少。中心性提供了获得大量信息的便利，促进了资源的获取。网络中心地位对创新的影响可能会受到外部网络特征以及创新类型（技术创新 vs 管理创新）的调节。因此，要更准确地描述网络中心性在创新中的作用，就必须对内部网络和外部网络以及创新的本质都进行考察。此外，中心性可能会影响社会资本的关系维度，并通过关系社会资本发挥间接作用。这两个方面都还需要做更多的研究。

创新研究中考察的社会资本关系维度包括信任和规范。信任一直被认为是创新的一个推动因素。信任研究的一个普遍趋势是区分不同类型的信任以及不同类型的信任对创新的影响路径。进一步的研究还可以考察信任与社会资本的其他维度之间的动态关系，如关系强度、网络中心性和共同认知等。说到规范，则分歧很多。文献中已经确定了许多有益的规范，例如公民行为规范、承担风险规范、变革回报规范、开放规范、团队合作规范、共同目标规范、自治规范、行动信念规范、团结规范、灵活性规范和冲突协调规范等。然而，确定的这些规范往往是杂乱无章的，没有得到充分的实证检验。如果不付出更多的努力来整合这些术语，实证地建立这些规范之间的构念分歧效度和构念收敛效度，并对这些规范的效果进行实证检验，那么对于这些规范就不可能有坚实的知识积累。

关于社会资本的认知维度的研究更是少之又少。认知社会资本是否能提供比关系社会资本更多的解释力，这也是不确定的。研究者对认知资本的研究也需要更具创新性的方式，以进一步将其与关系社会资本进行区分，同时避免共同认知所蕴含的同质化副作用。

从现有的社会资本与创新关系的研究来看，社会资本的概念主要是指结构和关系两个不同的维度。那哈皮特和戈沙尔（Nahapiet and Ghoshal，1998）提出的认知维度可能是关系维度的一个组成部分。结构维度中的关系强度和网络中心性通向关系维度，从关系构念回到关系强度和网络中心性，形成一个反馈环路。图 2 - 1 描绘了社会资本构念及其子构念对创新的影响路径图。

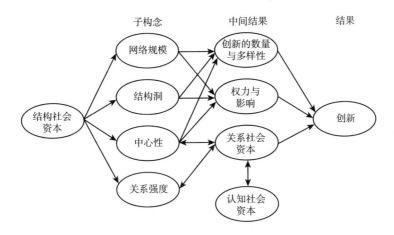

图 2 - 1　社会资本对创新的影响路径模型

　　根据上述对社会资本与创新之间关系的考察，似乎在现有研究中所提创新的大多数情况下，社会资本特征与创新的最佳组合就是强网络关系与内部行动者组合，弱但广泛的网络联系与外部联系人组合。行动者在其联系人中扮演中间人的角色，从互不连通的联系人那里收集异质性的知识和影响。行动者与内部联系人之间也可能形成具有凝聚力和信任感的关系，在创新的发展和实施过程中发挥凝聚和动员的作用。社会资本特征的最佳组合可能会随着调节因素的加入而改变。简言之，重要的调节因素包括创新的性质、类型和阶段，网络的内部簇群和外部簇群，知识资本的数量和多样性，以及创建和维护社会互动的成本。

2.3　知识转移的理论与模型

　　创新离不开知识的创造和转移。知识的创造和转移是创新的重要组成部分，因为任何新流程、新产品和新服务都源于新思想。野中郁次郎（Nonaka，1994）就将创新定义为"组织创造并定义问题，然后积极开发新的知识去解决这些问题的过程"。

　　按照斯祖兰斯基（Szulanski，1996）的定义，知识转移是知识在组织内或组织间跨越边界的转移，即知识以不同的方式在不同的组织或个体间转移。辛格利和安德森（Singley and Anderson，1989）指出，知识转移是将一种情境下获取的知识应用于另一种情境之中；知识转移既可以发生在组织内部，也可以发生在组织之间；知识转移的渠道可以是正式的，也可以是非正式的；可以是个人的，也可以是非个人的。

从辛格利和安德森（Singley and Anderson，1989）的定义可以看出，知识转移与情境高度相关。从本质上说，知识是社会化和情境化的。奥利考斯基（Orlikowski，2002：249）认为，组织知识"出自组织成员不间断的情境化行为之中"。组织中的知识内嵌于特定情境的工作实践中。类似地，艾尔兰等（Ireland et al.，2002）也将知识概念化为社会建构的和情境化的。

2.3.1 知识转移理论与模式的演进

组织知识转移的不同模式或范式催生了不同的知识转移理论。早期的组织知识转移模式将知识看作一种物体，能够机械地从知识创造者传递到知识转换者；知识转换者将知识改编后，将信息传输到知识使用者。在这个过程中，知识使用者一般被视为被动的角色或者知识的容器，而知识转移得以发生的环境总是被典型地忽略了。这些经典的模式（见图2-2）意味着在知识创造者和知识使用者之间存在一种自上而下的层级关系，前者持有资源（知识），而后者被锁定于一个从属或附庸的地位。

图2-2 传统的知识转移模式

随着研究的深入，研究者们相继提出了一些新的知识转移和成人学习模式，如布沙尔和热利纳（Bouchard and Gelinas）的螺旋模式，勒温（Lewin，1951）的成人学习循环周期，科尔布和弗莱伊（Kolb and Fry，1975）的体验学习模式，霍尼和芒福德（Honey and Mumford，1982）的学习者分类等，都关注于将理论知识转移到实践，即将知识用于现实生活环境之中的经验过程。

斯祖兰斯基（Szulanski，1996）对知识转移的环境和被转移知识的特征两个方面都进行了实证研究。他将其注意力集中于他所谓的知识的"黏性"，以此来描述知识转移过程中的挑战，结果发现，知识转移的大多数困难都主要源自知识接受单位。除了知识转移环境之外，整个社会系统中的知识转移能力也是有效的知识转移的重要决定因素。知识转移能力是有效的知识转移的先决条件。

近年来提出的实践社区模式和知识网络模式是两个最能激发研究与实践社区想象力的模式。实践社区模式被描述为"由共同的专业知识和共同创办企业的激情非正式地连结在一起的一群人"（Wenger and Snyder，2000：139）。实践社区一般是由这样一些人激发的，他们认识到，他们能够通过与其他具有相似目标的人共享知识、洞见和经验而获得利益；实践社区往往以最佳实践或者共同追求为中心而形成。由于实践社区一般以共同兴趣为基础，主要强调非正式的、自愿的个体聚会，所以有时候被组织认为是"难以管理的"。另外，最佳实践和商业机会网络得到的组织支持更多，被认为对于组织绩效有直接的贡献。如布切尔和劳布（Büchel and Raub，2002：587）认为，知识管理中最有价值的活动集中在创造知识网络，它们超越了传统的实践社区的概念。"商业机会"和"最佳实践转移"网络已经被证明对于企业价值的创造有直接的贡献。

2.3.2   现实的社会建构理论与知识转移

现实的社会建构理论是由伯杰和卢曼（Berger and Luckman，1966）在他们的著作《现实的社会建构》（*The Social Construction of Reality*）一书中引入社会学领域之中的。该理论认为，现实是人们按照他们对于现实的了解和诠释而复制的。换言之，除非透过经验的棱镜，通过伯杰和卢曼（Berger and Luckman，1966）所谓的合理性结构来解释，否则现实（即你不可能回避的东西）是不可知的。根据社会建构理论，知识是在社会情境中得到发展、传输和保持的。就这点而论，知识是一个动态的构念，随着它被诠释、利用和再利用而不断演化：它是人类与其身处其中的社会系统之间不断的日常互动的产物。因此，社会建构模型将人类与生产和利用知识的社会之间的关系看作是反复迭代或循环往复的，而不是线性的。将知识视为物体的古典观和将知识视为日常互动产物的观点之间的这种区分，对于理解知识是如何在社会系统中生成、分布和利用的，至关重要。哈奇森和休伯曼（Hutchison and Huberman，1994）对教育界的知识转移作了大量的研究，认为知识的使用者是积极主动的问题解决者，是他们自己知识库的生产者，而不只是被动的信息和专门知识的容器。只要每一个人在诠释、利用和再利用知识，那么也就是在创造新的知识。

根据社会建构主义的观点，知识被定义为"根据实验、经验、实践、科学或者信仰而被认为是真实的对现实的一种组织有序的陈述"。知识转移是试图对现实进行理解、命名并试图按照现实行事的行动者之间交互作用的动态副产品。这些定义的意义在于，知识必须在其恰当的、情境特定的社会系统中来予以考虑。因此，知识转移的困难部分地源于这样一个事实，即由于知识是社会建构的，所以情境必然总是变化的，即使是每个个体都在其情境中来考虑新知识的利用。因此，本书提出的知识转移模型必须处理与不断变化的情境相关的复杂性。

一个组织对新知识的采纳和应用通常意味着对过去实践的抛弃，这些过去的实践也许仍然影响着当前社会系统中政治、经济和文化的均衡。因此，新知识的合法性要根据潜在使用者的价值观、信仰和文化来得以确认。如果要使目标群体中的知识生成、扩散和利用过程更加容易，所有这些因素都必须予以考虑。正如福斯和彼得森（Foss and Pedersen，2002：54）所指出的，"知识转移并不意味着知识在一种新的位置上的'完全'复制。的确，知识转移通常与现有知识对特定环境的适应相关。因此，被转移的不是原有的知识，而是这种知识以一种对特定问题的解决方案的形式表现出来的应用"。由于在特定环境内部和特定环境之间的知识转移存在着高度的复杂性，所以需要一种整合各种不同观点的方法来理解各种环境之间的关系。

2.3.3　知识转移动态能力模型

根据以上分析，本书提出一个知识转移动态能力模型，它是一种新的系统的通用框架，用以识别社会系统生成、传播和利用新知识以满足其需要所必需的组成部分。通过对知识转移采取一种整体的、系统思维的观点，可以将知识转移与系统内部和系统之间的关系联系起来，包括需求系统、目标系统和过程系统。这种系统观可以从知识是如何被转移的过程以及系统需要拥有哪些能力才能成功地转移知识两个方面来看待知识转移。与传统的、将知识转移描述为一个过程的知识转移模型相反，知识转移动态能力模型主要关注于社会系统成功实现知识转移所必须拥有的组成部分，或者如蒂斯等（Teece et al.，1997）所说的、系统玩转这个游戏所必须拥有的"资产"。如图 2－3 所示，该模型的组成部分包括两个先在条件和四种能力。两个先在条件指的是需求和知识。

四种能力是指知识生成能力、知识传播能力、知识吸收能力、适应与反应能力。

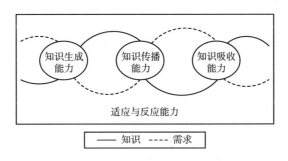

图 2 - 3　知识转移动态能力模型

社会系统可以有多种形式：公司、网络、协会、群体、社会、区域或者国家。社会系统的成员是无限的，要理解知识如何在社会系统内部和社会系统之间转移，需要理解该系统的需求或者它想要解决什么问题。在知识转移动态能力模型中，广义上的问题解决被认为是知识转移的主要原因，这种需求越大，行动者愿意投入于知识转移过程中的能量越多。

对于系统需求的初始辨别尤其重要，因为它在很大程度上决定了所要转移的知识的类型。除了阐明系统需要什么样的新知识之外，对系统需求的初始辨别还明确了哪些行动者或者特殊利益团体是解决问题必须涉及的，以及系统目前所拥有的知识状态，包括隐性知识和显性知识。

系统的需求及其拥有的现有相关知识的水平是知识转移动态能力模型的主心骨。如图 2 - 3 所示，它们分别用不同的线条表示出来。系统的需求与知识水平影响到四种能力，同时四种能力也影响到系统的需求与知识水平。代表现有知识和所需知识的线条的连续流动，象征着知识和需求是无限的。一旦识别了系统的需求及其现有的知识水平，社会系统就需要拥有或者获取四种能力以保证知识转移的成功。能力意味着行动的可能性，或者是基于社会系统现有可得性资源的才能。

知识生成能力是指发现或者改善知识以及源于知识的流程、技术、产品和服务的能力。它建立在系统所拥有的智力资本和创意资本的基础之上，它存在于系统成员、科研基础设施和联盟之中。知识传播能力表示的是通过社会和（或）技术网络将知识进行情境化、格式化、改编、转化和扩散的能力以及获取利益相关者承诺的能力。相互连贯的社会网络（社会资本包括强关系和弱关系)、经纪人以及其他的中介结构，包括技术和社会基础设施的支持等，是这种能力得以建立的基础。知识吸收能力，最初是由科恩和利文索尔（Cohen and Levinthal，1990）提出的概念，在这里指的是识别外部新知识的价值，将其同化并应用于相关问题的能力。吸收能力典型地存在于拥有相关知识、愿意变革、伙伴之间相互信任、灵活并适应性强的工作组织和管理支持的环境中。最后，适应与反应能力指的是持续学习和更新知识转移系统要素以不断变革和改进的能力。它得以建立的基础是持续的学习经验、愿景和批判性思维、利益相关者之间的分布式领导、多重反馈环路和监督机制。所有这四种能力都是社会系统得以成功进行知识转移所必需的。缺乏其中任何一种能力，都要求知识转移系统必须获取或者发展这种能力。

知识生成能力、知识传播能力和知识吸收能力是知识转移动态能力模型的核心。它们的相对重要性依需要解决的问题而不同。在某些情况下，问题的复杂性可能要求投入大量的时间和精力于研发（如制药业的新分子研究），而扩散与吸收的紧迫性相对降低。而在另一些情况下，扩散可能是相当重要的问题（如研究发现在科学期刊上的发表）。还有一些情况下，比如由于文化的问题造成对变革的抗拒，使得吸收成为主要障碍。

适应和反应能力是二阶能力或者说是更高级的能力，其功能是不断地反映出系统内知识转移活动的适当性，激励对环境变化的快速适应。

2.3.4　社会资本如何为知识转移赋能

创新离不开知识转移，但知识不会自动转移，尤其是对于企业提升创新能力和竞争能力有用的、非常重要的知识而言，尤其需要赋能因素，推动知识的有效转移。本书认为，社会资本就是推动知识有效转移的重要赋能因素。

约翰内森等（Johannessen et al.，2002）发现资源交换（知识转移）得以发生有四个条件。它们是可达性、价值预期、个人利益动机和交换能力。而社会资本对上述每个条件都有重大影响。

本书沿用那哈皮特和戈沙尔（Nahapiet and Ghoshal，1998）将社会资本划分为结构性社会资本、关系性社会资本和认知性社会资本三个维度的传统。结构性社会资本由社会网络关系构成，它们支配着谁与谁之间可以相互影响，以及这些关系是如何实现的。该维度中的因素包括网络的模式、密度、连通性和层级等。关系性社会资本是社会资本的情感成分，以人际信任、共同规范、与网络中的其他个体的身份认同等，来描述网络关系。认知性社会资本则包括组织成员共同的目标、愿景和价值观。

个人之间的连接关系是知识资源流动的渠道，它决定了可获得知识的范围，知识也因此有了转移的机会（知识可达性）。

如果一个人相信另一个人会按照双方的最大利益行事（仁善信任），那么他们之间就会有相互交换的动机。他们就会觉得交换伙伴不会有机会主义行为（风险降低），会报答对方的善行（利益）。如果一个人相信另一个人有能力履行责任义务并完成任务（能力信任），他们就会产生交换能够带来积极的、有价值的结果的预期。

认知性社会资本有助于知识接受方的学习过程。要将交换的信息转化为知识，必须对其进行意义建构。因此，信息是根据情境来进行归类和评估的。有共同情境的个人就能够建构相似的诠释和意义。诠释和意义不是简单地被打包送到接受方，而是由发送方设计并构建一则消息，这则消息能够唤起接受方意欲表达的意义。由此，有效的知识转移得以发生（交换能力）。

在知识分享研究中，社会资本指的是组织成员之间紧密的人际关系。从资源基础观看，它是一种有价值的组织资源，因为它促进了集体行动所必需的个体互动。如前所述，从社会建构理论看，知识被看作是社会建构的，并内嵌于社会情境中的。一些知识管理学者甚至已经论证，社会资本是实现知识流动的一项关键机制（Chow and Chan，2008；Kim and Lee，2010）。而且，源自人际和群体关系的社会动态是知识创造和知识转移的首要决定因素（Van den Hooff and Huysman，2009）。

知识转移是一项通过知识得以在不同成员之间交换、共享和传递的活动，这里的知识包括经验、信息、技能或专门知识。知识转移不是简单的分享知识的过程，而是组织成员通过密集的社会互动调整其信念和行动的过程。知识转移的这一定义支持了社会资本理论，社交能力是创造有价值资源（即知识）必不可少的关键条件。

知识转移是两个或两个以上的参与者涉及知识获取和知识供应的沟通过程，所以知识转移行为包括知识寻求或获取的一方，还有知识提供或供给的一方。知识获取需要向知识源发出请求，以便让他们分享其知识资本，而知识供给需要向他人展示和传播自己的知识资本是什么。

根据瓦斯科和法拉吉（Wasko and Faraj，2005），知识分享需要有共享的文化和共同的目标，即认知性社会资本。因此，强联系构成的高密度网络型组织可能更容易实现集体行动。另外一些研究也考察了其他一些影响知识转移的因素，如最常被提到的知识转移促进因素之一的社会信任（即关系性社会资本）（Kim and Lee，2010）。周和陈（Chow and Chan，2008）则强调了社会网络（即结构性社会资本）、社会信任（即关系性社会资本）和共同目标（即认知性社会资本）等，对于鼓励组织层面的知识分享的重要性。根据范登胡弗和于斯曼（Van den Hooff and Huysman，2009），在知识分享过程中，社会资本从三个方面影响到知识转移行为：

①提供接触到那些具有相关知识或需求的人们的途径；

②提供一种共同兴趣，一种相互信任的氛围和对他人知识价值的欣赏；

③分享对彼此知识进行理解、解读和评价的能力。

综上所述，本书构建一个社会资本作为赋能因素促进知识转移，从而提高技术创新能力和创新绩效的"知识转移赋能因素—过程—结果"整合模型，如图 2 - 4 所示。

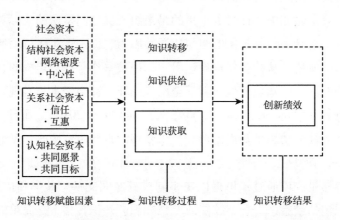

图 2-4 知识转移赋能因素（社会资本）—过程—结果整合模型

2.4 社会资本、知识转移与技术创新的整合模型

虽然对社会资本概念的探讨已经有了几十年的历史，但它仍然是一个很有弹性的概念。关于社会资本的内涵与外延的争论颇多。根据那哈皮特和戈沙尔

（Nahapiet and Ghoshal，1998）的三维模型，本书认为社会资本的结构和关系维度似乎是社会资本的实质组成部分，而认知维度可能是关系维度的组成部分。

鉴于结构维度和关系维度对创新的贡献更大，在创新研究中探索这两个维度似乎更有希望。社会资本既包括结构社会资本也包括关系社会资本，因为结构社会资本不能脱离关系社会资本而存在，而关系社会资本如果没有结构社会资本也不可能存在。结构社会资本反映了各种关系的物理配置，关系社会资本则反映了这些关系的实质。从结构维度和关系维度两个方面综合考虑社会资本以解释创新差异，比单独从结构维度解释更有益。这一看法和格兰诺维特（Granovetter，1973）关于结构性嵌入和关系性嵌入的观点是相互印证的。现有的研究普遍地遵循着单一的研究传统路线，如结构洞和凝聚性的争论，弱关系的力量，小世界，企业间的合作或组织文化等。同时考察网络的架构与关系的质量和内容的研究很少。现在是整合结构维度和关系维度的时候了。如果要做到这一点，就需要仔细构建两个维度之间相互关系的理论模型；两个维度之间是顺序关系还是平行关系；它们如何直接和间接地影响创新。本书倾向于将关系维度主要视为结构维度的结果，因为交互模式促进了关系的发展。互动导致喜爱，从而带来合作和信任的机会，定期的沟通使得彼此可以交换关于各自的偏好、价值观和解决问题的方法等方面的信息，最终导致信任。蔡和戈沙尔（Tsai and Ghoshal，1998）假设并验证了关系维度在结构维度与创新之间的中介效应。关系质量决定了网络结构的配置，所以存在一种从关系维度到结构维度的反馈环路。

在社会资本的三个维度中，结构维度被研究得最多，但这并不意味着对结构维度的研究就很彻底。这里存在着术语的混淆问题。例如，网络密度在不同的研究中意味着不同的东西。里根斯和朱克曼（Reagans and Zuckerman，2001）用团队成员之间相互沟通的平均频率来度量网络密度，这本质上属于关系强度的构念，还有一些人则用网络密度作为网络封闭性的度量——行动者的联系人之间是如何连通的，而这又属于结构洞的构念（Fleming et al.，2007；Obsfeld，2005）。此外，一些重要的变量在实证研究中被忽略。很少有处理行动者与其社会联系人的相对位置的研究。关注的都是与行动者互动的人是谁。没有充分研究联系人与行动者的相对位置。地位、财富和权力的差异被用于求职研究，而不是创新研究。与地位、财富或权力平等或更高的人建立友谊，可能比与地位、财富或权力更低的人建立友谊,为行动者提供的资源更多,这可能有助于创新的实施。或者,相反,与地位、财富或权力相差甚远的人交朋友,可能会使人们接触到不同的思想和思维模式,从而促进新思想的产生。后发地区向先进地区、后发企业向先进企业建立社会联系,就是这一思想的反映。所以,还需要探索更多的变量,以提供对从社会资本到创新的复杂影响路径更深入的洞察。

知识是社会建构的,是高度情境化的,知识转移也是高度情境化的。知识转移不仅是一个知识流动的过程,更是一个社会互动的过程。网络联结、网络位置、关系强度、信任、共同的愿景、共享的价值观、互惠等社会资本是知识转移的基础和赋能因素,同时知识本身的特征,如隐性知识与显性知识的区分、知识的黏性、知识的根植性、基础性知识和竞争性知识等,使得知识转移的条件、过程和结果都会不同。另外,知识转移行动者的特征,如知识获取方的学习能力、吸收能力和整合能力,知识供给方的动机、态度等,也显著地影响到知识转移的过程和效果。此外,为创新而发生的知识转移,自然需要满足创新的需求,那么不同类型的技术创新——如渐进性创新和突破性创新、探索式创新和利用式创新等,以及技术创新的不同阶段——如创意阶段、实施阶段还是扩散阶段等,需要的知识不一样,同样需要的社会资本支持也不一样。所有这些都可以统称为影响知识转移和技术创新绩效的情境因素,本书坚持情境管理的观点,并试图探讨合适的治理机制。

综上所述,本书试图建立一个情境管理视角下的社会资本、知识转移与技术创新的整合模型,如图 2 - 5 所示。

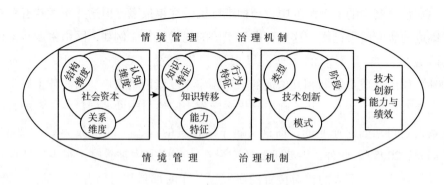

图 2 - 5　社会资本、知识转移与技术创新的整合模型

2.5　本章小结

近年来越来越多的学者应用社会资本视角来进行技术创新研究。研究者在回答社会资本如何影响技术创新的问题时，有共识，也有不一致和分歧。现有的研究一致认为，社会资本在影响技术创新方面发挥着重要作用。网络规模、结构洞、关系强度、中心性、信任、规范、共同愿景等社会资本的子构念都体现了其重要性，值得进一步探索。社会资本存在于一个智力因素、组织因素和环境因素都在影响着技术创新的动态环境中。现有的智力资本、创新的性质、类型和阶段、内部和外部网络以及社会资本的成本等因素都有可能起到调节作用。这些问题都需要在研究中加以考虑。在技术创新研究中引入社会资本仍然相对较新，存在很多模糊性。理论和操作方面都还有很大的发展空间。

第 3 章

社会资本视角下关系情境管理
与组织间知识转移

在今天的商业环境中，企业必须通过更快速的创新，为客户创造比其竞争对手更好的价值，才能赢得竞争优势和企业发展。而通过创新创造长期竞争优势的关键在于发展组织知识。因此，企业是否有能力把握并利用组织边界之外的知识，通过知识转移促进组织的知识能力，从而提高企业的创新能力，就成为一个重要的挑战。而对于后发企业而言，由于历史的原因，自身知识积累不够，知识生成能力不强，通过知识转移引进外部知识，快速提高自身技术创新能力，尤显重要。知识转移的难题就在于如何通过从外部知识源转移知识并将其整合到组织的知识基础库之中从而形成自己的竞争力。

知识转移是一个复杂的过程，从本质上说，它有赖于关系情境、知识特征以及企业的学习能力与激励机制。本章的焦点是分析关系情境、组织间学习的本质以及企业通过合作关系以实现知识转移的先决条件的相关问题。只有在合作的先决条件被创造出来之后，个体和组织的能力以及组织文化的鼓励才能从本质上对企业吸收新知识的能力产生影响。因此，对知识转移情境下合作关系管理的本质和动态的理解，是关于企业是否有能力获得新的竞争力的根本性问题。

知识是高度情境化的，知识转移也是高度情境化的。社会资本是知识转移的使能因素。本章是概念性探讨，目的就是要讨论如何才能形成组织间知识转移的先决条件。试图从关系、规范、信任、承诺、认知等社会资本的视角，分析并理解这些相互依存性对于关系管理和组织间学习的意义。研究的结果将提出一个现象分析的概念性框架。

3.1　管理情境与知识转移情境管理

著名管理学者徐淑英倡导管理研究要情境化。所谓情境化，就是指将研究置于一定的情境之中。情境包括特定研究所处的物理的、政治和法律的、文化的、社会的、历史的、经济的环境以及组织环境。国家、行为、组织、工作群体和人际层面的属性都组成了研究中的情境（陈晓萍等，2008）。情境化在管理研究中越来越重要，这已经成为越来越多学者们的共识（Johns，2006；Tsui，2006；何斌，2012；周建波，2012，2016）。

根据惠顿（Whetten，2009）的说法，所有的组织理论均以各自方式依赖于情境。一个研究，不论其分析单位是个人、群体、组织还是行业，这些分析单位都是根植于一个更大的情境之中的，受一个更大的情境的影响。当然，这个更大的情境也受到这些分析单位的影响。所以，情境是影响的不可忽视的主要来源。

情境是社会结构的模型，它反映的核心概念就是社会有其与众不同的设定，例如一所医院和一所大学各自有其不同的社会情境，人们可以据此将其区分开来。情境管理理论的创立人，美国管理学者拉比尔·S. 巴塞（Raghbir S. Basi）指出，情境就是由于历史遗留及对未来的预期而决定的、表现形式多样的、现行的占主流地位的环境因素。一个具体的行动或选择在某一情境中可能是可行的，而换到另一种情境中可能并非可行，所以管理者应正确评价每种情境的实际情况，并由此确定合适的行动计划，只有当行动计划和现行情境相一致时才能实施有效的管理（巴塞，2000）。

情境一词的英文为 context，在语言学中被翻译成"语境"。在研究复杂的管理系统时，情境是指系统本体所处的主客体背景。就知识转移而言，客体背景是存在于组织乃至社会层面的客观环境要素，如组织结构、领导风格、组织愿景、组织文化、组织氛围、组织任务、组织知识基础、信息技术和手段等。主体背景是指知识所有者个体所拥有的知识结构、认知能力和思维模式等（李江，2008）。卡明斯（Cummings，2003）的知识转移情境理论区分了影响知识转移的关键情境因素，包括知识情境、相关情境、活动情境和接收者情境，这些情境都是影响知识成功转移的重要因素。其中，知识情境包括知识的嵌入性和可表达性，相关情境包括组织距离、知识来源与接收者距离、制度距离、知识距离和关系距离 5 个要素，接收者情境则包括接收者的动机、学习和吸收能力、意图和保持能力等。

徐金发等（2003）构建了一个企业知识转移的情境分析模型，他们认为，组织知识的情境范围一方面包括组织现在拥有和正在运用的知识，另一方面也包括组织将来可以接受和使用的知识，决定组织知识情境的有 5 个维度，即组织的环境、战略、文化、组织结构和过程、技术和运营。祝锡永和潘旭伟（2007）指出，知识情境包括内外部两方面的因素，外部因素包括与知识、知识活动等相关的条件、背景和环境因素，内部因素则包括知识主体的认知、经验、心理等因素，并将知识情境划分为目标、过程、资源、产品、组织、人员、领域、时间、地点 9 个维度。

情境是知识管理不可分割的一部分，必须通过情境来定义并重用知识。知识的有效性总是基于特定时间、场景和主体（肖亮，2008）。卡卡巴德斯等（Kakabadse et al.，2003）将这些时间和场景定义为"情境"，即知识发现和重用等过程面临的环境。如果脱离有关情境，那所有知识将失去意义（Despres and Chauval，2000）。

迈耶（Meier，2011）曾经批评说，现有创新网络如何在跨越时间、空间和组织边界的情境下进行知识的创造、保留、检索和应用还存在较大的空白，对于情境因素对跨边界知识协同有什么影响以及如何影响等问题，都还缺乏深入的研究。情境是知识产生和分享的特定空间，所以情境对于知识的共享、转移和创造等知识处理过程都有着十分重要的作用，知识转移的情境因素将通过对知识运作流程的影响而间接地对创新绩效产生作用。创新网络由于存在组织边界，这些边界将不同类型的知识隔离开来，由于缺乏共同的理解和共享认知（认知失灵），参与跨边界合作的双方对知识的协调利用都存在一些困难（Mors，2010）。正如克兰顿（Cramton，2001）所指出的，企业跨边界知识共享和协调的问题就在于共有知识情境的缺失。

知识的价值依赖于其所处的情境，知识治理是否顺利同样取决于情境的约束。情境作为认知的载体，对于认识和理解主体行为不可或缺（Courtright，2007；黄昱方，2013）。

3.2　理解知识转移情境下的关系动态

3.2.1　学习过程中的信任二重性

理解在知识转移情境下，学习过程是如何影响关系管理并受到关系管理的影响的，是非常必要的。组织间学习可以看作是通过知识转移发展新的知识和洞察力的过程，通过更好的理解促成行为的改善。本质上，学习是过程化、社会化和情境化的，因此，理解合作伙伴的知识得以建构和发展的情境是非常必要的，一个组织必须对它的这种理解能力予以高度的重视，尤其是在涉及隐性知识转移的情况下。从一开始，企业就必须彼此信任，为开放的沟通和紧密的互动营造透明度。此外，单个企业不同于市场交易，因为协调、沟通和学习（即知识转移的本质）是位于情境中的，从心理上是处于一种认同之中的。这种认同不仅降低了沟通的成本和对机会主义的担心，而且为有效的协调和学习设定了某些心照不宣的规则和价值观。

如果不同的组织对于环境的认知和诠释的基础迥异，那么知识转移就可能会面临很大的困难。合作伙伴之间共同的认同是必不可少的，因为它有助于合作伙伴将彼此的情境联系起来，有助于对被转移知识的内在机制和根本假定的理解。因此，强烈的共同认同、信任、对彼此活动的相互适应以及广泛的社会联结，从长远来看，将为企业提供许多内部发展过程的效益。对各自分离的组织的强烈认同可能意味着不同的个体因为各自不同的认同而彼此疏远，并导致在关于学习的观点上彼此对立。可以这么认为，相似性基础和共同的认同感可能来源于紧密的互动、相似的职业背景和共同的组织文化或者国家文化背景。这些基础可能使得不同的个体能够找到一个基于其共同的价值观以及对外部人的感知，即群组的独特性和声望的共同认同。共同的社会认同可以看作是对于合作关系中的其他相关个体认知性关联和社会性关联（认同、规范和信任）的结果（Nahapiet & Ghoshal，1998）。共同的认同感定义了不同个体据以协调其行为的规则、规范和价值观，它们通常被认为是组织文化的本质要素（Kogut & Zander，1996）。作为发展共同认同感的一部分，对知识的最基础的理解要求有一种共同的语言，它可以使学习通过更为有效的沟通和诠释而得以实现。共同的语言还可以对社会关系、共同的诠释和个体进行沟通和学习的能力等方面的发展起到帮助作用（Nahapiet & Ghoshal，1998）。从本质上说，以前与其他组织及其社交世界的经验可以看作是影响个体在新的合作关系中发展共同认同的能力的因素。合作关系的目的越明确，以及相关人员的差异性越大，发展共同的认同感就越重要。

而且，这种组织的目的和认同感会影响到个体对于组织内的关系和决策方式的认知，从而影响到合作关系内部的知识转移。这种认同感还可能进一步影响人们将彼此看作是群体成员的方式，进而感知自我利益和信任的方式。因此，可以认为，共同的认同不仅与社会情境和企业改变其流程和价值观的能力与意愿相关，而且与关系情境相关。共同的认同可能从本质上帮助相互信任的发展，结果，伙伴关系可能变得更为透明，学习的意图可能更能发展成为一个共同的意图。因此，这种信任可以帮助企业更好的彼此理解，因为它比基于强制性的协议和契约基础之上的信任要求更多的透明度。

从另一个角度来看，如果关系特有的吸收能力和共同的认同被形式化，不能为新的知识转移情境作出改造，那么就可能变成一种学习的障碍。如果共同的认同变得太强烈，开始支持现有的因果路线图，而不支持新知识发展中的创造性，上述情况就可能发生。而且，在某种关系中发展起来的信任可能开始支持社会认同的局限性，因为它支持凝聚与稳定性。因此，企业之间需要信任，以便能够相互沟通，但是太多的信任可能限制企业的创新性思维。同样地，企业越是相似，知识转移可能越容易，但与此同时，知识转移的效益则可能受到限制。所以，共同的认同与学习的关系以及信任水平与学习的关系可能是一种倒 U 型关系。

3.2.2 信任与承诺在知识转移中的作用

· 知识转移的过程是动态的，因此，它的发展不仅与关系情境相互连接，而且与焦点网络的过去相互连接。这种关系或焦点网络中的变化也反映在知识转移的成功上。为了使知识转移成为可能，企业可能需要适应彼此的活动并建立共同的信任与意图。共同信任和意图的作用非常重要，因为被转移的知识与组织的竞争优势高度相关，因此对机会主义的担心可能上升为一个核心问题。信任的发展是一个演化的过程，其中现在和过去的经验与未来的预期和未来的信任水平紧密相关。因此，可以认为，共同认同的创造与关系管理的任务相关，因为如果没有双方的同意和投入，它不可能实现。

这个交互作用的过程有 6 组主要的因素，是分析商业关系所必需的：环境特征、组织特征、关系氛围、任务特征、互动过程和关系结果（Möller & Wilson，1995）。从本书的目的出发，将从两个部分来考虑这种二分体的环境：首先是焦点网络，然后是更广泛的宏观环境。焦点网络是由二分体双方有直接联系的行动者构成的，包括竞争者、客户和其他行动者。在这些效应的作用下，公司将建立网络身份。网络身份表示一个公司作为一个交易伙伴，由于其与其他公司的活动、资源和行动者特有的联结关系，而表现出来的被感知到的吸引力。这个身份决定了公司在该网络中的地位和权力。

考虑到信任和承诺在知识转移情境中的重要性，必须理解关系氛围及其影响因素的作用。这与关系中的权力依赖性水平相关。信任可以被描述为一方相信另一方的行为未来能够保持始终如一，虽然他们有可能采取机会主义行为。这样，他们能够依赖彼此的承诺和开放的沟通。另外，对一种关系的承诺可以被描述为留在这种关系中和至少维持这种关系水平的意图。信任本质上是与过去的关系、与伙伴组织及其个人的共同经历绑在一起的。人们经常可以看到，最成功的关系往往是非正式的，其中起到保证作用的不是书面的协议，而是相互适应与合作的历史。而且，适应是一个人愿意为这种关系作出承诺的重要的表达方式，因此可以被认为是创造并增强相互信任的方式。信任在文献中经常从其建立的基础来进行分析：基于过程的信任、基于特征的信任和制度性信任（Parkhe，1998a，1998b）。

基于过程的信任反映了公司之间在其共同历史、信任声誉、预期的未来交易以及当前活动等方面的信任水平（Parkhe，1998b）。企业作出进一步适应的意愿，尤其是未来交易的重要性都很高。而且，在基于过程的信任中，人们能够区分伙伴的诚实可靠性、关系管理的可预测性以及履行合作关系所必需任务的能力。当任务高度复杂、不确定且具有重大战略意义时，就像知识转移这样，对合作伙伴的能力信任尤其重要。基于特征的信任反映公司与个人之间的认知水平、文化相似性和社会关系，以及他们发展彼此之间的共识和认同的能力（Parkhe，1998b）。从这个意义上说，共同的价值观和态度是在知识转移过程中建立信任的重要基础。制度性信任可以被作为公司之间的信任而不是个人之间的信任来予以分析。这样的信任是建立在对公司的隐性认证，或者合作伙伴建立共同质押的能力和意愿，以及合约协议等基础上的，以便最小化偷懒卸责的利益，最大化合作的价值（Parkhe，1998b）。

信任本质上是与关系中的不确定性联系在一起的，即关于未来事件的不确定性，关于合作伙伴对这些事件所做响应的不确定性，以及没有能力对这些响应的性质施加影响的不确定性（Parkhe，1998a）。而且，考虑到在高度复杂和动态的环境中，信任具有非常重要的意义，这似乎存在一个悖论。随着复杂性增加，组织之间对信任的需要随之增加。但是，随着复杂性增加，公司的信任风险从而信任成本也相应增加。因此，二分体关系中的难题就是，在一个不确定的环境（尤其是环境的不可预见的变革）中，对合作伙伴和现有的相互依赖性的治理造成了交易成本。信任可以被认为是降低不确定性及其相关成本的基本途径，因为有了信任，治理和谈判的必要性降低了。与信任和承诺紧密相关的还有一个相互克制的概念，它可以导致合作双方避免机会主义，并尽可能地帮助合作伙伴去实现最佳结果。相互克制可以被看作是强大信任和承诺的结果，它使合作伙伴的协调和适应活动具有了合作的性质。

公司的知识转移能力与合作伙伴对透明行动的激励能力密切相关。因此，对关系的治理形式需要建立在这样一些有合作共同意愿的、自我执行的激励机制的基础上，意味着交易成本更低，知识分享的倾向性更高。除了可以防止机会主义，紧密的关系还可以鼓励双方一起共事，从合作中互惠互利。但是，只依赖社会关系和密切沟通来发展知识转移所需要的信任水平可能有些困难。社会关系在经济约束方面的权重可能被证明比较低，所以还需要更具体一些的信任基础。因此，合同规定、共同质押就似乎是控制交易伙伴行为的必要手段。但是，这些机制常常只能在部分可转移的技能方面有用（Parkhe，1998b）。支持合作关系中的开放式沟通，利用奖酬计划鼓励和激发学习，也是值得考虑的管理决策。

在一种关系中发展起来的信任也可能会成为学习的障碍，因为它支持凝聚性与稳定性。因此，除了信任，人们还必须注意共同故意和激励在关系管理中的作用（Hamel，1991）。目的一致有助于组织的动机一致，可以为组织学习提供支持。此外，共同故意的作用还表现在学习意向，以及在知识整合之后知识的进一步发展方面（Hamel，1991）。学习过程不完全取决于接受方，它还需要得到转让方的特征、透明度以及保证学习基本要素平衡的活动等方面的支持，对这一点的理解非常重要（Lane & Lubatkin，1998；Hamel，1991）。

3.2.3　伙伴间的相互依赖性

公司找到一个合适的合作模式有多种选择，从标准的市场协议到合资企业和全资子公司等。合作伙伴之间的准一体化意味着更稳定、更长久的关系。合作模式之间的区别通常表现在补偿方法以及合作伙伴之间的相互依赖性方面。通常，以合作关系中对交易的投资或货币价值来测量相互依赖水平。但是，在组织间知识转移的情况下，合作伙伴之间的相互依赖水平不仅仅是一个投资的问题。正如资源基础理论所言，资源和知识是企业长期竞争力的关键来源。因此，测量有价值的知识被转移的合作关系中的相互依赖水平远非简单。

由于涉及难以模仿的、无形的、有价值的资源的交换，所以相互依赖水平可能会随着关系和转移过程的发展而发生改变（见图 3－1）。首先，由于转移标的物的高度不确定性和无形性，以及转让方为接受方提供所要标的物的能力等方面的原因，接受方依赖转让方。例如，阿罗悖论（1962）就表达了从市场购买知识的不确定性和根本困难：知识只有知晓了才能判断其是否所值，但是一旦知晓了，就没有购买的动机了。这就突出地说明了，在合作关系和学习的一开始，甚至在个体互动之前，就需要有对合作伙伴能力的一定水平的初始信任和理解。这有赖于公司资源的互补性和建立相互理解和共同故意的能力。但是，随着知识被接受方所吸收，转让方变得日益依赖于接受方是否具有非机会主义行为的意愿。这就意味着，只要合作关系和交易过程对双方的重要性不均等，或者双方因此而依赖对方，合作关系就存在权力的不对称。由于合作双方的相互依赖性和议价能力发生转移，这也影响到公司对合作关系的承诺方式和共同克制的水平。问题在于，太多的权力不对称可能导致合作双方目标的不平衡，以及不愿意按照对方的需要行事。

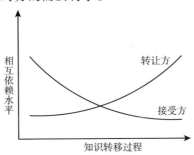

图 3－1　组织间知识转移依赖关系的变化

同样存在困难的是，权力关系的变化难以预见。理解了相互依赖关系的变化本质不一定要导致学习竞赛，但是对关系动态的了解的确是一个重要的问题。而且，关系管理的重点应该放在对这些权力依赖性及其意义的管理上，以保证公司能够协同工作。一个公司的议价能力可能与资源基础方面的不对称性和依赖性、情境因素或者合作伙伴的战略地位相关。这里的资源是指资源的可获得性水平和对方对这些资源的依赖程度。情境因素，如普遍的不确定性和找到其他合作伙伴的可能性等，也可能影响权力的分配。最后，第三方的重要性或者合作伙伴的战略地位也有赖于可以获得的资源集。

随着被转移的知识的价值增加，机会主义行为的风险也随之增加。对机会主义的担忧至少在三种情况下可能成为现实。第一，很难保证合作伙伴是否有能力提供公司想要的知识。对方很可能试图采取欺骗的方式，从而获取机会主义利益（Das & Rahman, 2001）。双方之间的信息不对称是机会主义风险增加的主要原因之一，这在处理有关能力开发方面的问题时是必须考虑的问题。第二，对方可能只是试图获得接触公司能力的途径，然后完全出于其自身的利益来开发利用这些能力（Das & Rahman, 2001）。更糟糕的是，接受方后来还可能利用这些知识作出不利于原来知识拥有方的行为。第三，当结果变得清楚了之后，对方可能不再愿意继续合作下去了，而是试图离开合作伙伴，自己去独立追求新的商机（Das & Rahman, 2001）。不过，至少从长期来说，这种行为很可能导致这些公司在圈内的名声变坏，使得机会主义的结果适得其反。

从这个意义上说，一个公司建立并维护公司间的信任和承诺的能力，是合作关系成功的重要前提条件。由于合作关系内相互依赖性的决定性作用，人们必须了解如何保证参与的每一方对任务都是有承诺的。如果对任何一方的机会主义风险变得太高，都将影响合作关系的性质、氛围乃至学习过程的成功。关系发展与管理的进一步保证，可以建立在共同质押和合约协议的基础上，而这些正是制度性信任的基础。为了预防机会主义行为，降低随后的谈判和解决冲突的成本，这些都是需要考虑的特别重要的问题。

为了最小化机会主义风险，当然还有其他若干必须考虑的问题。除了信任之外，还有在合作关系建立阶段所谓的预防性注意事项也非常重要（Das & Rahman, 2001）。人员配置政策是一个重要的问题，因为知识是通过个体之间的互动而得以转移的。与过程相关的问题可以认为是与人员配置政策紧密相关的，如看门人的使用，决策策略，某些活动要避开合作伙伴单独行动等。是否有必要使用不同类型的机制，高度依赖于拟将转移的知识类型（内隐性和竞争重要性），以及公司所拥有的关系类型。

一般来说，合同可以最小化机会主义行为的意愿，但是这只在环境以及环境的发展是大家都非常清楚的情况下才有可能。然而，在知识转移的情境下，很难有细致入微的治理合同，因为知识交换过程的本质是高度社会化和过程式的。随着知识的内隐性和价值的提高，互动、沟通以及保证合作伙伴的可信赖度等方面的需要也随之增加。因此，合同协议是不用投入巨大投资而发展合作技能和合作双方信任的一种基本途径。如果公司的目的是要转移具有战略价值的知识，那么还必须找到其他能够保证持续性共同克制的方法。

在这种情境下，共同质押可能是对客户专用性资源或支持结构、（受潜在机会主义影响的）其他相关项目，以及组织程序中的其他适应性活动的投资。支持结构包括关系治理模式的设计，也包括更为具体的基础设施和运营设计，它们保证公司之间的沟通和交易流得以运行。在某种意义上，对彼此能力方面的知识分享已经构成了某种质押，因为这使得合作的双方都容易受到对方活动的影响。如果机会主义行为发生，合作关系终止，投资受到损失，至少该投资不可能再用于其他的合作关系中，这就显示出了该种投资的效应。为了让合作伙伴作出这种投资，就需要一定的议价能力（如资源的互补性）和信任水平。如果激励不作弊的共同质押水平提高，那么一个有可能机会主义行为的合作伙伴，其议价能力将变得更低。由于相互依赖性的作用，人们必须考虑关系管理的作用、终止（或转换）成本和共同质押的性质。这种情况下的终止成本与被交换的 VRIO 知识、人力资源和互动投入、适应和协调活动等相关。因此，在知识转移情境下，可以从以下方面来分析终止成本的作用：①连续性成本，即潜在绩效和质量损失成本，以及与其他合作伙伴的合作绩效降低或找不到合适的合作伙伴的风险；②沉默成本，即在合作过程中通过管理投入和关系专用性投资等方式已经发生的成本；③转换成本，即找到其他（可能的）合作伙伴并与之谈判的成本；④学习成本，即学习新伙伴特性详情并发展共同认同的成本；⑤战略成本，即与组织边界外共享 VRIO 知识相关的成本。

在知识转移中，共同质押（即沉默成本）是防范潜在战略成本的一种潜在机制，因为在合作关系期间，权力依赖性可能发生改变，因此，转让方可能要求有这样的安全措施。注意合作各方投资水平的平衡也很重要，因为投资更趋向于平衡，可以看作是对合作关系灵活性的支持，尤其是在高度不确定性和复杂的关系任务情况下。事实上，由于知识转移的专用性，只有沉默成本有可能相对低一点，而其他各种终止成本都可能很高。如果要转移的专门技术非常稀有，并且对合作伙伴的知识和业务环境的理解需要大量的学习，那么要找到其他合适的合作伙伴几乎不可能。而且，随着公司对合作关系作出的承诺，终止成本会迅速上升，因为这种知识是非常有价值的。

3.2.4 关系管理与组织间学习的相互依赖性

在信任和议价能力的分析中也存在类似的问题。对议价能力和终止成本的分析可以考虑其战略后果、情境因素和资源的重要性。在知识转移中，基于过程的信任是一个至关重要的问题，因为最终的结果是高度不确定和高度复杂的。建立在合同协议和共同质押基础上的制度性信任可以对其提供进一步的支持。但是，关系情境和合作伙伴间的信赖只代表了本书研究现象的前半部分。人们还可以分析另一种信任，即合作伙伴是否具备对所要转移的知识及其基本假设建立共识的能力。信任与和谐的程度太高，可能导致学习动机的降低，因为它将变革限制在活动的当前状态内，这是一个重要的问题。

合作关系中的信任与权力依赖和学习过程之间的相互作用如图3-2所示。由于关系管理中信任的作用很复杂，所以用了关系氛围的概念来反映组织间学习过程的关系情境。组织间知识转移中的关键问题之一就是对机会主义的担忧，因此需要共同克制，它可以在合作关系中发展一种可信赖的、有担当的氛围。

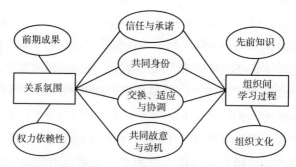

图3-2 关系氛围与组织间学习过程之间的相互依赖因素

一些影响关系氛围的因素同样可能影响学习过程。尤其是共同身份的作用与信任氛围紧密相关。除此之外，交换过程、适应和协调调节了信任和权力依赖性对关系氛围的重要性。另外，互动过程是实际学习过程不可缺少的一部分，因为知识是在互动过程得以交换的。了解学习与关系管理之间的依赖性很重要。信任可以容许更多样的创造性学习，但是要对合作伙伴的活动进行管理也可能变得更为困难。对合作伙伴特征的高度信任可能导致学习动机或学习能力的降低。而基于过程的信任水平较高，则可能对创新性学习的可能性提供更多的支持。

3.3　本章小结

环境不稳定，企业因此需要调整其活动和过程，这是关系动态产生的原因。这就意味着，行动者及其资源的作用和重要性可能发生改变，从而相应地影响现有的依赖关系。这是知识转移中的一个重要的基本问题，因为在学习过程中，依赖因素的作用可能发生变化。知识的性质可能与企业的竞争力高度相关，所以了解机会主义的影响及其相关的治理成本很有必要。不过，可以利用基于共同质押的信任关系情境、过程或能力相关的信任以及共同的身份，来支持组织间的学习过程。最后，成功发展核心竞争力的起点可以追溯到成功的知识转移和关系情境，它为企业间合作开发知识创造了基本的前提条件。

由于知识和能力的转移是一种过程式的现象，所以在分析框架中有 3 类研究动态领域需要解决：情境、内容和过程。这不仅需要过程的环境情境（即关系和网络情境），也需要过程本身（即知识转移），以及过程的内容和结果（即知识特征和能力的发展）。在知识转移文献中，有 3 个决定因素被强调为通过关系实现有效学习的基本要素：共同故意（动机）、透明性（可能性）和可接受性（能力）（Hamel，1991；Lane & Lubatkin，1998）。这些问题如图 3 - 3 所示，它描绘了知识转移和能力发展的影响因素。如前所述，共同质押在建立组织间知识转移关系中的作用至关重要。但是，由于其过程高度复杂，被转移的知识对于合作伙伴的竞争优势非常有价值，所以共同质押的水平很难决定。此外，这些问题与合作伙伴发展组织可接受性的能力高度相关。为了变革，组织需要创造出一种环境，人人都能彼此信任，在他们的学习过程中都能得到支持。因此，强大的相互信任使得企业间的沟通流畅，个体之间也能形成共同身份认同。此外，研究发现，相关个体之间的依附性降低了关系分解的威胁，从而支持了关系的发展（Seabright et al.，1992）。因此，人员配置政策既可能影响学习能力的发展，还可能影响信任的发展。

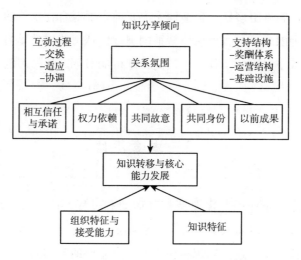

图 3 - 3　组织间知识转移的影响因素

关于合作如何组织，最根本的问题之一就是平衡知识转移的便利性和对机会主义可能性的限制。信任是一个复杂的问题，它是透明性的前提条件，但是只有具备了一定程度的初始信任，合作关系才可能开始。所以，共同的特点和共同故意（找到长期兼容的目标）可以被认为是学习过程发展的使能因素。因此，在共同质押和关系支持结构的发展过程中，还需要以更具体的方式来体现共同克制。在知识转移的情境下，信任的发展本质上是与学习过程以及人们达成共识的方式联系在一起的。在关系的早期，投资和共同质押可能为信任的发展提供基础，但是随着过程的持续发展，它们可能就不那么重要了。这是一个很重要的观点，因为订立完全契约的成本非常高，风险特别大。在知识转移中，建立不同信任基础的作用也得到了不同类型的转换成本效应的支持。在知识转移这样复杂的情况下，一开始的信任成本可能非常高，因此为防止机会主义行为而设立较高的终止成本是有必要的。这也可以用来反映合作伙伴对合作关系未来和共同故意的承诺。建立一种关系可能是一个很耗费时间的过程，应该被视为一个演进的过程。因此，共同质押可以作为降低机会主义可能性的一种基础，但是对合作方的能力和合作关系的未来的信任，可能更多地与互动过程、关系结果和合作伙伴的共同特点和共同故意等因素相关。所以，信任的作用也更多地侧重于对沟通和学习的支持。除此之外，随着合作关系以及透明度和互动水平的发展，合作双方的战略成本、学习成本和转换成本的作用也会上升。而且，随着合作伙伴了解了彼此资源的真髓，不确定性水平降低。因此，信任的作用可以看作是随着关系的发展而动态变化的。

另外，共同故意在学习管理和关系情境下扮演了一个重要角色。共同故意可以支持信任和承诺的发展，因为它可以支持对未来结果建立一个共同的愿景。强烈的共同身份认同和信任是建立相互理解的必要条件，但是它们也可能成为创新性学习的约束因素，因为它们支持现有的思维方式。不过，如果企业间在学习过程和支持性奖酬体系等方面有强烈的共同故意，那么它们就能够更好地指导努力和互动的方向。

从网络视角看，了解组织间知识转移的本质和企业的学习能力很有必要。积极地参与相似类型的伙伴关系，有助于企业建设联盟能力，为组织建设更好地管理伙伴关系的能力提供支持。与更多的伙伴合作，还有助于共同身份认同和组织接受能力的发展，因为可以从相似情境中获取经验。就像信任具有迭代性质一样，联盟能力也可以通过经验得到发展。不过，由于社会过程的内隐性和复杂性，一个企业的吸收能力可以被认为是高度关系特定的，而经验有助于在其他的关系中发展新的能力。而且，由于共同身份认同发展过程的社会性，在很大程度上也取决于项目的人员甄选与配置。在业务关系和组织间学习方面的过往经验能够为企业的知识转移能力提供支持（Cummings & Teng，2003）。与关系专用性投资和良好的互动一道，隐性的、难以模仿的社会关系集和共同的身份认同，甚至可以发展成为一种可以产生竞争优势的战略资产。其他的关系可能能够从伙伴关系的某些结果中受益，但是很难为了建立共识而去复制合作伙伴的吸收能力和他们共同的社会认同和能力。另外，如果关系特定的吸收能力变得形式化，不能为新的知识转移情境实现再创造，那么它也可能成为一种学习障碍。照此逻辑，伙伴的多样化可能意味着知识基础的多样化，也可能意味着与新的伙伴分享知识将变得越来越具有挑战性，因为要找到一个共同的身份基础会变得更复杂，对伙伴关系的管理和协调的需要显得更突出。每一种关系都将影响合作伙伴的网络身份，乃至其在未来各种关系中建立信任的能力。

第 4 章

企业内外部网络结构、社会资本利益与知识转移

　　企业技术创新需要知识转移。这种知识转移既包括从企业外部组织获取知识，即外部知识向企业内部流入式转移，也包括企业内部不同部门（如研发、生产、营销）、不同事业部、不同分公司或子公司之间的知识转移。为了表述方便，下文将企业内部不同部门、事业部、分公司或子公司统称为业务单位。同理，企业的社会网络也可以分为内部网络和外部网络，即企业内部不同业务单位构成的企业内部网络，和企业与外部联盟伙伴构成的企业外部网络或组织间网络。社会资本概念的基础假定是如果嵌入一个有利的社会网络结构中，就能从中得到某些潜在的利益，比如使用并控制信息流。这些社会资本利益可以划分为两类，即私人利益和集体利益。企业的社会网络结构属于社会资本的结构维度。以前的研究要么从组织的外部网络（即嵌入与其他组织构成的关系网络中的组织），要么从组织的内部网络（即嵌入一个多部门组织的社会架构中的业务单位），来考察有关现象。结果就出现了两类不同的研究取向。遗憾的是，这种分离限制了对企业内外部网络相互依赖性和交互作用的理解。

　　本章主要考察企业内外部网络结构的不同构型如何影响企业从其联盟伙伴处获取知识并将这些知识在其业务单位之间传播的能力。本章的理论基础是联系的数量和类型、总体网络结构和网络伙伴的性质决定知识的获取与转移（Koka and Prescott，2002）。经验证据表明，一个业务单位是否具有高水平的生产力与其和其他单位知识交换的程度与创新能力正相关（Reagans and Zuckerman，2001）。因此，有些业务单位由于其网络位置的原因，拥有比其他单位更大的社会资本"流动性"，使得其能够更快地获取流经其社会关系的资源。通过考察网络密度（结构洞）、非冗余性和中心性等社会资本的关键结构成

分，来论证企业内外部网络中的社会资本利益是如何在企业的业务单位之间分布的，并提出有利于社会资本利益最大化、提高知识转移效率的若干命题。

本章的工作是一种理论探讨，旨在从三个方面作出贡献。第一，以前的研究倾向于只是孤立地去探究网络连接，仅仅关注于独立组织业务单位之间的企业间联系（如 Gulati，1998 等），或者多事业部企业的业务单位之间的企业内部联系（如 Hansen，1999，2002 等）。本章将这些已有研究予以扩展，通过分析这些网络结构转化为联盟伙伴间知识转移的整个过程，考察企业内外部网络的交互作用。虽然企业内外部网络知识转移的过程存在着相似性，但是对联盟伙伴间知识获取及其随后的组织内部知识传播情境的分析，得出了一些有意义的理论洞察和管理启示。

第二，本章突出阐明了不管是在组织之间，还是在组织内部，社会资本利益都不是均匀分布的。特别是阐明了，一个企业如何最大化其外部网络社会资本的私人利益，同时又最大化其内部网络社会资本的集体利益。这种结构最终又将最大化联盟伙伴间的知识转移程度，提高企业为技术创新目的的知识转移的效率和效果。

第三，对社会资本的私人利益和集体利益进行区分，为调和相互抵触的社会资本的中介观（强调网络的桥接性）和闭合观（强调网络的封闭性）提供了方法途径。前者更好地解释了对企业外部网络有价值的私人利益的累积，而后者更好地解释了对企业内部网络有价值的集体利益的累积。

4.1　企业内外部网络的社会资本

4.1.1　企业内外部网络中的知识转移

在一次成功的知识转移中，一个网络行动者的经验会影响到另一位网络行动者。虽然最终完成知识转移的是个人，但是本书主要关注业务单位之间的知识转移，扩展了以前的作者在这一分析层次的研究。最近的研究已经将企业通过与其他企业合作并从中获取知识来提高自己的绩效的理论，从二元层次扩展到了网络层次。不仅作为组织之间设计的，能够使企业挖掘外部知识、资源、市场和技术的战略联盟应运而生，并不断激增，而且企业在联盟网络中的嵌入严重地影响了其行为和绩效。有许多的实证研究支持了这一观点，并且证明了所选择的网络维度，如关系性社会资本和结构性社会资本，对知识转移及其随后的企业绩效具有重要影响。

虽然这些外部关系让企业能够接触到其联盟伙伴所拥有的知识，但是它们与这些知识随后在组织内部的转移没有太多的关联。例如，生物技术和制药产业的轶事证据表明，大型多事业部制企业经常通过其联盟网络获取新的科技知识，但是却未能将这些知识转移并应用于其业务单位之中（Ernst and Young，2003）。越来越多的研究认为，能够有效地将知识从一个业务单位转移到另一个业务单位的组织，其生产率高于那些这方面知识转移能力更差的组织。这种业务单位之间的知识转移提供了互相学习和企业内部合作的机会，激发了新知识的创造，有助于业务单位创新能力的提高。因此，企业与其他企业的外部联系结构及其子单位之间的内部联系决定了知识转移的成功（Adler and Kwon，2002）。

以下的讨论将区分两类不同的网络：企业内部网络和企业外部网络。企业外部网络是由独立组织的组织间联系构成的，它们对于企业具有战略意义。本章主要关注战略联盟形式的组织间联系，战略联盟被定义为两个或两个以上企业之间的协作协议，这些企业在多种资源方面实现交换与共享，共同开发产品、技术和服务（Gulati，1998）。因此，本章将一个组织的战略联盟网络概念化为企业外部网络。

多事业部制企业是资本、产品和连接分散并相对自主的各子单位的知识联系的网络（Ghoshal and Bartlett，1990），以这个概念为基础，本章将企业各事业单位之间的正式和非正式联系定义为企业内部网络。企业内部网络的一个关键特征就是，构成网络的业务单位都属于同一个公司。

4.1.2 社会资本的利益与机制

社会资本被广义地定义为行动者从他们的社会关系中取得的各种利益（Bourdieu，1986；Coleman，1988，1990）。换言之，行动者有目的的行为受到其所嵌入的社会关系网络的影响。正如以前的研究已经证明的，根植于网络中的、可以借助网络而获得的以及源自网络的实际与潜在资源的总和，对于业务单位的行为与经济绩效具有决定性的影响（Nahapiet and Ghoshal，1998）。

本章主要关注结构性社会资本，它指的是围绕业务单位形成的各种关系的结构，以及构成该单位网络的关系构型。社会资本的这一维度突出说明了业务单位所嵌入的网络相互连接的紧密或松散程度，强调了它们的信息价值。而且，社会资本的结构观最好地诠释了业务单位占用社会资本（如一个资源交换型网络可能被用作收集信息或接受建议等其他目的）和转换社会资本（如某一特定的网络位置可以被转换成经济优势）两方面的能力。关于结构性社会资本的利益在业务单位之间是如何分布的问题，文献中存在两种不同的观点。

有一批社会网络理论家强调社会资本的私人利益。这一观点将社会资本视为私人产品，主要是拥有这些资本的行动者才能受益（Burt，1992，1997；Granovetter，1973，1985）。以前的研究已经在个人层面（如 Ahuja et al.，2003；等等）、群体层面（如 Sparrowe et al.，2001；等等）、组织层面（如 Florin et al.，2003；等等）和行业层面（如 Walker et al.，1997；等等）都探讨过这种形式的社会资本。私人社会资本依个人位置和定位策略而不同，主要是促进了对个人目标的追求。虽然其他行动者也可能从这样的私人产品中受益，但是他们的通路受到了创造这些社会资本的人的控制。

另外一批研究者则将社会资本视为集体产品，从而强调其集体利益。按照这种观点，信任、互惠和强社会规范促进了整合与合作，有效地调控了合作性的社会行为（Fukuyama，1995；Putnam，1993）。因此，集体社会资本不仅是创造这种资本的行动者可以获得并受益，而且大多数的网络成员都可获得并受益。确实，通过允许网络行动者不必参与资源创造过程而可以利用该资源，社会资本促进了集体目标的追求。对这类社会资本的利用不存在竞争性，即一个行动者的利用并不减少其他人的可得性，但是它不像纯粹的公共物品，对这类社会资本的利用还是具有排他性的，因为其他人可能被排除在某一给定关系网络之外，网络之外的行动者无法享受网络之内的社会资本利益。

除了上述两种相互抵触的关于社会资本利益分布的观点之外，关于实际创造社会资本的网络结构类型也存在类似的分歧。其中，闭合观强调具有黏着力的强社会关系的密集嵌入网络，对社会规范和制裁的产生具有正效应，促进了信息的交换、义务和期望的设定以及对那些没有履行其义务的人实施制裁；而且，网络结构的闭合培育了网络中行动者之间的相互信任（如 Coleman，1988，1990）。按照这种观点，闭合提供了社会黏合剂，以一种持久的、互利的方式将理性的行动者捆绑在了一起。相反，中介观宣称，社会资本的利益是由于能够进入网络中相互分离的集群之间由于缺乏连通（即结构洞）而创造的多样化的信息源和中介机会的结果（Burt，1992）。连接稀松的网络中的中心行动者由于其对非冗余信息交易的套现能力而享有效率和中介优势。闭合观和中介观具有不同甚至对立的规范性影响。

但是，最近的研究似乎表明，私人形式和集体形式的社会资本并不一定相互对立，而是扮演着对不同的人群和目的有价值的不同角色（Burt，2000）。一个有用的网络构型是将闭合与中介的元素组合在一起（Reagans and Zuckerman，2001）。但是社会资本的最佳类型和程度，有可能需要依据行动者的意图和一个赋能的社会结构所要求的元素而定，因为有些元素对某些行动而言是赋能的，而对另一些行动而言则是使其失去能力的（Ahuja，2000a）。伯特（Burt，1992）和科尔曼（Coleman，1990）都同意，是中介观还是闭合观更为有益的问题，已经成为行动者是在个人基础上还是在行动者类别基础上展开竞争的问题。

这些对于社会资本利益分布（私人利益 vs. 集体利益）以及创造这些利益的现象（中介 vs. 闭合）的不同观点，将作为基础，以确定以下几种情况：①对企业间合作情境中的业务单位最为有益的网络结构；②对嵌入于多事业部制组织中的业务单位最为有益的网络结构；③对二者都最为有益的网络结构，即最佳网络构型。具体地说，网络中介性的私人利益对于独立组织业务单位之间的企业外部网络更为重要，而网络闭合性的集体利益对于核心企业的业务单位之间的企业内部网络更为重要。这种推理已经得到了若干研究的证实。

首先，对于多事业部制组织而言，有一个特殊的挑战，那就是通过将知识转移到其创始点之外并予以应用，同时也通过组合若干业务单位的资源创造出新的知识，从而获得其多样性知识结构所带来的利益。这一挑战要求业务单位之间广泛而动态的知识交换，而且不能仅仅建立在社会资本的私人利益基础之上。因此，大多数作者同意，一个公司内部业务单位之间不断增强的相互依赖性增强了对社会资本集体利益的必要性（如 Coleman，1990；Kostova and Roth，2003；等）。相反，组织之间的企业外部网络提供了获取多样性外部知识的各种受时间限制的接入点，其中对社会资本集体利益的投资，将使所有网络成员同等受益，但对企业个体的效率更低。

其次，企业内部网络谋取的结果是集体性的而不是个人的，这就限制了社会资本的私人利益促进组织内部知识转移的潜能。比如，创造知识资本所必需的知识交换与组合需要有指向企业集体目标的合作、主动和自由支配行为（Nahapiet and Ghoshal，1998）。而且，企业内部业务单位之间相互依赖的生存能力（即交换是对整个系统而不是对系统的每一个个体成员的产出具有正效应的要求），使得组织能够扩大其业务单位之间的交换范围，从而增加社会认同，鼓励合作和承担风险，反过来对整个组织的绩效产生正效应。相反，企业外部网络所渴望的结果在本质上是个人的。联盟伙伴是由合作与竞争的相互作用联系在一起的，其中对所生成的价值的占用是最为关切的问题。利益有可能归于率先完成这场学习竞赛的组织，因为它可以自由地决定离开联盟而拒绝其伙伴获得其所掌握的知识诀窍。

　　最后，在知识分享的竞争、法律和组织等障碍方面，企业外部网络和企业内部网络也有不同。一个正式组织就意味着某种程度的闭合，它是由明确的法律、财务和社会等边界形成的。虽然企业内部网络中的业务单位可能有竞争，但是业务单位之间信息泄露的风险可能不是一个主要的关切，因为它们毕竟在同一个公司的屋顶下。企业内部网络中存在一种所有权与等级权力之间的明确联系，因为法定权威有助于业务单位之间争议的解决。相反，企业外部网络的结构天生是非科层制的，缺少一种仲裁和解决争议的法定的组织权威。因此，除了使其能够接入外部知识之外，网络成员身份还可能使企业遭受将有价值的知识和专利信息不知不觉地转移给网络中的竞争者企业的风险。合作伙伴在完成其（学习）目标后单方面退出联盟的能力将这种威胁进一步放大了。

　　总之，社会资本从私人利益或者中介观的角度解释了业务单位在竞争对抗中取得成功的差异变化，业务单位的行为和绩效可能大大地受益于它们与社会网络中其他业务单位直接和间接的联系。从集体利益或者凝聚观看来，业务单位集体性的社会资本不在于它与其他外部单位的联系，而在于它有助于集体目标追求的密集的、有黏着力的网络结构（Adler and Kwon，2002）。这些闭合利益既归于单个的企业单位，也归于作为整体的组织。

4.2　企业内外部网络构型与知识转移

　　以下来讨论最有利于联盟伙伴知识转移的企业内部网络和企业外部网络结

构的具体配置。用以指导论点和命题的理论基础是上述结构社会资本的私人利益与集体利益、中介与闭合的观点。

4.2.1 企业内外部网络中的密度（结构洞）和非冗余联系

网络密度是一个网络中现有的二元联系与所有潜在联系的比例（Kenis and Knoke，2002）。因此，网络密度与一个业务单元所拥有的联系人的数量直接相关。但是，网络密度不提供所交换信息的多样性的任何洞察，因为仅仅是关系数量的增加，并不会提高整个网络的有效性。所以，本章考察的是超越联系数量的网络信息多样性，主要关注的是结构洞（指的是网络中业务单位或单位集群之间没有连通）和非冗余联系。结构洞代表信息机会，有些单位利用这种机会将那些本没有连通的单位桥接起来。

除了某一具体单位联系人之间的结构洞所呈现出来的信息多样性之外，本章提出的框架还将考虑与一个联系人的连结是否是独有的，即是否是该联系人的唯一连结。因此，一个非冗余的联系就是将一个先前没有连通的业务单位纳入现有企业内部网络的联系。例如，图 4 – 1 中 BU4 和 BU9 之间的连结就是一

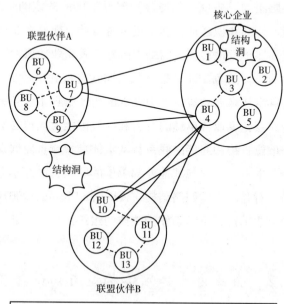

图 4 – 1　企业内外部网络构型

个非冗余联系，相反，从核心企业的角度看，BU4 和 BU1 与 BU7 的连结就是冗余的。本章先后从企业外部网络和企业内部网络两个方面来讨论密度（结构洞）和非冗余联系，然后得出关于它们对从联盟伙伴处的知识转移的联合效应的命题。

（1）企业外部网络的密度（结构洞）和非冗余联系

关于企业外部网络密度和冗余性的效应，以前的研究结果并不一致。一些论据似乎证明带有冗余联系的企业间密集网络对合作和知识转移会产生有益的影响（Williams，2005）。知识流动的路径多样化使信息转移的速度和容易程度最大化了。因此，在路径更短的高密度的企业外部网络中，信息传递所需要的时间更少，沟通失真的可能性也更小。有冗余联系的企业间密集网络的另一个好处，尤其是在面对技术不确定性和变革时，就是业务网络已经配置了与可供选择的外部伙伴单位保持关系的资源，这就代表了在应对可能导致某些关系失效的环境震荡时，有了更多的选择。

在承认这些有益方面的同时，也存在若干可能超过正面效应的劣势。从信息的角度看，一个密集的企业外部网络可能会导致不加选择地获取大量也许是冗余和过时的知识和信息。而且，由于信息处理方面的局限性和对捕捉所有相关信息可感知到的自信，业务单位也许将其搜索范围局限在最接近的网络中，因此导致只能依赖大部分都很相似的信息，即冗余信息。

更重要的是，随着企业外部网络的密度越来越大，网络的通信结构形成了一种集体监督与协调的机制，给每一个业务单位都形成必须不负期望的压力。结果，伙伴单位之间建立了共同的行为预期，这可能对个体单位的行动产生很强的约束。嵌入一个密集的企业外部网络的业务单位可能因此被迫遵守那些满足网络成员最低共同需要的规范和实践。但是，这些实践和策略可能并不是对于每一个业务单位的情况都是最适合的。贝和卡吉尤洛（Bae and Gargiulo，2004）的研究也与这些观点是一致的，他们假设一个组织的伙伴单位之间的关系密度与该组织从其联盟网络中得到的回报负相关，研究的结果支持了这个假设。

在信息多样化成为必要条件的情况下，比如在探索性学习中，以及集体监督和协调的压力成为多余的情况下，密集网络并不合适。在这种情况下，桥接结构洞关系的网络可能更为优秀（Ahuja，2000a）。一种桥接型关系就是两个单位（及其直接伙伴）加入网络的唯一途径。位于结构洞两侧的单位在不同的信息流中循环。通过跨越结构洞，业务单位可以接入一个更广阔的、能够提供新奇的、独特的和非重叠信息的信息源（Burt，1992）。一个扮演中介角色的单位可能非常理想地成为得渔翁之利的第三者，因为将原本不连通的单位桥接起来而从中受益。这些利益的出现是因为该单位生成了一批新思想的支持者，这些新思想是通过对该单位所接入的多样化的信息集群进行综合而产生的。这样，这些单位就有能力综合多种不同的视角，扩大组织学习的范围，比其他单位更容易地获取竞争能力。扎西尔和贝尔（Zaheer and Bell，2005）的研究支持了这些观点，他们发现，特别是在新产品创新的速度快、迅速响应市场动态对企业成功非常重要的情况下，有丰富结构洞的网络可能要比闭合式网络更为有益。

同理，一个高带宽（即与相同外部伙伴的冗余联系程度高）的企业外部网络不适合取得接入多样化信息的机会。冗余联系除了只能提供多条联系渠道获得的冗余信息之外，还和其他联系一样，也需要花费资源去开发和维护，这就使得它们成为一种无效率的信息获取手段。相反，通过连接以前未曾连通的伙伴，即形成非冗余联系，企业可以增加信息的多样性，这种非冗余联系所需要的投资由于它们扩大了网络覆盖范围而变得更为合理化了。相应地，通过非冗余联系和桥接未联通的联系人，从而接入多样化和非重叠信息源的好处，对于一个业务单位从其企业外部网络伙伴获取知识来说，是至关重要的。

国内学者对企业外部网络结构洞的研究也得出了不同的结论。盛亚和范栋梁（2009）的研究发现，并不是所有处于结构洞中心位置的主体都通过控制信息获利，其中有些主体会以合作为导向，主动扮演整个网络中的信息资源流动的桥梁角色，最终促进整个网络的效率。任胜刚等（2011）则认为，结构洞为高校、科研机构和企业等技术供需双方搭建起了联系的桥梁，对提升区域创新能力具有非常显著的中介作用。钱锡红等（2010）研究了深圳市 IC 产业，其实证分析得出的结论是：占有丰富结构洞的企业往往能够获得更多的信息，也更容易把握市场机会，从而在创新方面更具优势。章丹和胡祖光（2013）针对不同的技术创新类型，通过对 63 个国内的创新网络的实证研究，发现相比于利用式技术创新，网络结构洞更有利于企业的探索式技术创新。党兴华和孙永磊（2013）认为，拥有丰富结构洞资源的企业处于网络中介位置，具有很高的可见度，促进了信息、知识传播网络惯例的形成。但范群林等（2010）对家具制造业集群网络的研究则表明，对于传统制造企业的创新绩效而言，结构洞的影响并不显著。

（2）企业内部网络的密度（结构洞）和非冗余联系

虽然企业外部伙伴单位之间的结构洞也许是非常有益的，但如果一个企业内部网络也是一个带有许多结构洞的稀疏网络，也许就意味着该企业的知识分享是无效率的，或者知识分享在整个企业内部不能广泛普及。一个充满了结构洞的企业内部稀疏网络也许还预示着，这是一个断口组织，不能够有效地致力于一个共同的目标。如果目标不一致，那么企业要整合不同单位的专门知识和将现有知识与新获取的知识组合起来的任务，就很难实现了。

有些关于组织内部层面的研究发现，高绩效的工作团队往往是其内部的联系有适当的黏合度，同时与其他群体的正式领导者有许多桥接型联系（Oh et al.，2004），或者业务单位内部密度高而外部联系广（Reagans et al.，2004）。但是，如果许多个体单位都有未联通的联系人，结构洞大量增加，那么社会闭合的缺乏可能危害到组织的稳定性；组织开始失去其作为一个凝聚结构的身份，各单位对组织也就不再寄希望了。例如，加贝和朱克曼（Gabbay and Zuckerman，1998）从团队层面的研究，证明了科学家个人担当过多的中介角色是如何阻碍公司创新的。相应地，企业内部的结构洞弱化了企业内部的沟通与协调，从而减损了整个企业将其从企业外部网络获取的知识在企业内部扩散的能力。因此，企业内部中介角色的个人利益对整个企业来说是有负面影响的。

相反，没有结构洞的密集网络提供了社会资本的凝聚效益，赋予了组织追求集体目标的能力。网络密度培育了组织认同感和网络层面的相互信任，从而促进了知识交流和集体行动。因为有了正式和非正式的联结，新知识得以幸存并融入组织知识库的可能提高了。而且，一个业务单位的企业内部网络中的间接联系路径越短（即网络密度越高），可从其他单位获得的知识就越多。另外，作为直接访问渠道，企业内部的密集联系也降低了搜索的时间和成本，通过这些渠道，不管是有用的知识本身，还是关于知识应用机会的信息，都可以流动起来。还有一个好处就是，如果一个业务单位的联系人之间是紧密关系，那么就能够提供更为可靠的沟通渠道，它们能够为业务单位迅速提供来自众多源头的大量知识，这些不同的来源可以为过滤、评估和验证数据的质量和可靠性提供可选择的渠道。不管是显性知识还是隐性知识，企业内部的密集网络都可以使知识转移更有效，也更高效。孙笑明等（2013）认为西方个人主义文化中结构洞有利于创新，但在中国的集体主义和儒家传统文化中，填充结构洞才能得到更高的创新绩效。

与企业外部网络中冗余联系的无效率相反，在企业内部对冗余联系的开发与维持所作的投资其重要性超过其成本。在企业内部，有效接入多样性信息的重要性降低，由于大量相同联系而形成的高网络带宽能够提高信息转移的速度和容易程度，从而使得业务单位能够接入来自各种内部伙伴的知识和资源，并将所获得的知识在整个组织传播。

（3）网络配置

在强调集体行为的地方，由桥接性结构洞衍生的结构自主性实际上可能会降低一个单位的社会资本。伯特（Burt，1992：45）提出，行动者的"关系在自己的一端没有结构洞，而在另一端却有很多的结构洞，那么他们就是结构自主的"，因此"对于一个网络所能提供的信息和控制利益来说，其位置是最佳的"。群体层面的实证研究支持了这样一个论点，即当群体内闭合性高而群体外结构洞和非冗余联系人多时，绩效是最大化的（Burt，2001）。

企业内部网络的高密度、没有结构洞、有冗余联系等特征提供了社会资本的组织内部凝聚力效益，这对于一个组织作为整体从其联盟伙伴的知识转移中获益是必不可少的。相反，企业外部网络的结构则决定了单个企业在利益占用中是否更具竞争力，这就使得对于什么是有益的网络构型进行反思成为必要。在这种情况下，企业外部网络较低的密度和较多数量的结构洞和非冗余联系人，提供了更为划算的通向多样性知识和新机会的入口，这些知识和机会正是竞争性行为所必需的。但是，虽然结构洞之间的中介关系是增值价值的来源，而要将这些隐藏在结构洞中的价值真正实现，则内部闭合性（即密度和冗余性）可能是至关重要的。因此，可以得出如下命题：

命题1：当企业的外部网络是一个桥接了大量结构洞的稀疏的企业外部网络，而企业内部网络是一个缺乏结构洞的密集网络时，二者的相互补充使得企业从其内外部网络中获取的知识最大化。具体地说，这种网络构型使得从企业外部网络获取的私人利益和从企业内部网络获取的集体利益都最大化了。

命题2：大量非冗余的外部联系人与大量冗余的内部联系人相互补充，使得企业从其内外部网络中获取的知识最大化。具体地说，这种网络构型使得从企业外部网络获取的私人利益和从企业内部网络获取的集体利益都最大化了。

4.2.2　企业内外部网络的中心性

密度是一种闭合的形式，其中的业务单位都平等的相互联结，而当少数单位站出来充当闭合的源头时，中心性就发生了。网络理论区分了网络集中化和单位中心性两个不同的概念，前者被定义为不同单位彼此之间关系的集中程度，属于宏观性质，后者则是一个自我中心概念。一个单位的中心性程度取决于从某一个特定单位流进和流出的各种资源的程度。因此，中心性体现了某一具体单位相对于其他网络单位的权力特征。作为一种分析的分类，中心性反映了一个业务单位的可见性或人气，表现为该单位对直接和间接关系的卷入程度（Kenis and Knoke，2002）。

以前的研究认可了三种不同类型的中心性。①程度中心性（degree centrality），即一个单位与其他单位的直接联系数量，意味着这些单位的关系良好，拥有知识和其他资源的许多替代性来源。②接近中心性，即一个单位与所有其他单位最短路径的总和，它影响着该单位对网络中不同点的独立访问。③中介中心性，即一个单位处于其他两两单位之间最短连接路线上的频率。接近中心性代表了一个单位可以避开其他单位控制的程度，而中介中心性则决定了该单位控制其他单位的能力，或者说是增加其他单位对本单位依赖程度的能力。更具体地说，中介中心性决定了一个单位控制其他单位进入网络中各种区域的程度。中介中心性最适合于评估社会单位对网络中的信息和知识流的控制能力，这也是本章的着重点。

（1）企业外部网络中心性

在企业间层面，网络的中心性使得中心单位能够独立访问和控制替代性知识来源，从而能够获得系统权力和政治支持。从资源依赖观的角度考虑，居于中心位置的业务单位，通过制造非对称的资源依赖性，从而拥有对相关资源（如信息和知识）更大的访问和潜在控制权。

一方面，中心单位可以选择保留、公开或者修改信息，造成他人的依赖性，从而影响其他外部单位的属性及其对共同环境的认知。这样的单位还制造了其企业外部网络中有益伙伴之间更多的关注。与连接良好从而有高度可见性的伙伴结盟产生信号效益，使得中心单位对第三方网络更具吸引力。这些关注和信号效益反过来提高了该单位接近新机会的可能性。波多尼（Podolny，

1994）支持了这个论点，他发现，尤其在具有高度不确定性特征的环境下，组织依靠结构位置作为其辨别潜在交易机会的一种有形基础。

另一方面，在中心性制造了其他单位的资源依赖性的同时，中心单位对其他单位的独立访问权却使得它们对其他单位的依赖性降低。除了增加中心单位对信息流的控制，中心性还增加了结构自主性，即一个单位追求其自身目标的自由程度。一个居于中心位置的、对其他单位所接收的信息进行指导、集中并使其合法化的单位，享有将其利益在正确的时间、正确的地点、从正面的角度予以表现的优越性。

从学习的观点看，网络中心性增强了中心单位关于其企业外部网络权力分布的知识，及其对政治景观进行评估的准确性。反过来，这些东西又使得中心单位能够更好地控制和利用对知识转移有益的机会。同时，中心性也反映了中心单位与其他外部单位合作的全部经验。因此，一个单位越是居于中心地位，该单位在如何从其各种关系中提炼价值方面的经验就越强。鲍威尔等（Powell et al. , 1996）的研究支持了上述论点，他们经验性地证明了，生物技术新创公司后来的快速增长与其在企业间学习网络中的中心位置有关。同样地，扎西尔和扎西尔（Zaheer and Zaheer, 1997）也发现，银行在其信息网络中的中心性程度与它们的市场影响力正相关。

总之，高网络中心性意味着在地位等级中的高位置，以及对有价值的资源和其他网络成员的独立访问程度高。因此，一个单位在企业外部网络中心性的个人利益对其从联盟伙伴处获取知识的能力产生积极影响。为了利用这些机会，一个单位必须积极主动地去追求一种位置优势，要么打造各种联系以获得网络中的中心位置，要么与企业外部网络的中心成员结盟。

（2）企业内部网络中心性

在企业内部环境下，也能找到与企业外部网络中相同的单位中心性利益。一个占据企业内部网络中心位置的业务单位，可能因为其拥有对其他单位知识的排他性访问和控制权，而获得市场竞争优势。例如，蔡（Tsai, 2001）发现，一个单位的创新能力与其在企业内部网络中的中心性之间存在显著的正相关关系，虽然他没能找到中心性与绩效之间关系的支持证据。他认为，一个中心单位可以维持与其他单位的复杂关系，从而增加了它形成新的企业内部联结的可能性。这个效应可能修正现有的社会结构，并为单位之间产出性知识交换创造新的机会。

虽然企业内部的单位中心性可能为中心单位创造私人利益，但是这些效益需要根据组织作为一个整体，从其企业外部网络知识获取中获益，并创造出高水平集体利益的能力来进行重新评估。更具体地说，当碰到知识转移，尤其是不可编码的复杂知识的转移的时候，单位之间的中枢性协调或层级协调往往就会失灵。这一论点已经得到若干研究证据的支持。

一方面，虽然新的信息和知识可能是被组织内的某一个单位所获得，但是这些获得的知识如果调配给其他单位，可能产生的效益更高。因此，为了使知识的利用更有效益，知识必须共享。但是，更高的中心性程度降低了业务单位构建企业内部联系并转让知识的激励性。

另一方面，具有创新性而又没有占据中心位置的单位，可能缺乏访问那些保证其项目成功所必需的关键性知识资源的组织职权，因为这些资源和技能是分布在整个公司的不同单位之中的。结果，虽然一个中心单位的声誉可能因其在企业内部网络中的战略位置而得到提高，但是不能保证这种位置就能够导致对该单位最有价值的知识流入，更不用说对范围更大的组织和最有能力利用该知识的单位而言最有价值的知识流出。与这些论据相一致，斯巴罗等（Sparrowe et al.，2001）发现，一个工作群体的咨询网络中的高集中化程度与工作群体的绩效负相关。相反，一个集中化程度低的企业内部网络培养了相互依存性，这鼓励了合作，因为交易伙伴共享了对产出的控制权。

（3）网络配置

在企业外部网络和企业内部网络的复杂交互作用中，某一特定业务单位的中心性可能具有相互矛盾的效应。中心性对个体单位有利，而集中化对整个组织不利，企业可能要面对这二者之间的权衡。如前文所述，一个在企业外部网络中占据了中心位置的业务单位享有明显的访问、控制和地位等诸方面的利益。根据伯特（Burt，1997）的研究，这些利益彼此加强并随时间而累积。但是，在企业内部网络层面，网络中心性对企业整体的不利可能超过其对单个单位的有利，如资源分配的无效率，缺乏协调，信息和知识发布失灵等。结果，核心企业业务单位在企业外部网络中的高中心性，及其在企业内部网络中的低集中化程度，提高了核心企业作为整体从其联盟网络中成功实现知识转移的能力。因此有：

命题3：当一个业务单位在企业外部网络中拥有中心位置，而企业内部网络则是低集中化程度，二者相互补充使得组织从其网络中获取的知识利益最大化。具体地说，这种网络构型使得从企业外部网络获取的私人利益和从企业内部网络获取的集体利益都最大化了。

从上述三个命题可以看出，有利于社会资本私人利益和集体利益最大化并促进知识转移效率的企业内外部网络构型的建议，如表4-1所示。

表4-1 网络构型建议

网络构型	企业内部网络	企业外部网络
密度	+	-
结构洞	-	+
冗余性	+	-
中心性/集中度	-	+

4.3 本章小结

本章的理论分析表明，一个企业由于参加战略联盟网络而获得的知识转移程度，不仅取决于其与联盟伙伴之间外部关系的类型与质量，还取决于其自身业务单位之间的内部关系。为了对知识获取以及随后的知识分布有充分的理解，需要对上述两种网络进行综合分析。这两种关系网络的某类配置可能比其他类型的配置能够更好地支持知识的转移，对单个业务单位有益的网络位置可能对作为整体的组织有害。因此，为了企业能从其联盟网络中获益，企业需要发展一个综合的战略框架来鼓励各业务单位之间的合作。企业内部的闭合性产生凝聚效益，这是企业内部网络中各业务单位之间所必需的，而中介性和中心性创造信息和权力效益，它们对一个业务单位在其企业外部网络中的位置有利。本章提出的三个命题概要地阐述了，一个企业如何才能最大化其企业外部网络中结构性社会资本的私人利益，同时也最大化其企业内部网络中的集体利益。

本章区分了内部知识转移和外部知识转移、社会资本的私人利益和集体利益，对于调和社会资本闭合观和中介观的理论争鸣，作出了进一步的补充。就外部知识转移而言，一个居于中心地位并桥接了非冗余联系人之间结构洞的业务单位提供的私人利益是最高的，因为它能够接近多样化的信息源和许多中介机会。因此，当组织必须搜寻并获取超出其知识域的信息时，社会资本的中介观就占据支配地位。但是，就内部知识转移而言，社会资本的闭合观占了上风，因为它强调由黏合型社会联系所产生的集体利益和密集嵌入性关系的积极效应，以及它对于资源保留和维护的好处。任何关于闭合观或者中介观的有效性评价都需要对因变量进行澄清和界定，就像本书中多层面的知识转移一样。

本章的工作对正在发展的多层面研究也是一种贡献，将两个及两个以上的分析层面从理论上联系起来，以更好地解释相关现象。虽然多层面研究文献关注得最多的是个体和组织两个层面，但是本章提出的论据包括了企业间和企业内两个层面。考虑到这些层面在各种不同形式的社会资本对知识转移的影响不同，本章的讨论在此突出强调，研究跨层面网络现象之间的连通，对于揭示组织背景下复杂网络动态具有非常重要的意义。

本章的工作对联盟网络中的竞争研究也有贡献。有一些作者将战略联盟概念化为学习竞赛，其中的联盟伙伴都有一种机会主义企图，即努力做到比其他伙伴学得更快（Hamel，1991）。比联盟伙伴更快获取知识的企业，将有最大的可能赢得这场合作性竞争，并收获最大的利益。但是，在多伙伴联盟和联盟网络中，学习的成效不仅受到知识获取速度的影响，还受到每个企业获得进入知识源的实际能力和机会的影响。例如，如果一个业务单位在战略联盟网络中的非中心位置限制了其获取新知识的机会，那么不管它的学习速度多快，它的学习过程都将受到限制。另一方面，如果外部网络位置创造的学习机会增多，那么即使学习过程较慢，其负面影响也可能降低，被其所获得的更大的机会集所抵消。因此，企业可能通过更为中心化的网络位置来抵消学习速度上的相对劣势，反之亦然。所以，速度和网络位置彼此依赖，共同决定了学习竞赛的最终结局。

本章的研究为管理实践也提供了一些启示。管理者应该也可以将网络塑造成企业未来行动的有利环境。虽然现在的社会网络是早前的、通常为外生行动的被动表现，但是管理者可以通过策略运作，争取到其行业网络中的关键位置，比如进入可以获得重要知识、关键技术或其他资源的联盟。但是，两种不同类型的网络给予管理者主动影响网络结构的自由裁量权的程度是不同的。例如，在企业内部网络中，层级干预或者经营单位自己的方案可以轻易地建立起连通性。组织生活的许多方面，如人们交换相互意见、进行正式和非正式的对话等，都是为了制度创新和维护社会关系的密集网络而作的集体投资策略。而企业外部网络中的连通性就没有那么容易建立，因为这些关系必须跨越组织的边界。尽管存在这些挑战，管理者还是可以有目的地设计与开发企业间和企业内部网络，作为满足其目标的战略资源。本章提出的网络配置方案可以为如何实现这个任务提供一些借鉴。

第 5 章

后发地区社会资本与企业技术创新绩效的多层面分析

技术创新能够刺激发展中国家和地区的经济增长和创造就业，已经得到广泛认可。这反映在过去 30 年左右的时间里，涌现出大量专门探讨知识和技术能力对快速工业化国家经济追赶过程作出贡献的文献，如金（Kim，1997）、李和林（Lee and Lim，2001）等。这些文献强调了知识和技术的国际扩散，促进了后发国家和地区的经济发展。

不管是在发达国家和地区还是发展中国家和地区技术创新的文献中，都有一个核心思想，那就是企业与其他组织之间的网络与协作，起到了一个促进本土学习和能力发展催化剂的作用，企业间的社会网络与互动支持了企业能力和技术创新的发展。社会网络和社会互动是社会资本的重要维度。大量有关社会资本与技术创新关系的文献，已经证明了社会资本对技术创新的促进作用。那么，具体到后发地区，社会资本对企业技术创新究竟有什么样的影响，或者以什么样的方式产生影响，尤其是，除了企业自身的社会资本水平之外，区域的社会资本水平会对企业的技术创新绩效有什么样的影响以及怎样影响？本章试图以定量研究的方式，从企业和区域两个层面构建多层面回归分析模型，来探求上述问题的答案。

5.1 文献回顾与问题提出

5.1.1 社会资本对企业技术创新的影响

社会资本概念的开拓者之一、法国社会学家布尔迪厄（Bourdieu）认为，社会资本是通过拥有一个相互认识和认可的或多或少制度化关系的持久网络，一个行动者积累的实际和潜在资源的总和（Bourdieu，1986）。沿此传统，那哈皮特和戈沙尔（Nahapiet and Ghoshal，1998：243）将社会资本定义为"内嵌于、产生于、获取于个人或社会单元所拥有的关系网络的实际与潜在资源的总和"。人们对社会资本概念的直觉就是，一个人的朋友、家庭和职业联系网络构成了一种重要的资产，这种资产在需要的时候就可以被调动，用来帮助自己，也可以成为经济收益的杠杆。如普特南（Putnam，2000）所述，在一个相互连接良好的社会，一个有良好社会连接关系的人要比一个连接关系不好的人做得更好，从这个意义上而言，社会资本表现出了一种重要的外部性。这样的社会网络与社会连接对企业技术创新的重要性源于新产品和新工艺开发中所要用到的知识的两个特征：内隐性和新颖性。与把知识视为一种纯公共物品的观点不同，技术创新领域的大量研究都已经证明，知识的许多重要成分都是隐性的，脱离某种情境之后很难被理解。这种情境丰富的知识，如果要通过说明书或期刊等编码的支持手段或工具来进行转移，可能会非常昂贵，甚至不可能。这种知识的交换可能有赖于人与人之间面对面的互动，而且这些人的共同经历是他们对工作中所面临的技术和组织问题形成共同理解的基础。因此，良好的社会网络和人际联系有助于技术创新所需要的隐性或"粘性"知识的交换和转移。

从认知视角对技术创新的研究认为，企业在其产品和生产方法方面创造新颖性的能力有赖于对相关但不相同的知识的获取能力。如果没有这种多样性或差异性，就会在对新机遇的感知方面出现短视或错失的风险（Nooteboom，2000）。对企业来说，创造这种知识多样性的重要方式之一，就是通过与其他企业和组织的互动，以吸收外部的知识或认知。当外部的知识源表现出合适的"认知距离"时，即从对知识的理解上来说，足够接近，但从生成非冗余知识的要求上来说，又有足够的距离，这种互动就能培育出组织学习（Nooteboom，2000；Wuyts et al.，2005）。

林洲钰和林汉川（2012）以中国各省份守信状况作为对社会资本变量的度量，以企业研发投入比作为技术创新投入变量的度量，以企业专利申请数作为企业技术创新产出变量的度量，研究了中国制造业情境下社会资本与技术创新的关系。结果发现，社会资本较高的省份，企业的技术创新活动——无论是创新投入还是创新产出——都表现出更高的水平，社会资本提高了企业的技术创新回报。严成樑（2012）的研究也发现，社会资本能在很大程度上促进知识创新，并且对高水平创新的促进作用比对低水平创新的作用更显著。潘宏亮和余光胜（2013）则证明，社会资本的三个维度都对企业技术创新能力具有正向的直接影响。彭晖等（2017）基于中国2000~2009年省级面板数据的实证研究发现，一方面社会资本对地区技术创新产生直接正向影响，另一方面，社会资本还通过促进地区金融发展而间接地影响地区技术创新。

企业内部 R&D 支出对提升企业吸收能力的重要性可以这样来解释。企业内部 R&D 支出可以提高企业对新的相关知识的辨别和理解能力，这些知识存在于企业之外，但是对企业的内部创新活动很有用。本章要探讨的问题是一个尚未得到充分探讨过的问题，即社会资本对于提升企业吸收能力的重要性。进入一个大的社会连接网络可以增加企业发觉与企业内部的知识存量不同但互补的外部知识源的机会。

5.1.2 区域社会资本对企业技术创新的宏观—微观影响机制

社会资本的分析单位有多种，包括个体、群组、组织、社区、区域、国家等不同层面。目前大量探讨社会资本对技术创新或经济绩效影响效果的研究，大多是局限于同一个层面的分析，即单一层面分析，或者是个体层面的社会资本对个体收益的影响，如早期的格兰诺维特（Granovetter，1973）对白领员工的研究发现，通过弱关系能够更快速地找到更好的工作。伯特（Burt，1992）对高科技电子企业的管理者进行过调查，发现具有更多样性网络的管理者能够得到更早的提拔；或者是企业的社会资本对企业经营效益的影响，如汉森（Hansen，1999）对多事业部的电子企业的研究表明，通过事业部之间的网络从其他事业部获取知识能够加快项目完成的速度。蔡和戈沙尔（Tsai and Ghoshal，1998）对电子业跨国公司的研究显示，社会互动与信任影响了资源的交换和产品创新；或者是区域社会资本对区域发展的影响，如普特南（Putnam，1993）对意大利南北部的研究表明，由于北部的社会资本水平更高，所以意大利北部的政府效能要比意大利南部高；或者是国家层面的社会资本对国家经济发展的影响，如纳克和基弗（Knack and Keefer，1997）以一国内志愿者组织会员身份的密度或者普遍信任水平作为对国家层面的社会资本的测度，分析其与国家经济增长之间关系。达克利和德克勒克（Dakli and de Clerq，2004）利用 59 个国家样本，研究了不同测度的社会资本与技术创新绩效之间的关系。卡萨（Kaasa，2009）比较了欧洲国家间社会资本对技术创新绩效影响等。

但是，作为经济组织，企业是植根于区域社会环境之中的。区域的宏观政策、资源禀赋、社会发展水平等对区域内企业的经营发展影响巨大。就社会资本而言，宏观层面的国家或区域社会资本如何影响微观个体层面的企业经营行为和绩效呢？从现有的文献看，都没有能够充分探讨国家或区域社会资本对微观层面的行为和结果进行影响的机制与渠道。可以说，宏观层面的社会资本影响微观个体企业行为或绩效的机制其实仍然是一个"暗箱"。

一般而言，人们会认为发展良好的社会网络和社会联系可以提高企业对其资源和竞争力所作投资的价值，或者它们可以弥补这些投资方面的某些缺失。例如，大量的研究认为，R&D 投资可以通过提高企业的吸收能力增进企业的技术创新能力。企业内部 R&D 支出可以增强企业对存在于企业之外、但对企业内部技术创新活动有益的相关新知识的辨别和理解能力。虽然有关经济发展的文献已经探究过技术采纳、贸易开放性与吸收能力之间的关系，但是关于社会资本对于提升企业吸收能力的重要性，还是一个没有得到充分探讨的问题。

社会资本可以提高 R&D 支出对于企业技术创新绩效的效益，同时社会资本还可以弥补企业未能作出某些类型的投资或者企业缺乏进入某些资源的通道所造成的局限。在有关小企业创业的文献中，这被称为"补偿假说"（Brüdel and Preisendörfer，1998）。例如，技术创新活动可能需要一系列新的技巧和能力，企业可能通过内部培训、招募具备所需能力的新员工，或者通过与具备企业所缺能力的其他企业组织建立伙伴合作关系，来重新配置其现有的知识基础。而进入一个大的社会连接网络可以增加企业发觉与企业内部的知识存量不同但互补的外部知识源的机会，社会资本可以提高企业在劳动力市场上识别和招募具备企业创新活动所需经验与技能的潜在新员工的能力，或者提高企业与外部组织建立合作关系的能力，所以社会网络关系可以部分地弥补企业在内部培训投资方面的不足。关于正式银行信贷的问题，也是同样的道理。在高度网络化的社会，企业可能通过拥有与非正式信贷源的稳定渠道，包括来自供应商和客户的贸易信贷，弥补在正式银行信贷方面的缺失。对于那些社会地位不佳，不容易得到正式银行信贷为企业技术创新活动筹措资金的企业来说，社会网络可以增加其接近非正式信贷源的机会。

因此，本章提出的基本问题就是，社会资本更为发达的地区中的企业在其技术创新活动中是否更为成功？企业内部 R&D 支出是否可以与社会资本交互作用以改善企业技术创新绩效？此外，企业在 R&D 支出、员工培训和对银行信贷依赖等方面的政策是否受到了区域社会资本水平的调节？

通过查询相关政府部门的统计数据，可获得企业层面技术创新数据及各个省区的区域总体数据，与各省区的社会资本指标匹配起来，就可以进行多层面的回归分析，研究区域层面的社会资本对企业技术创新产出的影响。通过考察企业在 R&D 支出和员工培训方面的政策是否受到区域社会资本水平的调节，可以得到关于连接区域层面社会资本与企业层面技术创新绩效的宏观—微观机制的洞察。

5.2　社会资本与技术创新绩效测度

5.2.1　社会资本测度

关于社会资本的定义有许多争议，而且它应该如何测度也尚未达成共识。例如，普特南（Putnam，2000：19）认为，物质资本指的是实体物件，人力资本指的是个人的属性，而社会资本指的是个人与社会网络之间的联系，以及由它们而引起的互惠规范和可信赖性。相比较而言，那哈皮特和戈沙尔（Nahapiet and Ghoshal，1998）的框架是使用得最为广泛的框架。该框架将社会资本的不同切面综合成三个维度：结构维度、关系维度和认知维度。在有关社会资本的研究中，结构维度是研究得最多的，它可以被定义为社会互动的网络配置与模式。社会互动的网络配置与模式可以被观察并被测度，所以可以被看作客观的。

林洲钰和林汉川（2012）在其研究中以中国各省份守信状况来衡量社会资本水平。严成樑（2012）从信息共享和相互沟通的角度来测量社会资本。万建香和汪寿阳（2016）认为，社会资本主要是指高水平的政府公信力和诚信的人际关系，所以分别以政府机构质量和信息沟通共享来测度社会资本。陈乘风和许培源（2015）则以信任、社会网络和信息共享三个维度作为社会资本的测度指标。很多学者的观点是社会资本起源于社会网络，所以经常使用网络维度来测量社会资本（边燕杰，2004）。

本章采用伍尔考克（Woolcock，2002）的观点，认为关于社会资本的实证研究聚焦于社会资本的结构性来源，将社会资本理解为社会网络和社会连接，最有利于研究工作的展开。其中的原因之一与在不同国家或地区研究情境下构建可靠的社会资本测度有关。当被调查者来自不同的文化和语言地区，如果社会资本的测度是基于客观性问题，询问人们在其日常活动中都做了什么，而不是基于主观性问题，记录人们对他人或者对所处环境的感受或意见，这样能够大大减少产生国别或地区偏差的机会。例如，世界价值调查就包括一些客观性问题，可以用来构建被理解为社会连接和群体成员身份密度的社会资本的国际统一性测度。

因此，本章的实证部分采用结构性社会资本的测度，将社会资本定义为长期持续的、正式和非正式社会互动网络与模式。

5.2.2　技术创新绩效测度

技术创新可以被定义为完成一项新的或得到实质性改良的产品或工艺。一项重要的附带条件就是承认大多数的技术创新活动所产生的产品或工艺，从世界市场甚至从全国市场来说都不属于"新"，但是它们对于某个企业来说却的确是新的。这种情况对于所有国家和地区的技术创新活动来说都是真实存在的，而对于发展中国家和地区来说尤其是这样的，因为发展中国家和地区的技术创新活动经常就是对原创于较发达国家和地区的技术和工艺进行发展和改良。金（Kim，1997）在其关于韩国工业化的著作中承认了这一点，他描述了韩国在20世纪60~90年代主要以复制性模仿或创造性模仿的方式进行技术学习的情况。法格博格和沃斯帕根（Fagerberg and Verspagen，2002）讨论了模仿在"落后"国家进行技术追赶过程中的作用。博利亚奇诺等（Bogliacino et al.，2012）对在发展中国家开展的国家技术创新调查结果进行了综述。他们得出结论，在发展中国家，"技术变革采取的主要形式就是购买新机器和模仿其他国家所开发的产品和工艺"。

《奥斯陆手册》（Oslo Manual，2005）对产品或工艺创新的定义是"对企业来说是新的"，而对企业的市场来说不一定是新的，不是绝对意义上的"新"。著名的世界银行企业调查就是设计了一系列的问题来测度企业是否开发了对企业来说是新产品，而对市场或者从世界范围来说并不一定是新产品的产品。因此，本章采用三个指标来测度企业的技术创新绩效：新产品开发、新技术引进和现有产品升级。

5.3 数 据

从研究目的出发，我们选择了云南、贵州、广西三个我国相对后发的省区，实证检验后发地区社会资本对企业技术创新绩效的影响。数据涉及的时间范围是 2014~2016 年。通过查询国家统计局、各省区统计局以及各省区科技厅、经信委、发改委、企业局等统计数据库，可得各省区的经济指标和企业技术创新指标数据，对一些统计资料未能反映的企业行为和社会资本方面的数据，则采取邮件、电话、访问等方式获得。本章所用数据涉及 1602 家企业，调查样本的省区分布见表 5－1。

表 5－1   调查样本的省区分布

省区	样本企业（家）	样本占比（%）
云南	576	35.96
贵州	539	33.64
广西	487	30.40
总计	1602	100.00

5.3.1 区域层面变量

本章是区域和企业层面的多层面分析。区域层面的变量包括各省区的社会资本综合水平（ASSOC）、人均 GDP（GDPCAP）、R&D 总支出占 GDP 的比例（GERD）、2014~2016 年各省区企业技术创新绩效，具体如表 5－2 所示。

表 5－2   创新者区域比例和区域级指标

省区	Newprod	Newtech	Upgrade	GDPCAP	GERD	ASSOC
云南	35.9	45.1	64.1	3.11	0.89	0.87
贵州	33.4	43.1	56.8	3.32	0.63	0.80
广西	39.9	47.5	65.2	3.80	0.65	1.04

注：各省区的 GDPCAP 和 GERD 均为 2016 年的数据，GDPCAP 的单位为人民币万元。

如前所述，本章对企业技术创新绩效的度量采用新产品开发（newprod）、新技术引进（newtech）和现有产品升级（upgrade）三个指标。2017 年实施的调查，要求被调查企业回答：在过去的 3 年时间（2014 ~ 2016 年）里，贵公司是否开发了一个新的产品、是否使用了一项对产品主要生产方式有实质性改变的新技术、是否对现有的产品进行了升级？回答是，即为取得该项技术创新绩效指标的企业。取得各项技术创新绩效指标的企业占各省区样本企业的比例，即为各省区的各项技术创新绩效指标的测度。

从表 5 – 2 可以看出，在所有三个省区，对现有产品线进行升级都要比引进新技术或开发新产品更常见。而且三个技术创新指标的创新频率似乎都不低，原因可能是因为调查设计采用的是《奥斯陆手册》（Oslo Manual，2005）的框架，对产品或工艺创新的定义是"对企业来说是新的"，而对企业的市场来说不一定是新的，即不是绝对意义上的"新"。这样，创新的高频率在某种程度上反映了金（Kim，1997）所指的"模仿创新"在发展中国家和地区的重要性。正如斯洛勒克（Srholec，2011）在一项利用世界银行企业调查数据的研究中所观察到的，由于一国与技术最发达国家之间的"技术距离"的增大，模仿的倾向可能也在增加。这样，一些经济发展水平相对较低的国家和地区所登记的创新率却跻身较高行列，也许就能得到解释了。

国际上对社会资本的测度通常是以参加某种社团、协会或志愿者组织成为其成员来衡量。一些利用世界价值调查结果所做的研究，也是以成年人参加的协会活动来测量社会资本的，所采取的方式就是通过一系列问题，询问受访者是否为一系列志愿团体或组织的成员。这种社会资本测度方法的缺点就是，简单的是否回答没有考虑到某人也许是某个协会的成员，但不是活跃分子。一个团体或协会中的不活跃成员，不大可能对互动和知识交换作出大的贡献。本章的研究对社会资本测度是询问受访者：贵公司参加的、并且是其中活跃成员的、对贵公司有重要影响的社会组织或行业协会有多少个（最多不超过 7个）？只有企业认为这种社会关系对其有重要意义，企业才会有动力和积极性，才会付出更多的承诺和行动。同时，企业认为重要，一定是能为其带来效益的。每个受访者的得分总和为 0 ~ 7。每个省区所有受访企业的得分均值就是该省区区域层面的社会资本（ASSOC）。

表 5 – 3 是各省区社会资本（ASSOC）、R&D 总支出占 GDP 的比例（GERD）以及人均 GDP 自然对数（LGDP）等总量指标的描述统计和相互关

系。R&D 总支出占 GDP 的比例（GERD）与以人均 GDP 自然对数（LGDP）
测度的经济发展水平呈正相关关系，而社会资本（ASSOC）与 GERD 和 LGDP
则呈负相关关系。

表 5 - 3　　　　　　　　　区域层面指标的描述统计和相关性

变量	Mean	S. E.	ASSOC	GERD	LGDP
ASSOC	0.90	0.10	1.00		
GERD	0.72	0.12	−0.24	1.00	
LGDP	1.29	0.09	−0.29	0.31	1.00

5.3.2　企业层面协变量

在下文要呈现的多层次计量经济模型中，企业技术创新的可能性受到其研
发投入、员工培训、银行信贷等因素的影响。模型还包括了企业规模控制变
量。测度企业技术创新结果的三个因变量以及企业层协变量的定义和描述统计
见表 5 - 4。

表 5 - 4　　　　　　　　　企业层变量的定义和描述统计

变量	定　　义	均值*	标准差	最小值	最大值
新产品	二进制变量：在过去的 3 年中，企业开发了重要的新产品记为 1，否则为 0	0.47	0.50	0	1
升级	二进制变量：在过去的 3 年中，企业对现有的产品进行了升级为 1，否则为 0	0.65	0.48	0	1
新技术	二进制变量：在过去的 3 年中，企业引进了对产品的主要生产方式有实质性改变的新技术记为 1，否则为 0	0.43	0.49	0	1
培训	二进制变量：企业对员工提供了正式的脱产培训记为 1，否则为 0	0.50	0.50	0	1
银行（原始序列）（填补序列）	二进制变量：如果银行是企业新投资的融资渠道记为 1，否则为 0 估算观察值的 %：25%	0.39 0.38	0.49 0.49	0 0	1 1
研发（原始序列）（填补序列）	二进制变量：如果上一年企业有设计或研发的支出记为 1，否则为 0 估算观察值的 %：25%	0.33 0.37	0.47 0.48	0 0	1 1

续表

变量	定　义	均值*	标准差	最小值	最大值
规模类别 1	二进制变量：如果企业员工数在 1～49 记为 1，否则为 0	0.55	0.50	0	1
规模类别 2	二进制变量：如果企业员工数在 50～249 记为 1，否则为 0	0.30	0.46	0	1
规模类别 3	二进制变量：如果企业员工数在 250～449 记为 1，否则为 0	0.07	0.26	0	1
规模类别 4	二进制变量：如果企业员工数超过 449 记为 1，否则为 0	0.08	0.26	0	1

注：* 表示具有变量特征或特性的企业比例。

对三个因变量以及员工培训等协变量的缺失值进行了列表状态删除，这些缺失值的比率均不到总体的 2%。然后用这些完整的变量，利用多重填补估计法去估算 R&D 支出和银行信贷变量的缺失值（Little & Rubin，2002）。单一填补法在分析中将估算值作为已知值进行处理，这种方法低估了估计的方差，导致显著性检验过于乐观。多重填补法通过创建多重填补并考虑由于缺失数据而造成的抽样变异性来纠正这一问题。本章的多重填补使用 Stata 的 miimpute 链式命令，对 6 个数据进行填补。采用线性回归对连续变量的 R&D 支出总量缺失值进行赋值，采用罗吉斯蒂回归对测度企业是否能获得正式银行信贷的二进制变量的缺失值进行赋值。随之产生的 R&D 支出的连续序列被转换成一个二进制变量。表 5-4 所示的 R&D 和银行信贷描述性统计，是在将 6 个填补估算值合并产生单个多重填补估计结果后的平均值。表 5-4 列出了 R&D 支出和银行信贷原始序列和填补序列两个方面的描述统计。

5.4　计量经济模型与分析结果

本节将报告多层次罗吉斯蒂回归的结果，根据不同的测度来预测作为企业层变量和区域层情境变量函数的企业技术创新的可能性（对数概率）。多层建模利用的层次结构化数据，将个体数据聚类，形成更高层次的群体数据。就本章研究所及情境而言，第一层次的企业数据聚类形成第二层次的区域数据。多层次回归将回归模型中由于组间差异而引起的残差或未解释的方差部分与由于组内个体差异而引起的残差部分分离开来。通过这种方式，它提供了一种衡量"群体效应"在解释个体层面结果中的重要性的方法，并回应了对单一层次回归分析的典型批评，即它没有考虑环境对个体行为或结果的影响。

在单一层次回归模型中，可以通过使用群组（在本例中为区域，即省区）虚拟变量来估计组级固定效果。使用区域虚拟变量，多层次回归的一个优点是，它通过估计截距项水平的区域和区域之间的方差，提供了对区域效果重要性的单一统计度量。多层次建模还修正了聚类对系数标准误差的影响，这些误差往往被低估，导致显著性检验过于乐观（Rabash et al.，2005）。多层次回归模型的另一个优点是，它可以测量区域层面的情境变量对个体行为和结果的相对规模和影响。此外，通过把区域层面情境变量和企业层面协变量之间的交互项包括进来，就有可能打开区域效果（宏观—微观机制）的"黑盒子"，并显示具有不同特征的企业如何因其区域背景或情境的不同而受到不同影响（Rabash et al.，2005）。

在这里，本章使用这种技术来探索区域社会资本——社会网络和社会联系的密度——对企业技术创新可能性的影响。目的是根据企业和区域两个层面的要素，从三个技术创新度量指标来预测企业技术创新的可能性。三个因变量，即新产品开发（Newprod）、新技术引进（Newtech）和产品升级（Upgrade）都遵循二项分布。例如，Newprod ~ Binomial (n_i, π_i)。其中 π_i 表示 Newprod = 1 的概率。

本章估计的基本随机截距和系数模型的结构如式（5 - 1）所示。在后发地区（各省区）的样本中，下标 j 各不相同，而在各省区内部，从企业到企业的下标 i 也各不相同。本章仅对培训、银行信贷和 R&D 方面的系数进行区域层面的随机效应估计。

$$
\begin{aligned}
\log_{it}(\pi_i) = &\beta0_j + \beta1_j \text{train}_{ij} + \beta2_j \text{bank}_{ij} + \beta3_j \text{R\&D}_{ij} + \beta4\,\text{size1}_{ij} + \beta5\,\text{size2}_{ij} + \\
&\beta6\,\text{size3}_{ij} + \beta7\,\text{size4}_{ij}
\end{aligned}
\tag{5-1}
$$

其中，$\beta0_j = \beta0 + u0_j$；$\beta1_j = \beta1 + u1_j$；$\beta2_j = \beta2 + u2_j$；$\beta3j = \beta3 + u3_j$。

由于员工层面的变量都是二进制（0，1）变量，所以对参照企业预测的技术创新对数概率将是固定参数 $\beta0$ 加上相关的随机效应 $u0_j$。

区域层面的情境效应通过在基本方程中加入综合变量 ASSOC、GERD 和 LGDP 来估计。第二层次情境变量的系数没有下标 i，这表明它们的值随区域不同而不同，但不随区域内企业不同而不同。

$$\beta 8\,\mathrm{ASSOC}_j + \beta 9\,\mathrm{LGDP}_j + \beta 10\,\mathrm{GERD}_j \qquad (5-2)$$

对参照企业预测的技术创新对数概率中的固定部分，根据区域情境变量的值和系数的符号，可能会高（或低）于 $\beta 0$。例如，如果 ASSOC 的系数为正，那么在其他情境条件相同的情况下，在 ASSOC 值相对较高的省区中，对参照企业预测的技术创新对数概率将会更大。将情境变量对因变量的影响包括进来，应该有助于对跨区域截距项的一些估计方差（σ_{u0}^2）作出解释。

区域层面社会资本与企业特征之间的互动效应通过将 ASSOC 与企业层面协变量相乘构造的变量来进行估计。对培训（train）、银行信贷（bank）和研发（R&D）的交互效应进行估计：

$$\beta 11(\mathrm{ASSOC}_j \times \mathrm{train}_{ij})_{ij} + \beta 12(\mathrm{ASSOC}_j \times \mathrm{bank}_{ij})_{ij} + \beta 13(\mathrm{ASSOC}_j \times \mathrm{R\&D}_{ij})_{ij}$$

$$(5-3)$$

通过求乘积项系数的指数，就有可能对交互效应作出直截了当的解释。乘积项罗吉斯蒂回归系数的指数表明的是，ASSOC 增加 1 单位，第一层面协变量得分为 1 的企业与参照企业（得分为 0）的预测概率的概率比变化的乘积因子。如第 5.4.2 节所述，乘积项的系数为正，可以解释为社会网络是增强因素，乘积项的系数为负，可以解释为社会网络是补偿因素。

5.4.1 基线模型结果

不同模型根据三种不同衡量标准对企业创新可能性进行解释的结果如表 5-5 和表 5-6 所示。表 5-5 是随机截距和第一层面协变量的基线模型。表 5-6 包括了区域层面的固定效应，估计了区域社会资本水平差异对企业技术创新总体可能性的直接影响。表 5-6 还给出了具有交互效应的模型，以确定区域层面的社会资本，是否会根据企业有无 R&D 支出、有无获得银行信贷、有无员工培训，而对企业产生不同的影响。

表 5-5 根据衡量企业技术创新的三个因变量各自分别估计了两个模型。每个技术创新度量的第一列是虚空模型，有一个随机截距，没有解释变量。常数项显示了样本企业技术创新预测对数概率的平均值。用概率表示，结果表

明，整个样本企业引进新产品的平均概率大约为 40%。采用新技术和进行升级的概率分别为 0.45% 和 0.62%。随机截距项估计的是区域效应的大小，或者企业根据每一项技术创新指标进行创新的平均可能性在各省区之间的差异。结果表明，在预测产品升级可能性的模型中，区域之间的差异更高。为了检验区域效应的显著性或区域间方差的估计值，可以对虚空多层次模型和虚空单层次模型进行似然比检验。预测新产品开发（Newprod）、产品升级（Upgrade）和引进新技术（Newtech）的对数概率的模型，自由度为 1 时卡方分布 5% 点是 3.84，为技术创新绩效的区域效应提供了有力的支持证据。

表 5－5　　　　　　　　多层级创新模型的随机截距和国家固定效应

因变量	新产品开发		新技术引进		产品升级	
固定效应：第一层次						
常数	− 0.030	− 0.869 ***	− 0.184	− 1.050	0.834	− 0.084
培训		0.440 ***		0.569 ***		0.599 ***
银行信贷		0.089 **		0.144 ***		0.096 **
R&D		0.544 ***		0.440 ***		0.505 ***
规模（员工人数）						
1 ~ 49			参　　照			
50 ~ 249		0.234 ***		0.232 ***		0.273
250 ~ 499		0.293 ***		0.418 ***		0.495
500 及以上		0.395 ***		0.678 ***		0.534
随机						
截距	0.450 (0.139)	0.347 (0.108)	0.512 (0.155)	0.393 (0.121)	0.699 (0.221)	0.613 (0.194)

注：** $p < 0.05$；*** $p < 0.01$。

第二栏每项技术创新指标的结果包括 R&D 支出、员工培训和获得银行信贷对企业技术创新可能性影响的估计。这些解释变量的系数每一个都是正的且显著的。R&D 支出对推出新产品的积极效应，比对其他两种创新指标的积极影响更强。用概率来表示，愿意为 R&D 投资的企业推出新产品线的概率比不投资 R&D 的企业高出 72%。产品升级的概率要高出 66%，引进新工艺技术的概率要高出 55%。尽管与 R&D 支出的影响相比，获得银行信贷的积极影响总体上相对较弱，但在引进新工艺技术方面，这种影响有所增强。与其他两项技术创新指标相比，投资员工培训对产品升级的正向效应在一定程度上更高。与不培训员工的企业相比，培训员工的企业产品升级的概率增加了大约82%。

第二栏的结果还包括了对规模结构控制变量影响的估计。结果表明，无论以何种形式创新，大型企业的预测技术创新对数概率都更高。

5.4.2 区域层面固定效应和交互效应

区域层面社会资本（ASSOC）对企业技术创新可能性平均值直接影响的估计，如表5-6所示，包括对每一项技术创新指标的影响。这些回归分析控制了人均GDP水平和R&D支出总额占GDP的百分比。在每一种情况下，AS-SOC的系数均为正且统计显著，而在产品升级方面，其正效应特别强。用概率表示，结果表明，ASSOC每增加一单位，企业现有产品升级的概率增加大约213%，开发新产品线的概率增加104%，引进新工艺技术的概率增加114%。该研究结果支持了这样一种观点，即在一个地区，社会网络化水平越高，横向联系越广泛，企业技术创新成功的可能性越大。在模型中加入ASSOC导致每个因变量的随机截距估计值减小，这表明不同区域社会网络水平的差异可以解释企业平均技术创新可能性中所观察到的部分差异。

表5-6　　　　　　　多层次创新模型的随机截距、系数和交互效应

因变量	新产品开发		新技术引进		产品升级	
固定效应：第一层次						
常数	−2.101 **	−2.430 **	−2.463 **	−2.879 **	−2.500 *	−2.560 *
培训	0.439 ***	0.454 ***	0.610 ***	0.602 ***	0.597 ***	0.602 ***
银行信贷	0.088 *	0.109 *	0.147 ***	0.148 ***	0.095	0.133 *
R&D	0.544 ***	0.534 ***	0.441 ***	0.412 ***	0.505 ***	0.560 ***
固定效应：第二层次						
ASSOC	0.712 **	0.795 **	0.762 **	0.885 ***	1.141 ***	1.097 ***
LGDP	0.180	0.225	0.229	0.275	0.320 *	0.332
GERD	−0.144	−0.164	−0.299	−0.365	0.212	0.144
ASSC×培训		−0.462 **		−0.519 ***		−0.079
ASSC×银行信贷		−0.122		−0.084		−0.181
ASSC×R&D		0.382 **		0.231		0.396

续表

因变量	新产品开发		新技术引进		产品升级	
随机效应：第二层次						
截距	0.263	0.284	0.336	0.300	0.416	0.456
R&D（系数）		0.016		0.049		0.119
培训（系数）		0.035		0.024		0.022
银行信贷		0.005		0.000		0.018

注：* $p < 0.10$；** $p < 0.05$；*** $p < 0.01$，回归包括了对企业规模的控制。

在每种情况下，人均 GDP 对数（LGDP）的系数都是正的，而且在产品升级的情况下，该系数是统计显著的，虽然其显著性水平就在边缘上。R&D 支出总额占 GDP 的百分比（GERD）的系数在引入新产品和新工艺技术的情况下为负，在产品升级的情况下为正，但在所有的模型中，该系数均统计不显著。

每一项技术创新测度指标的结果都包括了第一层次协变量 R&D、员工培训和银行信贷的随机系数，以及对区域社会资本测度（ASSOC）与这些第一层次协变量之间交互效应系数的估计。结果表明，交互项系数在 R&D 支出情况下为正，在员工培训情况下为负，显著性水平随具体的技术创新测度指标而不同。在获得银行信贷的情况下，虽然交互项的系数对所有三个技术创新指标都是负的，但在任何一种情况下都没有统计显著性。

总之，正如上文所讨论的，可以认为社会资本是企业技术创新的一种增强因素或一种补偿因素。乘积项的正系数可以解释为社会资本是一种增强因素，而负系数可以解释为社会资本是一种补偿因素。例如，ASSOC × R&D 乘积项的正系数表明，区域社会资本水平较高，R&D 支出对企业技术创新概率的正向影响更大。换言之，更高水平的社会资本提高了 R&D 对技术创新绩效的积极效应。相反，ASSOC 与员工培训乘积项的负系数表明，区域社会资本水平较高，员工培训对企业技术创新概率的积极影响较小。这可以解释为反映了社会资本的补偿作用，因为它表明，在高度网络化的社会中，与进行内部培训的企业相比，不进行内部培训的企业的劣势不那么明显。

在预测新产品开发的模型中，R&D 支出有正向且统计显著的交互效应。而在其他两项技术创新测度指标的情况下，R&D 支出交互项的系数在统计学上不显著。对于技术创新测度指标之间的差异，一种可能的解释是，开发全新产品的能力通常需要获得新的技术或科学知识，尤其是在设计、原型开发和测试阶段。R&D 支出可以通过提高企业的吸收能力，从而可能在支持企业从外部——包括与大学和科研机构的合作——获取新技术和科学知识的能力方面发挥关键作用。相比之下，许多用于产品升级的研发工作都侧重于车间的应用工艺工程，而获取外部新技术和科学知识的渠道，在这类开发工作中可能不那么重要。就引入新工艺技术而言，虽然其成功可能取决于车间生产技能的某种新组合，但在许多情况下，新技术是从外部供应商和设备制造商那里购入，研发往往专注于车间的工艺工程。与推出新产品线相比，增加企业吸收外部新技术和科学知识的能力的 R&D 支出可能就不那么重要。

就员工培训而言，在开发新产品线和引进使主要产品的生产方式发生重大变化的新技术方面，其交互项的系数为负且在统计上是显著的。在升级现有产品方面，该系数相对较弱，且统计不显著。对这一现象的一种可能解释是，现有产品升级是一种渐进式的创新形式，倾向于增强型能力，而不是破坏型能力。能否生产出升级款产品取决于加强企业现有的中间技术和手工技能，而且在一定程度上，这些技能是企业特有的，在劳动力市场上招聘新员工不会取代内部培训。然而，如果生产一种全新的产品或应对生产技术发生根本性变化的要求，很可能需要一种手工技能和中间技术技能的新组合。因此，与产品升级不同的是，在这些情况下发展生产能力可能得到社会资本的支持，而社会资本可以帮助在劳动力市场上识别具有企业所需新知识和能力的新员工。

5.5　本章小结

本章尝试使用多层次的模型方法来探讨后发地区企业技术创新绩效与社会资本之间的关系，其中社会资本被定义为社会网络和社会联系。本章从两个基本方面对研究社会资本的地区差异对企业技术创新绩效的影响作出了新的贡献。首先，它使用统一的企业层面调查的微观数据，以建立企业技术创新绩效的直接衡量指标，这些指标包括引入新工艺技术、升级现有产品线和开发新产品线。这是对现有文献的改进，现有文献是基于专利数据或 R&D 支出来衡量创新绩效的，而这些数据不足以反映与采用和改进现有技术和产品相关的学习过程。其次，采用多层次建模方法，将技术创新绩效的微观数据与区域社会资本的综合测度相结合，考察区域层面社会资本的差异对企业层面行为和结果的影响。现有文献一直局限于识别和确定同一层面的社会资本对技术创新或经济绩效的影响，或者是识别和确定国家层面综合测度指标之间的相关性，所以这也是对现有文献的改进。

区域层面分析的一个基本结果是，在社会网络和社会联系相对发达的地区，企业一般更有可能进行技术创新。这与社会网络和社会关系改善了企业获得外部相关但不相同知识的观点是一致的，这些知识支持了交互式学习，有助于实现新的或改进的产品和工艺流程。区域层面的分析结果还表明，企业在 R&D 支出和员工培训方面的政策对技术创新绩效的影响受社会资本水平的影响而改变，其调节效应取决于技术创新活动对新颖性的要求。在技术创新对内部创造性和学习要求相对较高的情况下，社会网络的调节作用往往很强。在预测推出新产品的模型中，社会资本与 R&D 支出和员工培训交互项系数表现出的强度和统计显著性，就反映了这一点。R&D 乘积项的系数为正，可以解释为反映了增强企业对外部科学和技术知识的吸收能力的价值。员工培训乘积项的系数为负，则支持了这样一种观点，即社会网络可以通过改善企业识别和招聘具有开发和生产一个全新产品线所需新知识的员工的能力，促进企业对其知识库进行重新配置。

这一结果可能对理解企业的技术追赶能力很重要。针对后发国家和地区技术追赶过程的研究，已经确定了根据企业吸收和使用新知识的能力差异而划分的不同发展阶段。金（Kim，1997）对韩国制造业技术追赶的分析，区分了复制性模仿和创造性模仿两个不同的阶段。前者主要指的是本土企业可能通过逆向工程，发展对跨国公司开发和营销的成熟产品进行模仿的能力。创造性模仿是复制性模仿的后续发展阶段，是指本土企业发展出足够的设计能力来生产具有新的性能特征的仿制品。李和林（Lee and Lim，2001）提出了一个类似的技术能力发展阶段的观点，他们讨论了从原始工程制造（OEM）向原始设计制造（ODM）能力的发展，前者通常是跨国公司向本土企业网络采购零部件，后者则是本土企业已经形成了修改和改进现有技术和产品性能特征的能力。本章得出的分析结果表明，通过增加企业获得外部新知识的渠道，社会网络和社会联系可能在形成超越以复制性模仿为特征的 OEM 阶段的能力方面发挥重要作用。这表明，如果一个企业处于一个弱连接的社会中，将需要特别重视发展与其他企业和组织的联系网络，以便提高其新产品开发的能力。

本章研究也存在一些局限。首先，成功的技术创新不仅取决于企业的技术和组织能力，而且还取决于其识别适当的材料或部件供应来源的能力，以及对最终产品的营销能力。拥有庞大联系网络的重要好处包括识别客户和可靠的供应商。但是，本章所使用的数据不允许对这些可能的社会资本收益进行考察。其次，为了降低研究的难度，对社会资本的测度只涉及那哈皮特和戈沙尔（Nahapiet and Ghoshal，1998）对社会资本维度划分的结构维度，没有包括关系维度和认知维度方面更多的因素，且在测度方面采取了国际上较为流行的相对简单的方法。这些将在后续的研究予以补充，希望通过更全面而详细的划分和数据收集，可以进一步解开企业技术创新与社会资本之间错综复杂的关系麻团。

尽管存在一些局限性，但本章的分析明确指出了社会资本对企业技术创新绩效影响的重要区域效应。后发地区企业应该特别重视社会资本的培育和维护，发展与外部组织尤其是先进地区组织的联系，拓宽知识转移渠道，改善知识转移效果，强化企业对外部知识的获取能力，有效地提高企业技术创新能力和绩效。

第 6 章

桥接型社会资本、黏合型社会资本 与区域技术创新

目前，关于社会资本对企业技术创新效应的研究结果并不一致，有些研究得出的结论是积极影响，而另有一些研究得出的结论则是消极影响。

社会资本的概念已经被经济学家以及其他社会科学家广泛地用来分析各种社会现象，如经济增长、发展陷阱、政治参与、制度表现等。但是，关于社会资本与技术创新起源之间关系的分析，在主流经济学文献中仍然处于相对欠开发的状态。近年来，创新经济学家和经济地理学家已经试图填补这个空缺，但是关于社会资本对于技术创新绩效的影响及其背后的传导机制，仍然没有达成一个清晰的共识。

现有关于社会资本与技术创新关系的文献采用了一个宽泛的社会资本概念，同时包含了社会资本的所有维度（社团活动、政治参与、制度厚度和信任等）。这个宽泛的概念不仅使得该概念的实证性操作非常困难，而且难以对社会资本对技术创新绩效影响相互矛盾的经验证据作出解释。

如何才能实现社会资本概念的可操作化以反映其对技术创新绩效的影响呢？如何才能在技术创新起源的分析中调和社会资本积极和消极的两面呢？普特南（Putnam, 2000）将社会资本区分为桥接型社会资本和黏合型社会资本，为回答这些问题提供了一条途径。所谓的黏合型社会资本是基于关系紧密群体中志同道合的人群之间信任与联结而形成的社会资本，而桥接型社会资本则是指基于异质性群体之间的信任和网络化而形成的社会资本。文献中，对以前的研究不区分桥接型和黏合型的社会资本定义多有批评，因为那可能会使整个社会资本的概念失去效力（Bjønskov & Søderskov, 2013）。黏合型社会资本和桥接型社会资本的基础是强关系和弱关系，本章试图从

概念和实证两方面对它们所起的不同作用进行解析，以此来回答上述这些问题。

换言之，本章将验证这样一个假设，即对技术创新起作用的不是社会资本本身的"量"，而是社会资本"黏合性"和"桥接性"的不同性质：在拥有大量桥接型社会资本的开放地区，企业技术创新的速度更快，而黏合型社会资本更可能导致以冗余知识交换、锁定、认知停滞为基础的闭环网络的生成。从这个角度看，对技术创新起作用的因素包括技术创新者之间网络关系的强度和类型两个方面。这些网络的特征决定了有价值的知识在该网络中进行交换和重组的方式，激发关系邻近性，并防止认知停滞和锁定。在这个框架中，社会资本对于技术创新的影响不仅取决于网络密度和知识个体之间的联结强度（总社会资本），而且取决于这些联结所能扩展的信任范围。知识个体的网络信任范围越宽广（即桥接型社会资本水平越高），互补性知识交换的可能性就越大，对技术创新绩效积极影响的可能性也就越大。

从社会资本的角度研究技术创新，在国内学术界尚属后起开拓性领域，而将社会资本区分为黏合型社会资本和桥接型社会资本两种不同功能类型，更细颗粒地探究社会资本对技术创新效应的研究，则非常少见。较早的有关研究，如李洁瑾等（2007）将黏合型社会资本和桥接型社会资本，分别翻译成"整合性的社会资本"和"链合性的社会资本"，研究了城市社区异质性对邻里社会资本的影响。杨靳（2007）研究了人力资本、社会资本与劳动者收入的关系。文中将黏合型社会资本和桥接型社会资本，分别翻译为"紧密型社会资本"和"跨越型社会资本"。其研究表明，由于民工受紧密型社会资本的制约，收入与社会资本之间存在负相关关系。张国芳（2011）从社会资本的视角，研究了乡村社区的社会关系，将乡村社区社会资本划分为同质性关系、异质性关系、链合性关系，其中"同质性关系"和"异质性关系"分别对应于西方文献中的 bonding social capital 和 bridging social capital。王疆（2014）探讨了"结合型社会资本"与"桥接型社会资本"的组合对团队效能的影响，发现这两种类型的社会资本存在着功能上相互补充、结构上又相互矛盾的关系。巩宿裕和王聪（2015）也是将社会资本划分为"结合型社会资本"与"桥接型社会资本"，研究其对城镇家庭金融市场参与的影响。结果表明，结合型社会资本显著地阻碍了城镇家庭参与金融市场，同时也减少了城镇家庭参与金融市场的深度；而桥接型社会资本对城镇家庭参与金融市场的概率和深度都有显著正向作用。刘芳（2015）研究了桥接型社会资本对新移民社会融入的积极影响，文中将黏合型社会资本翻译为"聚合型社会资本"。近年来，有学者将桥接型社会资本和黏合型社会资本运用于创业研究，如王晓文等（2009）将社会资本划分为"聚内社会资本"和"联外社会资本"，探讨了新企业生成过程中社会资本从何而来、以及创业者社会资本如何向企业社会资本转化的问题；汪金爱（2016）将创业者自我中心式网络按照关系强度和关系功能区分出 4 类社会资本，即按关系强度划分为"强关系"和"弱关系"，按关系功能划分为"桥接关系"和"黏合关系"，研究了社会资本对创业绩效的影响。上述文献是目前从知网上能够找到的有关桥接型社会资本和黏合型社会资本的中文文献，从中可以发现两个问题，一是对于 bridging social capital 和 bonding social capital 两个术语的中文翻译形式多样，尚未形成统一，说明国内对它们的研究尚处于起步阶段；二是没有找到明确探讨这两类社会资本与技术创新关系的研究文献。

为了挑选出桥接型社会资本和黏合型社会资本各自的独特作用，我们创新性地借鉴利用现有的文献。首先，开发了一个社会资本的操作性定义（以其网络维度为中心），并且通过对关于技术创新活动的社会性、制度性决定因素文献和关于桥接型、黏合型社会资本书献进行糅合，相互取长补短，对社会资本与技术创新的连接机制进行了清晰的概念化。其次，现有的关于社会资本对于区域技术创新的分析大多数都是建立在定性方法之上，而本章将采用定量方法，分析黏合型社会资本和桥接型社会资本在现实中可以相互结合的许多不同方式，验证它们对技术创新活动影响的一般性。最后，通过实证分析探索这些联结之间的因果性质，利用基于时滞工具变量的鲁棒辨识方法，明确处理潜在内生性偏差。

本章以云南、贵州、广西三省区为实证研究的样本。分别对桥接型社会资本和黏合型社会资本进行了两种独立的测量。这些测量会对各省区的技术创新活动进行回归分析，并列出 OLS 和 IV 估计值，对影响以前研究的内生性偏误进行全面处理。结果表明，只有桥接型社会资本对技术创新活动有积极影响，而黏合型社会资本要么与技术创新负相关，要么不显著。这个结果说明，当且仅当社会资本成为非冗余、互补性知识交换的渠道时，才是技术创新的根本性驱动因素。

6.1 桥接型社会资本和黏合型社会资本如何影响技术创新绩效

关于社会资本对技术创新的影响分析苦于缺少一个达成共识的社会资本定义，通常体现为在社会资本概念的操作化和测度时相当程度的模糊性。科尔曼（Coleman，1988）认为，社会资本是与一个社会促进个体行动的社会结构相一致的。普特南（Putnam，1993）则是以基于信任的关系和群体来识别社会资本的。福山（Fukuyama，1995）提出，社会资本必须根据信任、公共精神和网络关系来认定。但是，这些定义很难进行操作化，使得我们难以对社会资本消极面的争论解释清楚，也难以克服什么是技术创新所需要的社会资本最佳禀赋的"僵局"。此外，从方法论的角度看，也有若干问题仍然没有解决。正如索罗（Solow，1999）对福山（Fukuyama，1995）的批评中所指出的，如果社会资本不想仅仅是一个模糊概念的话，就必须是可计量的。但是，还远远没有就社会资本的普遍性测量达成一致意见。人们选择性地对社会资本的不同方面进行了强调，提出了各种不同的测量：从公民合作到集体行动，从信任到政治参与、群体和网络化等不一而足。

近年来，关于技术创新的社会性和制度性决定因素研究有了一些新的进展，这些研究的演进为提出一个社会资本的工作定义，并将其与技术创新绩效的联系进行概念化，提供了良好的基础。越来越多的文献提出，技术创新是根植于当地社会环境中的社会过程，受到社会联结关系实力和强度的系统性影响。对技术创新社会层面的强调导致出现了一些新的概念界定，如易于创新地区和厌恶创新地区、社会过滤器、创新环境、学习型区域、创新区域系统等。就所有这些研究视角而言，其分析的焦点都是技术创新过程的网络层面，即促进有价值的、非冗余的知识扩散并防止认知停滞和锁定的网络。

与这些文献相一致，社会资本与技术创新之间的关系可以在网络化和嵌入性的概念范畴内进行识别。把个体、群体、企业、行业与不同知识库联系起来的关系网络是知识生成和扩散的关键性前提条件。在这种环境下，技术创新就从根植于社会环境中的累积性过程中涌现出来，并受到促进知识交换与重组的互动式学习过程的系统性影响。因此，社会资本是技术创新的关键性前提条件，因为它刺激了人际互动、社会网络的形成和有价值知识的传播。

对技术创新绩效的研究要以关系为核心分析单元，这个研究焦点清楚地说明了社会资本对技术创新产生影响的若干渠道。卡佩罗和法吉安（Capello and Faggian，2005）着重强调了关系资本在技术创新生成与技术创新扩散过程中的作用，并且在这种情景下，知识溢出被认为是对决定网络化和社会关系对于技术创新绩效影响效果非常重要的传导渠道。卡利奥等（Kallio et al.，2010）提出，技术创新成果涌现与社会维度之间的关系就在于本地的吸收能力，它促进知识在区域技术创新系统内的传播。也有其他的一些作者提出，社会资本只具有二级效应，它受到人力投资报酬递增或者物质资本的调节。

但是，这些机制如何能够解释社会资本的消极面呢？社会资本潜在的损害效应、社会资本的最佳禀赋（即个体之间最佳的关系力量和强度）等问题仍然没有得到解释。正如弗洛里达（Florida，2002）所指出的，通常一些具有强社会资本的地区，却是技术创新绩效最差的地区。在这种情境下，以个体之间强关系为基础的社会资本，成为网络闭环以及与外部信息和挑战隔绝的原因。

本章将社会资本视为影响技术创新过程的社会性、制度性环境的基本成分，主张能够为社会资本与技术创新之间非线性关系提供解释的，是社会网络性质的差异，而不是社会网络连接的密度。

在这种情境下，格兰诺维特（Granovetter，1973）提出的所谓的"弱关系假设"显得非常重要。人们之间的关系要么以频繁的接触和深度情感卷入为特征，要么以低情感投入的零星互动为特征。前一种类型通常被确定为"强关系"，如家庭成员或者亲密朋友之间的关系，而后一种类型则是与"弱关系"的定义联系在一起的，指的是关系松散型熟人之间的联系。将格兰诺维特（Granovetter，1973）的观点概念化到技术创新分析中，"弱关系"往往是有新意的信息源头，起到创意扩散的作用，而"强关系"则增加了交换冗余知识的风险，原因很简单，因为通过这种关系，寻求知识的人联系到的其他人更有可能是从事自己已知或熟悉的信息和知识的人。

换言之，在信息传播过程中起根本性作用的是弱关系，因为它们充当了原本是相互隔离的社会群体之间的桥梁。弱关系充当了同一社会中不同社群之间的桥接机制，而强关系所起的作用是同质性群体中的黏合机制，有可能会妨碍超出这些受到严格限制的社交圈子之外的社交能力。"如果知识过多地停留在有界限的社群内部——社群之间彼此不信任，那么知识的传播就是有限的、不均匀的。不同社群之间的桥接为更有知识的社群提供了信心，相信它们的知识将会按照互惠互利的原则被其他社群所使用"（Rodríguez-Pose and Storper，2006：8）。

按照这个推理过程，就有可能识别出不同类型的社会网络对技术创新的独特影响，异质性群体之间联系的密度和强度构成了一个区域的桥接型社会资本，而志趣相同人群的联系或者同质性强化的密度和强度构成了该区域的黏合型社会资本禀赋。

通过降低交易成本，桥接型社会资本可以为形成适合于（高风险）技术创新投资的环境作出贡献，从而受益于以信任和合作为基础的网络关系。相反地，黏合型社会资本有可能会对技术创新起到负面影响的作用，因为它促进了一些为获得优惠政策、保护既得利益而去游说的小团体，阻碍了有风险的技术创新活动的开展。从这个角度看，社会资本的消极面存在于关系类型和网络中的信任半径范围，而不是知识个体之间关系的整体强度，如果是要优化本地的技术创新绩效，那么需要做的就是去寻求"正确的"关系类型，而不是最佳的社会资本"量"。

普特南（Putnam，1993）已经提出过，意大利南部和北部之间长期存在发展差异的主要原因之一，可以归结为制度和社会资本的质量。阿里盖蒂和拉萨尼（Arrighetti and Lasagni，2010）分析了这些社会条件对于意大利企业技术创新倾向的影响，发现技术创新型企业往往聚集在那些积极社会资本水平较高、消极社会资本水平较低的省份，这里的积极社会资本表现为公民精神和高度的社会互动，而与消极社会资本相联系的通常是由于为特定利益游说的不同群体的共同存在而造成的机会主义行为。

6.2 实证研究模型

为了评估社会资本对云南、贵州、广西三省区技术创新绩效的影响，我们利用改进后的知识生产函数（KPF）方法来进行实证分析。本项分析以格里利兹（Griliches，1979）正式确定的知识生产函数为基础，但是采用基于地点的视角，以省区为观察单位。这种知识生产函数的规定常见于区域技术创新文献中，通过在对区域技术创新绩效决定因素的分析中，既考虑社会资本禀赋的总量，又考虑社会资本的桥接性因素和黏合性因素，从而能够专注于技术创新的区域动态分析。区域知识生产函数表述如下：

$$Patents\_growth_{i,(t-T)\to t} = \beta_0 + \beta_1 Patent_{i,t-T} + \beta_2 SocCap_{i,t-T} + \beta_3 Grad_{i,t-T} + \beta_4 privR\&D_{i,t-T} + \beta_5 X_{i,t-T} + \delta_i + \varepsilon_i \tag{6-1}$$

其中，$Patents\_growth_{i,(t-T)\to t} = \frac{1}{T}\ln\left(\frac{Patents_{i,t}}{Patents_{i,t-T}}\right)$，是 i 省区在分析期两端（$t-T$，t）专利申请率的对数转换。在所有的自变量中间，$ScoCap_{i,t-T}$ 是最重要的变量，代表每个省区 i 在（$t-T$）时间的社会资本测度（包括社会资本总量、黏合型社会资本、桥接型社会资本），$Patents_{i,t-T}$ 是分析期（$t-T$）开始时每百万居民专利申请水平的对数，$privR\&D_{i,t-T}$ 是在（$t-T$）时间企业 R&D 支出占地方 GDP 的百分比，$Grad_{i,t-T}$ 是在（$t-T$）时间大学毕业生数量占本地居民的百分比，$X_{i,t-T}$ 是在（$t-T$）时间其他控制变量（地方产业构成、人口密度）的矩阵，最后，δ_i 代表局域哑变量，ε_i 是误差项。详细的变量描述见表 6-1。

表 6-1　　　　　　　　　　变量列表

变量	描述	数据来源	年份
专利增长	i 区域在分析期两端（$t-T$，t）每百万居民专利申请率的对数转换	政府统计数据库	2010~2015
专利数（2001 年水平）	分析期（$t-T$）开始时每百万居民专利申请水平的对数	政府统计数据库	2010
企业 R&D	在（$t-T$）时间企业 R&D 支出（对数）占地方 GDP 的百分比	政府统计数据库	2010
大学毕业生	在（$t-T$）时间大学毕业生数量（对数）占本地居民的百分比	政府统计数据库	2010
产业结构比例	农业、工业和服务业就业占总就业的比率。	政府统计数据库	2010
人口密度	当地人口对数	政府统计数据库	2015

变量		描　述	数据来源	年份
社会资本	桥接型	无偿献血（每1000位居民中无偿献血者人数）	主管部门、行业协会统计数据	2015
		群众性社会团体（每平方千米群众性社会团体数量）	主管部门、行业协会统计数据	2015
	黏合型	每天晚餐（每100户家庭中每坚持与家人共进晚餐的家庭数）	调查数据	2015
		成年孩子（每100位成年青年人中与父母住在一起的成年青年人数）	主管部门统计数据调查数据	2015
地震救灾	工具变量（桥接型社会资本）	参加2008年四川汶川大地震、2010年青海玉树地震救灾平均人数的对数	主管部门统计数据调查数据	2008，2010（均值）
1990年互助组织	工具变量（黏合型社会资本）	1990年每100位居民中的互助组织数量	主管部门统计数据	1990

（1）区域技术创新绩效

利用专利数据作为技术创新的代理指标。技术创新的产生由2001～2015年专利增长率的对数近似值来代表。只要不同地区和广泛的技术部门的专利发明信息具有可比性，专利统计数据一般被认为是技术创新产出的一个可靠的测度（OECD，2001）。但是，基于专利的技术创新指标一方面不能区分专利产品的新颖程度（并不是所有的专利产品都具有同样的新颖程度或者价值），另一方面也不能对某些发明不可申请专利的情况作出说明（尤其是涉及工艺技术创新的情况）。此外，不同的行业对专利发明似乎存在着固有的差异性。为了将分析中可能存在的偏差最小化，一方面控制了每个地区的初始专利强度，对其初始的总体专利倾向作出说明；另一方面控制经济部门结构。此外，对因变量增长率的规定，就是试图克服缺乏面板数据的缺陷，为社会资本对技术创新的动态影响效果提供一定的证据：在控制了技术创新绩效初始条件（专利申请的初始水平）的影响之后，对社会资本及其黏合型和桥接型成分作为某一给定地区基于现有技术基础设施的发展能力并从而促进其技术创新绩效

（专利增长率）能力的预测因子进行了验证。

（2）初始专利强度

各省区的初始专利强度被用来作为现有技术能力及其与科技前沿相差距离的代理指标。正如上文所讨论过的，对与部门专业化中预先存在的差异性相关的专利申请倾向方面的差异性也进行了控制。

（3）社会资本

与上文所描述的概念框架相一致，本章既要分析区域社会资本禀赋，也要分析社会资本的两类组成部分，即桥接型社会资本和黏合型社会资本。实证分析的重点在于社会资本的网络化维度，从而反映其对知识传播的影响。正如前文已经提到过的，这就意味着要对基于弱关系的网络（即桥接型社会资本）和基于强关系的网络（即黏合型社会资本）进行非常重要的区分。

本项分析以家庭特征数据作为基于强关系的黏合型社会资本的代理指标，而以群众性社会团体数据作为基于弱关系的桥接型社会资本的代理指标，因为这类群众性社会团体是促进社会参与的横向关系的表现形式。

就黏合型社会资本而言，为了反映家庭关系的强势，本分析采用了两个关键指标：①坚持与家人共进晚餐的家庭数量（每 100 户家庭）；②与父母住在一起的年轻成年人数量（每 100 位年轻成年人）。强家庭关系意味着已成年孩子的地理邻近性：年轻成年人倾向于与父母待在一起的时间更长，家庭内部的关系就特别强，而且是基于重复互动的关系。

自从班菲尔德（Banfield，1958）的开创性研究以来，家庭特征一直处于社会资本的中心位置。班菲尔德（Banfield，1958）提出，合作意向低，虽然还有其他原因，但是往往与家庭关系的强势相关联。班菲尔德（Banfield，1958）特别指出，合作意向低意味着交易成本高，对经济发展具有负面影响。这种"发展陷阱"就是强家庭关系（即所谓的"非道德家庭主义"）、高度不确定性以及收入和财富分配高度不公所造成的后果。迄今为止，虽然还没有确凿的经验证据支持班菲尔德的假设，但是近年来的一些研究也为该观点提供了支持。阿莱西纳和茱莉亚诺（Alesina and Giuliano，2010）发现，强家庭关系与普遍信任水平低是相关联的。其他的一些研究也都提出，"紧密的"家庭关系与当地社会的内向型导向或内向型网络化之间存在很强的关联。

特别地，就"与父母住在一起的年轻成年人数量"而言，在文献中已形成共识，强调文化因素在解释成年期过渡迟滞中的重要性。

虽然关于用家庭关系来作为黏合型社会资本代理指标已经达成广泛的共识，但是事实上，本章所采用的综合指标中的各变量仍有可能是与本地社会特征而不是社会资本相关联。特别是"与父母住在一起的年轻成年人数量"这一代理指标，有可能是与不同省份年轻人获得就业机会的差异性有关，而不是与实际的文化背景差异有关。为了排除这种可能性，黏合型社会资本的综合指标在控制最终模型将要包括的其他协变量的情况下，预先对"年轻人失业率"作回归分析。结果表明，黏合型社会资本的综合指标与年轻人失业率没有显著相关，从而排除了任何假性相关，支持了上述综合指标作为黏合型社会资本的真实代理纳入知识生产函数中。

基于弱关系的桥接型社会资本则是利用经济学文献中广泛使用的两个"传统"指标来测量的：①无偿献血人次（每1000居民的无偿献血人次）；②群众性社会团体的参与度（每平方公里的群众性社会团体数量），用这两个指标来代理个体对具有积极社会外部性的社会活动的参与度，是对个人利他主义行为的一种测度。上述选择的两个指标在有关桥接型社会资本的经济学文献中都是常用的指标。例如，吉索等（Guiso et al.，2004）利用这两个变量来代表意大利各省份的社会资本，作为亲社会行为的测度。

其次，群众性社会团体的密度是否可以被认为是城市化经济的代理指标呢？将桥接型社会资本的综合指标就"每平方公里企业数量"作回归分析之后，没有发现任何显著相关性的证据，从而排除了上述可能性。

上述讨论过的黏合型社会资本的两个代理指标——"坚持与家人共进晚餐的家庭数量（每100户家庭）"和"与父母住在一起的年轻成年人数量（每100位年轻成年人）"——组合成黏合型社会资本的综合指标，而"无偿献血人次（每1000居民的无偿献血人次）"和"群众性社会团体的参与度（每平方公里的群众性社会团体数量）"则组合成桥接型社会资本的综合指标。为了检测社会资本对技术创新的总体效应，还对包括黏合型社会资本和桥接型社会资本两个维度的"总"社会资本进行了测度。

总社会资本指标以同等的权重将黏合型社会资本和桥接型社会资本组合起来：

$$Socialcapital = \sum_{i=1}^{2} \lambda_i I_i$$

其中，I_i代表社会资本的两个组成部分（黏合型社会资本和桥接型社会资本），λ_i是常量，等于 1/2。I_i指标所代表的黏合型社会资本和桥接型社会资本的计算程序是一样的，利用相对应的社会资本变量的简单平均值，将其标准化为从 0~1，计算公式如下：

$$I_i = \frac{观察值 - 最小观察值}{最大观察值 - 最小观察值}$$

利用综合指标来作为社会资本禀赋的代理，在文献中是常用的办法，也反映了社会资本概念的多面性本质。此外，综合指标的运用对于下文要讨论的鉴定方法非常重要：考虑到数据可得性，几乎不可能为每一个社会资本变量单独确定合适的工具变量。

（4）技术创新投入

用"企业 R&D 投入 GDP 占比"和"总人口中大学毕业生数量"，来作为区域"标准"知识生产函数中关键技术创新投入的代理指标。

（5）控制变量

设定的知识生产函数中包括了省级层面的人口密度、以农业和服务业就业占比来测量的产业结构等控制变量。

利用三个产业部门：农业、工业和服务业的就业数据来控制产业结构变量，并将其看作一种专业分工的测度。本章还包括了其他一些控制变量，以便将误差项中的空间自相关影响最小化。比如，作为可达性测度的人口密度空间迟滞，宏观区域哑变量，以及其他一些未观察到的空间自相关来源。

（6）识别方法

接下来的一个问题就是：在社会资本由于反向因果关系和遗漏变量误差的影响而可能存在内生性的情况下，如何识别社会资本与技术创新之间的联系？

本章的关键研究假设是社会资本能够被当作技术创新的一个决定因素看待，因为它导致知识个体之间社会网络的发展，从而刺激知识的循环与传播，有利于有价值的知识进行重组。此外，社会资本对技术创新的影响被认为是有赖于这些网络信任半径范围的扩展，对于技术创新的刺激而言，弱关系、成为不同认识论社群的桥接型成员，要比同一群体中的强关系更为有效。

虽然有大量的文献作为基础，也得到了定性研究证据的有力支持，但是这种说法忽视了反向因果关系的可能性：更具技术创新性的省份有可能通过足够高效的经济激励措施创造有价值的网络，从而创造基于信任与合作的良性循环，激发公民精神和社群意识。此外，变量的遗漏也可能导致模型估计的偏误。社会资本的测量有可能与一些不能被完全控制的地方特色相互关联。当考虑到空间相关与邻近效应时，这个问题更为突出：遗漏变量偏误可能受到影响当地技术创新绩效的地方特色和邻近区域特征的双重影响。

最后，采用代理变量以及总社会资本、桥接型社会资本和黏合型社会资本综合指标的做法，有可能加剧变量的测量误差。

为了将所有这些问题的影响最小化，模型收入了社会资本的空间迟滞和一系列的宏观区域哑变量，以控制空间相关性。此外，通过采用工具变量方法（2SLS），来处理社会资本的潜在内生性问题。

为了理解所采用的识别方法背后的基本原理，很重要的一点是必须要考虑到，就社会资本而言，选择一个适当的工具变量要受到两大主要因素的约束。第一，如上文所述，关于社会资本的定义及其测度尚未形成一个统一的共识。这就意味着，寻求一个合适的工具变量不能建立在这个概念的微观基础上。第二，在为社会资本的关键代理指标恢复可靠的时间序列时，存在着很大的问题，尤其是在以地理单元来进行分析的时候。这也就解释了，为什么本章的分析不能采用面板结构，为什么不能采用基于所研究变量滞后值的时滞标准工具变量方法。

为了克服这两个不足之处，现有的关于制度和文化、特别是关于社会资本的经济学实证研究文献，广泛使用了历史代理变量来作为工具变量。

关于社会资本影响的现有文献，在利用世代交叠模型理论框架和社会资本多维度性的基础上，已经表明，代际传播的先验知识和社会结构（可以通过不同但相关变量测度）对个体的决策产生影响，不管他们是信任这个社会的其他成员，还是只信任有限群体内部的成员（Tabellini，2010）。因此，本章的工具变量是作为黏合型和桥接型社会资本的过往存量的替代性代理变量来考虑的，并且是作为时滞工具变量来使用的。

因此，本章的工具变量——"1990 年的互助组织数量"和"参与地震救灾人数"——是作为社会资本的过往存量的代理变量来设计的。预期第一个工具变量与黏合型社会资本正相关，而第二个工具变量与桥接型社会资本正相关。

6.3　实证研究结果

关于各省区技术创新绩效与其社会资本环境特征之间联系的一些描述性统计如表 6 - 2 所示：专利增长，社会资本及其两个组成部分（黏合型社会资本和桥接型社会资本）的综合测度。由于不同省区之间总社会资本综合测度平均值的变差不是特别显著，所以对于总社会资本对差别化技术创新绩效的解释能力可能会产生一些质疑。

表 6 - 2　　　　　　　　　　　　描述统计

省区	变量	观察值	均值	标准差	最小值	最大值
云南	专利增长	45	0.0601	0.0633	- 0.1137	0.2377
	总社会资本	46	0.3443	0.1718	0	0.8528
	黏合型社会资本	46	0.2467	0.1091	0	0.5100
	桥接型社会资本	46	0.4922	0.1679	0.1867	1
广西	专利增长	24	0.0581	0.0680	- 0.0724	0.2002
	总社会资本	25	0.3112	0.1383	0.1101	0.6568
	黏合型社会资本	25	0.4759	0.0339	0.4322	0.5377
	桥接型社会资本	25	0.3344	0.1262	0.1620	0.6667
贵州	专利增长	28	0.0388	0.1415	- 0.2073	0.3393
	总社会资本	32	0.3611	0.1905	0.0735	1
	黏合型社会资本	32	0.8463	0.1424	0.4271	1
	桥接型社会资本	32	0.1801	0.1649	0	0.7196

但是，黏合型社会资本和桥接型社会资本代理变量的均值，可以对这一初步证据提供更为精确的理解。如表 6 - 2 所示，技术创新绩效最好的地区，其桥接型社会资本水平最高，而黏合型社会资本水平最低。此外，不同宏观区域之间黏合型社会资本和桥接型社会资本的异质性特别显著：贵州省的黏合型社会资本明显更高，而桥接型社会资本的最高水平集中在云南省。

对这些指标进行初步分析之后，得到了一些有趣的发现。与不同区域技术创新绩效相关的，不是总社会资本量（以黏合型社会资本和桥接型社会资本的组合来测度），而是黏合型社会资本和桥接型社会资本各自的规模。黏合型社会资本与技术创新负相关，而桥接型社会资本与技术创新绩效正相关。

这一初步证据支持了本章的主要假设：当社会资本是建立在原本互不联系社群之间的弱关系基础之上时，社会资本对当地技术创新绩效产生有利影响。相反，当黏合型社会资本占优势时，技术创新绩效更差。表 6 - 3 的相关性矩阵进一步证实了社会资本对于技术创新的双面效应。桥接型社会资本与更高的技术创新绩效正相关，而黏合型社会资本与技术创新绩效负相关。此外，社会资本两个维度之间高度负相关，表明高黏合型社会资本地区和高桥接型社会资本地区泾渭分明。

表 6 - 3　　　　　　　　　　　相关矩阵

变量	专利增长	总社会资本	黏合型社会资本
总社会资本	0. 2408		
黏合型社会资本	- 0. 0143	0. 1649	
桥接型社会资本	0. 1936	0. 6812	- 0. 6097

式（6 - 1）所规定的区域知识生产函数的估计结果如表 6 - 4 所示。在基本规定中，只有知识生产函数"传统的"投入（如 R&D 支出、人力资本）和各个省份专利申请的初始水平被包括在模型中。每百万居民初始专利数在 1% 的水平上统计显著，并且与因变量负相关。这表明，技术创新绩效存在（微弱的）收敛现象。

区域 R&D 投资与技术创新绩效正相关，且具有高度的显著性。但是在这个模型规定中，不存在任何关于人力资本禀赋对技术创新影响的证据。

因此，将人口密度、劳动力市场特征、产业结构、人口密度空间滞后（作为可达性的代理）等控制变量纳入模型中（见表 6 - 4）。产业专业化测度（农业和服务业就业占比）在统计上不显著。由于受到要素流动性低和没有达到企业平均规模临界值的严重约束，区域专业化模式对本地技术创新绩效也没有发挥任何影响。真正对技术创新起作用的是集聚经济：人口密度与技术创新正相关，显著水平为 10%，而人口密度的空间滞后对技术创新绩效具有显著负效应。

在表 6 - 4 第 3 列，总社会资本量被纳入模型，并显示出对技术创新有显著（5% 显著度）的正影响。在第 4 列，通过引入总社会资本量的空间滞后值

表6-4

实证模型的估计

总社会资本、黏合型社会资本和桥接型社会资本的区域社会资本的区域知识生产函数: 区域专利年增长率 (2010~2015 年)

因变量: 专利增长	(1) OLS	(2) OLS	(3) OLS	(4) OLS	(5) OLS	(6) 2SLS
专利 (2010 年水平)	-0.0407*** (0.0104)	-0.0398*** (0.0109)	-0.0380*** (0.0111)	-0.0751*** (0.0116)	-0.0797*** (0.0119)	-0.0875*** (0.0107)
企业 R&D	0.0373*** (0.00992)	0.0380 (0.0105)	0.0355*** (0.00894)	-0.00571 (0.0115)	0.00168 (0.0119)	0.00350 (0.0149)
大学毕业生	0.0766 (0.0488)	0.124* (0.0672)	0.114 (0.0708)	0.0542 (0.0694)	0.0513 (0.0684)	0.0256 (0.0640)
农业就业		0.00619 (0.00745)	0.00738 (0.00692)	0.00275 (0.00665)	0.00250 (0.00686)	0.00368 (0.00664)
服务业就业		-0.0277 (0.0433)	-0.0342 (0.0410)	-0.0415 (0.0437)	-0.0439 (0.0420)	-0.0612 (0.0384)
人口密度		0.0299* (0.0148)	0.0304** (0.0140)	0.0351*** (0.0109)	0.0381*** (0.0106)	0.0432*** (0.00792)
人口密度空间滞后		-0.0377* (0.0210)	-0.0385* (0.0213)	-0.0242 (0.0175)	-0.0234 (0.0168)	-0.0195 (0.0136)
总社会资本			0.114** (0.0517)	0.146** (0.0652)		
总社会资本空间滞后				-0.0208 (0.126)		
黏合型社会资本					-0.0201 (0.102)	-0.0514 (0.0942)
桥接型社会资本					0.165*** (0.0515)	0.392*** (0.0652)
云南				0.180*** (0.0365)	0.110 (0.0727)	0.0296 (0.0779)
广西				0.143*** (0.0284)	0.102** (0.0469)	0.0636 (0.0525)
常数	0.428** (0.165)	0.616** (0.232)	0.535** (0.245)	0.234 (0.445)	0.202 (0.232)	0.0619 (0.214)
R^2	0.181	0.256	0.292	0.425	0.434	0.313

注: *** $p < 0.01$, ** $p < 0.05$, * $p < 0.1$, 括号中是聚类类鲁棒性标准误差。

和宏观区域哑变量的方式，对邻域效应和空间自相关进行了控制。社会资本的测度仍然在 5% 的显著水平上与技术创新正相关。在完全控制空间效应之后，社会资本和集聚经济的代理变量成为技术创新绩效最重要的预测变量。高度集聚的省份，面对面的联系将知识交换最大化了，具有高水平的合作与伙伴活动，因此也表现出最好的技术创新绩效。这一结果也对现有一些关于技术创新与社会资本关系研究的定性证据提供了定量的证实。此外，本章所采用的实证方法使得隔离社会资本两种基本成分效果、检测社会资本不同"性质"的不同影响成为可能：基于强关系的黏合型社会资本和基于弱关系的桥接型社会资本。出于这个目的，总社会资本的测度被分为了两个独立的指标（见表 6-4 第 5 列），一个是黏合型社会资本，另一个是桥接型社会资本。

回归结果显示，桥接型社会资本在 1% 显著水平上与技术创新显著正相关，而黏合型社会资本不显著，且与技术创新绩效负相关。桥接型社会资本，独自成为技术创新绩效最重要的单一指标。这一证据表明，社会资本对于技术创新绩效的显著正效应主要是基于弱关系，而不是强关系。弱关系可以接触到非冗余信息，有利于有价值知识的转移与重组。

运用工具变量方法对研究结果潜在内生性作了鲁棒性检验：2SLS 结果如表 6-4 第 6 列所示。工具变量结果强烈地支持了桥接型社会资本与技术创新之间因果联系的存在（系数为正，在 1% 水平上统计显著），而黏合型社会资本仍然统计不显著，且与技术创新负相关。一旦社会资本的潜在内生性全部得到解释，桥接型社会资本的显著性大幅度增加，从而使其成为技术创新绩效最重要的预测指标。第一阶段回归（见表 6-5）证实了这一工具变量方法的有效性。"1990 年互助组织数量"和"地震救灾人数"这两个工具变量，分别与黏合型社会资本和桥接型社会资本这两个被工具化的变量高度相关，其符号正是所期望的，证明这两个工具变量的选择是合理的。

表 6-5 第一阶段回归

因变量	（1）黏合型社会资本	（2）桥接型社会资本
专利（2001 年水平）	-0.0219（0.0207）	0.00238（0.0243）
企业 R&D 投入	0.0633** （0.0286）	-0.0102（0.0239）
大学毕业生	0.0376（0.0323）	0.0754（0.0801）
农业就业	0.0008（0.0068）	-0.0071（0.0086）

续表

因变量	（1）黏合型社会资本	（2）桥接型社会资本
服务业就业	−0.0258（0.0528）	0.0861（0.0566）
人口密度	0.0245（0.0145）	−0.0196（0.0149）
人口密度的空间滞后	0.0293（0.0229）	−0.0079（0.0253）
总社会资本禀赋	−0.641***（0.0750）	0.0435（0.0886）
总社会资本空间滞后	−0.396***（0.0591）	−0.0809（0.0775）
地震救灾（桥接型社会资本）	−0.250（0.268）	1.426***（0.271）
互助组织（黏合型社会资本）	0.0008***（0.0002）	−0.0001（0.0002）
常数	1.864（1.177）	−5.730***（1.335）
R^2	0.931	0.619

注：*** $p < 0.01$，** $p < 0.05$，括号中是聚类鲁棒标准误差。

此外，关于工具变量效度的计量经济学文献提出，即使是不成问题的第一阶段回归，也有可能遇到弱工具变量的问题。为了排除弱工具变量的风险，既参考了格雷格和斯托克（Greiger and Stock，1997）运用的大拇指规则，也参考了斯托克和优格（Stock and Yogo，2005）提出的阈值。第一阶段回归桥接型社会资本和黏合型社会资本工具变量的 F 统计分别超出了临界值，接近 10，普遍超过了斯托克和优格（Stock and Yogo，2005）报告的阈值（见表 6−6）。因此，本章的工具变量方法是稳健的，没有受到任何潜在弱工具变量偏差的影响。

表 6−6　　　　　　　　　　第一阶段统计

变量	Shea 偏 R^2	偏 R^2	F（2，19）	P 值
桥接型社会资本	0.1773	0.1997	14.19	0.0002
黏合型社会资本	0.2920	0.3289	6.31	0.0079

为了证实上述讨论的统计研究结果的稳健性，还进行了许多别的稳健性检验。如表 6−7 所示，因变量以专利水平而不是以增长率的形式对实证分析模型中的关键参数进行了重新估计。在最初的模型规定中，专利增长率作为因变量，同时也控制了各个省份的初始专利强度，与之相比，这一次的模型规定旨在以一种补充的方式，反映社会资本对技术创新的动态效应。社会资本的测度

根据各个省份在后续年份中的技术创新绩效进行了回归分析，以检验与社会资本维度相关的路径依赖性。

表 6 - 7　　　　　　　　　　　　　鲁棒性检验（1）

实证模型估计：黏合型社会资本和桥接型社会资本的区域知识生产函数：

专利水平（2011 年，2013 年，2015 年）

因变量	(1) 专利（2011 年水平）	(2) 专利（2013 年水平）	(3) 专利（2015 年水平）
黏合型社会资本	− 2.269 ** （0.956）	− 1.099 （0.886）	− 1.445 （0.882）
桥接型社会资本	2.173 ** （0.977）	3.017 *** （0.956）	3.016 *** （0.518）
企业 R&D 投入	− 0.0536 （0.119）	− 0.0164 （0.144）	0.0423 （0.141）
大学毕业生	0.416 （0.337）	− 0.483 （0.306）	0.0513 （0.492）
农业就业	0.0235 （0.0924）	0.0854 （0.0619）	0.0335 （0.0624）
服务业就业	0.0762 （0.370）	− 0.0480 （0.288）	− 0.349 （0.324）
人口密度	0.311 *** （0.0909）	0.308 *** （0.0770）	0.410 *** （0.0589）
人口密度的空间滞后	0.101 （0.204）	− 0.165 （0.134）	− 0.109 （0.107）
云南	0.138 （0.710）	0.475 （0.736）	0.231 （0.715）
广西	0.446 （0.490）	0.598 （0.517）	0.596 （0.492）
常数	2.505 （1.927）	0.527 （1.599）	0.942 （1.782）
R^2	0.696	0.668	0.710

注：*** $p < 0.01$，** $p < 0.05$，括号中是聚类鲁棒标准误差。

以 2011 年、2013 年和 2015 年每百万居民的专利数作为因变量，同时利用工具变量方法控制社会资本的潜在内生性，估计结果分别见表 6 - 7 的第 1 列、第 2 列和第 3 列。这些增加的结果证实了桥接型社会资本与技术创新之间关系的稳健性，表明其随时间而变得越来越强，突出了社会资本对技术创新具有路径依赖/累积效应。此外还有很重要的一点，现在黏合型社会资本不仅是强负相关的，而且是统计显著的（2011 年），进一步强化了社会资本两个组分之间的对比度。

作为最后的鲁棒性检验，通过逐步排除所有的控制变量，工具变量的回归进行了重新估计（见表 6 - 8）。这表明，在所有的模型规定中，不管是否包含了附加的回归量，桥接型社会资本和黏合型社会资本始终是一致的。这表明，社会资本对技术创新的独立影响大于其对物质和人力资本的潜在二阶效应。

表 6—8

实证模型估计：黏合型社会资本和桥接型社会资本的区域知识生产函数：区域专利年增长率（2010~2015 年）

鲁棒性检验（2）

因变量：专利增长	(1) 2SLS	(2) 2SLS	(3) 2SLS	(4) 2SLS	(5) 2SLS	(6) 2SLS
黏合型社会资本	-0.0514 (0.0942)	-0.0632 (0.158)	-0.0716 (0.153)	-0.0718 (0.154)	-0.0648 (0.152)	-0.0417 (0.111)
桥接型社会资本	0.392*** (0.0652)	0.388*** (0.0914)	0.398*** (0.0917)	0.398*** (0.0906)	0.394*** (0.0902)	0.410*** (0.0874)
专利（2010 年水平）	-0.0875*** (0.0107)	-0.0833*** (0.0107)	-0.0849*** (0.0128)	-0.0851*** (0.0126)	-0.0841*** (0.0131)	-0.0849*** (0.0134)
企业 R&D	0.0035 (0.0149)	0.0134 (0.0230)	0.0135 (0.0242)	0.0134 (0.0242)	0.0144 (0.0241)	
大学毕业生	0.0256 (0.0640)	0.0481 (0.0712)	-0.0252 (0.0571)	-0.0268 (0.0535)		
农业就业	0.0037 (0.0066)	0.0030 (0.0074)				
服务业就业	-0.0612 (0.0384)	-0.0940*** (0.0362)				
人口密度	0.0432*** (0.0079)					
人口密度空间滞后	-0.0195 (0.0136)					
云南	0.0296 (0.0779)	0.0051 (0.136)	-0.0019 (0.135)	-0.0017 (0.135)	-0.0018 (0.134)	0.0333 (0.0794)
广西	0.0636 (0.0525)	0.0461 (0.0882)	0.0422 (0.0877)	0.0422 (0.0878)	0.0399 (0.0877)	0.0634 (0.0528)
常数	0.0619 (0.214)	0.221 (0.277)	0.143 (0.253)	0.135 (0.241)	0.206 (0.184)	0.154 (0.105)
R^2	0.313	0.222	0.171	0.171	0.175	0.151

注：*** $p < 0.01$，括号中是聚类鲁棒性标准误差。

最后，为了对工具变量方法提供更多的支持，利用普通最小二乘法对简化方程进行了重新估计，对因变量和工具变量、外生变量作了回归分析。正如安格瑞斯特和克鲁格（Angrist and Krueger，2001）所证明的，简化方程估计的效果倾向于与感兴趣的系数成正比。因此，简化方程可以被用来确定这些系数的符号。此外，简化方程估计值与0的差别不显著（正如黏合型社会资本的工具变量一样），因此有可能排除弱工具变量的风险，而且简化方程可以用作对感兴趣的效果是否缺少的额外检验（Angrist and Krueger，2001）。简化方程的估计结果见表6-9第2列，结果证实了桥接型社会资本是技术创新的一个重要的积极性决定因素，而黏合型社会资本倾向于与技术创新负相关且统计不显著。

表6-9   **鲁棒性检验（3）：简化型方程**

因变量：专利增长	（1）OLS	（2）OLS
专利（2010年水平）	-0.0797*** （0.0119）	-0.0851*** （0.0104）
企业R&D	0.00168（0.0119）	-0.0032（0.0118）
大学毕业生	0.0513（0.0684）	0.0555（0.0590）
农业就业	0.0025（0.00686）	0.000974（0.00744）
服务业就业	-0.0439（0.0420）	-0.0274（0.0442）
人口密度	0.0381*** （0.0106）	0.0339*** （0.0114）
人口密度空间滞后	-0.0234（0.0168）	-0.0235（0.0144）
黏合型社会资本	-0.0201（0.102）	
桥接型社会资本	0.165*** （0.0515）	
1990年互助组织（黏合型）		-0.0088（0.00981）
地震救灾（桥接型）		0.579*** （0.111）
云南	0.110（0.0727）	0.0748* （0.0423）
广西	0.102** （0.0469）	0.0490（0.0364）
常数	0.202（0.232）	（0.479）（0.479）
R^2	0.434	0.448

注：*** $p < 0.01$，** $p < 0.05$，* $p < 0.1$，括号中是聚类鲁棒性标准误差。

6.4　本章小结

大量的文献已经在研究社会资本会以完全不同的方式对经济与社会活动产

生影响。但是，关于社会资本对技术创新影响的分析还相对欠缺。在讨论社会资本与技术创新的关系时，一部分研究结果强调是正面的积极影响，而另一部分研究结果却提醒要提防社会资本的"阴暗面"。对社会资本与技术创新关系的分析一直苦于缺乏一个社会资本的合适的工作定义，也苦于难以将社会资本与技术创新动态的联系操作化。本章研究的贡献在于要克服这些缺陷，将社会资本视为知识个体之间网络化的联系活动，并且是技术创新的一个基本决定因素，因为它是有价值知识传播和扩散的机制。从这个角度出发，社会资本对于技术创新的影响，是由社会资本促进分属于不同认知社群的个体之间互补性知识交换的能力（桥接型社会资本）形成的，而不是由促进志趣相投的同质性群体内部知识交换的能力（黏合型社会资本）形成的，因为前者使得接触非冗余信息和防止认知锁定成为可能。本章通过定量分析云南、贵州、广西三个省区的技术创新绩效，实证检验了这些假设。尽管由于数据方面的显著局限影响了社会资本及其效应的定量研究，但是本章研究的结果都是清晰且稳健的。

在控制了"传统的"知识投入（R&D 投资和人力资本禀赋）和其他的当地经济特征之后，社会资本是技术创新绩效的一个重要预测指标。但是，社会资本可以分离出两种不同性质的类型，其中以弱关系为基础的桥接型社会资本是技术创新过程的关键驱动因素，而黏合型社会资本与技术创新一般是负相关的。这一证据表明，在处理技术创新问题时，考察由社会资本生成并支持的网络的性质是至关重要的。真正起作用的是网络关系的信任半径范围，而不是网络的强度或密度。本章的实证分析特别注意了可能导致社会资本对技术创新影响的估计产生误差的社会资本潜在内生性问题。工具变量方法能够清楚地辨别出桥接型社会资本和黏合型社会资本与技术创新之间的因果联系（前者为正，后者为负）。识别出这些关系，表明社会资本的网络维度可以被认为是一个有活力的技术创新政策目标。当地社会资本禀赋的变化肯定是很难通过公共政策来提升的，但是用心设计的技术创新政策能够有助于改变当地黏合型社会资本和桥接型社会资本之间的平衡。以"知识个体"流动性和合作研究项目为基础的政策，能够有助于加强技术创新主体之间现有网络的外部投射。社会资本与技术创新之间联系作为政策分析的一个重要前提条件，本章所做的研究为对其进行更为系统的定量研究向前迈出了一步。

第 7 章

结构社会资本对区域创新网络知识转移 影响的社会网络分析

根据企业的资源基础观和知识基础观理论，企业的创新和长期发展需要外部知识。但是，相当部分的知识不可能免费获得，甚至不能从市场轻易购得。主要的原因就是，知识可能是隐性的，高度情境特定的，并且需要一定的能力才能吸收。融入区域创新网络可能有助于企业获得这种知识。实证研究表明，网络嵌入性和与网络伙伴的空间邻近性，对知识转移非常有益。但是，对于知识转移而言，创新网络中不同类型行动者的角色作用，强网络关系和弱网络关系的效应，在很大程度上都是不甚清楚的。

古拉蒂（Gulati，1998）引用社会网络观点，将组织间的联盟关系视为一种"联盟网络"形态，产业技术创新战略联盟就是一种典型的区域创新网络组织。本章以云南、贵州、广西三个相对后发省区的产业技术创新战略联盟为样本，分析区域创新网络中的知识转移，将特别突出网络结构、行动者在网络中的位置以及关系强度的效应，以探讨促进网络中知识转移和吸收的条件。

7.1　研究背景

产业技术创新战略联盟是指由企业、大学、科研机构或其他组织机构，以企业的发展需求和各方的共同利益为基础，以提升产业技术创新能力为目标，以具有法律约束力的契约为保障，形成的联合开发、优势互补、利益共享、风险共担的技术创新合作组织。20 世纪 60 年代，日本首先出现产业技术创新战略联盟，随后开始在世界各地得到快速发展（张光宇，2015）。1985 ~ 1992

年，日本和美国共有近 500 家研发联盟注册成立，而到了 21 世纪联盟总数超过 5000 家。其中最著名的例子就是 VLSI 和 SEMATECH。1976 年由日本通产省组建成立的"超大规模集成电路技术研究组合（VLSI）"，在其成立短短 4 年内便取得巨大成功，极大增强了日本半导体企业的竞争实力。美国 1987 年成立了"半导体制造技术研究联合体（SEMATECH）"，美国政府每年超过 1 亿美元的经费投入保证了 SEMATECH 的顺利开展，带动了美国半导体工业的整体发展。这些成功的例子为全世界产业技术创新战略联盟的发展树立了典范。

2008 年 12 月 30 日，中国国家科技部、财政部、教育部等六部门联合发布《关于推动产业技术创新战略联盟构建的指导意见》。自此后，全国各省区积极开展产业技术创新战略联盟的培育和建设工作。从 2009 年起，和全国其他省区一样，云南、贵州、广西三省区也纷纷出台了各种配套的实施方案和管理办法，如《云南省推动产业技术创新战略联盟组建与发展的实施办法（暂行）》、贵州省科技厅《关于加快产业技术创新战略联盟构建工作的通知》《广西壮族自治区技术创新工程实施方案》《广西壮族自治区产业技术创新战略联盟（试点）管理办法（试行）》等，提出了建设技术创新战略联盟的目标和任务，进一步规范产业技术创新战略联盟建设。

截至 2015 年底，云南、贵州、广西三省区产业技术创新战略联盟的发展情况如下：

云南省遴选了五批共 65 个产业技术创新战略联盟开展省级试点工作，按试点联盟技术领域划分，工业类 22 个、农业类 32 个、社会发展类 11 个，涵盖了高原特色现代农业、现代生物产业、高端装备制造产业、新材料产业、光电子产业、新能源产业、节能环保产业及现代服务产业。

贵州省共培育建设 28 家产业技术创新战略联盟，涵盖了大数据、高端装备制造、新材料、智能电网、精细化工、节能环保、生物医药、中药现代化、特色农产品等战略性新兴产业和传统产业领域。各领域产业技术创新联盟的具体分布如下：特色食品与旅游商品领域 7 个，占联盟总数的 25.0%；装备制造领域 6 个，占联盟总数的 21.4%；大数据电子信息和健康医药领域各 3 个；冶金有色、化工和农业领域各 2 个；节能环保、电力和新材料领域各 1 个。

广西壮族自治区组建了"广西汽车零部件产业技术创新战略联盟""广西铝及铝加工产业技术创新战略联盟""广西制糖关键工艺及装备产业技术创新

战略联盟""广西桑蚕茧丝产业技术创新战略联盟"等 30 家产业技术创新战略联盟。涉及汽车零部件产业、铝及铝加工产业等工业领域，桑蚕、甘蔗、木薯等农业领域，以及中药产业和海洋产业等社会发展领域。

各联盟成立后，通过创新机制，把引人、引智、开展合作、加大创新投入、建立创新平台、创造知识产权、加快成果转化、提高创新效益作为推进创新的重点任务，牵头单位组织成员单位实施技术难题攻关，建立联盟成员单位间科技资源开放共享平台，按约定相互开放已有的重点实验室、工程研究中心等研发机构。通过企业、大学、科研机构的紧密合作，大大促进了知识的流动，提高了企业技术创新和科技成果转化应用率，加快了各省区企业的创新发展。

7.2 区域创新网络中的知识交换

在当今技术越来越复杂，创新越来越难，竞争压力越来越大的环境下，越来越多的企业通过采取产业技术创新联盟的战略，获取外部知识，以弥补内部研发的不足，保持企业的创新活力，促进企业的持续发展（曹素璋，2010）。据统计，在全球 500 强企业中，平均每家就拥有 60 个主要的联盟关系。

产业技术创新战略联盟是一个知识联盟，通过整合产业技术创新资源，提高产业技术创新能力，获取竞争优势，其本质上是一个知识转移、知识创新与知识应用的过程。产业技术创新战略联盟中各成员准确定位有助于明确其技术创新方向，优化配置各种知识资源，促进产业技术创新能力的提升（蒋樟生和胡珑瑛，2010；曾德明和成春平等，2012）。曾德明和黄玉勇等（2012）基于情境理论提出产业技术创新战略联盟知识转移情境的 5 个维度（知识基础、组织结构、信任程度、文化距离与收益分配），并在此基础上剖析产业技术创新战略联盟知识转移障碍，针对产业技术创新战略联盟知识转移障碍提出相应的对策。廖志江等（2013）从知识势差角度对产业技术创新战略联盟知识流动过程进行深入分析，并提出了促进产业技术创新联盟知识流动的建议。

吴绍棠和李燕萍（2014）基于网络理论与制度理论，通过采集 13 家产业创新联盟内的 145 份成员企业问卷，探讨了企业的联盟网络多元性对合作创新的影响，并采用有调节的中介效应模型考察了联盟信任与合法性认知在其中的作用机制。李峰和肖广岭（2014）借助行动者网络理论，对产业技术创新战略联盟进行了行动者网络分析，追踪产业技术创新战略联盟中行动者的互动、联结、转化和协同过程，分析行动者网络联结、转移的原因，并对联盟的发展提出相应的政策启示。

相比于市场和科层，网络组织形式的优势取决于需求的不确定性、任务的复杂性、资产专用性和交易频率。一个创新网络中的伙伴往往有非常紧密的利益关联，因此在这样的网络中获取有价值的信息和知识的机会相对较大。除了认知相似性和技术相似性，网络中的社会邻近性也有助于信息的可靠性和可判读性。内嵌于网络中的联结往往能够培养迅速而明确的反馈以及共同解决问题的安排，这将帮助网络成员生成新的解决方案和思想的组合与重组。而且重复互动能够塑造行动者对可信任行为的相互预期，从而很大程度上改善交换的质量和互动的结果。因此，区域创新网络的好处不仅得自交易成本和风险的降低，而且得自有价值的知识和信息的获取。这就意味着，网络嵌入性可能增强企业的创新能力。

关于区域创新网络的文献总是与工业园区、产业集群以及本地化溢出效应等的讨论紧紧地联系在一起。创新网络与工业园区或产业集群的一个重要区别，就是集群内的企业即使与其他企业或科研机构没有明确的关系，只是通过"纯粹的"空间知识溢出效应，就能从这些行动者那里获益。而创新网络是建立在直接关系基础上的，网络内的交换过程受到知识和信息本质的严重影响。在对沟通对象空间距离的敏感性方面，知识和信息的区别非常大。信息转移的成本可能在很大程度上与空间距离无关，但知识的交换通常需要面对面的接触，尤其在知识是非编码的隐性知识时。隐性知识粘附于拥有该知识的个体身上，这种知识的转移需要面对面的私人接触。因此，对于知识转移来说，重要的不是空间邻近性本身，而是空间邻近性内部是否有网络联结的真实存在。

格兰诺维特（Granovetter，1973；1985；2005）提出的一个著名的假设，就是建立在"强关系"是彼此联系在一起的行动者密集网络的特征的思想基础上的。由于这个群簇（或子群簇）互动频繁，所以在这个社交系统内循环的信息大部分是冗余信息。格兰诺维特假定，新奇的信息主要来自网络中非紧密联系的行动者，即"弱关系"，而不是得自紧密关系（强关系）。但是，这个观点在创新活动的情境下可能有问题，原因如下。第一，格兰诺维特主要讨论的是社会结构对于诸如求职、新技术等方面信息问题的影响，没有考虑创新活动中核心的知识生成问题。在那样的情境下，通过弱关系收集信息可能比信任、交换的开放性等强关系特征更重要。显然，到底是强关系更有利，还是弱关系更有利，取决于将被交换的对象。强关系可能更适合于复杂知识的交换，而弱关系可能更有利于信息的搜索（Hansen，1999）。第二，格兰诺维特（Granovetter，1973）最初的分析只涉及双方二元关系，没有涉及整个网络。第三，如伯特（Burt，1992）所言，信息效益可以通过所有的纽带传递，不管是强关系还是弱关系。伯特认为，获得新奇信息的主要原因不是关系强度，而是非冗余关系和作为网络中间人，即桥接结构洞的行动者的位置。

结构洞的概念将网络联结作为通过桥接型联结将不同网络段落联系起来的手段。一个桥接型行动者占据了一个中间人的位置。他连通了非冗余的知识和信息源。由于结构洞两端不同网络段落所拥有的基础知识和信息不同，所以这些因桥接结构洞而形成的非冗余联系人，就提供了到达增量性信息而非重叠性信息的通道。所以，对结构洞的桥接为中间人创造了优势（Burt，1992）。网络的非冗余性可以用来解释一个企业的能力获取。相应地，中间人位置的系统设计可以看作管理知识流的一种手段。

与结构洞和桥接型社会资本相反的一种观点则认为，封闭式网络比开放式网络能够为其成员创造更高的租金，因为在一个封闭式群体内，信任和凝聚力的水平更高。一些实证研究表明，凝聚和桥接并非一定是矛盾的，而是可以一种富有生产力的方式结合起来（Kadushin，2002）。因此，结构洞可以被看作一种价值增值的来源，而网络的凝聚性则是实现这些被埋没在结构洞中的价值的必要条件（Burt，2001）。

7.3 假设、数据与测量

7.3.1 假设

在上述文献回顾的基础上，本次实证研究提出如下三个研究假设：

假设1：在区域创新网络中，强关系的效益比弱关系的效益更大。

假设2：网络凝聚性（网络成员的整体连通性）对知识和信息转移有积极影响。

假设3：中间人位置产生相当大的私人和社会收益。

假设在区域创新网络的情境下，弱关系不利于知识和信息的转移（假设 1）。相反，当互动和结果伴有高度的风险和不确定性时，当知识涉及隐性知识维度时，只有特别强的强关系才能使信息和知识的交换成为可能。可能有人会认为，这个假设特别符合知识转移，但不适合信息的交换。但是，除了"隐性知识"的观点之外，强关系的优势还有另外一个理由。为了具备为网络伙伴筛选信息的能力，一个行动者就必须了解潜在信息接受者的需求和不足。如果与该行动者没有强关系，企业一般不会披露其敏感信息。因此，只有以强关系为基础，信息筛选功能才能执行得更好。

出于两个原因，我们假定网络的凝聚性有利于知识和信息的转移（假设 2）。第一，由于参与各方之间有更多的直接联系，所以网络的凝聚使得知识和信息的转移更容易。在一个许多行动者彼此都有直接联系的网络中，尤其是伙伴之间建立了适当的交流界面的网络中，知识和信息的传递会更准确、更及时。传递的距离更长，就更复杂，更费时，而且错误和失真的概率更大。所以，网络的凝聚应该会导致更高水平和更高精准度的知识和信息转移。第二，网络的高度凝聚有利于产生声誉效应。这样，相比于一个更碎片化的网络，在一个密集网络中，任何信息的异常状态，如封锁、失真、耽搁或非本意的披露等，都更有可能被发现并被制裁。如果声誉效应发挥作用，每一个行动者都有强烈的动机做到知识和信息转移的充分、准确和及时，并适当处理商业秘密。

一个中间人对结构洞的桥接所带来的利益可能是多种多样的。降低信息的不对称性是其中之一。诺特博姆（Nooteboom，2003）指出，如果存在桥接或中介者，信息不对称的问题是可以减少的。中间人可以充当简易合约的仲裁者，可以帮助消除误解。如果一个中间人在网络中拥有良好的声誉，就有助于控制溢出风险，调节信任的建立和维护。显然，对结构洞的桥接能为相应的行动者带来利益，也能为相连接的子网络带来利益。因此，我们假设中间人能够为私人、为社会带来收益（假设 3）。

7.3.2　数据

本章的研究数据以 2015 年底云南、贵州、广西三省区共 123 家产业技术创新联盟为总体，随机抽取了 30 家样本，接受调查并最终形成有效数据的共16 家。本章即以这 16 家产业技术创新战略联盟样本数据，分析区域创新网络的网络结构对知识转移的影响。

这些网络有许多的共同点，所以具有较好的可比性。网络之间的区别主要是行业、技术（如大数据、智能化、化工、汽车、冶金、新材料、装备制造、光电子、节能环保、生物技术、医学技术、植物制药、农产品、特色食品、海洋产业等）、规模和组织特征等（见表7-1）。网络中大约70%的组织是企业，大学占12%，非大学的科研机构占14%。

表7-1   描述统计

	观察值数	均值	最小值	最大值	标准差	变异系数
每个网络参与组织数（网络规模）	231	27.62	7.00	51.00	13.197	47.78
吸收的信息	230	3.52	1.00	5.00	1.059	30.08
吸收的知识	229	3.57	1.00	5.00	1.087	30.44
转移的信息	232	3.40	1.00	5.00	0.848	24.94
转移的知识	232	3.29	1.00	5.00	0.917	27.87
关系强度	214	3.98	1.00	5.00	0.818	20.55
自我中心网络规模	230	2.90	0.00	9.00	1.764	60.82
自我中心网络密度	229	41.44	0.00	100.00	36.232	87.43
中间人功能数量	230	3.15	0.00	94.00	7.935	251.90
网络凝聚性	232	0.29	0.19	0.52	0.076	26.20
能力异质性	213	3.96	1.00	5.00	0.921	23.25
相互性	232	0.41	0.20	0.82	0.128	31.21
员工数	221	56.40	12.00	1250.00	109.734	194.56
R&D 合作经验	233	0.57	0.00	1.00	0.492	86.31

7.3.3 测量

（1）网络建构

数据是在2016年通过邮寄调查问卷收集的。要求网络中的每一个行动者都说出他在网络中的最重要的伙伴是谁。如果至少有两个回答者都将某个没有应答的行动者列为其"最重要的伙伴"，那么这个在网络中但没有回答问卷的组织也被纳入分析之中。我们试图以这种方式来反映整个完整网络的情况。行动者平均列出了3个伙伴是其"最重要的伙伴"，大多数是其实际的R&D合作成员。根据这些联系，生成了每个网络的网络矩阵。这些矩阵已经转化成图形，从中可以看出互惠链接和非互惠链接。本章假定，知识和信息就是沿着这些链接进行转移的。例如，图7-1就是本章所及样本中一个创新网络的网络图。图中箭头表示知识流动的方向。相当一部分（约60%）的网络链接是非互惠链接。不过，不同网络的互惠程度有很大的区别，从20%到80%不等（见表7-1）。

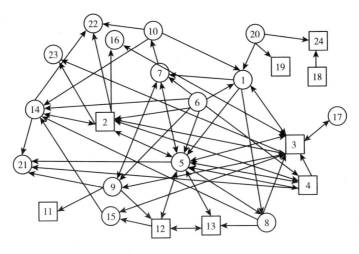

图7-1　网络图示例

注：圆圈表示企业，方块表示公共科研机构，数字表示行动者个体，箭头表示知识流动方向，双向箭头表示互惠链接，单向箭头表示非互惠链接，圆圈或方块的大小表示知识吸收的程度。

（2）因变量

鉴于知识有不同的类型和维度，本章主要指的是行动者之间交换的技术性知识，以"技术支持程度"来测量（见表7-2）。不过，在这些知识流中也可能包含一定程度的事实性知识和科学性知识。从与部分网络成员的深度访谈中可以明显感觉到，被转移的知识中有相当大一部分是隐性知识。

表7-2　　　　　　　　　　　　　　　　变量界定

变量	描述	题项	测量
信息转移	一个网络成员转移给其伙伴的信息	你的网络伙伴因你的信息或建议而受益？	李克特5分量表（非常少—非常多）
信息吸收	一个网络成员从其伙伴处接收到的信息	你从你的网络伙伴处得到过信息或建议吗？	李克特5分量表（非常少—非常多）

续表

变　量	描　述	题　项	测　量
知识转移	一个网络成员转移给其伙伴的知识	你的网络伙伴因你的技术或专业支持而受益吗？	李克特5分量表（非常少—非常多）
知识吸收	一个网络成员从其伙伴处接收到的知识	你从你的网络伙伴处得到过技术或专业支持吗？	李克特5分量表（非常少—非常多）
关系强度	网络成员A对其直接网络伙伴的信任	网络成员之间有公平和信任吗？	李克特5分量表（根本没有—非常大）
自我中心网络密度	网络成员的以自我为中心的网络密度	行动者A的自我中心网络覆盖了所有与A有直接联系的网络伙伴	现实连接数除以潜在连接数
网络凝聚性	网络的凝聚程度	行动者之间的测地距离（连接两个节点的最短路径长度）	所有行动者彼此之间的测地距离
能力异质性	网络内的能力/资源多样性	网络内有大量具有互补能力的伙伴	李克特5分量表（根本没有—非常多）
中间人功能	信息和知识中介者	一个行动者承担的中间人功能数量	各个自我中心网络规模的标准化
R&D合作经验	存在组织外部的R&D伙伴	在过去的两年里你的企业与外部伙伴有进行过R&D吗？	有/没有
企业规模	企业的大小	企业当年的员工数	分成5个等级

对于信息交换，以提供或接受的"信息和建议程度"来测量。与网络成员的深度访谈显示，这些信息是指市场行情、潜在伙伴的能力以及管理实践等。与知识相比，这些类型的信息受到隐含性、高情境特定性和不恰当解码等转移障碍的影响更小，它们沿着网络链路传播更容易。

本章建构了4个信息和知识交换的指标，作为回归分析的因变量，它们是：①转移到网络伙伴的信息程度；②转移到网络伙伴的知识程度；③吸收网络伙伴的信息程度；④吸收网络伙伴的知识程度。

以李克特5分量表来测量程度，从"非常少"到"非常多"（见表7-2）。

（3）自变量

本章的自变量是4类影响因素（见图7-2）。它们是：①网络整体特征（网络凝聚性，能力异质性）；②每个行动者自我中心网络的特征（密度，关系强度）；③行动者在其自我中心网络中的位置（如中间人位置）；④行动者的个体特征（企业规模，R&D 合作经验）。

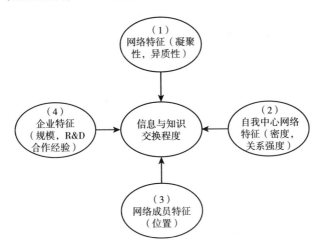

图 7 - 2　知识和信息流的影响因素

网络整体特征指的是网络的凝聚性和构成网络的每个行动者的能力异质性。凝聚性表示网络中的关系冗余程度（Burt，2001）。如果一个网络中所有的行动者都彼此直接连接，那么该网络的凝聚性就是 100%。本章样本中的网络凝聚性平均为 29%。许多研究认为，非冗余结构（即低凝聚性）有利于知识和信息的流动。但是，凝聚性也可能是合作创新的关键驱动因素，因为它促进了信任的形成和行动方式等共同规范的发展。根据后一个观点，本章预期凝聚性对于信息和知识转移具有积极影响。凝聚度的计算公式：凝聚度 = 现实连接数 ÷ 可能连接数。以图 7 - 1 为例，54 个现实连接除以 276 个可能连接，所以该网络的凝聚度约为 20%。

根据熊彼特传统，将以前未曾连接的不同的资源进行组合（或重组）就能产生创业机会，因而创业机会就是指的知识基础、能力和资源的多样性。因此，我们提出，相比于冗余/非冗余这个更结构性的概念，能力的异质性是一个更有意义的指标。但是，本章对异质性的测量不是假定参与的行动者越多，多样性就越大。本章是以调查问卷中反映出来的网络成员的能力范围，而不是仅仅以网络的规模来测量能力的异质性。使用李克特 5 分量表，从"根本不异质"到"完全异质"。

网络特征指的是整个网络，包括直接连接和间接连接，而行动者自我中心网络只包括行动者与之有直接连接的网络成员。互动频率只是关系强度的一个相当粗糙的测度。在创新活动的情境下，它指关系的密度和范围（多重性）可能更合适。因此，本章采用"直接网络伙伴间的信任程度"作为关系强度的指标。信任程度采用李克特5分量表测度，从"根本不"到"完全信任"。同时，本章还将自我中心网络的密度作为解释变量，预期它与知识或信息的交换程度之间存在正向关系。自我中心网络密度通过实际连接数除以可能连接数得到。我们没有将密度作为关系强度的一个指标来考虑，是因为即使是一个密集网络，也可能有许多连接不是真正有复原能力的。在这方面，一个重要的中介变量就是网络的规模。因为建立并维护强关系需要专用性投资，大型网络往往密度低，虽然它们能够有一些相当强的强关系。因此，我们认为，自我中心网络的密度更接近于网络凝聚性的概念，而不是关系强度的概念。

还有一个因素可能对信息和知识的交换非常重要，那就是网络行动者在其自我中心网络中的具体位置。本章主要指一个行动者是否具有中间人位置。从企业行动者的角度，可以区分出4类中间人位置：①两个企业之间的中间人（协调者）；②两个公共科研机构之间的中间人（咨询顾问）；③企业和公共科研机构之间的中间人，知识和信息从企业流向科研机构（代理人）；④公共科研机构和企业之间的中间人，知识和信息从科研机构向企业流动（看门人）。但是，行动者也可能同时担任两个角色，如"代理人"和"看门人"，因为知识和信息的交换可能是双向互惠的。出于这个原因，我们没有直接采用上述分类，而是作如下处理：即只要一个行动者将其自我中心网络中没有直接联系的其他两个行动者间接地连接起来，该行动者就担当有中间人的功能。这种中间人位置的数量就表示，一个行动者在其自我中心网络中桥接结构洞的程度。例如，在图7-1所示的网络图中，3号行动者（一所大学）在其自我中心网络中充当中间人位置37次，而8号行动者（一家制造企业）只有8次。因此，我们坚决地将结构洞的测度与关系强度分开。为了避免规模效应，我们将中间人角色的数量标准化，即除以行动者自我中心网络内潜在的连接数。也许有人认为，采用中间中心度来测度中间人功能可能更合适。中间中心度指的是整个网络，计算一个行动者有多少次是处于所有没有直接连接的成对行动者之间的最短路径中（测地距离）。它意味着一个行动者控制其他两个网络行动者之间关系的可能性。本章没有采用中间中心度，是因为该测度不适合高度专用性隐性知识的转移，这种知识不会"长距离跋涉"许多必须跨越的节点来实现转移。

最后，我们对企业规模和吸收能力进行了控制。将企业规模分为 5 类：1 ~ 20 人；21 ~ 50 人；51 ~ 100 人；101 ~ 250 人；250 人以上。根据西蒙尼（Simonin，2004）的观点，我们用"以前是否与企业外部伙伴合作 R&D"，来区分在利用外部资源方面有过良好训练的行动者，和那些只是刚刚开始建立从组织边界外部获取知识的能力与资源的行动者。

7.4　研究结果

研究结果清楚地显示，样本中网络成员之间存在高水平的信息和知识交换（见表 7 - 3）。从知识吸收中最受益的行动者群体是制造业企业，其次是私有科研组织。最主要的知识源是私有科研组织和服务性企业。在信息吸收方面，公共科研组织、服务性企业、高校及相关科研机构等其他行动者群体之间的差异相对较小。不过值得注意的是，公共科研组织的分值相对较低。在信息转移方面，大学排第一，其后是服务性企业、公共科研机构，再后是其他三类行动者。在知识的转移和吸收两个方面，高校的参与度都相对较高，充分说明创新过程是非线性的，而且具有明显的反馈环路的特征。非高校公共科研组织以及相关科研机构向其伙伴转移了相当数量的信息，但还不是核心的知识源。高校和制造业企业似乎是从网络内的知识和信息交换中获益最大者。将知识/信息吸收和知识/信息转移比较一下，就可以发现制造业企业参与网络的净收益最大（见表 7 -4）。

初步的比较分析证实了本章提出的假设，对于区域创新系统不同的群体（企业、公共科研机构等），由于其各自的重要性不同，对交换过程有积极影响的机制也不同。接下来再分析一下面向企业（制造业企业和服务性企业）的知识和信息转移。样本中有 194 家企业参与了调查。有些企业由于在其网络中参与了多个 R&D 合作项目，所以有多个回答。

与 Granovetter 弱关系的力量假设相反，我们发现强关系对于知识和信息交换特别重要（见表 7 - 3 中模型 1 ~ 模型 4）。估计的系数也表明网络凝聚性（网络成员的整体连通性）与信息交换程度正相关（模型 1 和模型 2）。知识交换的结果（模型 3 和模型 4）则较模糊。高凝聚度似乎有利于知识向网络伙伴转移（模型 3），但是网络凝聚性与知识吸收的关系系数不显著（模型 4），表

表7-3

回归分析

自变量	因变量（模型）							
	信息交换				知识交换			
	转移（1）		吸收（2）		转移（3）		吸收（4）	
	系数	t值	系数	t值	系数	t值	系数	t值
常数	2.30***	6.136	1.082**	2.224	1.920***	4.766	1.056**	2.045
关系强度	0.168**	2.336	0.249***	3.433	0.135*	1.903	0.285***	3.961
自我中心网络密度	0.151*	1.934	0.096	1.219	0.088	1.146	0.139*	1.770
网络凝聚性	0.176**	2.482	0.129*	1.807	0.176**	2.518	0.015	0.214
异质性	-0.116	-1.627	0.112	1.558	0.039	0.549	0.085	1.185
中间人位置	0.175**	2.250	0.063	0.804	0.112	1.458	0.048	0.621
R&D合作经验	0.280***	4.079	0.149**	2.148	0.308***	4.554	0.123*	1.792
企业规模	-0.101	-1.469	-0.023	-0.323	-0.179***	-2.635	0.091	1.314
观察值	194		192		194		192	
调整 R^2	0.135		0.122		0.160		0.136	

注：* p<0.10；** p<0.05；*** p<0.01。

表7-4

变量相关性

	信息转移	信息吸收	知识转移	知识吸收	关系强度	自我中心网络密度	网络凝聚性	异质性	中间人位置	R&D合作经验	企业规模
信息转移	1										
信息吸收	0.223**	1									
知识转移	0.772**	0.136	1								
知识吸收	0.161*	0.618**	0.132	1							
关系强度	0.149*	0.281**	0.140	0.337**	1						
自我中心网络密度	0.097	0.103	0.071	0.142*	0.040	1					
网络凝聚性	0.185*	0.141	0.184*	0.043	-0.112	0.132	1				
异质性	0.022	0.227**	0.165*	0.195**	0.263**	0.075	0.109	1			
中间人位置	0.098	0.033	0.062	0.000	0.076	-482**	0.030	0.016	1		
R&D合作经验	0.287**	0.199**	0.337**	0.166*	0.074	0.018	0.112	0.179*	-051	1	
企业规模	-0.20	0.050	-0.104	0.149*	0.143*	0.048	0.180*	0.007	0.013	0.054	1

注: * p<0.10; ** p<0.05。

明许多伙伴显然对这些知识的吸收不感兴趣。因此，由高凝聚性网络结构造成的向网络成员转移的知识中，有相当的一部分明显不受网络伙伴的重视。

另一类可能影响信息和知识交换的网络特征，是网络伙伴的能力异质性。异质性可以认为是对非冗余性这个更结构性的概念的拓展，它指的是不同能力组合（重组）引致的创新机会。我们认为，能力异质性是一个比（非）冗余性更好的指标。文献中经常提到，以知识、能力、资源和解决问题的才能等方面的发散性表现出来的异质性，与创新机会的探索正相关（Gilsing and Nooteboom，2006）。它们各自的连接激发出了新的常规活动，将组织的边界扩展到以前未曾涉及的市场，可以被认为是二阶学习过程的导管。根据本章的估计，网络成员的能力异质性程度，对企业的知识和信息交换的影响统计上不显著（见表7-3模型1~模型4）。根据马奇（March，1991）对探索与开发的严格区分，该结果表明，本章样本中的企业显然更倾向于开发利用而不是探索。有意思的是，网络成员换成公共科研机构，则能力异质性与知识获取存在显著的正相关关系。

我们的研究发现，承担了中间人位置的行动者在信息或知识的吸收方面并没有获得独特的优势（表7-3中模型2和模型4）。但是，中间人的位置提高了向网络伙伴信息转移的程度（模型1）。总之，本章的研究结果显示，行动者承担中间人角色的数量并没有为其带来私人利益。但是有强大的证据证明，中介性组织创造了社会效益，尤其是在向其网络伙伴的信息转移方面。

企业规模只在知识转移方面有显著性，而在信息转移方面没有。令人惊奇的是，企业规模越小，向网络伙伴转移的知识越多。显然，小企业更致力于网络中的知识转移过程。我们发现，在外部信息和知识的吸收方面，以与外部伙伴合作R&D的经验体现的吸收能力，比企业规模更重要。

7.5 本章小结

本章的研究证明，创新网络内部的嵌入性与组织间的知识和信息交换正相关。我们的研究发现，强关系对信息和知识的分化特别重要。但是强关系的嵌入性也可能导致锁定效应或者熵死亡，对创新绩效可能很有负效应。不过，这种效应在本章中不大可能出现，因为本章样本中的网络都还处于发展的早期。

一方面，企业能够在必要的强关系和区域嵌入性之间找到最佳的平衡，另一方面，也可以通过寻求区域网络外部的异质性知识，避免认知上的锁定效应。

海特和赫斯特里（Hite and Hesterly，2001）认为，处于发展早期的企业从凝聚性更高的网络中获益更多，而当它们进入更成熟的发展阶段后，它们会得益于桥接结构洞而产生的网络利益。但是，这不能完全解释为什么本章样本中的企业没有从其中间人位置获益。因此，需要更多地去调查开发利用中间人利益所需要的条件。

信息与知识之间、转移与吸收之间的分析结果所表现出来的差异表明，作这些区分是有效果的，是很重要的。以后的研究应该探讨不同类型的知识和信息。而且，更深入细致地分析不同类型的行动者（高校、公共科研机构、小型大型企业）在创新网络中的角色作用，似乎也很有意义。

第 8 章

关系强度与知识转移：
信任的中介作用

提高企业的创新能力乃至可持续的竞争力，必须促进有效的知识创造和转移。但是，有效的知识创造和转移又的的确确是个难题。关于知识转移的问题，在知识管理、组织学习、社会网络、社会资本等诸多领域都独立地有过广泛的讨论。社会资本理论认为，知识转移的质与量取决于知识转移双方关系中的三个社会资本关键特征：社会互动、关系质量和伙伴网络连接。社会互动是指两个实体之间非正式交换的程度，关系质量指的是在信任与互惠的基础上发展起来的良好关系氛围的程度，伙伴网络连接指的是进入更为广泛的知识网络的程度。本章试图将社会资本理论的结构维度（关系强度）和关系维度（信任），与知识管理和组织学习理论相结合，建立一个知识转移的理论模型并作实证检验。

8.1 知识转移的特征

知识转移和分享行为是通过人与人之间的联系与沟通，使他人获得有效性动力的过程。通过影响知识和经验的积累与传播，知识转移和分享行为影响团队的创造力。知识的创造和转移可以发生在一系列的关系和结构中。本章首先从社会资本（结构和关系维度）、知识管理和组织学习等理论出发，阐述知识转移三方面的特征。

8.1.1 知识转移的结构特征

社会网络和社会资本的研究已经清楚地证明了知识通过社会关系得以扩散的程度。现实中，即使人们很容易接触到电子和纸质的信息来源，他们也明显地更喜欢向身边的家人、朋友或同事寻求信息。一般来说，人们在获取所需信息、学习如何做好本职工作、了解模糊不清的环境和事件、解决复杂问题的时候，人际和社会关系都发挥了重要的作用。

社会资本研究者十分重视社会网络的结构特性，如整个网络层面的结构洞，双方关系层面的关系强度等。在社会资本理论中，关系强度与结构洞、网络中心性等概念一起，成为反映社会资本结构维度的重要概念。格兰诺维特（Granovetter，1973）通过对社会网络的分析，试图将微观层面的交互作用与宏观层面的模式联系起来。他指出，人们之间的关系或者表现为频繁接触和深度情感卷入（关系亲密的朋友），或者表现为低情感投入的零星接触（关系松散的联系人）。第一类关系的网络表现出强关系，而疏远的联系人构成弱关系。关系强度反映了双方之间关系紧密性的特征，通常被操作化为紧密度和互动频率的组合。就关系强度而言，研究发现强关系和弱关系各有优势。

自从格兰诺维特（Granovetter，1973）提出"弱关系的力量"假设之后，人们对于社会网络关系强度对于知识转移乃至技术创新绩效的影响进行了大量的探讨，结果也是各有侧重，并不一致。格兰诺维特（Granovetter，1973；1983）认为，弱关系更可能把两个相对独立的社区联系起来，达到直接网络（或社交圈子）之外，并进入新的信息和机会领域。而且由于弱关系连接的双方所具备的信息相似性和冗余度低，从而让不同背景和专业领域的人们有了交流机会，便于各种不同性质和功能的知识流动。所以，弱关系能够提供更多的新奇信息，从而扩大不同社区的知识面和结构丰富性，多种不同思想的碰撞，有利于激发创造力。而强关系连接的是与信息寻求者关系密切的人，所以其信息也可能是信息寻求者已经知道了的。弱关系能促进知识分享行为。林南等（Lin et al.，1981）认为资源的搜索、交换、借用和摄取往往通过弱关系纽带来完成。伯特（Burt，1992）认为，弱联系是结构洞之间的桥，重复性程度低的弱联系有助于将信息传给更多的人，甚至传递更远的社会距离。汉森（Hansen，1999）指出，弱关系对搜寻全新的知识最有效。佩里 - 史密斯和莎莉（Perry-Smith and Shalley, 2003）认为，弱关系提供了获得独特信息的可能，新的不同的信息更适合通过弱关系而非强关系来传播，它在群体、组织之间建立了纽带联系。弱关系可以保证信息流的顺畅，有利于信息需求方和提供方的迅速有效匹配（何郁冰，2015）。

强关系观点则认为强关系才是创新性知识信息的来源。强关系更容易接近，更愿意提供帮助。尤其是在复杂程度高、隐性特征明显的知识转移过程中，更需要强关系。因为行动者之间的关系越密切，彼此之间的信任度就越高，行动就越默契，就更容易获得成员之间的帮助（Krackhardt，1992）。网络成员之间通过频繁的接触和深入的沟通，能够不断促进互惠性的知识交流，这一方面可以帮助信息搜寻者更好地理解和利用新的知识，另一方面也有利于及时地解决信息搜寻者与信息提供者之间的分歧和误解。许多研究表明，从总体上看，强关系对于有用知识的接受更有益（Hansen，1999；Uzzi，1996，1997）。

王端旭等（2009）实证研究了团队内部社会网络特征对团队创造力的影响及其作用机制。结果表明，团队创造力与团队内部社会网络异质性正相关，与团队内部网络联系强度负相关；在二者关系中，知识分享行为起中介作用。陈萍和彭文成（2014）对强关系与弱关系下企业网络中的知识共享进行了进化博弈分析。结果表明，如果不共享策略的成本都很高，那么强关系网络比弱关系网络更加有利于企业间的知识共享；如果知识共享的纯收益大于"搭便车"的纯收益，则企业间知识共享的概率更高。朱兵（2016）指出，不同强度的关系在信息传递与合作交流中起着不完全一样的作用。网络关系强度对不同类型的创新有不同的作用，弱关系促进探索式创新知识的学习，而强关系促进利用式创新知识的学习。谢洪明等（2012）构建了网络关系强度、企业学习能力和技术创新三者之间的关系理论模型，研究发现企业网络关系强度和学习能力都对技术创新存在着显著的正向影响。姚小涛等（2008）提出并证明了强弱关系都是企业成长可以依赖的重要社会关系类型。

以上是从社会资本的结构维度研究知识转移。从上述研究可以看出，知识转移具有很强的结构特征，但是关系强度与知识转移的研究结果并不一致。为什么会是这样，相关的研究则不多。所以，还需要从社会资本的关系维度作进一步的分析，只有真正阐明促进有用知识接收的关系特征，才能解决强弱关系效应研究结果的多样性问题。信任是社会资本关系维度的重要内容，因此本章将从信任着手，研究知识转移的关系特征。

8.1.2　知识转移的关系特征

知识转移一方面是不同类别知识之间的相互作用与转换过程，另一方面也是组织成员之间的社会互动过程。有关信任的研究文献中有大量的证据证明，信任关系导致更多的知识交换。信任度越高，人们越愿意提供有用的知识，也更愿意听取并吸收知识。信任降低了知识转移的成本。这些效应得到了各种不同背景下、个体和组织不同分析层次上的证明。

强关系的一个重要优势就在于网络成员之间的信任度高。研究发现，当人们对另一方感到信任的时候，会更愿意提供或者接受有用的知识信息（Zaheer et al.，1998）。虽然与某人有密切的工作关系，可能意味着信任他/她，但是"强关系"和"信任"两个概念并不一定是同义的。例如，强关系，尤其是互动的频率，可能是个体工作者不能自主控制的工作相互依赖性的函数。这种情况下的关系可能具有强关系的特征，但是并不能导致人们信任一个被迫与之共事的同事。相反，人们有时确实会信任一个不太熟悉的人。例如，以前没有或者很少有交往的人组成的临时团队，却能够迅速地产生信任。因此，虽然信任与强关系的确相关，如古拉蒂（Gulati，1994）就曾经用关系强度作为信任的代理变量，但是二者无论在概念上还是在实证上都是有区别的。

信任是指个体相信且愿意基于他人言辞、行为和决策进行行事的程度（McAllister，1995）。麦卡利斯特（McAllister，1995）将信任分为基于情感的信任和基于认知的信任。基于情感的信任是指双方建立了密切的情感联系，相信对方的行为不会伤害自己的利益，从而给予的信任。基于认知的信任是根据所收集到的信息，对对方行为的可信性作出推断后，给予的信任。二者在知识共享过程中的影响是不相同的（秦红霞、陈华东，2007）。迈尔等（Mayer et al.，1995）则将信任定义为：不管一方对于另一方的监督和控制能力的强弱如何，都愿意使自己变得容易受到另一方行为的伤害的一种意愿，这种意愿是建立在一方对另一方将履行某种特定的且对己方而言非常重要的行为的预期之上的。根据其存在的基础，可以将信任划分为基于善意的、基于能力的和基于惯性的三种不同类型的信任。善意是指主体相信客体会约束其自利行为，基于善意的信任结果是主体认为客体会对自己有利。这将使得双方之间的防御行为减少，更能够分享各自有用的知识。基于能力的信任是指比较了解对方的技能和专长，会就对方熟悉的领域向其寻求建议，相信对方可以为自己提供所需的知识。惯性是指主体感知到的客体对主体所认同的准则的坚持。如果一方认为对方的行为具有稳定一致性，当前的状态能够在较长时间范围内继续维持，那么就会愿意和对方进行知识转移等行为（于茂荐等，2010）。此外，还有基于关系的信任、基于知识的信任、基于算计的信任、基于仁善的信任等不同分类。信任对知识转移的促进机制体现为四种方式：①促使知识转移的双方减少防御性行为；②增进双方彼此之间的认同；③调节行动者内部动机与知识转移行为的关系；④促进积极的归因（高祥宇等，2005）。梦非和魏建良（2011）的实证研究表明，关系越紧密，知识转移活动越多。基于善意的和基于能力的两种信任类型在关系和知识转移之间有着显著的中介作用。而且，知识转移双方的知识异质性越大，则基于能力的和基于惯性的两种信任类型越能促进知识转移活动。王雁飞和朱瑜（2012）的研究则表明，组织成员的信任、知识分享在组织社会化与创新行为之间起着中介作用。

信任被普遍认为是除物质资本和人力资本之外决定一个国家经济增长和社会进步的主要社会资本（张维迎和柯荣住，2002）。在社会资本水平较高的地区，人们通过信任与合作来获得整体效率的最优化，而不是相互猜忌，导致囚徒困境式的整体损耗和效率损失。

汉森（Hansen，1999）指出，信任促进知识转移的主要途径是提高了双方的转移意愿。强关系更能推动隐性知识的转移，有助于高质量、复杂知识的传播。多位研究者从信任的角度提出并验证强关系给企业带来更有利的支持（Gulati，1995），认为强关系代表高度的关系性嵌入。信任是员工之间进行隐性知识转移的前提，胡远华和董相苗（2015）的实证研究证实，能力信任、行为信任及情感信任对个体的知识转移意愿产生直接影响。基于不同情景的信任均能够通过促进双方的转移意愿促进知识转移（汪永星等，2012）。

有些研究者同时考察了结构和关系特征对于有用知识接收的影响。例如，蔡和戈沙尔（Tsai and Ghoshal，1998：465）以部门为分析层面，发现"社会资本的结构维度，表现为社会互动关系，将激发信任和感知可信度，后者代表了社会资本的关系维度"，这样能够导致部门之间更多的资源（包括知识）交换。但是，蔡和戈沙尔（Tsai and Ghoshal，1998）对可信度的概念化是单一维度的，而有关信任的文献已经确认了信任是多维度的（Mayer et al.，1995）。本章将聚焦于对个体有用知识接受最相关的两个不同的信任维度：基于仁善的信任和基于能力的信任。因此，我们提出，仁善信任和能力信任对强关系与有用知识接受的关系有中介作用。通过强调强关系的学习效益可以追溯到诸如信任的关系特征，从而更深入地将结构视角和关系视角综合起来。此外，本章还将提出蔡和戈沙尔（Tsai and Ghoshal，1998）没有考虑的第三个因素：知识本身的特征。

8.1.3　知识转移的知识特征

知识管理和组织学习的文献经常谈论知识的复杂性问题。研究者经常将知识划分成两类：显性知识——容易被编码的知识；隐性知识——难以编码或难以解释的专门技能（Hansen，1999；Nonaka，1994）。

隐性知识和显性知识对于知识转移过程具有重要的意义。隐性知识指的是个人在其科学工作过程中获得的不可明确定义或编码的、自己也不能完全解释清楚的知识或洞见。隐性知识可以被定义为只能通过人际互动和面对面的接触才能得以扩散的无实体技术诀窍（Howells，2002）。虽然隐性知识具有高度的主观性并且常常因人而异，但是隐性知识往往是知识转移的关键组成部分，可能显著地影响到项目的结果。显性知识是能够直接明白的知识，因此可能更容易转移，不管是通过口头的方式还是书面说明。显性知识相对更多的是可编码的、可观察的和系统独立的，这使得这些知识在企业边界之内和企业边界之间都更加自由地流动。隐性知识是以异质性的人际互动和社会网络来进行扩散的，在其他地方是不容易复制的，所以它难以转移。

隐性知识的固有属性表现为模糊性、嵌入性和专业性。其中，模糊性又包括复杂性和内隐性两个方面。西蒙尼（Simonin，1999）通过实验研究发现，知识的模糊性程度和内隐程度越高，知识转移的难度越大。隐性知识内隐于个体的头脑中，对于个体的依赖性较大，与显性知识相比，具有极强的复杂性，在转移的过程中需要借助大量的解释性知识，增加了转移的难度。嵌入性是指隐性知识嵌入个体的喜好、习惯和思维方式之中，表现出高度的个性化和根植性。阿尔戈特和英格拉姆（Argote and Ingram，2000）研究发现，知识嵌入的方式有多种，严重影响到知识转移的效果。卡明斯和邓（Cumming and Teng，

2003) 的研究也表明，知识的嵌入性与知识转移难度呈正相关关系。隐性知识，如经验、诀窍、心得等，往往与个体的知识背景和知识结构相关，学习、理解和掌握这些隐性知识，需要拥有相应的专业知识和背景，所以隐性知识具有一定的专业性。隐性知识的这些特性都增加了其转移的难度（张向先等，2016）。

知识的特性通过对转移媒介的要求影响转移难易程度。科格特和赞德（Kogut and Zander，1992）的研究显示，在转移过程中，知识对媒介丰度的要求越高，越阻碍知识转移。隐性知识就需要较高丰度的转移媒介才能使它顺畅转移。隐性知识依附于个体而存在，具有高度情景化与个人化的特点，故难以描述与传递。知识的隐含性越强，其个体化程度越高，主观性越强，因而结构性较差，需要作很多的相关解释和说明才能表达清楚。

除了其直接效应，汉森（Hansen，1999）还提出了隐性知识的调节效应，将知识特征与以前讨论的关系强度的结构特征综合在一起。特别是他发现，当各分部与其他分部的关系中弱关系多于强关系时，各分部主要从其他分部接受显性知识的项目，完成的速度更快。而当被转移的知识是隐性知识时，强关系能使项目更快地完成。汉森（Hansen，1999）由此得出结论，由于弱关系的维护成本更低，拥有一个主要由弱关系构成的网络，对于主要要求接受显性知识的项目是有利的。不过，在二元层面，这样的互动效果的应用逻辑并不是很清楚。

本章要探讨的不是知识接受者在强弱关系组合下的总体绩效，而是来自每一种关系的知识效益。而且，本章的重点在于得自某种关系的效益，而不是维护该种关系的成本。希望通过这种方式，更准确地探讨知识转移和学习过程的内在机制。

8.1.4　知识转移三种特征的综合

关系结构和信任对个体的知识分享决策具有重要影响，其中关系结构特征主要通过影响私人间的信任水平，来影响双方的知识分享决策（谢荷锋，2008）。朱明洁和林泽炎（2007）的研究表明，创新团队成员的关系强度和信任程度影响企业隐性知识在团队成员流动的速度。长时间的持久深入互动，更容易产生相对更为情境特定的知识和隐性知识。蔡和戈沙尔（Tsai and

Ghoshal，1998）的实证研究证明了社会资本的结构、关系和认知 3 个维度与资源交换、产品创新维度之间的关系，研究结果表明社会互动、社会资本的结构、信任和它们之间的相互关系与资源交换之间是显著的正相关关系。

综上所述，我们认为，任何知识转移的理论模型，都应该考虑上述三种特征：结构特征、关系特征和知识特征，或斯祖兰斯基（Szulanski，1996）所谓的"知识粘性"。因此，我们将上述三种特征相结合，建立一个综合模型，如图 8 - 1 所示。

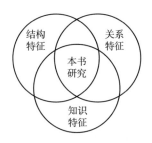

图 8 - 1 知识转移三种特征的综合

本章着重于个体层面，希望以此更好地理解其他分析层面知识转移的基础过程。接下来的安排，首先是提出研究假设，而后是研究方法和分析结果，最后是研究结果理论和实践意义的讨论。

8.2 研究假设

前文从结构特征、关系特征和知识特征三个方面阐述了知识转移的典型特征，并提出了本章将知识转移三种特征融合在一起的综合研究框架。在前文所述大量研究文献的基础上，提出本章的假设如下。

8.2.1 关系强度与有用知识的接受

从上述文献可以看出，大量的研究已经证明，弱关系和强关系都有利于知识获取。虽然存在一些意外的偶然性，但是大多数的证据表明，强关系能促进更多的知识交换（Hansen，1999；Szulanski，1996；Uzzi，1996，1997）。其中的原因可能是因为强关系更能够保证知识寻求者更充分地理解新获取的知识并将其付诸应用。据此，本章提出，强关系有利于提供人们用于其工作中的知识。本章特别关心能够改善知识寻求者工作绩效的知识，所以用了"有用知识的接受"一词，来表达知识寻求者感知到所接受的知识对其工作有正向影响。

假设1：总体上，强关系比弱关系更能促进有用知识的接受。

8.2.2　信任对强关系与有用知识接受的中介

为什么强关系对于提供有用知识是有效的？我们认为，原因在于强关系中的人们有更多的信任感。更具体地说，在强关系与有用知识接受的联系之间，仁善信任和能力信任起到了中介的作用。注意，本章这里要探讨的是有用知识的接受，而不是第一时间找出知识的来源。人们为什么从强关系中寻求信息，也许有若干与信任无关的原因，比如便利，但这些原因似乎与所接受的知识的有用性没有很清楚的联系。而相信一个知识来源是仁善的，是有能力的，将会增加知识接受者从这种互动中学到东西的可能性。

当知识寻求者获取信息的时候，他们很容易受到知识源所具有的仁善程度的影响。例如，一个人的声誉可能受到这种互动的重大影响。而且，仁善信任可能决定信息寻求者未来知识缺乏的程度。防卫性行为可能会有意无意地阻碍学习，不管是个体还是群体（Edmondson，1999）。因此，仁善信任应该会创造学习的条件，促使有用知识的接受。

此外，对另一个人的能力表示信任，也应该会促进有用知识的接受。知识寻求者信任知识源有能力提出建议并影响其思考，就更可能听取、吸收该知识源给出的建议，并遵照执行。而能力信任与强关系相关（Chattopadhyay，1999）。

假设2a：强关系与有用知识接受之间的联系受到仁善信任的介导。

假设2b：强关系与有用知识接受之间的联系受到能力信任的介导。

8.2.3　信任加弱关系促进有用知识的接受

弱关系是有益的，因为它提供了来自网络中社交距离更远的地区的知识（Granovetter，1973）。这种效应与人们的知识范围有关，而不是他们学习和分享知识的意愿，因此从概念上讲，与信任无关。而且，如果强关系对知识交换有益是因为信任，那么一旦控制两个维度的信任，就能看到弱关系的结构效益。即一旦知识寻求者对知识源的信任程度不变，弱关系提供非冗余信息的结构效益就应该很明显。

假设 3：在控制仁善信任和能力信任后，弱关系比强关系更能促进有用知识的接受。

注意，本章不是说，强关系会用错误的或者误导性的知识伤害知识寻求者。相反，信任的强关系在他们提供的知识中仍然是有帮助的。在这里，本章想要表达的是，信任的弱关系可能更有帮助。

8.2.4　作为权变因素的知识类型

信任对有用知识接受的影响，虽然总体上是正向的，但是在有些情况下，可能要依据所转移的知识类型而定。如果所转移的知识是编码的、直截了当的，那么对于知识源的能力信任可能不重要，因为知识寻求者有能力自己学习。例如，一个银行柜员可能从同事那里寻求并接受一本专门训练手册，而不管该同事是有能力的还是没能力的，因为该知识寻求者能够发现其接受的信息是不言自明的，是有用的。相反，如果一个没能力的同事试图向其解释一个复杂的程序，那么该知识寻求者则不会认为是有用的。复杂的或者难以理解的知识要求知识寻求者信任知识源确实是了解该知识的。因此，在涉及隐性知识的知识转移中，当知识寻求者信任知识源的能力时，他们才能接受更多有用的知识。

假设 4：当知识是隐性知识（相比于显性知识）时，能力信任对于有用知识的接受更重要。

相反，仁善信任似乎总是很重要的（假设 2a）。毕竟，如果人们认为某人的本意就是要害他们，那么他们就会对某人所说的一切表示怀疑，不管是简单的还是复杂的。

总之，本章提出一个知识交换的二元模型，其中仁善信任和能力信任对强关系和有用知识接受的联系有中介作用。而且，我们认为，如果控制两个信任维度，弱关系的结构效益将显现。最后，本章提出，当接受的是隐性知识时，能力信任的作用更为重要。本章的理论模型如图 8-2 所示。

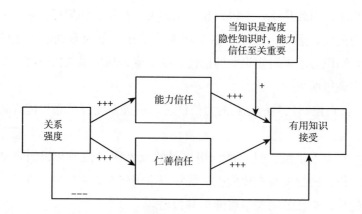

图 8 – 2　关系强度、信任与有用知识接受模型

注：图中所示结果是根据表 8 – 3 中方程式 5 和表 8 – 4 中方程式 6、方程式 8 的回归系数得出。控制变量未列出。

8.3　研究方法

8.3.1　样本

我们从云南、贵州、广西三个省区各选择一家大型制药企业作为研究样本。三家企业的调查对象都是从事知识密集型工作的中层管理者，如研发部、物料部、生产部、设备部、质检部、营销部、人力资源部、财务部等部门的负责人，他们在工作中严重依赖同事的信息来解决问题，协调其他人的工作。选择制药企业一是因为制药业是知识密集性行业，二是要考虑三个省区的产业发展情况，尽量选择三个省区都发展得相对较好的产业。在知识密集型产业中，三个省区的制药业都有一些做得比较好的企业。同时，选择上述三个不同省区的样本，一是出于增强研究外部效度的目的，二是代表了本书所指的后发地区。经过检查，没有发现在预测变量和虚拟变量之间存在对应于三家企业的明显的交互作用效应，即每个公司的分析结果都是一样的，然后将数据汇总分析。

共有 106 位受访者完成了整个调查，其中云南企业 34 位，贵州企业 39 位，广西企业 33 位，回收率 81%。每个受访者要求报告 4 种关系，因此得到

424 个观察值。受访者中 67% 是男性，30~45 岁者占 70%，中位数在 40 岁左右，在本部门、本公司和本行业工作的平均时间分别为 6.2 年、6.4 年和 7.3 年。47% 的受访者有专业学位，68% 的受访者有大学文凭。

8.3.2　数据收集

本调查分为 A、B 两部分，以 Excel 附件的形式发送电子邮件，大概需要 40~60 分钟完成问卷。向每个受访者承诺保密，公司得到的只是总体数据。所有的问卷都直接交回给调查员，以降低偏见答案的可能性。在真正实施调查前，作了预测试，增加、删除和修改了部分题项。

利用标准的自我中心网络调查技术，要求受访者："选择一个你当前正在参与或者最近（过去 3 个月）刚刚结束的、你认为对你的职业生涯非常重要的项目。"77% 的受访者选择了正在进行的项目。正在进行和已经完成的项目中，受访者参与时长的中位数都是 6 个月。然后，受访者列出 10~15 个他们在那个项目中为了完成工作而曾经向其寻求过信息、知识或建议的人。

为了平衡每个受访者的网络，要求他们从列出的名单中选择 2 个最有帮助和 2 个最没有帮助的建议人。这样做得出的样本，要比简单地要求受访者选出前 4 个建议者的做法得出的样本，更少偏差。剩下的调查就是针对受访者选出的 4 个建议者回答问题，如"你对这个人到底有多信任？"在完成 A 部分问卷调查一星期左右时间之后，受访者收到 B 部分问卷，针对其列出的 4 个建议者回答另外一些问题，如"你从每个人那里得到的知识用处有多大？"虽然信任通常是相互的，但是许多知识交换本质上是不对称的，即知识寻求者和知识源对一次互动的价值感知是不同的。例如，知识源可能不清楚他们的知识对别人的项目到底有多大的价值。因此，本章聚焦于知识寻求者的感知。

考虑过增加一些数据来源，如项目结果、上司评价等，但是最后得出的结论是，在二元分析层面，对于从某个知识源得到的知识的有用性，知识寻求者是最好的，也许是唯一的评判者。在考察这种"共同方法"可能存在偏差时，多提和格里克（Doty and Glick，1998）发现，当构念不具体时，偏差更明显，而在数据收集期间存在时间间隔（就像本章的做法）时，偏差不那么明显。总的说来，他们得出的结论是："大多数观察到的关系比实际的关系多出 26%，因此我们需要考虑，如果观察到的关系减去 26% 之后，所报告的结果是否仍然是显著的。"在经过这样的修正之后，本章所有的直接效应仍然是显著的。而且，布洛克纳等（Brockner et al.，1997）注意到，在有交互作用效应的研究（如本章）中，共同方法偏差不是那么值得担心的问题，因为交互作用效应表明，受访者不会不假思索地将所有的题项打高分或者打低分。因此，对于任何可能的共同方法偏差，我们的研究结果都是相当稳健的。

还有一个有关效度方面的担心也可以排除。这是由一个预测试的受访者提出的。他注意到，他从一个来源得到的所有信息都是可靠的，但是由于一些不相干的原因，项目走向了不同的方向，因此所得到的信息是无效的。为了确保本章的结果变量不受到这种未预见到的因素的影响，在调查时向受访者提问："你在本结果页上的回答在多大程度上受到了完全超出该建议者所能控制的环境的影响？"［1 = 没有；2 = 很小；3 = 有一些；4 = 很大；5 = 非常大］然后将该"无控制"变量与预测变量进行交互，发现没有交互模式。因此，对于感知到超出知识源控制范围的环境，我们的研究结果是强健的。

8.3.3 变量

本调查问卷的题项是从现有文献中改编而来（见附录1）。所有的多题项构念都显示出了良好的区别效度（基于因子分析）和良好的收敛效度（所有的 Cronbach α 值都大于 0.70）。所有的多题项变量都是相关题项未加权平均值。

（1）结果变量

"感知到的有用知识接受"变量是由 8 个题项综合而成：其中 4 个题项与项目的效率（时间、预算）相关，4 个题项与项目的效果相关。这 8 个题项问的是从每一处接受到的知识促进或伤害项目结果关键部分的程度。因为组织绩效是多维度的，所以本章的结果变量包括了多个方面，不过因子分析只产生了一个单一的总体因子。

（2）预测变量

因子分析证实，关系强度和两个信任维度的所有题项都利用了明显不同的构念。即因子分析特征值陡坡图中的"肘部"清楚地表明存在三个因子。

利用主轴因子法，直接斜交旋转，最终生成的三因子解决方案如表 8 - 1 所示。

表 8 - 1　　　　　　　　　信任维度和关系强度因子分析

调查题项	仁善信任	关系强度	能力信任
留意我	**0.91**	0.08	0.00
避免伤害我	**0.87**	- 0.05	- 0.03
关心我	**0.64**	- 0.17	0.16
紧密度	0.05	**- 0.87**	0.05
沟通	0.01	**- 0.85**	- 0.04
互动	- 0.03	**- 0.84**	0.01
专业的/敬业的	- 0.05	- 0.02	**0.88**
胜任的/准备好的	0.07	0.03	**0.75**

注：$n = 400$，加粗的因子载荷表示是保留下来的题项。

关系强度的头两个题项是工作关系的紧密程度和沟通的频率。虽然有些研究者常常用情感维度来操作化关系强度，本章考虑到组织情境，则使用了一个与工作相关意义的紧密度。在预测试反馈的基础上，在这两个题项的前面增加了如下一段说明，使用的是 7 分量表："如果在该项目你向这个人寻求信息/建议之前，从未与其有过任何联系，请选 7；否则，尽你所能回忆的内容回答下列两个问题。"为了提高信度，后来还在 A 部分调查中增加了关于互动频率的第三个题项。由于这三个题项使用的量表不同，在创建总体变量之前，对每一个题项都作了标准化。作为效度检验，分别针对沟通频率和互动频率两个未标准化的题项和两个标准化后的题项，对关系强度作了检验，结果都是一样的，Cronbach $\alpha > 0.80$。后一个分析是为了排除紧密度题项与信任可能有某种程度的重叠而做的，虽然如表 8 - 1 所示的因子分析表明并不存在重叠。

仁善信任包括 3 个题项，在该项目中向这个人寻求信息/建议之前：①我以为他/她总是会关注我的兴趣；②我以为他/她会想尽办法不让我受到损失或伤害；③我觉得他/她关心发生在我身上的事。能力信任包括 2 个题项，在该项目中向这个人寻求信息/建议之前：①我相信他/她在工作上很专业、很敬业；②鉴于他/她过去的成就，我没有理由怀疑这个人的胜任力和准备度。

对隐性知识的评估用了 3 个题项。为了测量能力信任与隐性知识的交互作用，将两个变量相乘，即能力信任 × 隐性知识。为了避免多重共线性问题，使用了两个变量的偏差分数，能力信任的初始均值 = 6.04，隐性知识的初始均值 = 4.04。这是一个保持每个变量的标准差不变的程序。由于两个信任维度有些偏态，所有的回归分析都是用的每个变量的对数转换，结果一致。

（3）控制变量

为了排除替代性解释，本章利用组织紧密度、物理邻近性和同一项目（任务依存性的一种形式），系统地控制了知识寻求者和知识源在正式组织结构中的相对位置。此外，人们认为哪个管理者越有权力，这个管理者就越会被信任。但是也有研究表明，有权力的行动者是不那么可信的，他们的行动可能更不道德。为了控制这个问题，本章加入了一个"层次等级"的变量，而且在量表中用"不可比"来代表缺失值。为了保证分析结果能够推广到层级之外的知识源，在不包含该控制变量，从而实际上是将"缺失值"纳入进去之后，重新作了回归分析，结果一致。

为了控制人们对类似人群的社会亲和力（同质性），在调查中问到了知识源和受访者是否相同性别。还要求受访者表明知识源是否与其年龄相当（正负 5 岁），或者更年轻还是更年长（超过 5 岁）。

最后，觉得自己已经掌握了大量知识的受访者可能不会觉得从其他人那里得到的知识是非常有用的，或者他们不会像新手那样觉得有必要信任那些知识源。为了控制这个问题，本章增加了一个"接受方专门知识"的变量，包括三个题项。

8.3.4 分析技术

本章采用的数据分析技术是多层线性模型（HLM）。该分析技术特别适合于自我中心网络研究，因为它对数据中固有的嵌套进行了解释。自我中心数据，每一个联系人（或"密友"）的特征，以及被调查者与联系人的关系，都嵌套在每一个受访者（或"自我"）之内。多层线性模型（HLM）的长处就是，它不依赖独立观察值假定，这是普通最小二乘法（OLS）的基石。虽然可以在普通最小二乘法（OLS）中使用虚拟变量，但会增加自由度的负担，而且也不能完全校正非独立性。

利用多层线性模型（HLM），首先估计了描述预测变量和结果变量之间关系的"第一层次"的参数。在这一较低的层次，利用关系（如相同性别）和密友（如感知的仁慈）的特征来预测结果变量：感知的有用知识接受。通过这一过程建立的参数就将受访者/网络"内部"变异模拟到类似于一个最小二乘法（OLS）回归分析。一旦拟合，"第一层次"模型中的截距和斜率估计值就成为"第二层次"分析的结果变量，在本书中就必须是受访者特征（如年龄、性别等）。"第二层次"公式建立的参数就模拟了受访者/网络"之间"变异，并能够为跨层次交互作用效果提供证明。

分析中，首先配置一个模型，用"第一层次"的预测变量（控制变量、关系强度等）去预测同一分析层次的结果变量（感知的有用知识接受）。在这个过程中，要求对缺失值作列表状态删除，利用所有预测变量的固定效应配置一个模型，然后允许预测变量随受访者而变化。首先，随机效应模型的单向方差分析（ANOVA）能够将结果变量中的方差区分为"内部"和"之间"的受访者成分。同类相关系数测量了受访者之间的方差比例，为11%，相对较低，表明本模型解释的方差大部分在于研究假设中的联系人和关系层面。剩余方差的卡方检验表明"第二层次"（受访者"之间"）确实存在显著的差异（$\chi^2 =$ 190.72，$p < 0.001$）；但是对受访者层面的控制变量（教育、年龄、性别、公司、项目参与状态、部门/公司/行业任职期）进行检验时，都不显著。在完整模型（方程式5）中，卡方检验显示，具有重要理论意义的预测变量的截距或斜率的方差都不充分。但是，由于本章使用多次线性模型（HLM）的主要原因是要解释观察值的缺乏独立性，所以用HLM作"第一层次"的分析。

为了检验稳健性和多重共线性，利用与每个受访者对应的虚拟变量，重新作了OLS回归分析，结果一致。在OLS回归分析对多重共线性的检验中，没有发现任何证据，预测变量的方差膨胀因子（VIF）都低于5，远低于10的标准界限。

8.4 研究结果

表8-2为均值、标准差和相关系数。表8-3和表8-4回归方程中所用变量的均值、标准差和简单相关性如表8-2所示。根据群内方差计算了χ^2值。

表 8-2 均值、标准差和相关系数

变量	均值	标准差	1	2	3	4	5	6	7	8	9	10	11	12	13
1 有用知识接受	5.29	1.09													
2 组织紧密度	3.52	1.31	0.04												
3 物理邻近	4.08	1.76	0.21**	0.46**											
4 同一项目	0.76	0.43	0.29**	0.04	0.14**										
5 层次等级	3.12	1.26	-0.05	0.02	0.01	-0.10									
6 相同性别	0.67	0.47	0.04	-0.14**	-0.05	0.02	-0.05								
7 年龄更小	0.27	0.44	0.14**	0.01	0.08	0.07	-0.35**	-0.03							
8 年龄更大	0.32	0.47	0.00	0.01	-0.03	-0.02	0.31**	0.02	-0.41**						
9 接受方专门知识	4.44	1.57	0.12	0.06	0.05	-0.06	0.01	-0.12*	0.03	-0.01					
10 隐性知识	0.00	1.67	-0.39**	0.13**	-0.04	-0.26**	0.25**	-0.06	-0.24**	0.11*	-0.07				
11 关系强度	0.00	0.91	0.28**	0.35**	0.38**	-0.02	0.09	-0.04	0.06	-0.04	0.31**	-0.04			
12 仁善信任	5.11	1.38	0.51**	0.14**	0.27**	-0.03	0.06	0.05	0.06	0.00	0.18**	-0.15**	0.57**		
13 能力信任	-0.01	1.10	0.49**	0.11*	0.21**	0.02	0.10*	0.02	0.12*	0.05	0.17**	-0.22**	0.41**	0.63**	
14 能力*隐性	-0.40	1.83	0.15**	0.00	0.03	-0.06	0.02	0.06	0.01	0.10*	-0.07	0.05	-0.01	0.17**	0.35**

注：$n = 400$，双侧检验；* $p < 0.05$；** $p < 0.01$。

表 8 – 3　　　　　　　　预测感知的有用知识接受的 HLM 回归结果

变量	方程式 1	方程式 2	方程式 3	方程式 4	方程式 5
截距	5.19 *** (0.06)	5.19 *** (0.05)	5.22 *** (0.04)	5.21 *** (0.04)	5.21 *** (0.04)
组织紧密度	0.02 (0.03)	-0.02 (0.02)	-0.00 (0.03)	0.00 (0.03)	0.00 (0.03)
物理邻近	0.10 *** (0.03)	0.08 ** (0.03)	0.05 ** (0.02)	0.06 ** (0.02)	0.07 ** (0.02)
同一项目	0.45 *** (0.11)	0.48 *** (0.11)	0.42 *** (0.08)	0.42 *** (0.08)	0.45 *** (0.08)
层次等级	0.05 (0.03)	0.04 (0.03)	0.01 (0.03)	0.01 (0.03)	0.01 (0.04)
相同性别	0.02 (0.07)	0.02 (0.07)	0.02 (0.06)	0.02 (0.06)	0.03 (0.06)
年龄更小	0.21 * (0.10)	0.20 * (0.10)	0.17 (0.09)	0.16 (0.09)	0.15 (0.09)
年龄更大	0.07 (0.08)	0.05 (0.08)	0.01 (0.07)	0.01 (0.07)	0.00 (0.07)
接受方专门知识	0.02 (0.04)	-0.01 (0.04)	-0.00 (0.03)	0.00 (0.03)	0.00 (0.03)
隐性知识	-0.23 *** (0.04)	-0.22 *** (0.03)	-0.16 *** (0.03)	-0.16 *** (0.03)	-0.16 *** (0.03)
关系强度		0.21 *** (0.05)		-0.08 ** (0.03)	-0.08 *** (0.02)
仁善信任			0.20 *** (0.04)	0.22 *** (0.04)	0.22 *** (0.04)
能力信任			0.23 *** (0.05)	0.23 *** (0.05)	0.22 *** (0.05)
能力 * 隐性					0.05 * (0.02)
R^2	0.56	0.57	0.69	0.70	0.71

注：$n = 400$，非标准化系数，括号中是标准误差。* $p < 0.05$；** $p < 0.01$；*** $p < 0.001$。

表 8 – 4　　　　　　　　　预测信任维度的 HLM 回归结果

变量	仁善信任		能力信任	
	方程式 6	方程式 7	方程式 8	方程式 9
截距	5.00 *** (0.08)	5.01 *** (0.07)	5.99 *** (0.06)	5.99 *** (0.06)
组织紧密度	0.14 ** (0.05)	-0.02 (0.04)	0.08 * (0.03)	-0.02 (0.04)
物理邻近	0.17 *** (0.03)	0.07 * (0.03)	0.10 *** (0.03)	0.06 * (0.02)
同一项目	0.06 (0.17)	0.06 (0.15)	-0.03 (0.14)	0.04 (0.12)
层次等级	0.07 (0.05)	0.05 (0.04)	0.07 (0.04)	0.05 (0.03)
相同性别	0.19 (0.11)	0.07 (0.10)	0.11 (0.10)	0.09 (0.10)
年龄更小	0.31 (0.16)	0.22 (0.13)	0.40 ** (0.13)	0.31 ** (0.12)
年龄更大	0.21 (0.14)	0.12 (0.1)	0.28 * (0.12)	0.24 * (0.11)
接受方专门知识	0.12 ** (0.05)	-0.02 (0.04)	0.07 (0.04)	0.00 (0.04)
隐性知识	-0.11 * (0.05)	-0.08 * (0.04)	-0.14 *** (0.04)	-0.11 *** (0.03)
关系强度		0.81 *** (0.08)		0.40 *** (0.06)
R^2	0.19	0.47	0.15	0.31

注：$n = 400$，非标准化系数，括号中是标准误差。* $p < 0.05$；** $p < 0.01$；*** $p < 0.001$。

假设 1：强关系

如假设 1 预测的一样，强关系对有用知识接受的总体效应（见表 8 - 3 方程式 2）确实为正且统计显著（p < 0.001）。另外单独作了一次分析，没有发现关系强度和隐性知识之间存在显著的交互作用效应，原因可能是本章的焦点在于每一种二元关系所获得的收益。

假设 2：信任的中介作用

为了证明仁善信任和能力信任对强关系和有用知识接受之间的联系有中介作用，必须满足四个条件。第一，关系强度必须独自对结果变量具有正向影响。结果见表 8 - 3 中的方程式 2，确实是如此。第二，关系强度必须对仁善信任和能力信任有正向影响。如表 8 - 4 中方程式 7 所示，关系强度的添加对仁善信任有显著的正向影响（p < 0.001）；从表 8 - 4 中方程式 9 可见，关系强度的添加对能力信任也有显著的正向影响（p < 0.001）。第三，仁善信任和能力信任必须对结果变量具有正向影响。如表 8 - 3 方程式 3 所示，仁善信任（p < 0.001）和能力信任（p < 0.001）都对结果变量有显著的正向影响。第四，一旦控制了两个信任维度对结果变量的正向影响，关系强度对结果变量的正效应必然消失。从表 8 - 3 方程式 4 可见，两个信任维度对有用知识接受都具有显著的正效应，且在关系强度的影响之上。方程式 4 和方程式 5 中关系强度的回归系数为负，表明一旦控制了两个信任维度，强关系的正效应就消失了。虽然关系强度仍然是统计显著的，但是其符号变成了负（见假设 3）。所以，有理由认为信任是强关系的中介因素。

回归结果有效地通过了所有四个中介检验，所以可以说，强关系对有用知识接受的正向影响，是因为强关系往往与仁善信任和能力信任紧密相关。因此，如假设 2a 和假设 2b 所预测的一样，强关系与有用知识接受之间的联系受到仁善信任和能力信任的介导。

假设 3：弱关系（控制信任）

正如假设 3 所预测的，如果控制信任，强关系对有用知识接受的直接效应小于弱关系。即从强关系的总体效应（控制信任之前）向弱关系效应（控制信任之后）的"切换"。虽然得自强关系的知识仍然对项目结果作出积极的贡献，即如果在方程式 4 加入相应的分值，其结果高于 7 分量表中的中位点（4 分），但是得自弱关系的知识作出的贡献更为积极。鉴于方差膨胀因子（VIF）低，所以这种结果的原因似乎是因为抑制效应，而不是多重共线性问题。此外，多重共线性导致回归系数不稳定和非常大的标准误差，而这些在方程式 3 ~ 5 中都没有发现。

假设 4：作为权变因素的知识类型

如假设 4 所料，能力信任和隐性知识存在交互作用效果（p = 0.015）。在方程式 5 中插入一个高的（大于均值的标准差）和低的（小于均值的标准差）隐性知识值，就能够看到这种交互作用效果的独特性质。控制方程式 5 中的其他变量，能力信任对高隐性知识的知识转移具有重大影响（斜率 = 0.31）。而对于显性知识的知识转移，能力信任没有如此重大的影响（斜率 = 0.13）。因此，知识转移涉及的隐性知识越多，接受方对知识源的能力信任越重要。而当知识转移只涉及文件完备的信息时，能力信任就没有那么重要了。

替代性解释的排除

为了排除其他替代性解释：中介强关系和有用知识接受之间联系的是友谊而不是信任，在方程式 3 ~ 5 中增加了一个"友谊"的测度（表 8 - 3 中未列出）。由于"朋友"一词有歧义，可能会被人们用来指称许多"非亲戚的其他人"，所以本章试图用两个题项将"友谊"操作化为"与工作无关的互动"（Cronbach α = 0.62）。不管有没有"友谊"这个变量，表 8 - 3 方程式 3 ~ 5 的回归结果都没有改变。因此，本章中的"信任"并非只是非工作友谊的代理变量。

格兰诺维特（Granovetter, 1983：113）曾经指出："强关系提供帮助的动机更强，也更容易获得。"因此，为了排除替代性解释：中介强关系和有效知识转移之间联系的是知识源的开放意愿和可得性而不是信任，我们在方程式 3 ~ 5 中增加了一个"开放性"和"可得性"的测度（表 8 - 3 中未列出）。每个变量各自包含 3 个题项（Cronbach α > 0.8）。在方程式 3 ~ 5 中加入这两个变量之后，本模型中变量的统计显著性没有变化。总体上，虽然开放性是显著的但其影响比信任小很多，而可得性从来就没有统计显著过。因此，虽然知识源的开放性可能具有小部分的影响，但也没有降低仁善信任和能力信任在有用知识接受中发挥的主导作用。

8.5 本章小结

本章的研究是一个整合了结构、关系和知识维度的知识转移综合研究的初步尝试。作为这种努力的一部分，对双边信任作为强关系知识转移利益背后的关键机制进行了评估。虽然在以往的研究中，信任已经被证明与有效的知识转移相关联，但是不管是作为一个多维度的概念（仁善信任和能力信任），还是从微观（人际）层面上，具体探讨其作为强关系和有用知识接受之间中介因素的研究还不多。本章的研究对知识转移模型提供了实证支持，有三个重要的发现。第一，证明了仁善信任和能力信任对强关系和有用知识接受之间的联系具有中介作用。第二，一旦控制这两个信任维度，则揭开了弱关系对有用知识接受的效益。这个发现与格兰诺维特（Granovetter，1973）认为弱关系提供了接触非冗余信息的途径的观点是一致的。第三，证明了虽然仁善信任改善了隐性知识和显性知识二者的知识交换有用性，但是对于隐性知识交换而言，能力信任尤其重要。

值得注意的是，即使在控制了个体属性、同质性、知识相关因素以及正式组织中的相对位置之后，本章研究的三个主要发现仍然成立。本章的研究可以在三个不同省区的企业中复制研究结果，增强了研究的外部效度。最后，对于可能的替代性解释，以及分析中对一些关键变量的不同操作化方式，这些研究结果仍然是稳健的。

当然，本章的研究不可避免地存在着一些局限。首先，我们选择以双边信任为焦点，试图更深入细致地了解它在知识转移中的作用。但是，毫无疑问，信任的文化要素影响了双方的相互作用。例如，埃德蒙森（Edmondson，1999）早已证明"心理安全"是一个与学习相关的群体层面构念。本章研究没有发现样本中不同企业存在显著差异性。不过，本章既没有从理论的观点，也没有从实证的角度，去考虑集体层面的信任与双边信任可能发生关联的方式。希望将来的研究能够探讨这个问题。其次，本次研究的受访者必须能够准确地报告对过去某种关系的感知。为了降低回忆偏差，在调查中要求受访者在回答问题时"尽可能地回忆"，不管是否与这个人以前有过关系。虽然不能完全排除替代性解释，如知识转移本身引致更多的信任，从而受访者在调查中报告的是知识转移后的信任水平，但是我们还是采取了若干措施来降低这种可能性。例如，在调查问卷提出的问题前面，加了"在本项目向这个人寻求信息/建议之前"等措辞，不断提醒受访者报告他们在知识转移之前的想法和感受。此外，要求受访者选择当前正在进行或最近（过去3个月内）完成的项目，也是希望以此来降低回忆的难度，结果样本中大多数选择的目前正在进行的项目（77%），选择过去 3 个月内刚刚完成的项目只有 23%。

　　本章的研究对社会资本和知识/组织学习研究都有理论贡献。就社会资本而言，本章提出了一个概念模型（见图 8-2）并进行了检验，有助于整合有关强弱关系效益多样性、甚至相互矛盾的研究结果。本模型还对阿德勒和昆（Adler and Kwon，2002）对社会资本三种分类的描述——机会、动机和才能——进行了精练，在本章中分别采用"关系""仁慈"和"能力"与之对应，证明了这些概念之间的相互联系，而不是将它们作孤立的处理。提出并经验证明了一个理论机制，即仁善信任和能力信任是强关系产生有用知识接受的使能因素。而且还支持了一种关系的特征（如信任）与该关系单纯的存在或强度是截然不同的。关系和结构这两个网络视角的整合将产生更多的受益。例如，我们在控制信任维度之后，发现了弱关系在知识转移中被隐藏的益处，在没有将信任作为与关系强度分开的概念来考虑时，这些益处一直被忽略。因此，我们也希望以后的研究更多地重视信任以及其他的关系特征，以补充结构分析。

　　在知识转移和组织学习方面，本章的研究对双边信任两个独特的维度及其对显性知识和隐性知识转移的效应，提供了更深入细致的理解。也证明了关系因素，如能力信任，与传统的知识因素，如隐性知识，如何能够相互作用。研究结果表明，有必要更好地去理解关系因素，如信任，如何使得组织的社会结构在知识转移中有更高（或更低）的效率。

　　最后，本章的研究对实践者也有启发借鉴意义。随着社会资本概念的普及，管理实践者对网络和信任在组织背景下的作用越来越感兴趣。本章主要提供了两个有助于管理实践者的洞察。第一，本章的研究证明，仁善信任在知识转移中一贯地非常重要，而当知识交换涉及隐性知识时，能力信任最重要。了解到这一点，能够帮助主管们找准切入点，加大对旨在提高信任的干预设计，组织更可能得到回报。第二，本章的研究结果表明，个体和组织都能从发展被信任的弱关系中受益，而不仅仅是强关系。弱关系的维护成本更低，因此弱关系加信任的效益将尤其远大。作为一种更便宜而又切实可行的促进有用知识转移的方法，管理实践者致力于提高信任的措施，会取得丰硕的成果。

第 9 章

社会资本和知识特征对跨区域
知识转移地理效应的调节作用

企业技术创新既可能源于知识创造，也可能源于知识重组，知识是创新的基础，而从外部获取知识是企业持续创新至关重要的因素，知识的流动是创新的源头活水。后发地区企业技术创新能力的发展是一个学习、吸收、赶超的过程，尤其需要外部知识的流入，特别是先进地区的知识跨越地理边界向后发地区的转移。本章旨在进一步讨论地理因素对知识转移的影响，并考察知识流动的特征——知识源、知识本身和知识接受者三个方面的特征——是如何强化或者减弱地理关系效应的。

实证研究发现，跨地理边界的知识流动更加缓慢，不管是跨国家边界的还是跨区域边界的，因为知识的溢出倾向于在地理边界内部的本地化。本章考察了我国生物技术企业对国内和国际专利的引用情况，以确定是否以及什么时候企业间的知识会跨越区域和国家的边界而流动起来。本章假定知识的流动由于受到地理边界的影响而变得缓慢，并回答两个相关的问题：①跨越地理边界而流动的知识本身有什么特别的特征吗？②对吸收能力可能有互补作用的企业和企业间层面的条件会影响跨地理边界的知识流动吗？

通过本章的研究发现，在生物技术产业，地理的边界和界限确实影响了知识的流动。但是，本章的研究结果也表明，关于知识流动与相隔距离负相关这一虽然被广泛接受但确实过于简单化的观点，并不是一个准确的经验刻画。事实上，本章的研究结果显示，在某些情况下，地理邻近性并不重要，而在另一些情况下，地理邻近性具有与人们的假定相反的明显的非线性效应。因此，本章内容为有关地理因素与知识流动之间关系的探讨提供了一个新的有意思的起点，也为后发地区学习、吸收先进地区的知识提供了启示。

9.1 模型的建立

9.1.1 知识本地化与知识流动

企业战略管理理论一直强调技术邻近性或者地理邻近性对于企业有效获取其他企业所拥有的知识的重要性。企业的吸收能力或者说企业"识别,吸收和……应用"外部环境中的知识的能力取决于技术上的接近性(Cohen and Levinthal,1990)。地理位置上的接近也促进了对知识的吸收。格莱泽等(Glaeser et al.,1992:1127)曾经这样写道,"穿街过巷的知识突破肯定比穿洋过海的知识突破更为容易"。从理论上说,这种见解得到了本地搜索和知识本地化等概念的支持,这些概念意味着企业总是倾向于在其地理或者技术的邻近区域内部去寻找新的知识。这种思想在区域层面和国家层面上都已经得到了应用。前者如斯托博(Storper,1995),强调非贸易相互依赖性是区域集群的根本特征;后者如科格特(Kogut,1991)指出,国家内部的知识传播速度比跨国界的知识传播速度要快得多。

不管是在国家还是区域内部,知识似乎总是有粘性的。尽管知识往往表现出原产地粘性的特征,但是一个确定无疑的事实是,知识也总在跨区域和国家边界之间扩散,不管是有意地还是无意地。从有关实证研究的文献来说,杰夫等(Jaffe et al.,1993)证明,专利引用最多的是来自同一个大都市统计区,其可能性是控制组的2~6倍;其次是来自同一个州,其可能性是控制组的2倍;最后是来自同一个国家,其可能性是控制组的1.12倍。因此,虽然知识可以跨边界流动,但是随着距离增加,其流动的速度更慢。

本章以专利引用可能性为度量,比较了三个层面——区域内部、区域之间——国家之间的知识流动,以考察限制和增强区域和国家之间知识扩散的因素。以前的研究表明,双方知识扩散的情形可以从知识流动的特征,即知识源的状况、知识本身特性和学习方组织的准备情况等方面得到解释(Hamel,1991;Gupta and Govindarajan,2000)。因此,本章考虑了这些因素体现在技术相似性和公认价值(知识特征)、源头企业的创新性(知识源的状况)以及企业间以前的联系(学习方组织的准备情况)等方面的效应。

本章假定，邻近性影响接受方企业评价知识特征和知识来源状况以及发展与知识源头企业联系的能力。例如，如果接受方企业和知识源头企业同处于一个区域（省、市）内，那么就能够更准确地对知识的价值和源头企业的创新性进行评价，也能更好地发展与源头企业之间的联系。因此，它就能比处于不同区域的企业更好地利用那些技术上不相似的知识，如果与处于不同国家的企业相比，其优势就更加明显。因此，本章预期这些特征对于区域内部、跨区域边界和跨国家边界的知识流动的效应是显性的。

（1）技术相似性

同一区域内部知识溢出产生的机制有多种：专业组织、非正式社会关系、共享的实验室技术人员和科学家、受同一所核心高校的影响、信息市场交换、依附于同一个大型企业、正式联盟、各种形式的"秘密知识共享"、正式的学习与经济交易等。区域内部学习和思想理念的交流将导致区域内企业间吸收能力的提高。因此，区域内部的知识流动在某种程度上并不在乎某些特定的技术约束。

在国家边界内也可以形成类似的共识，尽管程度更小一些，因为国家也会形成独特的创新系统。区域和国家之间的知识流动不能依赖创新社群的存在，尤其是那些由社会互动机制驱动的非正式、面对面的创新社群的存在。因此，一般来说，对来自区域外部企业的知识的吸收能力比对来自区域内部企业的知识的吸收能力更低，如果是来自国家外部的企业的知识，其吸收能力就更低。但是，技术相似性将提高知识的透明度，增强跨区域或者国家边界的知识整合的容易程度。

假设1：技术相似性提高了知识流动的可能性。

假设1A：与区域内部的知识流动相比较，技术相似性提高了同一国家内部不同企业之间知识流动的可能性。

假设1B：与同一国家不同企业之间的知识流动相比较，技术相似性提高了不同国家之间知识流动的可能性。

假设1C：与区域内部的知识流动相比较，技术相似性提高了不同国家之间知识流动的可能性。

（2）公认价值

当一个企业在寻求外部知识的时候，它可能会对公众估计价值较高的知识表现出更大的兴趣，尤其是在寻求知识的企业是来自本区域之外、对有关知识的直接的、私有信息掌握得较少的情况下。此外，与区域内部的知识流动成本相比，区域和国家之间知识流动的相关成本可能要更高，因为这样的知识流动需要克服由于共享知识的缺乏以及直接的物理距离而造成的吸收能力的降低。所以，只有当从知识中获取的利益超过其成本时，企业从其他的区域或者其他的国家获取知识才是恰当的。这样，被普遍公认为具有极高价值的知识就为企业克服知识本地化效应提供了强有力的激励。而且，被高度评价、广泛追求的知识也会引起各种不同渠道的注意，如出版社、国际学术研讨会等，因此也更容易被处于更远距离的潜在用户发现。相反，在地理上和关系上更为亲密的企业更容易共享公认价值更低的知识，因为这种知识的转移成本更低，原因是它们享有关于这些知识的实际价值的内部信息。

假设2：公认价值高的知识增加了知识流动的可能性。

假设2A：与区域内部的知识流动相比，公认价值高的知识增加了同一国家不同企业之间知识流动的可能性。

假设2B：与同一国家不同企业之间的知识流动相比，公认价值高的知识增加了不同国家之间知识流动的可能性。

假设2C：与区域内部的知识流动相比，公认价值高的知识增加了不同国家之间知识流动的可能性。

（3）源头企业的创新性

知识源头企业的创新能力是其知识成果潜在有用性的表征或者信号，它能提高知识寻求方企业的学习意图，尤其是那些处于区域边界之外、与知识源头没有或很少有直接的非正式联系的企业。对每一件技术知识进行评估似乎不是一种可行的选择，因为该知识对于潜在用户的价值可能存在相当大的不确定性。企业的创新能力是企业地位及其知识质量的重要信号。虽然所有的企业都会考虑这个信号，但是对于那些处于其他区域和其他国家的企业来说，这个信号显得尤其重要。相反，处于区域内部的企业由于企业员工之间潜在的个人和社会关系，能够接触到更多的信号，包括企业创新能力层面的信号，这使得对于区域内部的知识源头企业的能力有更多的定性评估的方法（Saxenian，1990）。但是，这些个人关系不大可能覆盖区域或者国家的边界之外，虽然在某些情况下也许存在，这样就导致了对于知识价值的评估存在更大的不确定性。因此，一个区域或者一个国家之外的企业更可能以知识源头企业的创新性为基础来确定知识是否有用。

假设3：知识源头企业的创新性增加了知识流动的可能性。

假设3A：与区域内部的知识流动相比，知识源头企业的创新性增加了同一国家不同企业之间知识流动的可能性。

假设3B：与同一国家不同企业之间的知识流动相比，知识源头企业的创新性增加了不同国家之间知识流动的可能性。

假设3C：与区域内部的知识流动相比，知识源头企业的创新性增加了不同国家之间知识流动的可能性。

9.1.2 企业层面已有的知识流动水平

为了减轻来自其他企业的知识在可得性及其价值方面的不确定性，增加企业内部对于这种知识的可接受程度，企业在获取外部知识的时候，可能会依赖那些它们以前曾经获取过知识的源头企业。一个企业对于另一个企业的知识的吸收能力受到两方面因素的影响，一是所涉及知识的类型，二是企业流程和企业能力方面的相似性（Lane and Lubatkin，1998）。一个企业以前从另一个企业获取的知识可能已经融入其内部的知识存量之中，从而增加了两个企业之间的共同知识基础，与"陌生企业"相比，它们对于彼此知识的吸收能力更强。与此同时，与熟悉的合作伙伴相比，不熟悉的合作伙伴的知识获取与整合的成本可能会更高。如果企业以前与其他有可能成为潜在知识源的企业不曾有过知识的流入或者流出，那么对企业所要知识的搜寻与识别成本以及与之相关的风险和不确定性就可能更高。如果知识源超越了区域和国家的边界，那么这些成本和风险可能还会增加。

假设4：企业之间以前的知识流动增加了知识流动的可能性。

假设4A：与区域内部的知识流动相比，企业之间以前的知识流动增加了同一国家不同企业之间知识流动的可能性。

假设4B：与同一国家不同企业之间的知识流动相比，企业之间以前的知识流动增加了不同国家之间知识流动的可能性。

假设4C：与区域内部的知识流动相比，企业之间以前的知识流动增加了不同国家之间知识流动的可能性。

9.2 数据收集与研究方法

9.2.1 研究背景

本章的研究选择生物技术产业作为研究背景，并利用专利数据来追溯知识的流动情况。

以基因工程、细胞工程、酶工程、发酵工程和蛋白质工程为代表的生物技术近20年来发展迅猛，并日益影响和改变人们的生活和生产方式（夏太寿等，2016）。我国的生物技术产业属于典型的后发赶超型产业，虽然起步晚，但发展迅猛，近20年来我国现代生物技术研究一直紧跟世界先进水平，该技术已成为21世纪我国最具发展前景的高科技产业（潘海英等，2011）。国家将其列为七大战略性新兴产业之一，近年来一直保持20%以上的增速（王健聪，2014）。

在生物技术产业中，专利权的取得非常重要，是该领域技术和产业发展的重要指标（Shan and Song，1997；郭柯磊等，2011）。通过查询国家知识产权局（ISPO）数据库可知，2006年以来，我国生物技术领域专利申请数量逐年攀升，专利授权数量在2014年有所下降，但总体呈连续上升趋势（见表9-1）。

表9-1　　　　2006～2015年中国生物技术领域专利申请与授权情况　　　单位：项

项目	2006年	2007年	2008年	2009年	2010年	2011年	2012年	2013年	2014年	2015年
专利申请数量	3995	4645	6095	6728	8830	11104	13754	15267	17441	22193
专利授予数量	1868	2125	2188	2439	3733	5621	8536	10483	10006	10394

资料来源：国家知识产权局（SIPO）数据库。

我国在生物技术领域对全球的贡献和影响也越来越大。中国的专利申请/授权数量全球占比分别从2006年的6.57%和5.43%，逐步攀升至2015年的25.46%和21.28%（见表9-2）。

表 9 - 2 　　　2006～2015 年中国生物技术领域申请/授权专利全球占比情况　　单位:%

项目	2006 年	2007 年	2008 年	2009 年	2010 年	2011 年	2012 年	2013 年	2014 年	2015 年
申请专利占比	6.57	7.30	9.37	9.62	12.38	14.78	18.30	20.41	21.79	25.46
授权专利占比	5.43	6.18	6.23	6.73	9.42	13.35	19.68	22.89	21.04	21.28

资料来源:国家知识产权局(SIPO)数据库。

2015 年,全球生物技术专利申请数量和授权数量位居前 5 名的国家分别是美国、中国、日本、韩国和德国。同时这 5 个国家在 2006～2015 年以及 2011～2015 年的排名中也均位居前 5 位。自 2010 年以来,中国的专利申请数量维持在全球第 2 位;自 2011 年以来,中国的专利授权数量也牢牢占据全球第 2 的位置(见表 9 - 3)。

表 9 - 3 　　　　　　全球生物技术专利申请/授权数量国家排名 Top 10

排名	2006～2015 年专利申请情况		2006～2015 年专利授权情况		2011～2015 年专利申请情况		2011～2015 年专利授权情况		2015 年专利申请情况		2015 年专利授权情况	
1	美国	294893	美国	152518	美国	150791	美国	81912	美国	31451	美国	17986
2	中国	110125	中国	57430	中国	79817	中国	45062	中国	22206	中国	10403
3	日本	71638	日本	46711	日本	32517	日本	24486	日本	6715	日本	4615
4	德国	36801	德国	24890	韩国	18637	韩国	12237	韩国	4249	韩国	2617
5	韩国	29101	韩国	19320	德国	16723	德国	10581	德国	3073	德国	2155
6	英国	24687	英国	15593	法国	11755	英国	7129	英国	2306	法国	1455
7	法国	23027	法国	14976	英国	11357	法国	6984	法国	2303	英国	1421
8	澳大利亚	13897	俄罗斯	8249	澳大利亚	7726	澳大利亚	3835	澳大利亚	1471	澳大利亚	930
9	加拿大	13297	加拿大	7369	加拿大	6043	俄罗斯	3738	加拿大	1055	俄罗斯	809
10	丹麦	9682	澳大利亚	6989	荷兰	4622	加拿大	3331	荷兰	845	加拿大	639

资料来源:国家知识产权局(SIPO)数据库。

专利和专利引用数据已被广泛地应用于技术创新和技术搜索研究(Fleming and Sorenson,2004;Stuart,2000)。尤其是在现代生物技术领域,专利构成了技术变迁的可靠指标,因为在国际上该领域所有里程碑式的创新都已获得专利。从表 9 - 1、表 9 - 2 和表 9 - 3 也可以看出,中国在该领域的专利申请和专利授予取得了非常可喜的成绩。

专利文件提供了创新产生的企业（专利权人）、创新发生的地点（发明人所在地点）、技术类别、创新发生的时间（专利申请日期）等方面的信息。利用目前我国采用的国际专利分类号，可以采集到现代生物技术专利申请和引用的相关数据。通过考察专利引用数据可以追踪知识的流动情况。本章通过统一而严格的程序制定了每一项专利的引用清单——法律要求专利申请人在其专利申请中列出所引用的任何和所有以前的相关专利（代表当前专利所基于的现有知识基础）。

IPC 分类体系对专利的分类采用了由高至低依次排列的等级式结构。它将专利分为从 A 到 H 的八个部，每个部设有分部、大类、小类，主组和小组。生物技术领域涉及专利分类号包括：A01H1/00、A01H4/00、A61K38/00、A61K39/00、A61K48/00、C02F3/34、C07G（11/00，13/00，15/00）、C07K（4/00，14/00，16/00，17/00，19/00）、C12M、C12N、C12P、C12Q、C12S、G01N27/327、G01N33/（53*，54*，55*，57*，68，74，76，78，88，92）（许露等，2016）。

本章所用专利数据来源于国家知识产权局（SIPO）专利数据库，检索时间范围为 2006～2015 年。本章所指现代生物技术主要包括基因工程、细胞工程、酶工程、发酵工程和蛋白质工程五大技术。专利权人为以盈利为目的的企业。根据阿尔梅达和费尼（Almeida and Phene，2004）所报告的引用趋势，大多数专利通常在申请日期起 6 年内被引用。本章增加两年，在专利申请日期的 8 年内对引文进行编码，以获得一个比较全面的引用列表。自我引用不包括在本章的样本中——自我引用指的是原始专利和引用专利的受让人是同一企业，所以所有的引用都反映了跨越企业边界的知识流动。再去除一些检索噪声和与研究主题不相关或意义不明显的检索结果，这样得到 2528 份专利的样本。分析单位是引用专利。

9.2.2　变量操作

（1）区域界定

产业会在国家、区域和集群层面上积聚。但是，动态外部性似乎在城市工业环境下更为旺盛，因为在这种环境下，行为主体的邻近性使得信息、知识和学习的交换与共享更为容易。在杰夫等（Jaffe et al. , 1993）关于知识溢出本地化的研究中，他们以大都市统计区（Metropolitan Statistical Area，MSA）来代表城市工业环境，但那是在美国的情境下。在中国的情境下，从数据可得性和研究方便考虑，本章以省（直辖市）来代表区域，跨省（直辖市）的专利引用则为知识跨区域流动，引用源自国外的专利则自然被归类为跨国家流动。

（2）因变量

比较原始专利和引用专利的发明者所在地点（以专利上第一个发明者的所在地为准），将知识流动分为区域内的知识流动、区域间的知识流动和国家间的知识流动三类。

①区域内专利引用。二元变量，如果原始专利和引用专利的发明者所在地点是在同一个省（直辖市），表明是区域内部的知识流动，记为1，否则记为0。

②区域间专利引用。二元变量，如果原始专利和引用专利的发明者所在地点分别处于不同的省（直辖市），表示是区域间的知识流动，记为1，否则记为0。

③国家间专利引用。二元变量，如果引用专利的发明者所在国家是外国，表示是国家间的知识流动，记为1，否则记为0。

（3）自变量

自变量反映的是被转移知识的特征，以及参与知识转移的企业的特征。

①技术相似性。该变量反映的是原始专利和引用专利所属技术类别之间的相似性。如果原始专利和引用专利属于同一技术类别，那么该变量赋值为1，否则为0。

②知识的公认价值。该变量代表原始专利对其所在产业的公共价值，以截止某个特定引用专利申请日期之前该原始专利被引用的总数（不包括自我引用）来反映。利用专利引用数来测度一项创新的商业技术重要性是很常用的做法。

③知识源头企业的创新性。原始专利的专利权人在2006～2015年申请的生物技术专利数量。一直以来，专利数据都被用来测度各种不同的高技术产业中的企业技术能力。

④企业以前的知识流动。该变量反映的是参与知识转移的企业彼此之间以前的知识交流次数。利用引用企业在引用专利申请日期之前两年内对同一个知

识源头企业的引用总数来测度它们以前的知识流动情况。对同一个原始专利的引用不在考虑之列。作为对企业和区域知识流动的测度，用对 2015 年生物技术专利存量的先前引用数量来计算先前引用。

（4）控制变量

本章对可能影响知识流动的其他变量的效应进行了控制。

①技术子类别匹配。如果原始专利和引用专利的第一技术子类别是相同的，那么该变量取值为 1，否则为 0。

②以前的区域/国家知识流动。在不包括焦点双方在内的引用专利申请日期之前两年时间内，原始专利和引用专利区域/国家（在国际知识流动的情况下是国家）之间以前的引用总数。

③技术类别虚拟变量。

④知识源头区域虚拟变量。

所有变量的概要统计如表 9 - 4 所示。

表 9 - 4　　　　　　　　变量均值、标准差与相互关系

变　量	Mean	S. D.	1	2	3	4	5	6	7	8	9
因变量											
1. 跨 地 理 边 界 的引用	1. 20	0. 61	1. 00								
2. 区域内的引用	0. 10	0. 31	- 0. 67	1. 00							
3. 区域间的引用	0. 59	0. 49	- 0. 40	- 0. 41	1. 00						
4. 国家间的引用	0. 31	0. 46	0. 87	- 0. 23	- 0. 80	1. 00					
自变量											
5. 技术相似性	0. 55	0. 50	0. 08	- 0. 03	- 0. 06	0. 08	1. 00				
6. 公认价值	13. 06	9. 66	- 0. 19	0. 15	0. 04	- 0. 15	- 0. 13	1. 00			
7. 源头企业的创新性	37. 38	30. 62	0. 13	- 0. 08	- 0. 06	0. 12	0. 14	- 0. 18	1. 00		
8. 企业以前的知识流动	2. 61	4. 81	- 0. 15	0. 09	0. 06	- 0. 13	0. 04	0. 41	0. 08	1. 00	
9. 区域/国家以前的知识流动	7. 88	10. 79	- 0. 35	0. 47	- 0. 15	- 0. 15	0. 02	0. 28	0. 03	0. 43	1. 00
10. 技术子类别匹配	0. 12	0. 32	0. 02	- 0. 01	- 0. 02	0. 03	0. 33	- 0. 05	- 0. 03	- 0. 01	- 0. 01

变　量	Mean	S.D.	1	2	3	4	5	6	7	8	9
子群均值			区域内引用		区域间引用			国家间引用			
技术相似性			0.50		0.53			0.61			
公认价值			17.41		13.41			10.91			
源头企业的创新性			30.38		35.84			42.77			
企业以前的知识流动			3.97		2.86			1.65			
区域/国家以前的知识流动			27.68		14.52			5.44			
技术子类别匹配			0.11		0.11			0.13			
N			263		1493			772			

9.2.3　研究方法

本章对三个子样本进行了双变量罗吉斯蒂回归分析，每个子样本都包括两类知识流动。子样本 1 （Model 2A） 比较了区域间的专利引用与区域内的专利引用 （假设 A：n1 = 1756）。子样本 2 （Model 2B） 比较了国家间的专利引用与区域间的专利引用 （假设 B：n2 = 2265）。子样本 3 比较了国家间的专利引用与区域内的专利引用 （假设 C：n3 = 1035）。

本章另外还创建了一个因变量，即跨地理边界的专利引用，对区域内的引用取 0 值，区域间的引用取 1，国家间的引用取 2。然后用这个因变量对整个样本 （n = 2，528） 进行有序多项式罗吉斯蒂回归。有序多项式罗吉斯蒂回归让我们可以将区域间和国家间的知识流动与区域内的单一基本群组进行比较，从而可以识别假定的线性效应。然而，在不是线性效果的情况下，例如，如果只有假设 2A （相比于区域内，区域间知识流动的公认价值增加了） 得到支持，而假设 2B 和 2C 没有得到支持，则多项式回归对企业创新能力的效应没有意义。本章的研究结果表明，只有源企业的创新能力 （假设 3A ~ 3C） 才有一致积极且显著的效应。其他自变量要么不显著，要么最低限度显著 （p = 0.1），表明二项式回归能够提供更好的解释。

9.3　研究结果

　　研究结果如表 9 - 5 所示。与区域内相比，技术相似性没有增加区域之间专利引用的可能性（假设 1A），也没有增加国家之间专利引用的可能性（假设 1C）。技术相似性对于国家间专利引用的影响明显高于对区域间专利引用的影响，所以假设 1B 得到了支持。相比于区域间的专利引用，国际专利引用更多地发生在生物技术的同一个界别分组之中。国家科技制度方面的差异可能降低了外国企业将相关关系更远的生物技术与自身的需要联系起来的能力。在模型 2A 中，原始专利的公认知识价值不显著，所以假设 2A 没有得到支持。在模型 2B 和 2C 中，该变量的跨国效应显著且为负，与假设 2B 和假设 2C 的预测相反。与区域间和区域内的知识流动相比，国际专利引用更少强调专利的公认价值。因为是从以前的引用数来推断专利的公认价值，并且对专利公认价值的测度主要是基于国内企业的评价，是属于区域内部和区域之间的，这可能是造成这个结果的主要原因。另外，国家技术体制方面的差异可能导致一个外国企业和一个国内企业对同一项专利实际效用的评价不同。

表 9 - 5　　　　　　　　　　子样本比较的罗吉斯蒂回归分析结果

样　本	子样本 1	子样本 2	子样本 3
	区域之内与区域之间 Model 2A	区域之间与国家之间 Model 2B	国家之间与区域之内 Model 2C
因变量	区域间专利引用与基本组"区域内专利引用"比较	国家间专利引用与基本组"区域间专利引用"比较	国家间专利引用与基本组"区域内专利引用"比较
自变量			
技术相似性	- 0. 33（0. 21）　H1A	0. 33 ** （0. 10）　H1B	- 0. 05（0. 24）　H1C
公认价值	0. 0001（0. 01）　H2A	- 0. 01 * （0. 006）　H2B	- 0. 03 * （0. 01）　H2C
源头企业的创新性	0. 01 ** （0. 004）　H3A	0. 007 ** （0. 002）　H3B	0. 009 + （0. 005）　H3C
企业以前的知识流	0. 04（0. 03）　H4A	- 0. 08 *** （0. 02）　H4B	0. 01（0. 04）　H4C
控制变量			

续表

样　本	子样本 1 区域之内与区域之间 Model 2A	子样本 2 区域之间与国家之间 Model 2B	子样本 3 国家之间与区域之内 Model 2C
区域/国家以前的 知识流动	-0.12*** (0.009)	0.005 (0.007)	-0.12*** (0.01)
技术子类别匹配	0.07 (0.30)	0.007 (0.15)	0.04 (0.32)
Wald χ^2	596.36	163.48	524.53
ρ 值	0.0000	0.0000	0.0000
N	1756	2265	1035

注：所有的模型都包括了区域和技术类别虚拟变量。括号内的数字是标准差。$^+$ p < 0.10；* p < 0.05；** p < 0.01；*** p < 0.001。

此外，本章还对公认价值做了一个事后检验，将总先前引用分为国内先前引用（国内价值）和国际先前引用（国际价值）。总公认价值、国内价值和国际价值的方法揭示了有意思的差异性。区域内知识流动的总公认价值最高，跨区域知识流动次之，跨国家知识流动最低（见表 9-4）。虽然国内价值也反映了这一趋势（均值分别为 15.87、11.59 和 5.61），但国际价值则相反（均值分别为 1.54、1.81 和 5.28），这表明国内外公司对价值的评估是不同的。

知识源头企业的创新性越高，与区域内相比，区域间知识流动的可能性越高（假设 3A）；与区域间相比，国家间知识流动的可能性越高（假设 3B）；与区域内相比，国家间知识流动的可能性越高（假设 3C）。假设 3A 和假设 3B 得到了显著的支持，但是假设 3C 只有最低限度的显著性。这表明，如果有关位于另外一个区域或者国家的知识源头企业的直接知识有限，以及与它的社会互动有限，那么关于该知识源头企业创新性的公共指标的价值就高，从而支持了所提出的假设。关于企业以前知识流动的作用的假设没有得到支持。模型 2A 和 2C 中的结果不显著；在模型 2B 中，企业以前的知识流动对于区域间知识流动的影响要比对于国家间知识流动的影响更为显著，与假设 4B 的预测相反。

9.4　本章小结

关于知识流动的研究已经表明，知识的溢出往往受地理边界的约束。但是，杰夫等（Jaffe et al.，1993：577）提出，根本的问题在于是"……邻近的企业甚至同一国家内的企业有任何的优势，还是说知识溢出可以扩散到全球任何企业都可及的以太空间"？关于资源跨区域流动的研究还非常有限。本章为跨区域和国家边界的知识转移差别过程提供了一些见解。本章的研究结果表明，除了知识源头企业的创新性之外，地理因素对于知识流动的影响都是非线性的。知识源头企业创新性的线性效应表明，在地理不邻近的情况下，源头企业在创新方面的显性竞争力是对知识进行识别和详细评估的重要替代因素。当直接关系缺失的时候，从一个得到公认的源头寻求技术代表了一种知识外求的低风险方式。可以说，没有什么比创新能力的声誉对一个企业的知识基础更有吸引力的了，不管是在区域之间还是国家之间。

但是，本章的研究发现，其他的知识特征和企业以前的知识流动等因素似乎并不存在这种线性效应。这些因素的影响在国际知识流动和国内知识流动的比较中是最为显著的，而在一国之内的区域内部和区域之间的知识流动的比较中，它们的效应就更小一些甚至是最小限度的。这种现象也许有两种解释。第一种解释就是在国内情境下地理邻近性也许并不是那么重要。也许是国家创新系统以及由此造成的共同技术文化，降低了知识特征对于国内知识流动的影响，导致其差异性不显著。第二种解释是，技术相似性在国际知识流动中的重要性也许是在地理和文化两方面存在的更远距离效应的结果，由于在地理和文化上相距太远，使国家间对于在技术上相隔太远的知识的吸收和容纳特别的困难。与国际知识流动相反，由于地理位置更为理想，利用由国家环境创造的相似性，促进了知识的获取和吸收，所以区域间的知识流动能够更好地利用在技术相隔比较远的领域内的探索性学习效应。

本章的研究结果还表明，使一项专利显得有价值并因此得到国内广泛引用的特征，与让一项专利在国际上表现得非常有价值并因此得到国际广泛引用的特征，是有所不同的。国家制度环境，如商业化导向、对基础研究的资助、科学教育传统和风险资本市场等，决定了企业的合作行为模式及其对外国生物技术的利用方式。国家的制度环境似乎影响到对技术知识的价值评估。可以推断，对知识的价值评估不是普适的，而是随国家环境的不同而有显著的差别。

地理距离对于知识流动的影响并不是像以前的研究所假设的那样，是以一种线性的方式表现出来的。那些研究都是基于距离衰减概念基础之上的。本章的研究结果支持了这样的观点，即距离测度并不能完全反映地理因素，与认为知识流动与相隔距离负相关的观点直接相反。虽然可能存在地理边界，但是企业之间深层次的经济和制度结构以及微观经济联系才是产生创新活动和知识溢出的重要因素。对于本章研究结果的另外一种解释，则可能与未观察到的区域或者国家中普遍存在的社会结构或者网络相关。为考察区域或者国家以前的联系而作的子群体分析显示，随着相隔距离的增加，专利引用减少。这个结果是通过区域/国家以前的专利引用来反映的。可以推断，物理邻近性增加了知识交流的可能性，其直接原因就是它促进了社会网络的发展，而社会网络则发展了技术和创新议程。

本章的研究也存在一些局限。本章聚焦于生物技术产业，这限制了研究结果的普遍性。研究假定，其他的国家都是同质的，不能识别或者区分同一外国中的海外集群。此外，也没有控制知识接受方企业的创新性。以专利为研究焦点意味着直接考察的只是明确表达出来的技术。依靠专利引用情况来追踪知识流动情况可能导致专利引用数据上的噪声，这表明在对本章研究结果进行解释的时候还需谨慎。但是，本章的研究结果表明，对于知识流动的影响发生在多个层面：区域、国家以及国际的情境。对这些层面的多层面效应的探索将是一个很有意义的研究方向。

第 10 章

社会资本与知识转移的治理机制

　　按照企业的资源基础观，企业的竞争优势来源于异质性的战略资源。继而，企业的知识基础观提出，企业就是一个专门从事知识传播与转移的社会共同体（Kogut and Zander，1996），知识是企业获取竞争优势的重要战略资源。因此，和其他资源一样，知识的生产、转移和利用也需要治理。社会资本理论则指出，社会资本是知识转移的重要助推器，并最终成为优秀组织绩效的源泉（Nahapiet and Ghoshal，1998）。并且，蔡和戈沙尔（Tsai and Ghoshal，1998）从企业层面上实证检验了这些假设，并得到了实质性的支持证据。虽然有许多关于社会资本的研究结果都证实了社会资本在知识转移中的重要作用，但是它们并没有涉及社会资本差异性的形成机制问题，即为什么不同的组织会有不同的社会资本水平，不同的社会资本对知识转移会有不同的作用和效果？应该如何对社会资本和知识转移进行治理？

　　开发社会资本是一种重要的投资。像所有的投资一样，社会资本也需要管理。本章的主要目的就是要论述并检验促进社会资本和知识转移的治理机制。在借鉴有关社会资本，尤其是在阿德勒和昆（Adler and Kwon，2002）的研究结果的基础上，本章提出三种基本治理机制：层级机制、社会机制和市场机制。

　　作为社会资本之基础的社会结构包括三种维度，每一种都根植于不同类型的关系中：市场关系、层级关系和社会关系。相应地，社会资本的治理也包括了市场、层级和社会三种机制。社会关系直接构成了作为社会资本基础的社会结构维度，对于社会资本的形成，层级关系和市场关系所起的是间接作用。层级关系的重要性在于其塑造了社会关系结构的方式。它们对于社会关系而言，可能起到促进的作用，也可能起到抑制的作用。类似地，市场关系对于社会资本可能具有侵蚀作用，也可能具有良性效应。当它们中的任何一个变得太显著时，社会关系就会受到破坏，从而损害社会资本的形成。那么在什么情境条件下，市场关系或层级关系对于社会资本具有正的或者负的作用呢？任何具体的社会结构都可能是包含了所有三种类型关系的混合体，而且这些关系的实际组合可能受到管理决策的实质性影响。因此管理者可以通过对治理机制的选择，来影响层级关系、市场关系和社会关系的组合，从而促进在不同情境下有利于知识转移的社会资本的发展。

本章利用采自云南、贵州和广西三个省区的三家公司的 472 位多样性调查对象的数据，就上述机制对社会资本和知识转移的影响进行实证检验。本章广泛地借鉴了阿德勒和昆关于社会资本决定因素的模型，但同时将知识治理方法（KGA）理论与其相融合，进一步发展了阿德勒和昆（Adler and Kwon，2002）的理论。

10.1 社会资本与知识转移

大量关于知识转移的实证研究证明，只有当发送方和接受方之间存在紧密关系的时候，部门之间的知识转移才有可能。艾森哈特和桑托斯（Eisenhardt and Santos，2002）所做的文献回顾强调，如果发送方和接受方由于距离等因素难以进行人际互动，知识转移就会受到损害。但是，如果存在有利于合作的整合机制，如团队和规范等，知识转移就会得到促进。简言之，有些企业的知识转移之所以水平较高，是因为管理者能够"通过组织文化创造出一种协作的环境"。

通过社会资本理论的发展和运用，这种不管距离远近都能让个人有进行知识交换的动机和机会的"协作环境"，有了进一步的凝聚力。作为一个概念，社会资本可以被看作是对"社会共同体"这样的知识基础观概念的具体阐述。那哈皮特和戈沙尔（Nahapiet and Ghoshal，1998）将社会资本定义为"内嵌于、衍生自、可得自个人或社会单元所拥有的关系网络的实际和潜在资源的综合"。他们把社会资本划分为三个相互关联的维度：结构社会资本、关系社会资本和认知社会资本。蔡和戈沙尔（Tsai and Ghoshal，1998）实证研究了那哈皮特和戈沙尔（Nahapiet and Ghoshal，1998）的假设，发现社会资本的每一个维度对组织内的资源交换都有显著的正向影响。同样地，英克潘和曾（Inkpen and Tsang，2005）认为："能够接近新的知识源，是社会资本最重要的直接利益之一。"并断定，这些存在于关系网络中的资产，影响了知识转移所必需的条件，激励了合作行为。

10.1.1　社会结构与社会资本

那哈皮特和戈沙尔（Nahapiet and Ghoshal，1998）指出，"对社会资本的开发是一项重要的投资"，像所有的投资一样，社会资本的投资也应该进行妥善管理。虽然有关企业内部知识转移的研究常常涉及了社会资本的不同方面，如非正式关系、信任、共同的心理地图等，但是这些因素在企业内部是如何得到发展的，学者们还少有解释。仅有的几个试图考察该问题的研究，要么局限于社会资本单维度的考察，如埃文斯和戴维斯（Evans and Davis，2005）考察了认知维度，基特尔（Gittel，2000）考察了关系维度；要么将社会资本作为一个更大构念的一部分来考虑，如杨德和斯内尔（Youndt and Snell，2004）将社会资本作为人力资本的一个组成要素。

阿德勒和昆（Adler and Kwon，2002）为理解如何促进社会资本作出了重大贡献（见表 10 - 1）。在承认一些人把社会资本视为一个弹性术语的同时，他们给出了社会资本的工作定义："社会资本是个体或群体可以获得的善意。它来源于行动者社会关系的结构和内容。其作用来自该行动者可以获得的信息、影响力和团结性。"

表 10 - 1　　　　　　　　　阿德勒和昆对社会资本的理解

对社会资本的主要直觉	社会资本的内容就是其他人对我们的善意，如信任、同情等。其效益来自因为这些善意而可获得的信息、影响力和团结性。
社会资本的本质	社会资本是一项长期资产，人们预期向其进行资源投资能够带来未来的利益流； 社会资本既是专用的——可用于不同的目的，又是可转换的——可转换成其他的资本形式； 社会资本与其他资源的关系既可能是替代，也可能是互补，例如财务资本的缺乏可以通过良好的网络予以弥补； 社会资本必定定期更新和重新确认，否则就会失去其功效； 社会资本易受到搭便车问题以及由此产生的"公地悲剧"风险的损害； 社会资本不是存在于行动者身上，而是存在于他们与其他行动者的关系中。
社会资本的决定因素	社会资本的源泉在于行动者所处的社会结构。社会结构有三个维度，每一个维度都根植于不同类型的关系中：（1）市场关系。在这里，产品和服务进行货币交换或物物交换；（2）层级关系。在这里，对权威的服从与物质和精神的保障进行交换；（3）社交关系。在这里，帮忙和礼物进行交换。

资料来源：阿德勒和昆（Adler and Kwon，2002）：18 - 22。

该定义有两个方面特别适合本章的研究意图。第一，它有效地贯穿了"桥接"（结构）和"黏合"（内容）两种形式的社会资本。主张"桥接"型社会资本观的作者认为，社会资本是"存在于将核心行动者与其他行动者联系起来的社会网络中的资源"（Adler and Kwon，2002）。相反，"黏合"型社会资本强调的是社会资本提供"集体凝聚力，从而促进集体目标实现"方面的特征（Adler and Kwon，2002）。本章虽然承认桥接型和黏合型社会资本的区别，但根据阿德勒和昆（Adler and Kwon，2002）的定义，本章采用将二者融合的方法。

第二，阿德勒和昆的定义详细说明了社会资本给人的主要直觉就是"善意"（goodwill），即个体可以利用的信息、影响力和团结性等组织资源。对善意概念的描述多种多样，概括地说，它涉及分享的规范，这些规范使得组织的个体成员"无须参与组织关系的发展，也能进入组织关系网络所派生的资源"（Inkpen and Tsang，2005）。对社会资本与知识转移关系的工作方式的最好理解，就是将其视为贯穿整个组织的这种善意的产物。这样就能顺理成章地将个体和集体的分析层面整合起来。

阿德勒和昆描述了作为社会资本基础的三种社会结构维度——市场关系、层级关系和社交关系。市场关系的特征是产品或服务的货币交换。层级关系最明显的就是以对权威的服从换取物质和精神的保障。社交关系的特征就是支持或帮忙的自由交换。虽然三种关系对社会资本的发展都具有重大的影响，但是社交关系"是构成社会资本（直接）基础的社会结构维度"。层级关系和市场关系在社会资本形成过程中发挥间接的作用。层级关系的重要性体现在其塑造社交关系结构的方式上。这些关系"对于社交关系来说，既可以发挥促进的作用，也可能发挥抑制的作用"。类似地，市场关系对社会资本的影响既可能是良性的也可能是侵蚀性的。阿德勒和昆（Adler and Kwon，2002）没有说明，什么时候市场关系或层级关系对社会资本有负面影响，但暗示了，当市场关系或层级关系任何一方太过强大时，社交关系就会受到破坏，从而损害社会资本的形成。

阿德勒和昆假定，任何具体的社会结构都"可能是所有这三种关系的混合体"。该观点有两个方面的重要意义。第一，在一些组织中可能是市场关系和层级关系占主导，而在另一些组织中可能是社交关系占主导。第二，这三种关系的实际组合可能受到管理者决策的严重影响。虽然阿德勒和昆的框架包括了社会资本的决定因素，但是它没有超出社会结构的概念。相反，它避开了社会结构可能受到管理层影响的治理机制的任何概念。换言之，阿德勒和昆没有讨论管理者是否会通过对治理机制的选择，影响层级、市场和社交三种关系的组合。因此，虽然阿德勒和昆的研究对社会资本理论作出了重大贡献，但是也存在重大的缺陷，即没有将管理者握有施加影响主动权的治理机制作为社会资本的决定因素。

　　因此，本章的目的是要识别影响社会资本发展的治理机制，并实证检验它们对社会资本和知识转移的作用效应，从而对阿德勒和昆的模型作出重大发展。虽然本章提出的治理机制与阿德勒和昆的社会资本决定因素有一致性，但是本章的理论基础也大量借鉴了知识治理方法（KGA）理论（Grandori，2001）。

10.1.2　知识治理机制

　　知识治理方法（KGA）是"对知识与组织的交集进行系统思考的新尝试"（Michailova and Foss，2009）。知识治理方法（KGA）主要假设见表10-2。福斯（Foss，2007）认为，知识基础观的研究中对知识过程的解释存在着"方法论集体主义"，知识治理方法（KGA）是对此作出的一种回应，并且对治理机制与知识过程关系的理解，需要对个体、个体异质性和个体互动进行理论推导。知识治理方法（KGA）始于这样一个前提，即知识过程（包括知识转移）可能受到治理机制的引导和影响。格兰多里（Grandori，2001）介绍了几种类型的知识治理机制："层级和共同体主义机制，以价格为基础的'类市场'契约机制……以及去中心化但不是以身份为基础的机制。"正如福斯（Foss，2007）所指出的，这些机制的实施，是因为相信，以某种方式对个体行为的条件施加影响，会引导员工作出某些个体行为；这些个体行为综合起来就能形成良好的组织效果，如知识转移。根据这种逻辑，本书认为治理机制促进了社会资本的发展，因为这些机制对社交、市场和层级关系进行了塑造和表现。

表 10-2　　　　　知识治理方法（KGA）的主要假设

What? 主要 研究 问题	"对知识过程进行治理"意味着选择治理结构和协调机制，以便有力地影响知识的转移、分享、整合、应用和创造等过程。研究问题包括： －不同类型的激励（体系及其强度）对知识的分享、整合和创造有什么样的影响？ －什么样的治理机制组合最适合促进企业内部以及企业之间的知识分享、整合和创造？ －知识过程的组织和交换风险是什么？如何通过治理机制的部署来补救这些风险？

How? 研究 方法	KGA 通过定义知识治理机制和知识过程之间联系的微观机制来解决其研究问题,即对个体的动机、偏好、期望、认知风格等提出明确的假定。学者们追踪从组织(宏观)到个体及其相互作用(微观)的因果过程,探讨这些微观过程如何引发(涌现和形成)组织层面的知识利用、分享和创造等。
Why? 在扩展 现有知 识方面 的意义	- KGA 对于那些对知识过程非常重要的各种个体层面因素——如能力、决策、行动、信念、期望、兴趣、想象和偏好等——提供了更深层次的理解。 - KGA 有助于理解个体层面因素如何在组织层面汇总,这是一个"对于通过方法论的个体主义处理宏观层面关系的理论及实证研究来说都是主要治理障碍"(Coleman, 1986: 1323)的问题。 - KGA 非常有益于整合许多不同学科的洞见,帮助人们理解纠缠在知识与集体努力、组织(动词)与组织(名词)之间的具体问题。

资料来源:Foss and Michailova (2008): 8 - 10, 272 - 285。

阿德勒和昆模型的主要构成部分可以放在知识治理方法(KGA)更广泛的情境中来予以考虑。阿德勒和昆模型由三个企业层面的要素构成——社会结构、社会资本和价值。除了将社会结构作为社会资本的主要决定因素之外,该模型还包括了三个社会资本生成更为直接的中介条件:个体的机会、动机和能力。但是,这些因素被视为"仅仅是社会资本交换直接原因的启发式向导……并没有取代对创造机会、动机和能力的社交关系结构特征所需要的研究"。正如阿德勒和昆所言,这一研究还处在初始阶段。

采用知识治理方法(KGA),对于该研究会有重大帮助,原因有两个。第一,虽然在发展企业社会资本方面,阿德勒和昆的框架和知识治理方法(KGA),都关心社会结构的性质及其对社会资本的意义,但是前者只局限于考问"被交换的是什么",而后者则考问"如何治理交换"。显然,后者与治理机制的辨识问题更相关,这些治理机制可以被管理者用来促进社会资本的发展。第二,知识治理方法(KGA)批评纯粹宏观或企业层面的解释,要求从微观或个体层面去考察因果机制,以便识别造成这些被观测到的宏观变量之间关联的具体脉络。换言之,知识治理方法(KGA)的逻辑指导人们建立植根于社会结构、社会资本和组织价值创造的个体层面决定因素的微观基础。

在知识治理方法(KGA)的应用中,有关治理机制,以及个体对这些机制的经验或感知,如图 10 - 1 所示。图 10 - 1 表明,对这些机制的总体感知构成了组织在层级、市场和社交等关系方面的社会结构。而且,图 10 - 1 还说明,个体对所实施的治理机制的感知和回应模式方面的差异,也可以从社会结构的构成成分上反映出来。反过来，社会结构决定了个体对组织中的善意或社会资本所作出的评价。其中会有相当大的差别。这些评价的总体集合就构成了组织的社会资本，它会促进个体之间的知识转移，最终提升组织的"价值"（Adler and Kwon，2002）。

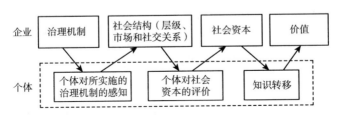

图 10 - 1　KGA 的理论逻辑

所以，知识治理方法（KGA）提出，要理解企业层面的现象，如企业内部的知识转移，需要微观 - 宏观相结合的方法。但是，这给实证研究提出了挑战，因为要收集两个层面的数据是非常吃力的。这样的研究设计不仅要有相当数量的企业样本，而且每个企业都需要涉及大量的员工个体。所以，一开始的权宜方法是集中于微观层面。

理论上，本章的观点是与丽娜和范布伦（Leana and Van Buren，1999）以及其他一些文献是一致的，他们认为，虽然社会资本是一种集体资产或公共产品，但仍然是存在于个体行动者的头脑中的。丽娜和范布伦（Leana and Van Buren，1999）强调："社会资本是通过集体目标导向和共同信任在各个成员层面的水平得以实现的。"故此，本章的假设局限于个体对所实施的治理机制的感知，对个人就社会资本的评价，以及个人知识转移经历的影响。

10.2　研究假设

为了将社会资本与知识转移两种理论联系起来，本章采用那哈皮特和戈沙尔（Nahapiet and Ghoshal，1998）的观点，透过知识转移实现成功的知识利用，直接有赖于社会资本的提升。本章从微观层面上重申社会资本对知识转移的作用，故此提出：

假设 1：个体对已经开发的社会资本的评价越高，知识转移越多。

本章主要关注社会资本的提升。因此，本章的研究模型明显不同于以前的研究，对作为社会结构发展条件的关键治理机制进行了描述，而这些社会结构又是有益于知识转移的。如前所述，本章在对这些机制进行甄别的时候，用的是 KGA 的方法，该方法强调有必要对影响个体行动及其交互作用的治理机制进行详细说明。福斯（Foss，2007）确定了一些可能对组织内个体交换（个体行动及其交互作用）的性质和条件的特有治理机制。这些治理机制构成了阿德勒和昆（Adler and Kwon，2002）所谓的社会结构的重要方面。而且，既然市场、层级和社交关系的组合会随不同组织而变化，与之相关的治理机制或交换机制的普遍性同样会有所不同。因此，本章提出，对影响市场、层级和社交关系的治理机制实施情况的感知，促进了社会资本的发展，在这里社会资本被概念化为员工对不同企业的善意所作出的评价。

（1）影响市场关系的治理机制

阿德勒和昆认为市场关系不利于社区的黏合，从而对社会资本的发展有破坏作用。一些探讨个体行动及其互动与知识转移回报的研究支持了这一观点。例如，博克等（Bock et al.，2005）发现，利用外在报酬来培养知识转移的积极态度可能适得其反。对于具有内在本质的活动，如学习和创造性，使用外在激励因素可能会有负效应。产生这种现象的原因之一可能是，金钱奖励同时也激发了个体保留知识待价而沽的动机。正如奥斯特洛和弗雷（Osterloh and Frey，2000）所提出的，当涉及隐性知识，或者多任务问题与团队中的"搭便车"问题结合在一起时，尤其会出现这种现象。奥斯特洛和弗雷（Osterloh and Frey，2000）认为，在这样的情况下，外在激励一定会失败，只有内在激励才能促进知识转移。此外，一些研究组织公民行为的研究者也提出，外在报酬可能抑制合作。詹森和门迪斯－坎普霍斯特（Janssen and Mendys-Kamphorst，2004）的结论是，利用金钱激励来促进行动者作出社会需要的贡献，往往会降低贡献的数量。一种激励机制的长期使用是"给组织成员发出一种信号，表示哪些类型的活动和习惯做法是被组织看重的"（Leana and Van Buren，1999）。个体选择某种行为方式，是因为该行为能引致组织想要的结果，这些结果对于个体而言是外在的，与活动也是分离的，但是群体所想要的。因此，个体层面在知识交换方面的合作，其基础就是与同事达成的基于价格的或类市场的交换契约或协议。这些契约或协议既没有相互善意的假定，而且由于不对称和机会主义的潜在危险，还可能是有害的。因此，本章提出：

假设 2：个体认为基于市场的治理机制的使用越多，其对社会资本的评价越低。

（2）影响层级关系的治理机制

KGA 确定的第二类治理机制是基于权威的层级机制（Foss，2007）。这些机制适合于促进"为获得物质和精神的保障而服从权威"（Adler and Kwon，2002）。但是，"层级对于社会资本的效应主要是破坏性的"（Adler and Kwon，2002）。在个体层面，与同事的合作是基于服从和遵守一系列非人格的规章制度的假定之上的。这样，层级治理机制不仅没有善意假定，而且破坏了同事间任何善意发展的基础。互动是发生在潜在威胁基础上的——不合作可能会诉诸权威，招致惩罚。换言之，层级控制机制导致的可能只是"敷衍的服从"，而不是"完美的合作"。因此，本章提出：

假设 3：个体认为层级治理机制的使用越多，其对社会资本的评价越低。

（3）影响社交关系的治理机制

KGA 识别出了适合更为复杂和发散的问题，如企业间的知识转移的治理机制。这些机制是用来促进构成社会资本的社交关系的。在福斯（Foss，2007）看来，它们构成了完全不同于利用权威或奖酬系统的组织控制机制。在知识转移文献中，有大量的实证研究支持了社交关系是知识流动驱动因素的观点。

其意义在于，管理层可以利用非市场的内在激励正面影响知识转移，这些内在激励"在情感忠诚的基础上建立心理契约"，反过来激发了个体分享知识的动机（Foss，2007）。成功实施这些社交治理机制之后，个人的体验是一种被认可感，一种专业和个人发展的感觉。这些机制创造了一种认同、信任和承诺的情境，没有层级控制那种"敷衍的服从"。因此，社交治理机制的运用提高了个体层面的相互友好感，为企业间的知识转移提供了积极的基础。因此，本章提出：

假设 4：个体认为社交治理机制的使用越多，其对社会资本的评价越高。

虽然假设 2～假设 4 描绘的是知识治理机制与社会资本的关系，但是其逻辑基础与阿德勒和昆对社会资本决定因素的理论化是紧密交织在一起的。这三种知识治理机制也就是阿德勒和昆认为决定组织社会资本程度的市场、层级和社交关系的各自的治理表现。不过，阿德勒和昆主要聚焦于社会资本的企业层面的决定因素（即社会结构），而本章则关注个体对运用中的治理机制的感知。还有一个重大区别就是，本章对 KGA 的采用包括了管理者能够直接并故意影响的决定因素。

10.3 研究方法

10.3.1 数据

本章所有的分析数据均来自问卷调查。调查问卷的设计借鉴了 MANDI 方法，即管理知识和文化之间的动态界面方法。问卷主要聚焦于知识转移、社会情境和治理机制方面。依据程序，调查问卷作了预测试。问卷包括 27 个问题，大多是固定答案，用的李克特量表。在调查中，努力接触尽可能多的参与了知识转移的个体。这样可以用多样化不同个体的感知来研究一个集体现象（社会资本）。同时，本问卷调查也受到了蔡和戈沙尔（Tsai and Ghoshall，1998）的影响，他们提倡一站式抽样，以保证"许多人们所熟知的会影响组织创新能力的广泛情境因素"在研究设计中得到控制。

我们分别从云南、贵州、广西三省区各选择一家公司作为调查对象，选择条件是三家公司所从事的行业尽量一致、公司规模较大、有较丰富的知识转移活动。文中分别以 A 公司、B 公司和 C 公司代表。在这三家公司中被分享的知识，有一部分是可以编码的，因为涉及大量的化学知识，这些知识可以公式等形式编码。但是，大部分个体之间分享的知识是隐性知识，与编码知识高度纠缠在一起，彼此很难分离。这就意味着，在这些公司中，知识分享行为的个体驱动因素特别重要，是检验本章提出的知识分享行为模型极好的背景。有关这三家公司的信息见表 10 - 3。

表 10 - 3 公司信息

公司	成立时间	行　　业	员工数（人）
A 公司	1965 年	食品饮料行业：研发和生产食品添加剂、甜味剂和糖 农业：动物饲料添加剂	2030
B 公司	1983 年	食品、制药、营养、农业：研发天然成分解决方案	1860
C 公司	1991 年	制药、保健品、食品添加剂	1640

这三家公司都致力于通过不同的机制来促进知识分享。它们引进了 IT 系统，扩大了知识团队，为跨边界面对面互动提供便利条件，建立奖酬体系等。

公司通过内部邮件向与知识转移相关的员工发放调查问卷。为了降低可能有的社会期望偏差，所有的调查都是匿名的，所有的调查结果都是以平均数来体现的。

A 公司发出 203 份问卷，收回 162 份，有效问卷 159 份，回收率 78%。B 公司发出问卷 230 份，收回 175 份，有效问卷 168 份，回收率 73%。C 公司发出问卷 176 份，收回有效问卷 145 份，回收率 82%。

10.3.2　测度

本章所有变量的操作化均采用知觉测量。行为研究一般都推荐使用知觉测量，因此在知识转移的研究中被广泛使用。本章要分析的是面向个体的知识治理机制如何促进企业的社会资本。对个体的知觉测量可以反映真正在实际应用中的治理机制，而不是高层一厢情愿的治理机制。使用个体层面的数据可以反映个体对社会资本水平的感知状态，这里的社会资本被定义为企业中的员工个体可以拿来利用的善意。

接下来描述各个构念的操作化，并对不同形式的信度进行评估。调查问卷的各个题项如表 10-4 所示。

表 10-4　　　　　　　　　　　　　构念与题项

构念和题项	因子载荷	t 值	R^2 值	构念信度	构念方差提取
知识转移（F1）				0.81	0.52
你利用来自你本部门同事的知识的程度	0.68	9.12	0.46		
你利用来自其他部门同事的知识的程度	0.71	13.05	0.50		
本部门的同事利用你的知识的程度	0.72	14.76	0.52		
其他部门的同事利用你的知识的程度	0.76	15.51	0.58		
社会资本（F2）				0.80	0.51
本公司重视知识分享	0.75	15.70	0.56		
本公司不同部门的人员合作	0.69	11.64	0.48		
本公司高度重视获取和利用新知识	0.72	14.41	0.52		
与不同层级的人员进行知识分享受到欣赏	0.69	11.26	0.48		

续表

构念和题项	因子载荷	t 值	R²值	构念信度	构念方差提取
层级机制（F3）				0.76	0.53
本部门的决策主要由上级制定	0.56	5.70	0.31		
即使有更好的解决方案，本部门也要求严格遵守规则和程序	0.88	11.51	0.78		
即使有更好的解决方案，本公司也要求严格遵守规则和程序	0.70	9.52	0.49		
社交机制（F4）				0.84	0.57
你目前在公司由于知识转移而承认你的贡献的程度	0.66	17.99	0.44		
你目前在公司由于知识转移而得到专业和个人发展的程度	0.72	12.74	0.51		
你目前在公司由于知识再利用而得到上级承认的程度	0.77	15.04	0.60		
你目前在公司由于知识再利用而得到专业和个人发展的程度	0.86	13.53	0.74		
市场机制（F5）				0.89	0.68
你目前在公司由于知识转移得到加薪/奖金奖励的程度	0.74	17.89	0.54		
你目前在公司由于知识转移得到晋升奖励的程度	0.76	18.97	0.58		
你目前在公司由于知识再利用得到加薪/奖金奖励的程度	0.90	22.19	0.82		
你目前在公司由于知识再利用得到晋升奖励的程度	0.89	21.40	0.79		

（1）知识转移

这里的知识转移概念指的是接受单位对新知识的积累和吸收。知识分享涉及两层行动：知识的传递和接受者对知识的吸收利用。知识转移的关键要素不是原本的知识，而是"接受者获取潜在有用知识并将其应用于自己的生产运作中的程度"（Minbaeva et al，2003）。

调查中，要求受访者表明他们将来自本部门和其他部门同事的知识实际利用的程度（知识的接受），同时也说明本部门和其他部门同事将来自受访者的知识实际利用的程度（知识的发送）。共 4 个题项，使用李克特 5 分量表，"1"表示"很少或没有"，"5"表示"非常大"。

（2）社会资本

本章的社会资本构念反映的是，个体对企业层面知识转移实践以及企业价值观对知识转移的促进程度的感知水平。根据阿德勒和昆的观点，对社会资本的测量是将其作为企业层面一般化的善意，即使得组织资源，如信息、影响力和团结等能为每个个体所用。

本章对社会资本的测量包括了外部（桥接）和内部（黏合）等维度，即社会资本的结构和内容两个维度。在前述文献的基础上，本章对社会资本的测量包括了反映社会互动和信息分享的一些题项。

调查中，要求受访者对人们跨边界合作的程度（1 个题项）、他们是否很看重接收和利用知识（1 个题项）、知识分享在公司中是否真正受到重视（1 个题项）和欣赏（1 个题项）作出评价。所有 4 个题项都采用李克特 5 分量表，"1"表示"非常不同意"，"5"表示"非常同意"。

（3）市场治理机制

共 4 个题项。要求受访者对他们由于知识转移/再利用而受到"加薪/奖金"或"晋升"的奖励程度作出评价。使用李克特 5 分量表，"1"表示"很少或没有"，"5"表示"非常大"。

（4）层级治理机制

该构念反映了利用权威、规章制度作为治理机制的程度。要求受访者对决策是由上级作出（1 个题项），或者是根据规则和程序作出（2 个题项）的程度作出评价。采用李克特 5 分量表，"1"表示"非常不同意"，"5"表示"非常同意"。

（5）社交治理机制

要求受访者对由知识转移和再利用引发的上级的一般感谢（1 个题项）和特别感谢（1 个题项）程度作出评价，另外说明他们由于参与知识转移而产生的专业和个人发展方面的感觉（2 个题项）。4 个题项都使用李克特 5 分量表，"1"表示"很少或没有"，"5"表示"非常大"。

10.3.3 信度和效度

本章利用 LISREL 模型对研究假设进行检验。该模型可以同时形成基础构念（测量模型）并检验这些构念之间的结构关系（结构模型）。一般认为，LISREL 中的测量模型应该先于结构模型进行独立评估。与测量模型相关，所有的构念都要检验收敛效度（即同一构念不同测度之间的关联程度）和区分效度（即不同构念测度之间的区分程度）。

（1）测量模型

构建测量模型以评估收敛效度和区分效度。为了确定各个构念是否内部一致，在饱和测量模型的基础上对收敛效度作了若干检验，列举了所有的因子间相关性（见表 10 - 4）。首先，构念和题项之间关系的线性强度（R^2 值）如表 10 - 4 所示。所有的线性强度都比较强，R^2 值在 0.31 以上，明显高于 0.20 的通常阈值。所有题项的 t 值都在 5.70 以上，高度显著，并且它们的（标准化）因子载荷都很强，都在 0.56 以上。其次，每个构念的信度都高于 0.70 的推荐阈值。此外，从方差提取值看，5 个构念都拟合良好，都高于 0.50 的推荐值。

区分效度方面，有一个检验建议就是确定潜在构念之间的相关性和因果路径是否明显有别于 1。围绕相关性和因果路径构建 99.9% 的置信区间，证实了既没有相关性也没有因果路径接近于 1。此外，可以用 AVE 统计来测量区分效度。如果 AVE 的平方根大于与其他构念题项的相关性，则表明每个构念的内方差（萃取方差）大于与其他构念共享的方差，表明该焦点构念确实不同于其他构念（即区分效度）。所有构念的 AVE 平方根值见表 10 - 5 对角线，相关系数都没有超过 AVE 平方根值。实际上，AVE 平方根值远高于相关系数。强烈证明 5 个构念都有很高的区分效度。

本章采用的数据是横截面数据。涉及横截面数据的研究免不了会有共同方法变异。不过我们在设计调查问卷时，已经采取了一些防范措施，包括在调查中把绩效变量放在独立变量之后，即使不能避免，也可以减少人为一致性效应。此外，为了检测潜在的共同方法变异，进行了多项统计检验。首先是对模型中所有题项进行 Harman 单因子检验，发现 5 个因子特征值 >1——前两个因子分别只解释了变异的 26% 和 15%。其次，做了基于验证因子分析的"单因子程序"，这是一个对共同方法变异更强大的检验。检查了单因子模型的拟合

表 10-5 相关矩阵*

	均值	标差	1	2	3	4	5	6	7	8	9	10	11	12	13	14	15	16	17	18	19
知识转移																					
题项 1	3.76	0.84	0.72																		
题项 2	3.35	0.94	**0.42**	0.72																	
题项 3	3.69	0.77	**0.39**	**0.45**	0.72																
题项 4	3.31	0.89	**0.43**	**0.50**	**0.61**	0.72															
社会资本																					
题项 5	3.71	0.81	0.29	0.29	0.09	0.13	0.71														
题项 6	3.55	0.92	0.13	0.21	0.09	0.07	**0.44**	0.71													
题项 7	3.74	0.85	0.22	0.24	0.15	0.16	**0.55**	**0.41**	0.71												
题项 8	3.83	0.92	0.24	0.29	0.14	0.12	**0.40**	**0.40**	**0.45**	0.71											
层级机制																					
题项 9	2.93	1.09	-0.13	-0.17	-0.08	-0.11	-0.05	-0.03	-0.11	-0.17	0.73										
题项 10	2.53	0.99	-0.09	-0.12	-0.10	-0.10	-0.05	-0.12	-0.12	-0.17	**0.48**	0.73									
题项 11	2.94	0.97	0.01	-0.10	0.04	-0.05	-0.14	-0.22	-0.21	-0.21	**0.48**	**0.53**	0.73								
社会机制																					
题项 12	2.85	1.08	0.19	0.26	0.11	0.15	0.37	0.22	0.31	0.26	-0.11	-0.12	-0.09	0.76							
题项 13	3.20	1.12	0.13	0.20	0.18	0.20	0.19	0.10	0.22	0.16	-0.13	-0.08	-0.04	**0.53**	0.76						

续表

	均值	标差	1	2	3	4	5	6	7	8	9	10	11	12	13	14	15	16	17	18	19
题项14	2.62	1.09	0.20	0.27	0.16	0.16	0.24	0.11	0.22	0.15	-0.07	-0.04	-0.03	**0.59**	**0.53**	0.76						
题项15	2.79	1.17	0.22	0.26	0.16	0.18	0.26	0.14	0.32	0.20	-0.09	-0.09	-0.13	**0.47**	**0.69**	**0.69**	0.76					
市场机制																					
题项16	1.70	0.99	-0.02	0.08	-0.05	0.10	0.16	0.08	0.10	0.03	0.04	0.11	-0.03	0.39	0.28	0.30	0.29	0.83				
题项17	1.66	0.95	0.04	0.11	-0.03	0.12	0.11	0.03	0.07	0.04	0.01	0.09	-0.02	0.35	0.30	0.31	0.29	**0.66**	0.83			
题项18	1.64	0.94	0.05	0.11	-0.04	0.06	0.16	0.01	0.03	0.05	-0.03	0.14	0.02	0.36	0.26	0.35	0.38	**0.69**	**0.62**	0.83		
题项19	1.61	0.94	0.07	0.14	-0.03	0.09	0.14	0.04	0.06	0.06	-0.03	0.12	0.01	0.30	0.26	0.33	0.38	**0.56**	**0.71**	**0.82**	0.83	

注：* 所有大于0.10的系数都在5%的水平上显著；所有的变量的测量量表均为5分量表。

度，在这个模型中，所有的题项都负载于一个因子上，以处理共同方法变异问题。其基本逻辑就是，如果方法变异是构念协变的主要原因，那么验证性因子分析就应该显示，单因子模型与数据拟合。单因子模型的拟合优度统计见表10-6。GFI = 0.58，RMSEA = 0.17，检验没有特别好地代表数据。实际上，单因子模型是高度不显著的，必须明确被拒绝。而且，表10-6所列其他更复杂模型相比更简单模型的拟合度改善在统计上是显著的。第三，沿袭博德萨科夫等（Podsakoff et al.，2003）的做法，运行偏最小二乘法（PLS）模型，有一个共同方法因子，其题项包括了所有5个构念的题项。该PLS模型提供了每个题项的方差信息，这些变异都得到了构念和共同方法因子的实质性解释。这些题项得到实质性解释的方差的均值为0.64，而基于方法的方差均值为0.01，二者之比约为60∶1。虽然这些统计检验没有排除共同方法变异的可能性，但是可以认为，小量并且不显著的共同方法变异，实质上证明了题项间相关性并不是纯粹由共同方法偏差引起的。

表10-6　　　　　　　　　　　模型的拟合优度统计

项目	1 测量模型	2 单因子模型	3 直接联系模型 F2 – F5→F1	4 理论模型 F3，F4，F5→F2 和 F2→F1	5 部分中介模型 F3，F4，F5→F2 和 F2，F3，F4，F5→F1
Chi-square	273.5	2054.1	482.9	288.6	278.6
（d. f.）	（142 d. f.）	（152 d. f.）	（148 d. f.）	（146 d. f.）	（143 d. f.）
GFI	0.94	0.58	0.90	0.93	0.93
调整 GFI	0.91	0.48	0.86	0.91	0.91
简约 GFI	0.73	0.52	0.74	0.76	0.74
RMSEA	0.05	0.17	0.08	0.05	0.05
比较拟合指数	0.96	0.42	0.90	0.96	0.95
NNFI	0.94	0.35	0.87	0.94	0.93
简约 NNFI	0.73	0.36	0.71	0.75	0.73

总之，这些检验有力地证明了5个构念的效度。这还反映在测量模型的拟合优度统计数据上，GFI = 0.94，NNFI = 0.94，RMSEA = 0.05，满足了接受整个模型的要求。

表10-5所示的相关矩阵进一步证明了数据没有受到共同方法变异问题的影响。实际上，该相关矩阵表明，总体上，构念内部的相关系数（均在0.40

以上）远高于所有其他系数。不过，某些构念，尤其是与社会资本和社交治理相关的构念，其题项的构念间相关系数比较高（部分在 0.35 以上），这表明还需要对该模型的其他规格进行检验。

（2）结构模型

第二步分析是建立一个结构模型，根据假设具体说明因果关系。通过反复迭代，LISREL 分析模型作了一些微调，以能更一致地表现经验数据。LISREL 分析的目的是要达到并确认一个由明确表达的因果构成的模型。因此，我们在检验中生成了一个结构模型，包括了与规定假设一致的各种显著关系。用 t 值和模型中各构念之间的因子载荷检验了单因果关系。拟合优度指数对于整个模型的评价非常重要。但是，由于其复杂性，结构方程模型总体拟合度尚未有一致同意的"最佳"指数。因此，报告多重指数是受到鼓励的。

（3）拟合优度

本章使用不同的拟合优度指标来评估整个模型，包括 χ^2 值，GFI 和 NNFI，反映数据与模型之间距离的指标，即理论效度。表 10 – 6 列了许多其他模型，其中模型 4 是本章的假设或理论模型。模型 4 包括了知识治理机制通过社会资本对知识转移的调节效应。该理论模型卡方值 $\chi^2\ [146]\ =288.6$（p = 0.01），基于残差的 GFI = 0.93。这说明模型与数据的拟合度良好。最后，NNFI 代表在控制模型简约的情况下，相对于零模型的拟合度改善程度。NNFI = 0.94，表示模型与数据拟合良好。此外，RMSEA 只有 0.05，低于 0.08 的建议阈值。基于以上三个指标，本章提出的模型与数据的拟合度良好。

此外，我们还将本章的理论模型与两个竞争模型进行了比较，即一个部分中介效应模型，一个将所有 4 个构念（3 个关于知识治理机制和 1 个关于社会资本）都与知识转移变量直接联系起来的模型。这三个模型的拟合优度统计见表 10 – 6。这三个模型中，理论模型是最简约的，其比较拟合指数、简约 GFI 和简约 NFI 分别是 0.96、0.76 和 0.75，而直接联系模型（模型 3）的这三项结果分别是 0.90、0.74 和 0.71。理论模型（具有知识治理机制的完全中介效应）的数据拟合度也好于部分中介效应模型（模型 5），后者的比较拟合指数、简约 GFI 和简约 NFI 分别是 0.95、0.74 和 0.73。而且，只有那些在理论模型（模型 4）中显著的关系，在部分中介效应模型中才是显著的。总之，这些估计值有力地支持了整个模型，也有力地证明了知识治理机制对知识转移的效应的确受到社会资本的介导。

10.4　研究结果

本章的假设 1——对社会资本的正评价对知识转移有显著的正影响——得到了强力支持。社会资本与知识转移正相关（相关系数 = 0.47）且显著（p < 0.01）（见图 10 - 2）。

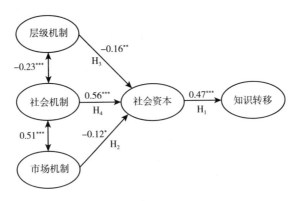

图 10 - 2　个体感知和评估的实证模型

注：* 显著度 0.10；** 显著度 0.05；*** 显著度 0.01。

虽然总体上与本章提出的假设一致，但是三种治理机制与社会资本之间的关系却更为复杂。如假设 4 所述，社交治理机制——为加强社团社交关系而设计的那些机制——的运用，与促进社会资本的关系是正向的（相关系数 = 0.56）且高度显著（p < 0.01）。如假设 2 和假设 3 所预期的，层级治理机制和市场治理机制的运用对社会资本的直接效应为负。虽然市场机制的直接效应只是最低限度显著（相关系数 = - 0.12，p < 0.10），但层级治理机制的直接效应则是明显显著的（相关系数 = - 0.18，p < 0.05）。因此，假设 3 得到支持，而假设 2 只得到弱支持。

为了控制知识治理机制之间的互补性，计算了三种治理机制运用之间的相关性。这也提供了检验这些治理机制的应用对社会资本的间接效应的机会，即通过社交治理机制对社会资本的效应。首先，层级治理机制与社交治理机制的相关性为负且高度显著（相关系数 = - 0.23，p < 0.01），而市场治理机制与社交治理机制的相关性为正且高度显著（相关系数 = 0.51，p < 0.01）。这就

意味着，层级治理机制对社会资本的直接效应和间接效应均为负。总效应（直接效应和间接效应之和）系数为 −0.17 且显著（p < 0.05）。因此，假设 3 得到了进一步的支持，过度依赖层级治理机制有损社会资本的提升。对于市场治理机制而言，其结果则更模糊一些，其间接效应（经过社交治理机制的中介）为正，而其直接效应为负。总效应为负（相关系数 = −0.08），但统计不显著。因此，假设 2 必须拒绝。

总之，研究结果实质性地证明了，知识治理机制以各种不同的方式影响着社会资本的提升。社交治理机制的应用促进了个体对社会资本的正评价，而层级治理机制的应用其效应往往为负。市场治理机制的效应则是复杂的，其对社会资本的正间接效应被其负直接效应所抵消。

10.5　讨　论

本章旨在将社会资本理论应用于知识转移的研究，识别出对社会资本的发展有促进或破坏作用的治理机制。此目的的动机是有必要为管理者提供如何促进其组织内社会资本的一些指导意见。目前，企业管理者对于如何治理知识过程感觉无所适从。因此，本章提出的模型不仅是对有必要理解到底是什么原因造成知识转移差异的回应，而且也是对管理者如何更好地管理其组织知识的需要的回应。

本章的研究证实了许多研究曾经提出过的一个观点，即社会资本对知识转移具有正向影响。组织的"善意"，即组织的资源能够为每个个体所使用（这也是社会资本的核心直觉），对于知识转移具有十分重要的意义。但是，这一十分重要的深刻洞察本身对于如何促进和发展组织内的社会资本没有多大的指导意义。它没有为如何创造社会资本、如何进一步促进社会资本等问题提供答案。人们可能会说，如果不能够说清楚如何才能促进社会资本的发展，那么指出社会资本能够促进知识的转移，就没有多大的价值了。因此，本章的目的是要比以往的研究更进一步，深刻理解能够用来影响社会资本的各种治理机制。

为了完成这一任务，最初的进路之一就是阿德勒和昆的模型，社会资本的决定因素存在于组织成员所处的社会结构之中。阿德勒和昆描绘了社会结构的三种维度：市场关系、层级关系和社交关系。与此同时，本章借鉴了知识治理方法（KGA）的观点，管理者可以通过正式治理机制的部署，充分地影响到社会结构的这些维度。换言之，层级关系、市场关系和社交关系在组织中占到多大的比例，管理者有很大的决定权。按照 KGA 的说法，这就是对应于三种关系类型的正式治理机制的部署：在组织控制方面对权威、奖酬体系和社团模式的配置。

本章利用 KGA 的逻辑来说明促进组织社会资本的微观基础。虽然仍认为社会资本是一种组织属性，但是 KGA 逻辑坚持应该考虑社会资本的微观前因和效应。组织生成社会资本的程度，是个体对管理者在组织中所实施的治理机制的感知产物。而且，个体对组织内存在的善意所作出的评价，决定了个体参与知识过程的差异程度，这最终解释了知识转移程度的差异。这种微观层面的方法对于其他的研究者，尤其是旨在影响管理实践的研究者特别有意义。显然，阿德勒和昆将社会资本理解为每个个体都能利用的"善意"，KGA 认为要理解治理机制与组织知识过程之间的关系，就必须在个体行动及其交互作用的层面对知识过程进行理论阐述，二者是一致的。

本章收集的数据可以用来研究个体如何感知知识治理机制的运用，即可以为每个个体利用的"善意"，以及知识在整个组织中的利用（即知识转移）。我们认为，由于知识治理机制的导向是影响个体的感知和行为，所以其效应只能在个体层面来测量。当然，如果能够既从微观层面又从宏观层面作全面综合的研究肯定更好。但是那样的研究设计需要大量的资源。本章只集中在微观层面，不仅是可得资源有限的结果，而且也是出于建立 KGA 在社会资本和知识转移研究中的一致性和效能的需要。

本章的研究发现不仅进一步支持了社会资本对知识转移的影响作用，而且更重要的是，指出了哪些治理机制是促进或弱化社会资本的形成的。阿德勒和昆认为，社会关系是社会资本的基础，与此一致，本章研究的关键发现之一就是，认可、个人和专业发展等社交治理机制的运用，是社会资本的重要驱动因素。

相反，层级治理机制的运用破坏了社会资本的形成，这一发现也与阿德勒和昆相一致。利用权威、规章制度等层级治理机制，对社会资本有明显的负面作用，因为它们限制了社交治理机制的正向影响，导致了所谓的"敷衍的服从"。这里的管理启示就是，权威、规章制度等层级治理方法的运用应该相当谨慎，因为它们可能对社会资本的提升是有害的。

关于市场治理机制的运用，本章的研究结果有些相互矛盾。一方面，这些机制对社会资本的提升有负面影响，但较弱，这与本章提出的假设是一致的。另一方面，由于它与社交治理机制的强正向相关性，市场机制对社会资本提升的总体效应是微不足道的。换言之，市场治理机制的运用总体上没有"损害"社会资本的提升。对于管理者而言，这意味着，虽然投资于市场治理机制的发展和运用，可能会强化对促进社会资本非常重要的社交治理机制，但是其所带来的利益又被其对社会资本发展的负效应所抵消。对于这种悖论一个可能的解释，也许就在于本章对市场治理机制操作化时所做的题项选择，它们也许不具备充分的市场特征。如果题项具有更多的"零和博弈"特征，即题项能够将赢者和输者明显地区分开来，也许能够发现其对社会资本显著的直接负效应和显著的间接负效应。

10.6 本章小结

为了将管理者能够用来促进社会资本的治理机制说清楚，本章以阿德勒和昆对社会资本的概念化作为出发点，并借用了知识治理方法（KGA）理论。总体上，本章对以前的研究关于社会资本对知识转移重要性的观点提供了进一步的支持。更重要的是，本章对知识转移文献作出了重大贡献，对知识治理机制的作用提供了深刻的洞察。不但观察到了，这些治理机制对于知识转移的作用完全受到其对社会资本影响的介导，而且通过本章的分析，可以考察这些机制在促进社会资本发展方面的不同作用。社交治理机制被证明对促进社会资本具有强正向影响，而层级治理机制的效应一般为负。市场机制的影响趋于中性。这些发现，对于管理者为促进知识分享而提升社会资本的努力，具有直接的启发意义。

本章所做研究的另一个更一般性的贡献如图10-1所示，展示了一个将企业层面的因素（社会结构、社会资本和组织价值）与其个体层面的决定因素联系在一起的模型。在构建该模型中，确定并从理论上阐明了治理机制－社会资本－知识转移链条背后的因果机制，从而避免了出现解释上的"黑箱"，即没有微观基础的宏观解释。显然，该模型清楚地阐明了因果机制、嵌入关系以及其他多重分析层面上的许多各种"黑箱"的连接关系。该模型中的所有关系原则上都可以检验。虽然本章的实证分析只集中在微观基础，即图 10 - 1 中的个体层面，但是本章在详细说明该模型背后的研究逻辑时所作的多层面推理论证，将来的实证研究可以从中获益。

第 11 章

社会资本使能因素与产品开发中的
知识转移过程

——贵州省大学科技园案例研究

创新的基础既在于企业现有的知识，更在于从其他各种知识源获取的知识。科技园和本地创新系统在企业产品开发的知识转移过程中发挥了重要作用。人员的私人接触和社会网络可能促进或抑制组织间的合作，因此社会资本扮演了知识转移使能因素的角色。科技园或者本地创新系统，作为一种社会环境和社会资本，是促进组织间网络化使能因素的两个方面。新产品开发过程涉及多个阶段，需要不同类型的外部知识，亟须知识转移。

11.1 问题提出

创建于 1951 年的斯坦福研究园区（即现在的硅谷）是世界上第一个大学科技园，也是世界上第一个科技园区。近几十年来，美国和西欧涌现出大量的科技和研究园区，对所在区域的企业和国家的知识创造、技术创新和国际竞争力的提升作出了重大贡献。

关于科技园的定义，在相关文献和科技园区协会的网站上有多种表述。2008 年，国际科技园协会对科技园的定义如下："科技园是一个由一些专业人员管理的组织，其主要目的是通过促进创新文化以及相关企业和知识机构的竞争力来增强该社区的财富。为了满足这些目标，科技园促进并管理知识和技术在不同的国家、R&D 机构、公司和市场之间的流动，通过孵化和衍生企业等形式促进创新型企业的诞生和成长，以及通过高品质的空间和设施等来提供其他价值增值服务。"

虽然人们更多地关注发达国家和地区或者大城市的大型科技园，但是在后发地区或一些较小的城市也存在一些科技园，它们的目的是为区域经济续力，帮助该地区度过结构变革，为地方企业紧跟技术发展提供便利，促进创新。但是，通常地方性集群的企业数量少，当地市场有限，即使有高等教育机构，其知识基础也是有限的。尤其是在后发地区，由于受到经济、科技发展水平以及地理区位等各方面因素的影响，与先进地区的大型科技园相比，这些地区的一些小型科技园作出了非常艰辛的努力。

本章以贵州省大学科技园为背景，聚焦于在资源和服务都有限的小型科技园的背景下，企业新产品开发过程中如何实现知识转移，本地创新系统有什么样的影响。主要目的是在现有研究的基础上，进一步研究小型科技园的功能性，以及其内部的知识转移过程。所以，本章要探讨的问题是：在一个服务不完备的地方创新系统中，什么样的因素影响了知识向企业产品开发过程的转移？后发地区科技园，包括大学科技园，应该如何发挥知识转移和技术创新的主要功能。

11.2　理论框架

大学科技园区是区域创新体系的组成部分，承担一部分区域创新体系的功能（胡志坚等，2003）。大学科技园是创新资源富集并且得到活化的区域创新网络，通过集聚创新资源，促进区域创新和生产能力的升级（秦夏明等，2004）。在区域创新体系中，大学科技园充当连接知识创新与知识应用的桥梁，不仅在大学与企业之间建立联系，使科研能够满足市场需求，而且还可将适合的科技成果产业化，同时为高新技术产业的发展输送创新创业人才，促进供给与需求达到均衡（吴平和卫民堂，2002）。

从大学科技园的构成和功能看，一定数量的企业、研发机构和中介服务机构在科技园内集聚，使得大学与企业、研发机构与企业、企业与企业、企业与中介服务机构等彼此之间，甚至多方之间发生相互联系、相互作用，其结果必然会产生一种宏观的集聚效应，形成以大学为核心的区域创新网络，这就是大学科技园对区域创新体系建设作出的重要贡献（马庆斌等，2002）。作为次级的区域创新体系，大学科技园可以理解为在知识经济条件下企业空间聚集的一种网络化组织形式，而且这种网络化组织形式实际上是一种区域性的创新网络组织（徐小钦和唐潜宁，2008）。大学科技园以知识为加工对象，在内外部环境的共同作用下，通过对知识的获取、积累、传播、整合以及应用，不断地完成知识创新过程（庄宁和杨小鹏，2005）。

在现有的研究基础上，本章将从创新系统、社会资本、产品开发过程、网络化、知识转移过程 5 个方面，构建一个综合的理论框架，如图 11-1 所示。

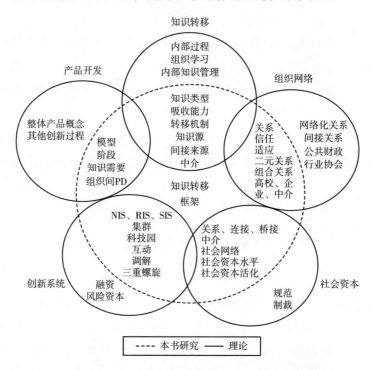

图 11-1　从本地创新系统到企业产品开发过程的知识转移影响因素

创新系统包括国家创新系统（NIS）、区域创新系统（RIS）和产业创新系统（SIS），所涉及的内容包括企业集群、科技园、网络互动、协调、三重螺旋、投融资、风险资本等。社会资本包括社会网络、社会资本水平、社会资本活化以及关系、连接、桥接、中介、规范、制裁等。产品开发过程包括模型、阶段、知识需要、组织间 PD、整体产品概念以及其他创新过程。组织网络包括网络化关系、间接关系、公共财政、行业协会以及关系、信任、适应、二元关系、组合关系、高校、企业、中介等。知识转移过程包括内部过程、组织学习、内部知识管理以及知识类型、吸收能力、转移机制、知识源、间接来源、中介等。

该框架结构本身包括了多种理论，有些包括在本章的分析中（图 11 - 1 虚线圆圈所包括的内容），有些不在本章的分析中。本章用到的不同理论领域仅限于与分析有直接帮助的层面。

11.3　知识转移过程与使能因素

11.3.1　创新系统

企业所处的创新系统是其创新过程的使能因素。本章要探讨的第一个特征，就是科技园或者其所处的创新系统的空间规模。在相关文献中，科技园的定义有大有小，从一栋建筑物，到整个城市（城镇），从一个园区到整个县（郡），如硅谷。在大多数的科技园中，并非所有参与企业产品开发过程的当地行动者或者相关企业都在园区内。所以，当把科技园当作一个创新系统来分析时，第一步就是界定其空间规模。

其次，科技园所选择的战略对其运作有重大影响。科技园常用的战略有两种：一是孵化战略，旨在为创建新企业提供有利的条件。孵化器的作用是为初创公司提供援助，向其转移或中介所需的知识。在我国，企业孵化器又称为创业服务中心，是一种提供孵化场地等物理空间并整合信息、人才、中介组织、风险资本等社会有效资源，形成内部受控的特定区位环境，转化科技成果、扶持中小企业、培育企业家的服务性企业（马庆斌等，2002）。二是吸引战略，试图吸引已建立的大型企业将其知识密集型分部或单位，与当地高等教育机构（HEI）形成的专门技术和人才基地相毗邻。第二种战略可能导致垂直的"企业簇群"，而不是水平的"网络"结构，因此战略选择可能影响新产品开发过程。此外，要了解科技园现在的功能，就必须知道其早期的历史和发展历程。对焦点科技园的历史和发展路径作简要的分析是本书框架不可缺少的一部分。

大学科技园是区域或者国家创新体系的重要组成部分，是区域经济发展和行业技术进步的创新源泉之一（袁新敏和马仁峰，2011），是推动大学科技成果转化为现实生产力的有效孵化器、实现产学研结合的关键平台、高校服务社会的重要载体（马仁锋等，2011）。

根据文献，其他的行动者在企业新产品开发过程中也扮演了重要的角色，例如提供与企业基础结构相关的服务支持等。在一个科技园中，会有一些从事特定活动的特定行动者。在有些情况下，科技园自身会负责完成一些任务，如场地建设和维护、经营商务酒店服务、孵化服务管理等。总之，不同的科技园差别巨大。为了对其功能作适当的分析，就必须详细地分析其活动和行动者，但只限于与知识相关的事务。在一个创新系统中，知识密集型商业服务机构（KIBS）和其他中介机构的作用就是知识和信息的媒介，并影响该创新系统的结构和动态。许多组织或者某些部门都在无意识中扮演了中介的角色。

许多研究证明，跨界经营的组织是企业技术创新活动最重要的合作伙伴。从焦点企业的角度看，其他的企业应该包括若干不同类型的群体，具有不同的特征。根据企业调查的情况看，企业研发最重要的合作伙伴是客户（Fritsch & Lukas，2001）。在地方创新系统中，最为重要的是本地客户，其次是设备、材料、元件和子系统的供应商（Lai & Shyu，2005）。本地竞争者的存在，既可以形成知识的相互转移，来自第三方的联合知识转移，也可以通过联合研究项目实现知识创造。阿格拉沃尔和考克伯恩（Agrawal & Cockburn，2003）提出了"关键承租人假设"，对R&D投资巨大的大型本地企业对当地小型企业可能产生重大影响。在复杂技术产品的全球化市场，新产品开发过程中采用战略和战术联盟以及外包战略都越来越常见。联盟、合伙、外包等合作方式都具有非常重大的意义，应该被作为地方创新系统使能因素不可缺少的一部分。

科技园和地方创新系统中的高校和科研机构的数量和类型各不相同。高等教育机构（HEI）是人才的核心来源。通过基于项目的学习，这些知识库能够更好地满足当地企业的需要。按照"三重螺旋"理论，高校的本土研究对于当地企业来说价值重大（Etzkowitz & Leydesdorff，1995）。高校和科研机构可以采用不同模式，如合同式研究、公共资金资助的研究、研究工程项目、技术许可等，促进创新系统的技术创新绩效，成为区域创新系统的重要的使能因素角色。

如果不与更大的地理情境——区域创新系统（RIS）和国家创新系统（NIS）相联系，地方创新系统可能不起作用。在界定区域创新系统的空间边界时，主要的标准就是高"一致性"或产品开发过程方面的"内部导向"，而不是行政边界（Edquist，2005）。在实践中，一个科技园或一个地方创新系统可能是一个更大的区域创新系统的一部分，或者是与一个或几个区域创新系统有联系。国家创新系统不应该被视为一个资源分配问题，而应该是包括学习、知识流和各种关系的动态性。地方创新系统的成熟和功能可能反映在知识空间（区域创新环境的创造）、合意空间（"三重螺旋"联系生成理念和战略）和创新空间（实现目标、实验、公共风险资本）上（Etzkowitz & Leudesdorf，2000）。"知识空间"是基础，它要求大学不断提高知识生产能力，知识有效累积到一定程度时，才可能化为现实的生产力。"合意空间"是前提，是指大学、产业、政府三方在形成战略共识基础上，统筹组织创新资源。"创新空间"是关键。它需要大学、产业、政府三方对制度、人员等不断进行调整、创新，以实现三方共同的战略目标。"三重螺旋空间"概念，对于大学科技园建设中科技项目研发积累、大学、政府、企业间的目标协同、大学、政府、企业间的过程协同指明了方向（王江涛，2018）。产业创新系统（SIS）理论聚焦于知识和技术领域、行动者和网络，以及制度等方面（Malerba，2005），这些因素的类型与从地理上界定的创新系统是一样的，但是产业创新系统是以产业为中心。产业创新系统可以是地方的、区域的、国家的，或者是全球的，或者是所有这些维度的综合体。

11.3.2　社会资本

人员之间的联系和连接构成了企业与其他组织之间网络化的基础。即使企业之间的合作是建立在严格的合同基础上，它们之间的谈判和联系仍然有赖于在这些企业工作的人们之间的互动。对于社会支持而言，强关系很重要。相反，弱关系，即朋友的朋友之类的互动，是非常有价值的新奇信息的来源（Granowetter，1973）。因此，本章要研究社会资本在中小型科技园内企业新产品开发过程中的知识转移使能作用。结构洞是可以用来中介网络缺口的潜在联系（Burt，2004）。结构洞之间的中介使原本看不见的选择成为可能。直接关系是资源和信息的来源，间接关系是信息的来源，而结构洞扩大了信息的多样性。直接和间接关系正向地影响创新产出，但是太多的结构洞也会降低创新产出（Ahuja，2000a）。

社会资本由社会网络、规范和制裁等构成，并决定其特征。换言之，社会资本有三个基本内容：①网络；②群体成员共享的规范、价值观和期望；③帮助维护规范和网络的制裁。社会资本的子类型可以分为黏合型、桥接型和联系型。黏合型指的是强关系，桥接型是弱关系，而联系型可能是更弱的连接，如相互尊重之类的规范。强关系、高水平的社会资本和空间邻近在总体上促进了企业的技术创新和组织学习过程，而在促进激进式创新方面，弱关系的作用更大（Elfring & Huisink，2003）。

11.3.3 产品开发过程

本章的焦点是中小型（大学）科技园区企业产品开发过程中的知识转移。产品开发过程本身并不是主要目标，但是产品开发过程的不同阶段所需要的知识类型不同、来源不同，所以需要对产品开发过程作一定程度上的分析。因此，需要了解中小型（大学）科技园区企业产品开发过程不同阶段需要什么样的知识。现有的文献中已经提出若干描述产品开发过程的模型，所包含的产品开发阶段的数量及定义各异。产品创新过程可以分为三个阶段：模糊前端阶段、新产品开发阶段和商业化阶段。模糊前端就是产品创新过程中，在正式的和结构化的新产品开发之前的活动（Koen et al.，2001）。模糊前端模型由机会识别、机会分析、创意生成与精练、创意评估选择、概念和技术发展五部分组成。概念发展之后便是技术设计阶段，接着是功能测试、校验和改进、试产扩量，最后是产品投放市场。

当今世界的企业技术创新很少单打独斗，而是寻求外部合作以分散风险，并获取互补性资源。在有些调查中（Fritsch & Lukas，2001），用户和供应商是这些外部合作伙伴中最主要的知识来源。其次，中介机构除了中介的作用之外，还有对新技术进行裁剪定制的作用（Tomes et al.，2000）。在这些调查中，高校和科研机构并没有名列前茅，但实际上它们是企业技术创新不可缺少的重要知识来源，创新系统、技术创新战略联盟、"三重螺旋"等文献充分强调了它们在技术创新过程的作用。从合作方式上来说，战略联盟、合伙、外包等合作的作用越来越重要，尤其是在渐进式创新的情况下。产品开发首先要注意的是其过程和阶段，其次要根据知识的类型、来源和重要性分析不同阶段的知识需要。

11.3.4　组织间网络

在当今的经济中，没有哪个组织是孤岛，因此需要了解组织间的网络化是如何影响企业产品开发过程的知识转移的。组织间关系的基础层面是双方之间的二元关系，其中个人的私下交往和社会资本起着至关重要的作用。私下交往既可能促进也可能抑制信息的交换、评估、谈判和适应。由于多种因素，企业要利用管理过程和实践来促进信任的建立。信任本身包含三个维度：能力、善意和行为。公平公正的声誉、文化价值观和规范都非常重要。共同的身份认同有助于发展相互信任，相互信任要比正式的协议更能促进透明、互相学习和相互理解。不过，也有人认为，信任太强，可能破坏创造力。相互信任和承诺，权力依赖，共同故意，共同身份，以及前期成果等，确定关系氛围。互动过程包括交换、适应和协调。支持结构应该包括奖酬体系、运行结构和基础设施。

实践中，大多数企业同时与若干其他企业和组织合作，这叫关系组合（Ritter，et al.，2004）。如果系统是开放的，通过结构洞上的其他成员，成员之间彼此连接，处于结构洞上的成员控制着知识在行动者之间的流动。如果系统是封闭的，所有的行动者都与其他所有的行动者连接。开放系统有利于捕获新的知识，但不那么利于创造知识。封闭系统更支持知识的流动和运用，支持渐进式的发展和创新。如果市场动荡，行动者被迫不断地制定和调整战略，伙伴关系的决策很快作出，其中许多是短期的，网络也在不断地变化中。整个网络可以用供应链管理方法来进行管理，包括业务流程整合等。

兰伯特等（Lambert et al.，1998）根据每个行动者对企业的重要性，确定了四类业务流程连接：①管理连接；②监控连接；③非管理连接；④非成员连接。在有些情况下，连接关系也是被管理的，在实践中就意味着，关系链条的特定部分是封闭的。在全网络模式中，所有的成员以不同的方式相互连接。ARA（即活动—资源—行动者）模型介绍了第三方功能的概念，即考虑企业如何受到与第三方关系的影响。ARA 模型被认为是理解信息交换的有用模型，在信息交换中，信任是重要的使能因素。

11.3.5　知识转移与管理

技术创新必须有知识转移。现有的文献中有若干知识转移和管理的理论。

它们主要针对的是组织层面的知识管理。本章要研究的是如何通过地方创新系统将知识转移到中小型（大学）科技园区企业产品开发过程中去。主要的兴趣点在于中小型（大学）科技园内与知识相关的过程，包括地方创新系统内的知识转移，以及通过地方创新系统到企业产品开发过程的知识转移。企业能够获取知识的量有赖于其吸收能力。企业的吸收能力不只是个体成员的吸收能力之和，还包括知识转移功能。集中化的看门人角色，知识接受方个体的专门知识，专门知识的狭隘，"非我发明"综合症等（Cohen & Lewinthal, 1990），都会造成知识转移的困难。吸收能力取决于相互信任和关系中的权力依赖、共同故意、接受者对所转移知识的利用能力、组织接受能力、企业知识基础的相似性、组织的支持结构以及补偿政策等（Lane & Lubatkin, 1998）。

增强吸收能力所需要的知识不仅包括实质性的知识本身，还包括对有用的互补性知识存在于组织内外的哪些地方、哪些人知道哪些知识、谁能帮助解决什么样的问题、谁能对新的信息进行开发利用等的知晓（Cohen & Lewinthal, 1990）。

企业向内的知识转移导致组织学习过程，包括员工的个体学习、工作的协调、流程的渐进式创新、新工具效应等。组织学习可以用学习曲线来描述，研发支出会影响学习曲线的斜率（Lieberman, 1984）。知识可以通过引进人员、技术或者一种组织结构来实现转移，或者通过对接受方组织的人员（如培训）、技术和结构进行改造实现转移。如果知识是内嵌于个人身上，那么员工流动的程度可能造成组织遗忘。

知识有两种基本类型，隐性知识和显性知识。隐性知识最难以转移，但是在各种合作形式的帮助下可以取得成功（Lubit, 2001）。卢比特（Lubit, 2001）列举了无需转化成显性知识而将隐性知识转移的几种方案：①与专家一起工作，观察并从其指导中学习；②群体和网络合作，包括头脑风暴法等；③通过记述关键事件记录学习历史，如一个改革倡议、一项产品发布、一项有错误的创新等；④建立处理各种情况的常规，并在组织上下传播。显性知识，如数据、设计规格、说明书、科学公式、产品等，则容易正式并系统地传播。

11.3.6 企业产品开发知识转移过程的影响因素

荆青和崔林林（2014）采用定性与定量相结合的方法分析了知识转移过

程中各方面的因素，最终确定科技园是校企合作创新中知识转移环节的最佳方案。影响企业产品开发过程知识转移的因素分为三个层次，共五个因素（见图 11 - 2）。第一个层次是使能因素。第一个使能因素就是地方创新系统，包括科技园、行动者与结构、区域与国家连接，以及与产业创新系统的联系等。第二个使能因素是当地社会资本。这些使能因素将创造知识转移的基础，将从创新系统的层面予以分析。第二个层次是过程。产品开发过程决定每个项目阶段需要什么类型的知识，在组织间网络的帮助下，将每个阶段所需要的知识转移到产品开发过程中。这些过程是建立在第一层次的基础之上，使知识转移得以发生。产品开发过程定义了知识需求情况，组织网络化建立知识转移的结构。这些过程将在产品开发过程层面分析。最后一个层次是知识转移本身，作为前四个因素的综合，知识转移是两个使能因素和两个过程因素汇集的结果，将从企业和科技园两个层面予以考虑。

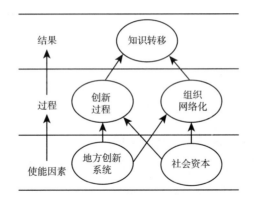

图 11 - 2　从地方创新系统到企业产品开发过程知识转移影响因素的逻辑和层级

11.4　贵州省大学科技园发展现状

11.4.1　取得的成就

截至 2017 年 12 月 31 日，贵州省共有贵州大学、贵州师范大学、贵阳学院、贵州财经大学、贵州师范学院、遵义师范学院、黔东南民族职业技术学院、凯里学院、铜仁学院、黔西南民族职业技术学院等大学科技园 10 家。其中，国家级 2 家，分别是贵州大学科技园和贵州师范大学科技园。贵州省 10 家大学科技园截至 2017 年 12 月 31 日的相关统计数据如表 11 - 1 所示。

表 11 - 1　　　　　　　　贵州省 10 家大学科技园相关统计数据

项　目	数量/ 面积	同比增长 （%）	项　目	数量	同比增长 （%）
创业公共服务机构（家）	63	12.5	在孵企业（家）	460	28.13
中介服务机构（家）	20	25	累计毕业企业（家）	63	133.33
金融服务机构（家）	10	25	当年毕业企业（家）	27	50
风险投资机构（家）	7	16.67	孵化出高新技术企业（家）	8	33.33
商务服务机构（家）	23	9.52	研发机构（家）	93	27.4
产业化支撑服务平台（家）	24	140	专利授权（个）	131	138.18
场地总面积（万平方米）	29.37	20.03	发明专利（个）	18	63.64
孵化用房（万平方米）	6.2	15.06	在孵企业从业人员（人）	4169	16.25
研发用房（万平方米）	3.23	7.44	博士（人）	150	9.05
生产用房（万平方米）	2.29	30.83	硕士（人）	375	31.58

注：截止时间为 2017 年 12 月 31 日。

资料来源：贵州省科技厅（贵州省知识产权局）。

贵州大学科技园与贵州师范大学科技园均为 2012 年经贵州省科技厅、教育厅批复认定的省级大学科技园。贵州大学与贵阳国家经济技术开发区、贵州师范大学科技园与贵阳国家高新区开展联合共建，形成了"一园多区"的基本架构，采取市场化运作模式对园区进行管理。经过两年多的培育与发展，贵州大学科技园与贵州师范大学科技园已成为贵州省重要的创新创业、成果转化支撑平台和基地。2014 年，贵州大学科技园和贵州师范大学科技园成为第十批国家级大学科技园。

贵州大学于 2011 年 6 月开始筹建科技园，至 2012 年 3 月正式启动建设。2012 年 8 月，贵州大学科技园被省科技厅、教育厅批准为贵州省首批省级大学科技园；2012 年 10 月，被省科技厅、教育厅认定为省级高校学生科技创业实习基地；2014 年 9 月，被科技部、教育部认定为第十批国家大学科技园；2015 年 5 月，成为花溪区创业孵化基地；2015 年 12 月，获批贵阳市市级创业孵化基地；2016 年 11 月，被认定为贵州省省级创业孵化示范基地。

贵州大学科技园运转建设和功能定位为"12345"，即一个主体、两个园区、三套体系、四个平台、五个基地。一个主体——国家大学科技园；两个园区——校内园区和校外园区；三套体系——大学科技园管理部门、贵州大学科技园发展有限公司、黔龙众创空间；四个平台——科技成果转化平台、高新企业孵化平台、创新创业服务平台、服务地方支撑平台；五个基地——产学研合作示范基地、技术转移和科技成果转化基地、高新技术企业孵化基地、战略性新兴产业培育基地、创新创业人才培养基地。目前园区拥有 10124.86 平方米孵化面积，入园在孵企业 136 家，其中高新技术企业 1 家，2017 年实现产值 9914.7 万元。经过近几年的建设与发展，初步形成了以大数据、环境治理和生态恢复、高端装备制造等为主导产业，集企业孵化、科技成果转化和科技服务为一体的大学科技园。

贵州师范大学科技园按照"一园多区"的模式，以学校主导、政府支持、企业参与的企业化运作模式进行分类管理。2016 年 12 月，贵州师范大学国家大学科技园被评为国家小型微型企业创业创新示范基地。基于大学科技园平台建设的贵州师范大学思雅众创空间于 2016 年 9 月被认定为国家众创空间。贵州师范大学国家大学科技园以及思雅众创空间积极围绕贵州省"大数据""大健康""大扶贫"三大行动战略，初步建立了"平台＋技术＋金融"的创新创业生态圈，吸引创业企业 124 家，聚集了一批优秀创客，培育出了博大数据、母亲云、青青生物科技、彬山科技等一批"双创"典型企业，其中博大数据经过两年孵化已获得高新技术企业认定。

贵州师范学院大学科技园按照"一园多区"的原则，以乌当区为核心，将教师教育、信息大数据和文化旅游三大领域进行技术成果转化和企业孵化，在全省相关产业区域建设分园区或基地。一期建设 20000 平方米，累计入园新注册企业 52 家，注册资本 6000 多万元，其中科技孵化企业累计 20 余家。入园企业员工总数超过 528 人。2016 年入园企业实现产值 358 万元，利税 3.5 万元。已有 24 家孵化企业毕业出园，并向周边地区辐射，对地方经济的发展起到了重要推动作用。

贵阳学院大学科技园于 2015 年 3 月正式成立"博雅众创空间"。科技园/空间以服务大学生创新创业工作为中心，设置"一体""两翼""多点成片"功能布局。"一体"即以"博雅众创"空间多功能大厅为主，打造开放共性服务平台；"两翼"即建设以"生物医药大健康"主题客创基地和以"装备制造大数据"主题客创基地的两个主题客创基地为核心支撑；"多点成片"，围绕

"两翼"设立多个主题创客区（基地），各种创新创业要素聚集为一体，多点成片，形成合力，为大学生及校外创业者创新创业发展服务。

11.4.2 存在的问题

虽然贵州省大学科技园取得了一些可喜的成绩，但是由于地理区位、资源禀赋、观念认识等各方面的原因，与我国中、东部的大学科技园相比，贵州省大学科技园的发展还是存在着一些明显的差距和问题。

一是起步比较晚。我国的大学科技园建设，最早可以追溯到1989年1月东北大学科技园的建立，比美国晚了近40年。而贵州省2012年才有省级大学科技园，2014年才有国家大学科技园，与国内相比，又晚了20多年。

二是大学科技园数量少。贵州全省公办和民办普通高校共64所，仅有贵州大学、贵州师范大学、贵阳学院、贵州财经大学、贵州师范学院、遵义师范学院、黔东南民族职业技术学院、凯里学院、铜仁学院、黔西南民族职业技术学院10家大学科技园，仅占全省普通高校数量的15.6%。

三是大学科技园规模较小，建设层次比较低。从2002年第一批到2014年第十批，全国共认定115家国家大学科技园，贵州省只有2家，低于全国平均水平。

四是创新能力不强，创新效率不高。郑会（2010）将我国大学科技园区划分为东、中、西部三个区域，选取园区R&D经费、园区R&D人员、入园企业数、园区专利数、毕业企业数、园区企业平均销售收入六项指标，利用DEA的C2R模型与SE模型对我国大学科技园区创新绩效进行了评价，结果表明西部发展最差。沈能和周晶晶（2018）利用两阶段共同边界DEA模型，对我们国家的国家大学科技园2009～2012年的创新效率进行了实证分析，发现由于创新能力上存在较大的差异，中国大学科技园创新效率呈现出"东部—中西部"递减的格局。周荣等（2015）通过建立加权交叉效率DEA模型，从时间序列和横截面两个方面对国家大学科技园的科技成果转化效率进行了评价，发现西部大学科技园在资源投入与创新能力等方面都存在非常大的差异，在高校科技成果转化促进能力上也存在较大差别。贵州省地处我国西部后发地区，社会经济发展水平相对滞后，境内缺少高水平的理工科大学或含有高水平理工科的综合性研究型大学，科技人才和科研能力与我国先发地区相比，存在一定的差距，贵州省大学科技园在服务、管理能力上也存在一些缺陷。这些因素导致贵州省大学科技园在创新能力和创新绩效各项指标上，与我国先发地区相比都存在差距，而且差距较大。

11.5 对贵州省大学科技园发展的思考与建议

技术创新是科技园的主要活动（刘希宋等，2002）。大学科技园承担着促进新企业不断繁衍、带动区域经济发展的重大使命，而园区内各主体之间相互作用产生的协同效应和区域集聚效应是区域创新的源泉（钟书华，2004）。针对目前贵州省大学科技园技术创新能力不强、创新效率不高的主要问题，根据本章图 11 - 1 所建立的理论框架，对贵州省大学科技园的发展提出如下一些思考和建议。

11.5.1 培育基于信任的创新生态系统

创造性活动中的合作是否成功很大程度上取决于创新者网络中的人际关系动态。合作效能取决于各种行动者之间是否存在相互信任。彼此信任的个体有可能更具有创造性，也有可能更具有将他们的想法付诸实施的雄心。社会资本为人际关系的时间演进提供了一个动态视角。相互信任有助于更好地理解任何一种社会结构的运行机能，包括创新的生态系统。社会资本和相互信任的概念可以帮助我们更好地理解创新生态系统各种要素，是如何被组合成一个和谐的系统并促进创造性和经济增长的。社会资本指的是扎根于网络以及网络成员关系之中的价值。在涉及多元行动者的复杂网络情境中，基于信任的关系具有至关重要的作用。信任程度越高，交易成本越低，越能促进创新思想的传播。

硅谷为什么不可复制？创新生态系统的架构该如何搭建？并没有一个放之四海而皆准的解决方案。但是，在社会资本和相互信任程度高的环境下，创新才会繁荣，这似乎成为广泛的共识。创新有赖于各种不同的外生因素，如当地风土、文化和历史背景、经济和地缘政治局势、可利用的自然资源，等等。一个地区存在许多致力于创新生态系统的利益相关者，并不意味着该地区的创新就能繁荣。创新繁荣的一个核心因素就是这些行动者之间的相互信任。

每一个创新生态系统都包括六类主要的行动者，它们执行的功能各不相同。

①高校和研究院所，可能是任何一个创新生态系统中最重要的行动者。高端的研究活动通常是在高校完成的。高校争相吸引最聪明的学生和顶尖研究者。高校付出了大量的努力，组织各种会议和联合攻关项目，保持学术界和企业界之间的紧密联系。同时，高校也在努力维护有利于科学研究的创造性环境，高度关注高校创新成果的商业化。

②人类的本性是好奇和有求知欲望的。但是，也要承认，在大多数情况下，志同道合者聚在一起是出于财务因素的考虑，他们或者创业或者加入大公司。能否赚钱有赖于能否成为市场第一的能力。先动优势常常意味着发现新的市场。要将一个抽象的概念变成现实，还需要许多的技能和大量的投资。缺乏商业经验的创新者往往要求助于一些创新中介（如咨询公司、律师等），帮助他们将商业计划具体化、创建公司或者寻找投资人。

③创新孵化器是创新生态系统中另一个非常重要的角色。创新思想可能是突然闪现的，但是将这些创意转变为成功的技术或艺术作品则需要花费时间。创新孵化器提供了必要的设施设备。美国马萨诸塞州坎布里奇市的 Greentown 实验室就是创新孵化器的一个很好的例子。Greentown 实验室成为许多开发下一代绿色技术（风力发电机、蓄能电池等）的创业公司的宿主。创业公司只需缴纳少量的费用就可以获得必要的办公和研发设备设施。Greentown 实验室还与许多其他的创新中介保持密切联系，为这些创业公司提供服务。还有定期的工作坊、展览会和学术会议，以便促进跨学科的合作。

④风险投资公司为创业公司的创办人提供资金。不过，风险投资公司还有更深远的功能：它们能够帮助提炼那些有可能转变成为成功商业模式的创业努力。在种子轮投资之后，风险投资公司会获得对创业公司的各种不同的控制权，如任命董事会或监事会成员、指导商业计划的实施等权利。

⑤最后但同样重要的是，创新生态系统有赖于政府的领导。在为技术、资本和资源的转让确定法律框架，创建有利条件方面，政府起着非常重要的作用。

但是，即使所有上述参与者都已经到位，也并不意味着这些利益相关者的聚集就能够导致创新生态系统的快速成长。要创建一个良好的创新生态系统，社会资本和相互信任至关重要。但是，信任不是一蹴而就的，它需要花费许多的时间和努力，需要创新共同体成员之间的重复互动，需要有共同的利益。社会资本和相互信任发挥着黏合功能，帮助降低交易成本，促进更大程度的资源交换。对于科技园区而言，社会资本才是决定其兴衰成败的关键。

11.5.2　规划有利于社会资本成长的科技园空间布局

我国科技园区规划普遍重生态环境轻社会环境，重生产轻社会服务，导致园区创新主体之间的交流和互动非常有限，社会资本较弱，创新能力不强（郑国，2013）。人类的行为模式与空间的构成有密切的关系，这类研究中最早的是由著名美国社会心理学家费思汀格（Leon Festinger）等进行的。他们对不同空间布局中发生的人际交流的类型进行了研究，发现那些位于住宅群体布局中央的人，朋友更多。

科技园区的空间分割，使得园区内的企业过分孤立，不同的创新主体之间相互交流和互动的机会较少，园区缺乏凝聚力和认同感，结果普遍出现企业和人才表面上的嵌入性强，但实际上的根植性弱，创新所需要的社会环境和社会氛围都比较差。还有一个非常普遍的问题就是，园区内的配套服务设施建设长期滞后，园区人员职住分离严重，导致园区长时间缺乏人气，一些园区甚至成为人们口中的"鬼城"。

空间对社会资本的积累具有重要的影响和制约，其内在机制在于空间与社会交往的密切关系。人们需要必要的"交往空间"。以邻里为例，住在一个四合院或一个大院里的邻里，日常生活中经常见面互动交流，其社会资本水平远远高于住在高楼里的邻里。

交往与互动是社会资本形成与增值的核心环节，社会资本的一些核心维度，如关系、信任、承诺、互惠等，无不与交往和互动密切相关。人与人之间社会交往与互动越多，越可能在情感、认识、思想观念和价值观等方面找到共同点，越可能更多地参与集体行动并付出更多的承诺和投入。而社会交往与互动总是在特定的空间中进行的，虽然在当今信息社会，互联网等信息技术高度发达，虚拟空间成为人们社会交往和互动常用的手段，但以产品开发为主的技术创新，需要将显性知识和隐性知识有机地结合，在某种程度上，隐性知识更为重要，而且隐性知识在人类知识总体中占绝大多数，这一类型知识的成功传递更多地需要依赖社会成员面对面的交流来实现。此外，从心理学和相互尊重的社会习俗方面讲，也应加强人与人面对面的交流，所以实体空间在人们的交往和互动中不可取代，而且影响深刻。

由于工作习惯、价值追求等方面的原因，高校和科研机构的科研人员与企业的管理者和员工，本来就在行为方式和思想交流方面存在一些差异，需要多在一起加强相互了解、彼此认知和欣赏。而贵州省大学科技园，如贵州大学大学科技园、贵州师范大学大学科技园、贵州师范学院大学科技园等，多采用"一园多区"模式，更应注意园区内各主体的社交空间布局，尽量减少不必要的空间隔离，尽量提供组织与组织之间、人员与人员之间社会交往的时间、空间和机会。社会交往多了，人们之间更熟悉了，更了解了，也就更信任了，社会资本的水平也就提高了。

具体来说，可以从以下方面科学设计园区的空间布局，增加人们社会交往的机会，促进社会资本的发展。

一是适当提高园区内布局的紧凑度。足够的人口密度是一个社区是否有活力的基本前提。适当提高科技园区的密度，尽量打破空间上的分割和隔离，尽量缩短企业之间的空间距离，为园区内不同创新主体之间的交流和互动提供更多的机会和便利。

二是加强公共交通建设，提倡公交出行，园区内建设好舒适宜人的自行车道和人行步道系统。以公共交通站点为起点，科学合理地设计步行景观轴，将办公、购物、娱乐、休闲、健身、游憩、交通等各种功能有机地相互串联起来，在步行空间方面注重连续性，并强化步行过程中的愉悦感，让上述活动成为人们交往、交流、互动，建立感情和信任的有效载体。

三是加大第三生活空间体系的构建力度。居住空间是人们的第一生活空间，工作空间是人们的第二生活空间，第三生活空间就是人们的公共交流空间。虽然现在信息技术的发展，使得人们有更多的交流互动工具和手段，但是虚拟空间永远代替不了人们在实体空间内的面对面交流。第三生活空间对于促进人们之间的感情、建立社会关系和网络的作用巨大，它对科技园区不同创新主体的互动、乃至社会资本的积累至关重要，而且从知识转移的角度，隐性知识的传递更依靠面对面的交流，第三生活空间对于促进园区社会资本和创新绩效具有不可忽视的直接效应。所以园区内必须重视并切实做好商业、娱乐、餐饮、健身、休闲、游憩等第三生活空间体系的规划和建设。

11.5.3 提高信息中介服务水平，促进知识向产品开发转移

贵州省大学科技园属于后发地区中小型科技园，除了知识原创能力不够之外，与知识相关的服务也不完备。大学科技园要从人才服务平台、创业服务平台和信息服务平台三个方面，强化公共服务平台的建设（吕雪晴和党建民，2016）。科技中介机构是大学科技园健康发展的要素，包括成果转化推广机构、风险投资机构、服务咨询机构等各类组织。应培育各类科技中介服务机构（方芳，2016）。韩春民（2013）也讨论了大学科技园的技术融合机理。

从促进知识向产品开发过程转移看，科技信息中介具有不可替代的重大作用。为了促进大学科技园内的知识流动，尤其是向产品开发过程的精准知识转移，急需提高科技信息中介的服务水平。从管理层面讲，应该建立大学（科研机构）与企业、企业与企业之间知识和技术共享平台。企业参与这个平台的具体行动者应该是技术部门和生产部门。大学、科研院所、企业的技术部门、企业的生产部门在这个平台上，一方面发布自己已有的技术和知识，另一方面收集自己想要的技术和知识，包括材料、零部件、工艺、知识、专门技能、人员与联系等，如图 11－3 所示。

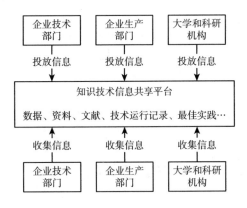

图 11－3 大学科技园知识技术信息共享平台

还可以建立知识转移协调中心（如图 11－4 所示），实现企业与大学（科研机构）、企业与企业、企业的不同部门（技术部门、生产部门、财务部门、市场营销部门）之间精准高效对接，大学（科研机构）的研究成果及时向企业转移，通过企业的检验，要么快速进入生产程序，要么及时反馈给大学

（科研机构）做再研究。研发部门的新技术通过生产部门产生新产品或对原产品进行改进，产品投放市场后的市场信息再发反馈给研发部门和生产部门，使新技术扩散时间尽可能缩短，并得到迅速应用。大学科技园知识转移协调中心通过计划、组织、协调、控制等管理职能，服务并促进企业与大学（科研机构）、企业与企业以及企业不同部门之间有序、精准、高效的协作，同时也促进了研发和市场资源的最优配置，实现知识的快速转移和产品创新开发的高成功率。

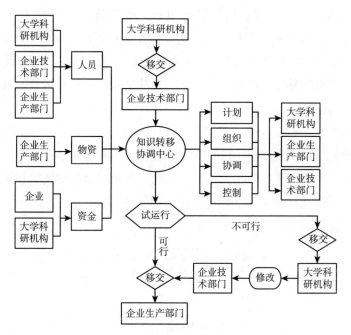

图 11 - 4　大学科技园知识转移协调中心

11.5.4　加强知识供应链管理，提高知识转移效率

创新是一种新的产品、流程、服务或技术的成功实施。在创新的过程中有两条链条，即物质供应链和知识供应链，它们都对创新起到支持作用。物质供应链和知识供应链两个供应链的运行机理如图 11 - 5 所示。

产品开发创新过程中的物质供应链，展示了工程、制造和客户价值是如何在从概念到客户使用的产品创造过程中被联系在一起的。工程、制造和客户都参与到了关于产品及其制造和使用的相关信息和知识的持续流动中。

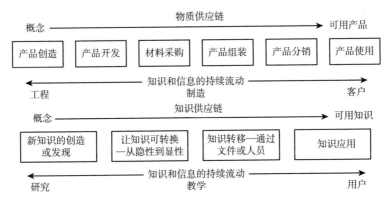

图 11 – 5 支持可持续创新的物质供应链和知识供应链

知识供应链相当于一条知识生成的价值链。它表明发现新的知识，使知识发生转换（从隐性到显性），通过文档将知识从一个人转移到另一个人，最后是对这些知识的运用，所有的环节都类似于一条物质供应链。对当前知识供应链本质的分析可以发现：

①竞争前领域和竞争领域是相互关联的。

②知识的创造和使用范围涵盖了从竞争前的公共领域、竞争的私有领域直至公共和私有用户领域。

③知识是由执行特定项目的团队创建的。凭借丰富的连通性以及信息与通信技术的日益成熟，这些知识被联系在一起。

④大多数知识都可能被创建它的项目本身的生命周期情境化。

⑤项目可以连接到一个由产品、企业和技术三个生命周期组成的创新空间。

⑥公共领域的科学和技术路线图项目激增，将大量的团队合作整合成简明的路线图报告。

⑦项目涉及的规划范围，长的如科学和技术路线，长达50年，短的如快速展开项目，只有两周甚至更少。

⑧同样，项目所消耗资源量的差距也很大。一个大型公共领域项目，如下一代制造项目，可能代表500人/年的工作量，而快速展开项目可能只代表1人/月的工作量。

⑨不同项目中的利益相关者也多种多样。他们可以是政府和学术界人士、从事竞争性项目的特定企业的雇员和顾问，或者是用户和客户自发组成的、以

确保他们充分了解市场信息的用户群体和社交网络。

图 11 - 6 将知识供应链分解为不同的知识领域、相应的不同供应链产出以及不同的角色扮演者。在许多情况下，不同的角色扮演者也被组织在或多或少正式的整合知识网络中。

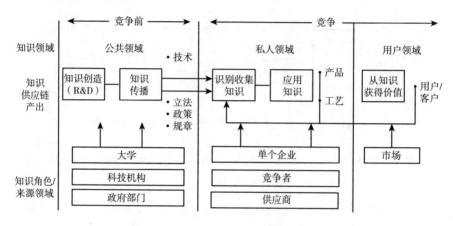

图 11 - 6　知识供应链组成部分

从图 11 - 6 可以看出：

①公共和私有领域的信息产生了海量的知识。这意味着信息过载的巨大风险。

②必须支持物质供应链的创新过程太过复杂，单个团队无法在单个项目中解决这个问题，因此必须进行划分。

③因此，建议采用多团队的方法，积极主动地进行知识创造、评价、筛选和部署。

④公共领域的活动与私有领域的开发工作之间进行广泛的互动是必要的。

知识环境中需要协作，这意味着知识共享活动不应该再受组织边界的限制。贵州省大学科技园应该加强知识供应链管理，设计这样一个相关团队合作的层级结构，提高知识转移效率，促进创新的开展速度。

11.5.5　构建集成知识网络，加强显性知识和隐性知识的整合

大学科技园的本质是一个知识创新场域（孙华林，2004）。组织中最有价值和最新的知识是将已经获取的（显性的）知识与存在于个人头脑中的（隐

性的）知识结合起来的集体知识。由于总有新的个人学习、经验、见解和想法，所以这种隐性知识总是在不断更新中。技术创新的一个重要特征是通过本地产业动态，即网络和集群，获取隐性知识。企业获得长期竞争优势的关键在于不断产生新知识的能力，并迅速将其转换成新产品和新服务的能力。人们普遍认为，员工的知识和专门技术是知识型组织的主要资产。利用这一资产的最佳方式是加强员工之间的沟通，以便他们进行知识分享。如果一个企业想要超越，它必须有能力通过开发新产品和服务来产生新知识。仅仅关注现有知识的再利用并不能保证任何可持续的竞争优势。通过网络化适当的资源，企业可以更好地利用隐性和显性的知识，发展企业的知识库，从而促进创新。在让团队使用他们的集体经验和竞争性知识取得进步时，利用知识网络是很重要的。只有当集体经验和知识以一种能够被团队其他成员访问的方式被存储、捕获和/或结构化时，它才会变得有用。这尤其对隐性知识的开发利用提出了挑战。

首先，从本质上说，创新基本上是一个隐性和显性知识交换的演进过程，如图 11 - 7 所示。

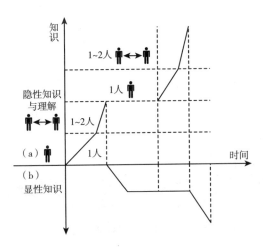

图 11 - 7　相互关联的隐性和显性知识循环

在任何创新项目中，相互关联的隐性和显性知识的发展都会不断地演进，直到达到最终的项目目标或达到项目时间表为止。这个过程如图 11 - 8 所示，它与野中郁次郎和竹内（Nonaka and Takeuchi, 1995）的知识创造过程是一致的。

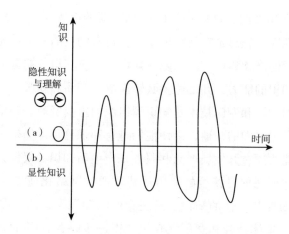

图 11 - 8　相互关联的知识生命周期

不同领域的不同社区之间复杂的知识交换促进了创新过程——如图 11 - 9 所示，知识工作过程是一个知识螺旋。为了支持这种创新的知识螺旋，应该以一种动态的方式构建知识框架，并提供多种知识观，以便知识工作的认识论和本体论维度都得到充分的支持。

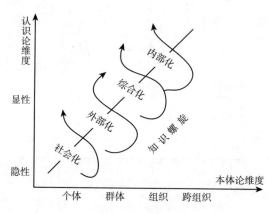

图 11 - 9　作为知识螺旋的知识工作过程

创新和竞争力依赖于结构化的知识管理。创新的设计依赖于跨越竞争前领域和竞争领域，以及跨越全球、区域、产业和企业层次结构的合作。通过使个人能够更好地在团队内部、跨团队、跨整个组织和跨组织之间进行沟通和协作，更重要的新知识、新见解和新思想将以更快的速度被创造、转移、共享、吸收和利用，从而提高创新率。为了将显性知识和隐性知识有效地结合起来，促进企业的创新产品设计，必须建立一个集成的知识网络。

知识网络在创新中的应用越来越重要。所谓知识网络，就是"为了积累和使用知识而聚集在一起的一群人、资源和他们之间的关系，这些人主要通过知识创造和传递过程来积累和使用知识，以创造价值"（Seufert et al.，1999）。知识网络的核心是成员之间的知识交流。就知识网络的发展而言，有自发性网络和故意性网络。故意性知识网络是从零开始有意识地建立起来的网络，而自发性知识网络是已经涌现出来并存在的网络，但必须加以培养才能表现良好。因此，知识网络可以看作是以实现创新为目的的知识过程得以发生的一种组织环境。

知识网络的主要角色是大学、科技机构、政府机构、单个企业、竞争对手、供应商和市场。它们被组织在不同的社区中，当它们被整合时，就构成了一个整合的知识网络，如图 11 - 10 所示，它意味着实现了某种高水平的集成。一个集成的知识网络贯穿了所有领域、社区和信任关系，目标是促进可持续创新，从而不断提升其用户的竞争力。

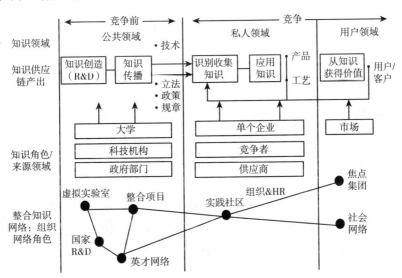

图 11 - 10　整合知识网络的组成部分

知识网络的框架包括以下内容：①参与者，例如个人、团体、组织；②参与者之间的关系，可以按形式、内容和密度进行分类；③参与者可能在其关系中使用的资源；④制度属性，如控制机制、规范和规则、沟通模式等。所以，在一个知识网络中，可以划分出彼此相互联系紧密的三个不同层次，如图 11 - 11 所示。第一层是促进条件，描述了发生知识过程和网络工作的环境。第二层是知识工作过程，包括网络成员之间的所有过程和步骤。第三层是网络架构，描述网络的结构和支持工具。这些工具包括组织工具、信息和通信工具及系统。

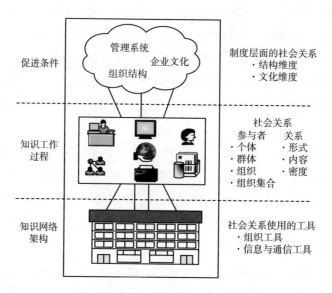

图 11 - 11　知识网络框架——微观视角

（1）促进条件

促进条件影响着网络成员的行为和过程。这些条件包括管理制度、组织结构和企业文化等。它们是制度层面的社会关系，可以区分为结构因素和文化因素，知识工作过程就在这些因素中发生。这些因素既可能支持知识网络工作，也可能不利于知识网络工作，即可以作为知识创造和转移的使能或抑制因素。文化因素，例如，一个知识友好或不友好的文化，是组织知识分享或领导的一般动力。这些因素不能直接被影响。结构因素包括，网络的大小或网络的目标和任务等。它们也可能是支持性的或阻碍性的，并且可能直接被影响。

（2）知识工作过程

知识工作过程包括个人或群体层面的社会互动和交流过程，其参与者包括个体、群体、组织乃至多个组织的集合。根据 SECI 模型，知识工作过程包括社会化、外部化、综合化、内部化四个环节，这四个知识工作过程结合起来形成一个螺旋，代表了网络中所有的知识创造和转移活动（见图 11 - 9）。过程层除了"定位与捕获""共享与转移"和新知识"创造"等知识过程外，还包括完成网络特定任务的过程。此任务与网络想要支持的业务流程相关，并与从一种知识（隐性或显性）到另一种知识的转换有关。这个任务被称为"操作性知识任务"。它创建了知识过程和企业过程之间的接口。除了这些过程，这个层面还描述了知识网络的成员、他们的角色和责任。

（3）知识网络架构

知识网络架构由用于促进社会关系的网络结构和支持工具组成，包括组织工具以及信息和通信工具。这些工具旨在支持或改进知识工作过程，同时也为知识网络的工作创建适当的环境（促进条件）。组织工具包括，如用来激励成员的奖酬制度，或支持知识工作过程的定期会议等；信息与通信工具包括，如电子邮件、即时消息传递系统、支持虚拟通信的知识门户或视频会议工具，或用来管理显性知识文档的存储库等。知识网络的组织形式支持透过知识所有者的合作实现显性知识的转移与分享，信息和与通信技术具有存储、转移和分享显性知识，支持网络成员沟通交流的潜能，将二者结合起来，就能利用这两种知识管理工具的影响力，并使二者的潜力倍增。

使用整合的知识网络，对于使企业之间和企业内部的团队能够利用他们的集体经验并通过扩展他们的知识进行创新非常重要。这种集体经验只有在显性和隐性知识被创造、提炼和交换，并以一种所有成员都能获得的方式被捕获和结构化时才能得到利用。这就意味着要有企业间知识网络的合理部署。因此，在不同的知识聚合层面上对创新项目进行有效规划至关重要。从知识供应链可以看出，很多角色扮演者参与了知识的创造和转移过程。因此，组织应该根据功能而不仅仅是沿组织边界扩展其知识网络的范围。

一个集成知识网络包括促进将持续提高用户竞争力的可持续创新所需要的所有领域、社区和信任关系。然而，它也是一个不断发展的动态网络，应该实行动态管理。

11.6　本章小结

创新需要知识。偏远地区的中小型（大学）科技园缺乏完备的与知识相关的服务，行动者的数量也不多。在有些关于创新系统的研究中，常常以地方创新系统为分析单位，进而又以科技园作为地方创新系统的代理。具体到微观层面，从企业流程层面对产品开发过程和知识转移进行了研究。社会资本及其效应既要从企业层面研究，也要从创新系统层面研究。本章研究结果表明，无论是创新系统层面的研究、企业产品开发过程层面的研究，还是企业在产品开发过程中的互动研究，都不足以解释知识是如何、从何处转移到企业产品开发过程中去的，也不足以解释被转移的是什么类型的知识。

中小型（大学）科技园不是研究知识转移的充分基本单位，还必须包括其他当地参与者，以及与区域创新系统、国家创新系统和产业（行业或企业特定的）创新系统的联系。（大学）科技园所采取的主要战略——孵化或者是吸引——影响了企业的集群，从而影响了知识转移过程。另外，（大学）科技园的历史对企业方的选择决策、社会资本乃至企业间的网络化都有重大影响。应当高度重视当地行动者的存在及其活动，因为它们会影响到什么类型的企业会进驻到（大学）科技园区内、这些企业如何进行知识转移以及转移的是何种知识。可以用三重螺旋概念来衡量（大学）科技园的整体功能，但详细的探索需要更详细的研究。对社会资本的研究，尤其是从社会网络的角度，对于理解中小型（大学）科技园内企业和其他参与者之间的网络关系是必要的。更进一步说，要了解当地的社会网络和社会资本，还必须分析为促进社会资本而采取的行动。

在研究知识向企业转移的过程时，产品开发过程和知识需求的差异很大，这取决于企业的独立性、产品开发过程的独立性、中介机构的作用以及其他一些因素。产品开发过程因企业而异。首先将产品开发过程拟合到具有标准化阶段的模型，以此来分析开发过程每个阶段的知识需求。在研究了使能因素——创新系统和社会资本，并分析了产品开发过程中的知识需求之后，可以使用企业产品开发过程的数据来分析网络情况。要了解知识向企业产品开发过程的转移，网络应该从二元和多元两个层面进行分析。具有信任和适应的二元关系通常表示一种长期的关系，适合于隐性知识的转移，而多元关系则是对一种较弱连接的竞争关系的管理，适合于显性知识或知识子系统的转移。

第 12 章

社会资本、竞争力因素与企业技术创新：
贵州白酒企业网络案例研究

从 20 世纪 90 年代以来，随着全球企业竞争与创新环境的变化，联盟、网络、合作成为企业常规的战略手段，从而让企业能够在竞争力和创新水平方面获得重要收益。越来越多的企业在与其他主体的网状连接中进行调整，构建协作网络。网络似乎使信息、资源和能力的获取变得更容易，而合作促进了多方受益结果的实现。然而，众所周知，虽然合作网络在参与这种组织安排的企业所取得的成果中扮演着重要的角色，但同一网络中不同的参与企业所取得的成果并不一致，其强度也不是在所有的情况下都是相同的。而这种结果的差异性可以精确地根据不同企业在网络中的社会资本存量得到解释。

社会资本的网络特征以及信任、规范、共同愿景等组织属性，有助于协调各方行动和提高社会效率。根据昂尼克斯和布伦（Onyx and Bullen, 2000）的开创性研究，社会资本在生产力合作的转化中起着根本的作用。

那么，参与网络的所有组织都有相同类型的资源，但却有不同的组织绩效，其根源是什么？最重要的根源就在于社会资本的存在。卡罗伊斯和奥伯特（Callois and Aubert, 2007）认为，这是一个有说服力的观点，原因有三个：①社会资本意味着许多可以传递信息的社会联系，而重要的信息通常很昂贵。很快，那些更容易获取信息的人将拥有决定性的优势；②信任和忠诚的普遍存在降低了交易成本；③社会关系促进集体行动，并可能促进提高生产力和创新效率的公共产品的生产。

从以上几个方面来看，对社会资本、竞争力和企业技术创新的实证研究就显得尤为重要。在此背景下，本章提出这样一个研究问题：社会资本和竞争力因素对参与网络的企业技术创新有怎样的影响呢？因此，本章旨在验证社会资本和竞争力因素是否对参与网络的企业技术创新产生影响及其作用机制。为了解决这一研究问题，本章从探讨后发地区企业社会资本与技术创新能力的研究目的出发，选择贵州省白酒企业网络作为研究对象。贵州白酒不仅是贵州省的优势产业，在全国的白酒产业中也举足轻重。近年来，贵州白酒不仅在产业集群方面取得显著成效，而且在"抱团发展"——合作网络方面也表现出色，显著地提高了贵州白酒企业的竞争力。因此，以它作为研究对象，更具有理论和实践意义。

12.1　社会资本的特征及其要素

近年来，社会资本的概念已广泛地出现在经济学、社会学、管理学和政治学等诸多研究领域中。社会资本概念及其研究的广泛扩散，可能有如下原因：①对社会结构和关系的重视；②对内嵌于社会结构和社会网络之中的、不能由其他资本形式解释的资源的认可；③由于国家与社会角色以及公私之间关系的重新定位所引发的政治经济环境的变化；④概念发展的需要，它反映了人为干预各个不同方面的复杂性和相互关系；⑤社会资本所具有的潜在的政治经济杠杆作用。

虽然关于社会资本的文献不能划分出"纯粹"的类别，但是与这个概念相关的各种意义，无论是作为资产还是作为社会关系集合，都有助于对社会资本的理解。与此同时，分析与该主题有关的理论路线，可以发现有两条主线：①社会资本是由特定个人积累起来的东西；②社会资本是作为群体、社区或社会的元素被分析的。

值得一提的是，无论研究所选择的理论路线是什么，在与该主题相关的调查中都存在着一些共同的因素，比如信任与合作。从中可以推断出，所有社会都有一定程度的社会资本，其中的差异可能与信任、合作等问题有关。信任作为社会资本的基本组成部分，是促进合作的重要因素之一。

还有一个与社会资本研究相关的因素就是与组织情境的关系。情境管理以及管理情境研究成为当今管理学研究的主流。从研究文献中可以发现，社会资本通常置于以下一些组织情境中进行研究：社会资本和组织绩效、社会资本和组织网络、社会资本和竞争优势、社会资本和组织承诺、社会资本与创新、社会资本与创业等。

虽然有关社会资本的研究众多，但对于社会资本的概念以及如何测量社会资本的概念却没有统一或一致的看法。如果考虑到社会资本定义的多维度，包括多个分析层面和分析单位，那么这种现象就更为严重。因此，当试图在社区、网络或组织的情境下分析社会资本及其属性时，就会出现当前常见的模糊不清的现象。

为了促进对社会资本的理解和分析，那哈皮特和戈沙尔（Nahapiet and Ghoshal，1998）对与社会资本相关的属性进行了辨别，并将这些特征细分为结构、关系和认知三个不同的维度。虽然这三个社会资本维度在分析讨论时是分开的，但实际上它们之间在很大程度上是相互联系的。巴列霍斯等（Vallejos et al.，2008）的研究证实了这一观点。他们在组织层面、群体内（网络内的关系）层面和群体间（网络间的关系）层面，都发现了与社会资本不同维度相对应的要素。上述两大研究提出的社会资本维度及各自的要素如表 12 - 1 所示。

表 12 - 1　　　　　　　社会资本的维度、特征及其要素

维度	特　　征	要　　素
结构	行动者之间的连接模式，包括在密度、连通性和组织层级等方面表现出来的网络设置和联系	联结；稳定性；密度；背景；连通性
关系	透过关系而创造和撬动的资产，包括认同、信任、规则、惩罚、义务、期望等	信任；互惠规范；参与；义务；多样性容忍度
认知	代表共同的愿景、诠释和意义系统的资源，如语言、代码和故事等	价值观；共同的故事；共同语言；文化；编码

资料来源：Nahapiet and Ghoshal，1998；Vallejos et al.，2008。

关于上述社会资本三个维度的关系，那哈皮特和戈沙尔（Nahapiet and Ghoshal，1998）指出，并非所有的关系都是相互强化的，但是社会资本的结构维度会影响关系维度和认知维度的发展。这在本书的前述几章中也进行了探讨和印证。

12.2　社会资本、竞争力因素与合作创新

网络研究的增长，尤其是从 20 世纪 80 年代以来，是与从个人主义视角到更为相互关联的、情境化的、系统的观点这一转变相联系的（Zaheer et al.，

2010）。在组织领域，网络被理解为一种通过公司间的合作与协调而形成的经济活动的组织形式。

社会资本理论指出，网络组织为获取外部的资源和能力提供了通道。以这种组织形式获得的大部分资源都与信息有关。企业建立组织间的关系，如网络，其目的就是聚集能让企业更好地适应竞争环境特性的战略资源，在不损失灵活性的前提下，拥有获取规模经济和积极成果的机会，提升企业的竞争力。

除了可以为现有产品提供更有利的竞争条件的可能性之外，网络还可以是创造新的产品、工艺、管理工具乃至市场绩效的一个重要的创意贮存库。在这方面，网络成为促进企业技术创新的一个非常重要的空间。

罗斯维尔（Rothwell，1995）说到，网络和联盟的形成会引致各种外部关系，严重地影响到企业的技术创新。他将这种模式叫作技术创新的"第五代模式"，其标志就是集成系统和网络化。也正是从这个意义上，组织间网络情境下的协同创新研究引起了人们的高度关注（Zheng，2010）。人们普遍认为，网络中行动者之间的直接关系对创新结果具有积极效应。

透过社会资本，企业间复杂的合作行为得以发展，因为一个商业社区中的人们分享标准和价值观的程度，以及能够将个人利益置于集体利益之下的程度，将对网络的形成产生影响。创新的结果往往是建立在可公开获得的知识子集的基础之上的，而这些知识是根据用户体验和科学研究而得到共享和改进的。因此，创新所必需的技术和科学知识的转让，是复杂的和交互的，而社会网络和社会资本为其提供了平台和渠道。

社会互动让人们学会了如何彼此分享重要的信息，达成对任务或目标的共同认识，获得其他的资源和创意，实现创新。因此，社会互动，换言之即社会资本，促进了新思想的产生和应用。徐（Xu，2011）进一步指出，技术创新的过程受益于合作伙伴的参与，他们为信息集成、知识库整合、创新行为和不同思维方式互补提供了机会。各种行动者之间的沟通，无论是正式的还是非正式的，都增加了形成新知识组合的可能性。

陈等（Chen et al.，2008）利用54个台湾高技术项目团队的样本，实证分析了社会资本、网络和技术创新的关系，考察了社会资本对项目团队创造力的影响。因子分析的结果显示，网络和社会互动对团队的创造性具有显著的正影响。

地方和区域创新系统以及国际现实之间的差异，是了解社会资本和创新的实际意义的研究对象。例如，莫兰德兹等（Meléndez et al.，2012）研究了社会资本在西班牙教育机构和中小型企业之间的知识转移在区域创新系统中的作用。研究指出了非正式关系在隐性知识交换中的重要性。为了理解这种关系方式，作者引用社会网络分析来提高对这种动态的理解。

哈金斯和约翰斯顿（Huggins and Johnston，2010）认为，就中小型企业领域而言，中型企业与当地大学、私营部门组织和专业协会进行知识交流的可能性更高。在所得出的结论中，作者提到了社会资本投资与合作联盟中的技术创新之间的联系，以及公司规模、参与者位置和网络发展的影响。

郑（Zheng，2010）回顾了现有的关于社会资本与创新关系的实证研究，以确定这种关系中的共识、差异和差距。结果表明，社会资本的结构维度，包括网络规模、结构关系、关系强度和中心性，对创新具有显著影响。社会资本的关系维度，如信任和共同标准，与创新的关系也是一贯的正向关系。

在有更多社会资本存在的环境中，有可能更好地利用发展机会。因此，有人声称，关系的稳定性、持久性和网络的闭合性是寻求高水平信任和合作标准的关键因素。这些品质也影响相互义务的明确性和可见性。

因此，参与合作协议的决定包含在社会互动中，它表现为一种协作机制的关键要素，反映出社会资本的重要性。无论企业的持续时间和目标是什么，一个好的合作伙伴都成为主要的企业资产，即协作社会的优势。因此，网络的成功归功于社会资本的存量。

根据吴（Wu，2008）所作的情境化，在提高竞争力的因素方面，有三个维度引人注目：①组织资产：竞争力的提高与共同创造个人能力和网络成员之间的整合与协调的彼此强化，是联系在一起的；②内生性资源的利用：竞争力的提高与充分挖掘利用区域内生性资源、促进区域产业联动有关；③网络：竞争力的提高与和网络外成员的非正式接触以及通过网络而建立起来的联系，是联系在一起的。

12.3　案例背景、研究方法与步骤

12.3.1　案例背景描述

本章选择的案例是贵州省白酒生产企业网络。

白酒产业是贵州省经济发展的支柱产业，也是其特色优势产业，并形成了黔北（以遵义市和毕节市为主）、黔中（以贵阳市、安顺市为主）、黔南（以黔东南州、黔南州和黔西南州为主）三大"贵州白酒"品牌基地，显现出显著的产业集聚特征。其中，遵义市是贵州省白酒产业的龙头，而遵义市又以仁怀的产能最大、品牌最响。2009 年，仁怀被国家授予"中国第一个白酒产业集群"。仁怀境内著名的白酒企业有茅台集团、金士酒业、糊涂酒业、云峰酒业、钓鱼台国宾酒业、酒中酒集团、五星酒厂、怀庄酒业集团、怀酒厂、国威酒业集团、茅台酿酒集团、京华酒业集团等。在过去的国家老八大名酒中，贵州有茅台、董酒 2 个品牌名列其中，除此之外，贵州还有习酒、金沙、贵州醇、青酒、国台、珍酒、安酒等后起的国家名优白酒品牌。

贵州白酒的香型以酱香为主，也有浓香、董香、兼香、米香、清香等其他香型，"众香兼容"。"十五""十一五"期间（2001～2010 年）贵州省白酒规模企业产量及其在全国的占比情况，如表 12 - 2 所示。

表 12 - 2 　　2001～2010 年贵州白酒规模企业产量及其占全国的比重情况

年份	2001	2002	2003	2004	2005	2006	2007	2008	2009	2010
产量（万千升）	12.11	12.67	15.04	9.22	11.74	11.97	14.57	18.35	13.79	16.04
占比（%）	2.88	3.35	4.54	2.96	3.36	3.39	2.95	3.22	1.95	1.80

资料来源：国家统计局、中国酿酒工业协会。

从表 12 - 2 可以看出，在"十五""十一五"期间，贵州白酒的产量及其在全国的占比并不高。进入"十二五"后，贵州继续加大白酒产业的发展力度。2011 年 4 月 9 日，贵州省在茅台集团召开了支持国酒茅台做大做强的专题会议，会议提出的贵州白酒发展蓝图是：把茅台酒打造成"世界蒸馏酒第一品牌"、把茅台镇打造成"中国国酒之心"、把仁怀市打造成"中国国酒文化之都"，努力做到"未来十年中国白酒看贵州"。

自 2011 年全省白酒产业发展大会以来，贵州相继出台了《关于推进贵州白酒产业加快发展的意见》《贵州省白酒产业"十二五"发展规划》《贵州白酒产业振兴方案》《关于支持白酒产业加快发展的政策措施》等多项文件，为贵州白酒产业发展提供大力政策支持。同时，贵州积极引导白酒企业向产业园区发展，促进产业园区建设规范化、集约化、特色化，优化产业布局，形成独具特色的产业集群。目前，全省已形成以仁怀市名酒工业园区为核心、习水白酒工业园区、金沙白酒工业园区、平坝白酒工业园区等为特色的产业聚集区。

在产业技术创新方面，贵州先后投入 1706 万元启动了 "贵州省酱香型白酒技术标准体系建设" "贵州省酱香型白酒品质提升与丢糟资源化利用关键共性技术研究示范" 等重大科技专项。在政府、企业和社会多方努力下，"十二五" 期间贵州白酒企业技术创新成绩出色。2011～2014 年 7 月，贵州省酒类企业申请专利 2018 件，占历年总申请量 2725 件的 74%。截至 2014 年，贵州白酒共有 12 个中国驰名商标，6 个酒类地理标志。

2012～2016 年，贵州省规模以上白酒产量呈逐年上升态势，2012 年产量为 26.83 万千升，2013 年 32.38 万千升，2014 年 38.04 万千升，2015 年 42.8 万千升，2016 年 49 万千升。截至 2015 年末，贵州省共有酒类制造企业 1207 户，白酒企业 1053 户，规模以上酒类企业 54 户。

可能受到酱香型白酒特殊生产工艺的影响，贵州白酒的产量从全国来讲偏低，但贵州白酒的销售量不低，尤其是利税率列全国前列。2010 年，贵州省白酒规模企业实现产量 16.04 万千升，列全国第 13 位；实现工业总产值 203.49 亿元，在全国排第 3 位，前 2 位是四川和山东；实现工业销售产值 169.54 亿元，排在全国第 5 位；实现利税 130.8 亿元，利税率居全国第 1 位。"十二五" 过后，贵州省白酒产量有了大幅提高，2016 年贵州省白酒产量居全国第 9 位，比 2010 年提高了 4 位，但在全国仍不在前列。但是，"十五" "十一五" 期间，贵州白酒的销售产值与产量比值（为 7.61）是全国最大的，上升也是全国最大的。2015 年，贵州全省白酒产业的产量是全国的 3.3%，但实现的利润总额是全国的 32.5%，位列全国第 1 位，实现的税金总额是全国的 19%，位列全国第 2 位，实现的销售收入是全国的 9.4%，位列全国第 3 位。贵州白酒产业以全国占比只有 3 个百分点的产能，却实现了整个行业大约 1/3 的利润。这充分证明了贵州白酒品质是全国最好的，是最受消费者欢迎的。

如前所述，贵州白酒产业的发展得益于政府的支持，也得益于产业集聚，更得益于合作和创新。政府大力倡导、企业切身体会，只有形成网络和合作，"抱团发展"，企业才更有竞争力。早在 2002 年 3 月 24 日，贵州省酿酒工业协会成立。这是一个全省酒类生产、流通等相关产业链企业、相关企事业单位、社会团体及个人自愿结成的非营利性社会组织。2014 年 11 月 28 日，又成立了贵州省白酒企业商会。贵州省白酒企业商会是由贵州省大中型酒类生产企业、流通企业及对贵州白酒行业予以支持的团体和个人自愿组成的社会组织。这些协会和商会进一步将贵州白酒产业发展的相关主体联合起来，形成合作网络，促进了贵州白酒企业的社会资本发展，也为贵州白酒企业的技术创新和竞争力提升作出了重大贡献。上述两个协会或商会是贵州省白酒企业全省范围的两大网络组织。

12.3.2 研究方法与步骤

本章以贵州省酿酒工业协会和贵州省白酒企业商会成员中的白酒制造企业为研究对象。这两个协会或商会就是贵州省白酒企业的社会合作网络。本章一开始提出了这样的问题：为什么参与网络的不同成员所获得的成果不一样，在不同的情况下其强度也不一样？其中的一个重要原因可能就是社会资本存量的问题。本章的目的就是要验证社会资本和竞争力因素是否对参与网络的企业技术创新产生影响，以及其作用机制如何。为此，本章将参与上述网络的贵州省白酒生产企业按照企业规模分成两组，形成两个集体案例，即案例A——规模以上企业；案例B——规模以下企业。所以本章属于一个多案例研究。做这样划分的原因，是假定不同规模、不同地位的企业具有不同的社会资本存量。

上述两个协会网络成员中，规模以上的白酒制造企业54家，其余规模以下白酒制造企业500余家。我们通过各种可以利用的方式设法联系这些企业，最终取得联系、答应接受调查并完成调查的规模以上企业32家，规模以下企业77家，共109家。通过对这109家企业进行问卷调查和访谈获取相应数据，所采用的调查问卷以及社会资本、竞争力和技术创新有关变量，见附录2。企业调查和访谈的实施时间是2017年6~9月。

本书一直采用熊彼特的创新概念定义。按照熊彼特的概念，创新包括下列五种情况：①创造一种新的产品，也就是消费者还不熟悉的产品，或者已有产品的一种新的特性；②采用一种新的生产方法，也就是在有关的制造部门中尚未通过经验检定的方法；③开辟一个新的市场，也就是以前不曾进入的市场；④取得或控制原材料或半制成品的一种新的供给来源；⑤实现任何一种新的产业组织方式或企业重组。由于产品既包括有形产品，也包括无形产品——服务，而且在当今商业环境下，服务对提高企业效益和竞争力的作用越来越重要，所以本书的创新包括6种类型：产品、服务、工艺、市场、资源和组织创新。

社会资本包括结构、关系和认知三个维度，有助于改善网络竞争力的三个因素是组织资产、内生资源开发和网络。通过问卷调查和访谈，收集上述三个变量的数据，再利用这些数据进行方差分析和线性回归。这一过程旨在验证社会资本和竞争力因素是否对企业因参与网络而发生的技术创新产生影响。

为了给研究提供更严格的统计数据，对可能存在的多元线性效应进行了评估，并作了公差检验和因变量的 VIF（方差膨胀系数）检验。作为回归系数方差的 VIF 受到多重共线性问题的影响，最大可接受值为 5.0。现在，对于公差检验，最小可接受值是 0.10。通过分析，公差值在 0.10 以上，VIF 值在 5.0 以下，因此可以保留该回归分析模型。统计软件使用的是 SPSS 18.0。本章的主要研究方法与步骤如图 12 - 1 所示。

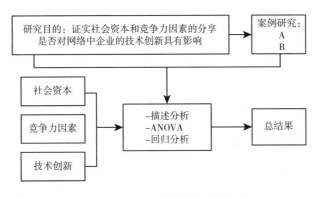

图 12 - 1　研究方法与步骤

12.4　案例分析结果与讨论

本节首先报告主要研究结果，描述和讨论有关企业技术创新所需信息和知识的主要来源。然后，分析企业技术创新中社会资本以及竞争力提升因素的影响。

12.4.1　企业技术创新的主要信息和知识来源

为了检验企业技术创新的表现，首先考察企业是否发生某种形式的技术创新。如果是，则要求受访者指出在技术创新过程中提供帮助的主要协助者是谁。技术创新的类型包括产品、服务、工艺、市场、资源和组织 6 种，每个受访者都可以描述其中的 2~4 种。

除了指出技术创新类型之外，受访者还应该指出这种创新的主要信息和知识来源。问卷提供了 12 个不同的信息和知识来源：自己的试验、客户、供应商、家人亲朋、合作伙伴和员工、竞争对手、网络成员、网络活动、其他协会成员、展会、政府机构、大学和媒体。根据这些信息，可以根据技术创新类型来展示受访者的分布情况，如表 12-3 和表 12-4 所示。

表 12-3　　　案例 A 受访企业技术创新类型和信息来源分布

创新类型		主要的信息/知识来源	相对（%）	受访者人数
产品	成分变化	网络伙伴	58.33	24
	设计变化	家人亲朋	38.10	21
服务	服务提供方式变化	网络伙伴	66.67	24
	新服务类型	媒体	36.36	11
工艺	生产流程改进	网络伙伴	40.74	27
	新设备或新技术	合作伙伴和员工	30.77	26
市场	新营销目标	网络伙伴	37.93	29
	新细分市场	网络伙伴	68.18	22
资源	新原料	政府机构	78.68	19
	原料新来源	网络伙伴	80.00	20
组织	新的生产管理系统	合作伙伴和员工	29.17	24
	质量控制	网络伙伴	57.69	26
	决策过程简化	公司自己的主意	53.85	13
	新的人力资源培训形式	网络伙伴	100.00	12

表 12-4　　　案例 B 受访企业技术创新类型和信息来源分布

创新类型		主要的信息/知识来源	相对（%）	受访者人数
产品	成分变化	客户	45.24	42
	设计变化	公司自己的主意/客户	27.27	55
服务	服务提供方式变化	公司自己的主意	33.33	57
	新服务类型	公司自己的主意	30.00	40
工艺	生产流程改进	自己的主意/合作伙伴和员工	29.82	57
	新设备或新技术	公司自己的主意/供应商	22.22	54
市场	新营销目标	展会	23.08	65
	新细分市场	客户	39.13	46

续表

创新类型		主要的信息/知识来源	相对（%）	受访者人数
资源	新原料	供应商	57.89	38
	原料新来源	公司自己的主意	31.11	45
组织	新的生产管理系统	合作伙伴和员工	39.39	33
	质量控制	公司自己的主意	53.06	49
	决策过程简化	公司自己的主意	84.38	32
	新的人力资源培训形式	公司自己的主意	57.58	33

表 12-3 是案例 A（规模以上企业）的企业技术创新类型分布，从中可以看出技术创新过程中的主要来源是网络合作伙伴。根据研究，网络使集体创新战略得以发展，并通过信息渠道迅速获取新技术。因此可以假定，网络中有获取创新资源的意图。这一观点得到了阿胡亚（Ahuja，2000b）的证实，它强调了网络参与者之间的直接关系提供了三个方面的好处：知识共享、专门技术互补和研发项目规模化，从而对创新结果有积极的影响。而且，网络化的互动可以在创新过程中获得更多的知识。

另外，根据案例 B（规模以下企业）的数据（见表 12-4），创新来源更多的是客户和供应商，而不是网络合作伙伴。最近的一些研究也显示了类似的结果。有时，技术来源并不完全在公司内部，而是在竞争对手、供应商、客户、研究中心和大学中间。这些研究还突出表明，外包是新技术内部治理困难或大型技术项目管理出现问题的结果。此外，进入新市场的困难也会导致这些活动外包。

通常，在需要复杂技术的新产品创造中，供应商能够提供帮助，对创新的结果有很大的影响（Un et al.，2010）。消费者也有助于降低新产品市场失败的风险，成为企业研发过程中新想法的主要来源。

因此，很明显，企业需要与其他组织建立外部关系，从中学习和发展必要的技能，促进技术创新并在市场中脱颖而出。而不进行正式或非正式的知识交换与合作的企业，则限制了其知识库的长期增长。

通过对上述所获得的结果进行分析，可以强调的是，对于案例 A 的受访企业来说，创新的主要知识来源是网络伙伴。而在案例 B 中，技术创新的知识来源除了企业自身，就是客户和供应商。

由此可以推断出这个结果与企业的规模和地位有关。规模小的企业即使参与了一些社会网络，由于自身实力不强，在网络中很少有发言权，或很难引起其他成员的注意，能够得到的有价值的外部信息和知识等资源也相对较少。这样一来，这些企业参与网络互动的积极性慢慢减弱，成为网络中的非活跃成员，从而进一步降低了其社会资本存量。相反，规模大、实力强的企业往往占据了网络的中心位置，更多的信息会向它们聚集，它们获取有价值的信息和知识相对更为容易。所以，企业规模和地位影响了企业在网络中的行为和收益，影响了它们在网络中的社会资本，从而也影响了网络对它们各自技术创新的影响效应。规模大、有实力的企业可以从网络中获取更多有益于其技术创新的知识和信息，而对于规模小的企业来说，其技术创新的外部知识和信息来源更多地来自客户和供应商。

接下来，对两组案例企业与技术创新类型相关的结果进行方差分析（ANOVA）比较（见表12-5）。这一步骤旨在从统计学上验证，由于使用不同的外部来源，来自案例A和案例B的两组受访企业的平均值之间是否存在差异。

表 12 - 5　　　两组案例企业不同创新类型的组间比较（ANOVA）

创新类型	显著性
产品创新	0.646
服务创新	0.227
工艺创新	0.392
市场创新	0.783
资源创新	0.376
组织创新	0.985

注：$n = 104$；[a]$p < 0.05$。

从表12-5的结果可以看出，两组案例企业在创新类型上没有统计学上的显著差异。这一事实似乎表明，在有助于释放技术创新过程的外部来源之间没有差别，即不管是网络成员，还是客户、供应商，乃至竞争对手，都是技术创新的重要外部来源。切斯布鲁夫（Chesbrough，2003）描述了这种现象，强调企业应该设法利用内外部两方面的创意来开发新的产品、工艺和市场。从这个意义上说，企业可以利用外部的创意来开发自己的商业模式，并与广泛的各种外部合作者合作，从而在这个开放创新的时代茁壮成长。一个开放创新的充分战略必须探索与多种类型机构的多重联系。根据切斯布鲁夫

（Chesbrough，2003）的观点，开放式创新涉及广泛使用组织间的联系来将外部创意内部化。

12.4.2　企业创新中社会资本及竞争力因素的影响

通过对两组被调查企业的描述性分析和比较，本章试图验证社会资本和与竞争力相关的因素对不同类型技术创新的影响。首先，两组案例企业中社会资本和竞争力因素的维度和平均值如表 12 – 6 所示。

表 12 – 6　　　　　　　　　社会资本和竞争力的维度

构念	维度	案例 A（均值）	案例 B（均值）
社会资本	关系	40399	31446
	结构	40972	29981
	认知	38710	31598
竞争力	组织资产	42097	30308
	内生资源利用	35591	30822
	网络	39597	33938

从表 12 – 6 的结果可以看出，两组案例企业都拥有较高的社会资本存量。然而，从实践、文化、价值观和共同目标来看，两组案例企业在社会资本方面呈现出不同的特征。结果似乎表明，在案例 A（规模以上企业）中，群体联系在信任、互惠规范、参与和归属感方面更为清晰和明确。在案例 B（规模以下企业）中，目标和共享经验最为突出。

贵州省的产业有"六张名片"，即酒、烟、茶、药、特色食品和旅游。近年来，贵州白酒产业为了做强做大，一方面加大技术创新的力度，另一方面积极探索"白酒+旅游""白酒+茶叶"等产业融合发展之路。以茅台、董酒、清酒、国台、贵州醇等企业为先锋，大力倡导酒文化的继承和发扬，酒文化博物馆、白酒体验馆、酒庄、庄园、生态园等白酒与文化、白酒与生态、白酒与旅游等产业促进与联动的活动都做得有声有色，充分挖掘和利用本地内生性资源，大力提升贵州白酒企业在全国乃至世界的竞争力。

总体而言，从结果来看，贵州白酒生产企业集群的合作网络在相互帮助、促进社区认同和加强生产优质白酒的技术技能的基础上，提高了他们的竞争力。

接下来考察：①社会资本存量对网络内企业技术创新维度的影响（见表 12 -7）；②社会资本存量对企业竞争力提升因素的影响（见表 12 -8）；③竞争力提升的因素对企业技术创新维度的影响（见表 12 -9）。线性回归分析可以研究几个因素对某个特定现象的影响。这些分析结果见图 12 -2 ~ 图 12 -4。

表 12 -7　　　　　　　社会资本与技术创新的线性回归

技术创新（因变量）	均方	F.	Sig.	调整 R^2	公差	VIF
产品创新	0.188	1.255	0.294	0.007	0.586	1.707
服务创新	0.022	0.154	0.927	-0.025	0.487	2.051
工艺创新	0.188	1.439	0.236	0.130	0.577	1.735
市场创新	0.049	0.482	0.695	-0.015	0.372	2.689
资源创新	0.117	0.602	0.615	-0.012	0.651	1.535
组织创新	0.055	0.477	0.699	-0.015	0.418	2.395

注：n = 104；$^a p < 0.05$。

表 12 -8　　　　　　　竞争力因素与社会资本的线性回归

竞争力（因变量）	均方	F.	Sig.	调整 R^2	公差	VIF
组织资产	19546	124742	0.000^a	0.783	0.515	1.943
内生资源利用	12593	50292	0.000^a	0.589	0.401	2.495
网络	8621	48624	0.000^a	0.581	0.448	2.231

注：n = 104；$^a p < 0.05$。

表 12 -9　　　　　　　竞争力因素与技术创新的线性回归

技术创新（因变量）	均方	F.	Sig.	调整 R^2	公差	VIF
产品创新	0.109	0.720	0.542	-0.08	0.586	1.707
服务创新	0.161	1.154	0.331	0.004	0.487	2.051
工艺创新	0.930	8.566	0.000^a	0.181	0.577	1.735
市场创新	0.394	4.317	0.007^a	0.088	0.372	2.689
资源创新	0.808	4.670	0.004^a	0.097	0.651	1.535
组织创新	0.867	9.517	0.000^a	0.199	0.418	2.395

注：n = 104；$^a p < 0.05$。

通过验证社会资本对技术创新的影响，可以发现一些重要的结果。虽然有些研究者强调社会资本是网络成员技术创新的重要资源，但这一结果至少在本次案例研究中没有得到直接的证明（见表 12 -7）。在被调查的两组案例

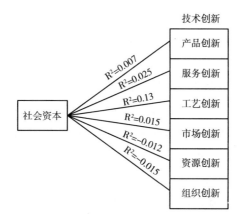

图 12 - 2 社会资本维度与技术创新的分析模型

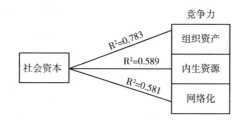

图 12 - 3 社会资本与竞争力维度的分析模型

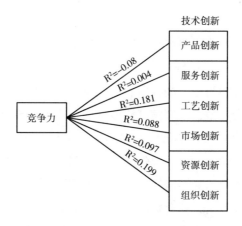

图 12 - 4 竞争力与技术创新维度的分析模型

中，技术创新受到随机事件而非社会资本存量的影响。可以推断，表12 - 3 和表 12 - 4（特别是在案例 B 中）所示的比较结果，证明了这种分析结果的正确性，因为其技术创新的知识来源主要来自客户、供应商和企业本身，而不是网络合作伙伴及其各自的合作关系和信任等社会资本元素。

根据表12－8和图12－3所示的结果，可以发现提高竞争力的因素受到社会资本存量的影响。作为可以影响企业绩效、进而影响企业竞争力的社会资本工具，个人、团体和组织层面上的社会互动和社会关系的作用日益重要，从这方面考虑，这一结果就可以得到解释。此外，由于组织成员之间存在信任和合作精神，社会资本的存在可以降低成本，这也有利于组织竞争力的提高。社会资本是人与人之间的桥梁，为个人所处的组织带来利益。这种特征创造了一种环境，在这种环境中，知识通过基于信任、共同目标和共同偏好的关系得以传播，而且这些因素可以增强吴（Wu，2008）提出的与组织资产相关的竞争力维度。

本案例研究发现，与提升竞争力相关的一些因素与网络中不同类型的技术创新有关（见表12－9）。结果表明，竞争力因素影响工艺、市场、资源和组织创新，但不影响产品和服务创新。此外，调整后的 R^2 值显示，提高竞争力维度的方差主要是解释了组织和工艺创新。

可以证明，工艺、市场、资源和组织创新受到提高竞争力因素的影响，因为这些因素共同创建了个人能力、网络成员之间的整合与协调，促进该地区的旅游潜力以及通过网络援助建立的关系。因此，竞争力因素与网络存在的利益或机会有关。

竞争力的因素并不能解释产品和服务的创新，可能与案例企业所在的行业有关。白酒产业在中国是传统产业，其生产与服务有很悠久的历史传统。而且，贵州白酒以酱香型为主，酱香白酒受到原料、气候、水和微生物等多种因素的影响。以茅台为典型，多次尝试异地办厂未达到理想效果，以至于茅台的产能受限。白酒文化向来尊重传统，白酒的质量也向来以"老"为上，所谓"酒是陈的香"，年份越久质量越好。因此，保持其产品和服务的传统，也许可以解释为什么竞争力因素不能解释这两种类型的创新。

从研究结果可以看出，社会资本影响了竞争力提升的维度，而这些维度又反过来影响了某些类型的技术创新。由此可见，社会资本至少没有直接影响到技术创新。然而，这一因素对案例企业的技术创新有间接影响，如图12－5所示。图12－5总结了本章研究的结果。

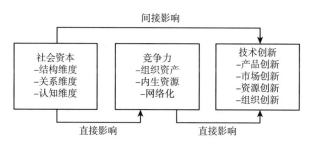

图 12 - 5   研究结果

12.5   本章小结

当知识和信息超越传统的经济变量，成为企业发展日益重要的因素时，社会资本的重要性得到了凸显，尤其是在网络环境下，社会资本成为企业促进技术创新、提升竞争力的重要战略性资源。本章通过两组案例企业的调查、分析和比较，确定了这些构念之间可能的联系，并有三个方面的贡献。

第一，确定了企业的规模和地位影响了其在网络中的社会资本水平，以及由此导致的企业技术创新的信息和知识来源。当网络成员的规模和实力较大时，其在网络中容易处于中心位置，从而可以获得更多的资源和互惠合作的机会，因此其用于技术创新的信息和知识的来源就更多地与网络伙伴有关。相反，如果网络成员的规模和实力较小时，其在网络中的位置往往比较边缘化，能够获得的有价值资源较少，合作和互惠的水平较低，那么这样的网络成员就更倾向于在客户、供应商和组织内部环境中寻求技术创新的源泉。这两种结果分别体现在本章的案例 A 和案例 B 中。这也就解答了为什么同一网络中的成员，所得利益及利益的强度不同的问题。

第二，是基于这样一个事实，即社会资本的存量并不直接影响网络内企业的技术创新。这证明了莫勒等（Maurer et al.，2011）的观点，即社会联结的存在并不一定意味着为组织创造了价值。由此看来，社会资本在促进技术创新和提高企业绩效方面的重要性，可能取决于其他中介因素，如本书所假定并予以检验的知识转移以及其他情境因素。

第三，通过确认社会资本对提高竞争力的因素（组织资产、内生资源和网络）有显著影响，以及这些因素对工艺、市场、资源和组织创新的影响，证实了上述说法。因此表明，在本章所及的情境下，社会资本影响了竞争力提升的维度，而这些维度又反过来影响了技术创新的某些类型。因此，社会资本不是直接影响企业的技术创新，而是通过提高竞争力的因素间接影响了企业的技术创新。

本章内容对社会资本理论、组织竞争力理论和技术创新理论的发展作出了有意义的贡献。当然，也存在一些局限。首先是所选的研究对象所处的行业。白酒产业，尤其是酱香型白酒，具有其独有的特征，如传统、地理标志、原产地等，有时会影响社会资本对技术创新的影响。因此，本章的研究结果可能受到了行业的局限。

此外，本章旨在验证社会资本和竞争力因素是否对商业合作网络成员企业的技术创新产生影响。因此，考虑了社会资本、竞争力因素等自变量。根据实证结果发现，社会资本对企业的技术创新没有直接影响，而竞争力因素对某些类型的技术创新有直接影响。对这一结果可能要从两个方面去解读。第一，与网络的性质有关。本章研究所选择的网络组织是贵州省酿酒工业协会和贵州省白酒企业商会，而不是技术创新联盟或产学研联盟等以技术创新或科研成果转化为主要目标的网络。例如，贵州省酿酒工业协会的目标是做好三个方面工作，一是努力构建良好的酒类流通市场环境；二是切实发挥好协会的纽带作用；三是全力助推贵州酒类产业跨越发展。而贵州省白酒企业商会则更多地关注于在厂、商、消费者构建的价值链中合理整合资源、降低流通成本、提高行业效益，使贵州白酒在市场中更具竞争力。由此可以看出，上述两个网络的主要目标是帮助企业提升市场竞争力。第二，上述网络的社会资本虽然没有直接影响企业的技术创新，但影响了竞争力因素，而这些竞争力因素对企业技术创新具有显著的影响。由此可以推断，社会资本可能在企业技术创新过程中发挥着强大的影响作用，但也许不会直接影响到以新产品或新工艺的形式实现技术创新的物质化，而是要通过某些中介变量的传导。从这个意义上说，在今后的研究中应该更多地研究社会资本与技术创新之间的中介变量及其作用机制，以便更切实地发现社会资本与技术创新的关系，以及通过社会网络和社会资本的建设提升企业技术创新能力的有效途径。

第 13 章

黏合型社会资本与企业技术创新的案例研究

本章仍然是一个案例研究，希望通过具体的案例，进一步揭示社会资本对技术创新产生影响的微观基础，更具体地说，就是不同类型的社会资本对不同类型的技术创新，或者对技术创新过程的不同阶段的作用机制。

关于社会资本对技术创新的影响，相关文献已多有论述，如社会资本促进了思想观念的共享，新机会的识别，大量异质性行动者的资源和知识的重新组合等。本章旨在通过考察社区层面的社会资本，探讨社会资本是如何影响企业的技术创新的。有关集体层面社会资本的文献强调社会资本是一种公共物品，强调社区结构的超个体属性。社会资本的这种公共物品性质表明，由于社会资本的存在而衍生的潜在利益，不仅会扩散到那些拥有个体社会资本的人那里，也会扩散到拥有高水平社会资本的社区的其他成员。在社区层面，普特南（Putnam，1995）区分了两种形式的社会资本：黏合型社会资本和桥接型社会资本。桥接型社会资本是指不相似的人群之间的社会联系，而黏合型社会资本则是指相似人群之间的社会联系。文献中，对以前的研究不区分桥接型和黏合型的社会资本定义多有批评，因为那可能会使整个社会资本的概念失去效力（Bjønskov & Søderskov，2013）。网络的闭合性，或者普特南（Putnam，1995）所谓的"黏合型"社会资本，聚焦于同一群体内部不同行动者之间的联系，这些联系"提供了集体凝聚力，从而促进了集体目标的实现"（Adler & Kwon，2002）。而"桥接型"社会资本考虑的则是社区之间的社会联系。布吉尔斯迪克和斯马尔德斯（Beugelsdijk and Smulders，2003）认为，相对于桥接型社会资本，黏合型社会资本对于社会整体来讲有负面作用，但是对于这个闭合的社会群体或网络内部的成员来讲，其作用则可能是积极的。

近年来，国内学者也开始将社会资本进一步细分为桥接型社会资本和黏合型社会资本，探讨它们不同的影响机制和作用效果。较早的如李洁瑾等（2007）将黏合型社会资本和桥接型社会资本，分别翻译成"整合性的社会资本"和"链合性的社会资本"，研究了城市社区异质性对邻里社会资本的影响。他们认为，"整合性的社会资本"与密集而多功能的网络、长期互惠关系、深度信任、共享的规范相联系。但这种社会资本只是群体内的资源共享，对外具有排斥性，容易形成封闭，限制个人的交往范围。所以，除了网络内整合性的社会资本，还需要跨网络的链接，即"链合性的社会资本"，使不同群体间易于交流信息、进行合作，从而提高整体效率。杨靳（2007）对人力资本、社会资本与劳动者收入关系的研究表明，由于民工受"紧密型社会资本"（即黏合型社会资本）的制约，收入与社会资本之间存在负相关关系。王晓文等（2009）将从"聚内社会资本"和"联外社会资本"的角度，探讨了新企业生成过程中社会资本的来源及转化的路径。最近的一些研究包括张国芳（2011）研究了乡村社区的社会关系，将乡村社区社会资本划分为同质性关系、异质性关系、链合性关系，其中"同质性关系"和"异质性关系"分别对应于西方文献中的 bonding social capital 和 bridging social capital；王疆（2014）探讨了结合型社会资本与桥接型社会资本的组合对团队效能的影响，发现这两种类型的社会资本存在着功能上相互补充、结构上又相互矛盾的关系；刘芳（2015）对"桥接型社会资本"和"聚合型社会资本"对新移民社会融入的影响；巩宿裕和王聪（2015）研究了社会资本对城镇家庭金融市场参与的影响。结果表明，"结合型社会资本"显著地阻碍了城镇家庭参与金融市场，同时也减少了城镇家庭参与金融市场的深度；而"桥接型社会资本"对城镇家庭参与金融市场的概率和深度都有显著正向作用。但总的来说，社会资本对中国当前城镇家庭金融市场参与表现为正向作用。汪金爱（2016）将创业者自我中心式网络按照关系强度和关系功能区分出 4 类社会资本，即按关系强度划分为强关系和弱关系，按关系功能划分为桥接关系和黏合关系，研究了社会资本对创业绩效的影响。

本章的目的是要研究在黏合型社会资本情境下，社会资本机制如何运转，考察其对技术创新过程的效应。特别是要回答以下相关问题：在黏合型社会资本情境下，社会资本如何影响技术创新活动？不同类型的社会资本如何影响技术创新的研究、开发、实施和扩散等不同过程？

为了回答上述研究问题，本章选择一个贵州省近年来发展势头良好的产业——信息技术产业，以该产业的产业联盟——贵州省信息技术产业联盟为研究案例，通过访谈等案例研究的方法，进一步探讨黏合型社会资本和桥接型社会资本对企业技术创新的作用机制。

本章的数据分析采用内容分析法，以保证对传播内容的客观、系统和定量描述。内容分析是一种首先在社会科学研究扩散开来的研究方法，它在文本分析（访谈、演讲、法律、著作和报纸）的基础上，对传播内容进行测度（Krippendorff，2003）。为了达到高水平的客观性和外部效度，在进行分析时要有一个编码过程（Duriau et al.，2007）。本章对内容分析法的使用，严格按照克里彭多夫（Krippendorff，2003）的指导进行。

13.1 社会资本与技术创新文献回顾

众所周知，社区、社会联系和社会网络都会影响到企业的技术创新。在技术创新过程的每一个阶段，企业都能从与用户、供应商、竞争者等不同外部行动者的互动关系中获益。这些行动者都是知识和资源的拥有者，可以在企业的技术创新过程中发挥重要作用。

本章从社会资本的角度，探讨社会联系在技术创新过程中的重要性。有关社会资本的文献由来已久。最初社会资本的概念是被用来研究社会组织中用于个人发展的关系资源。布尔迪厄（Bourdieu，1986）第一次对社会资本作出了重要的概念化，将社会资本定义为"通过拥有一个相互认识和认可的或多或少制度化关系的持久网络，个人或团体积累的实际和潜在资源的总和"。而后科尔曼（Coleman，1988）将社会资本的概念化又推进了一步："社会资本是由其功能来定义的。它不是单个实体，而是各种不同的实体，它们都有两个共同的元素：它们都存在于社会结构的某些方面，并且它们都促进结构内行动者的某些行动。"但是，在普特南等（Putnam et al.，1993）的著作《使民主运转起来》（Making Democracy Work）出版之后，就引发了经济学界对社会资本概念的争论。在这部著作中，作者论证了社会资本在解释政治制度绩效中的重要性。后来，普特南（Putnam，1995）还区分了两种不同形式的社会资本：（群体内的）黏合型社会资本和（群体间的）桥接型社会资本。

近年来，社会资本已经成为文献中的一个热词，被广泛地用于解释经济产出、财务业绩、企业参与国际商品和技术市场、劳动生产率等。学者们指出，企业与非企业组织（如非营利性组织和公共组织）之间的社会网络日益重要。网络可以定义为"由一组关系，如朋友、亲属、政治关系等，连接起来的一组节点"（Powell & Smith-Doerr，1994）。除了其他诸多优点之外，网络对现代企业的技术创新活动也非常重要。事实上，有关社会资本的文献已经证明，社会资本与不同分析层面上的创新都存在正相关关系。如在个体层面，塞西和尤巴蒂（Ceci and Iubatti，2012）证明，个人在本地化网络中的私人关系促进了创新。在企业层面，兰德里等（Landry et al.，2002）讨论了企业感知到的社会资本如何影响企业的创新。在区域层面，劳尔森等（Laursen et al.，2012）证明，高水平的区域社会资本有利于企业创新，能够提高外部 R&D 对企业开发新产品的有效性。这些研究都很有价值，但是在黏合型社会资本的情境下，技术创新会如何发生，迄今人们对此并没有解释清楚。

13.2 概念模型

关于社会资本的研究显示，为了使对社会资本的分析更细致准确，很有必要对群体中存在的社会资本的不同类型区别对待。普特南（Putnam，1995）将社会资本区分为两种不同形式：（群体内的）黏合型社会资本和（群体间的）桥接型社会资本。在现有的基础上，本章想进一步探讨不同类型的社会资本是如何促进创新的。为此，本章首先要建立一个分析模型。

13.2.1 黏合型社会资本及其构成要素

桥接型社会资本是指与某一群体之外的其他行动者之间的关系。它将社会资本看作存在于外部关系之中的资源。而黏合型社会资本聚焦于集体行动者的内部特征。阿德勒和昆（Adler and Kwon，2002）认为，一个集体（组织、社区、国家等）的社会资本主要存在于其内部结构，存在于本集体内部的个体或群体之间的联系中，尤其是存在于那些形成集体凝聚力从而促进集体目标实现的内部特征上。黏合型社会资本具有 10 种构成要素：

①凝聚。它代表着不排斥或边缘化某个个体，代表着归属感对孤立、参与对不参与、承认对抛弃、合法对不合法等之间的对比。

②集体行动。是指为集体利益而采取的行动，是所有成员参与的共同活动，如创新过程中的合作。

③共同视野与愿景。当所有成员的世界观都相同时，他们便有了共同的视野和愿景。它能促进合作，因为它增强了合作的意愿和分享信息、资源以及知识的意向。

④地理邻近。这是一个人际关系的赋能因素。因为在同一地理区域工作的社会网络成员之间相互的亲密性，能够促进关系的发展，而这些关系不仅仅是专业方面的。

⑤忠诚。当为了别人的利益愿意牺牲自己的利益时，便产生了忠诚。忠诚有助于强关系的发展。

⑥义务。在社会资本的情境下，义务是强制性的，不是求助于法律或暴力，而是依赖于社区的力量。

⑦互惠。这是一个对行动者之间交易进行调控的机制。在互惠的情况下，得到回报的期待不是基于对接受者的了解，而是基于行动者双方都处于一个共同的社会结构中。这个集体本身就是担保人，保证所有的债务都会有偿还。

⑧团结。主要体现在那些能够产生有原则的、群体导向行为的环境因素。

⑨信任。信任是一种认知协调机制，这里特指网络化的双方信任，具有排他性网络中共同利益的特征，有利于促成目标的一致。

⑩共同的规范和价值观。它们能够促进交易，降低交易成本和信息成本，因为在社会资本丰富的情境下，人们会及时偿还他们的债务，因为他们会觉得自己有义务这样做。内在化的规范使得这样的行为成为可能。在这种情况下，社会资本的拥有者不用担心他们的善意得不到回报。

13.2.2　技术创新过程：研究、开发和扩散

本章将技术创新过程划分为三个阶段：①研究/创意；②开发；③实施/扩散。

关于创新，曾经仅限于技术变迁，后来不断扩大到包括了许多新的观点。创新既可以是促进经济发展的新的组织和制度结构，也可以是现有资源和知识

的"新组合"。按照创新的程度,可以将创新划分为渐进式创新和激进式创新。参照产业部门的技术诀窍,创新可以划分为"能力破坏性"创新和"能力增强性"创新(Anderson & Tushman, 1990)。从总体上分析,创新过程可以分为研究、开发和扩散三个阶段。研究阶段致力于生成新的科学技术知识;开发阶段是对现有的产品、生产工艺等进行改良;扩散阶段是新产品或新工艺随着时间的推移,扩大其用户或者该项创新拥有者的数量。

关于社会资本对于技术创新的重要性,学者们已经作出了大量的探讨和贡献。但是,在黏合型社会资本的情境下,技术创新是如何发生的,人们并没有作出非常清楚的解释。为了进一步了解社会资本对技术创新的动力机制,本章将探讨黏合型社会资本、桥接型社会和技术创新的关系。如图13-1所示,黏合型社会资本和桥接型社会资本,都与技术创新的三个阶段相联系。通过对经验数据的分析,我们希望探讨不同类型的社会资本对技术创新三阶段的支持强度。

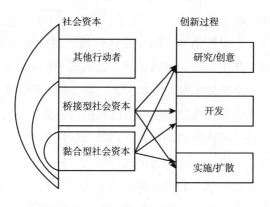

图 13-1 概念模型

13.3 案例研究背景

贵州省近半个世纪航天、航空、电子三大军工基地的建设,积淀了大量信息技术产业人才。进入2010年,贵州省委省政府更是以产业集群集聚为核心,大力发展电子信息产业,加快了发展商务、金融、信息等现代服务业的步伐,实现产业链的纵向关联与横向融合,形成产业联动、上下游企业集聚、龙头企业带动、产业核心价值突出的信息产业集群（赵国梁，2014）。此后，贵州省新一代信息技术产业发展持续获得国家发展改革委一系列重点项目和重大政策的大力支持。

贵州信息技术产业联盟，由政府部门领导、监督、管理，贵州省信息技术领域先进企业发起成立（见图 13－2）。以软件产业核心企业为主体、构建跨行业产学研相结合的创新平台，整合软件技术行业科技资源，以技术创新需求为纽带，以政务云、中小企业信息化服务平台、电子商务平台、移动互联、物联网、大数据、智慧城市等技术为主要研发、创新方向，打造具有自主知识产权的产业标准、专利技术和专有技术。取长补短、合作共赢、协调发展；技术合作，突破产业发展的核心技术，引导和推动产业链的构建；资源的有效分工与合理衔接，实行知识产权共享；技术转移，加速科技成果的商业化运用，提升产业整体竞争力；凝聚和联合培养创新人才，加强人员的交流互动。联盟发展宗旨：凝聚科技资源、引领技术创新、支撑产业发展、实现合作共赢。

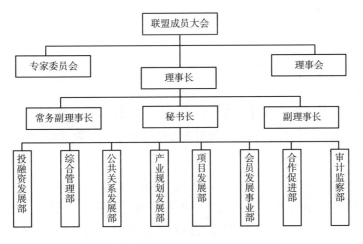

图 13－2　贵州信息技术产业联盟架构

联盟是由贵州惠智企业、亨达集团、贵州青鹏天目科技有限公司等在贵州知名的 IT 企业牵头，联合了全省信息技术方面的中小企业组建而成，联盟成员包括贵州 IT 产业中软硬件、网络、通信、信息安全等各个方面的中小企业。联盟共有 139 个成员，包括企业、高校、研究机构等，其中企业占绝大多数，高校（包括下属院所）和科研机构共 11 家，占 7.9%（http：//www. gzi-tia. com/）。联盟的主要目标是促进和发展其成员之间，以及成员与非成员组织之间的关系。它为其成员提供各种服务，旨在为成员企业提供商业、金融、培训、创新等方面的福利。联盟不定期地举行知识讲座、知识培训、信息产业大数据清洗编程职工技能大赛、融资服务、大数据商业模式大赛等活动。

13.4 研究方法

本章使用的数据分析方法是内容分析技术，数据由开放式访谈的文字记录构成。内容分析是一种对传播的显性内容进行客观、系统和定量描述的技术。这是一种发展于社会科学、对传播内容进行研究的方法。最初是用于对演讲、法律、著作和报纸的内容分析。高度的客观性和外部效度是该研究方法的优点。由于专门软件的广泛使用，该方法充分展示了其对传播内容测度方面的潜力。从20世纪80年代以来，该方法的使用日益广泛（Duriau et al.，2007）。

13.4.1 数据收集与问卷管理

本章的数据主要是通过开放式访谈获得，并与二手数据进行整合。访谈采用半结构化问卷。首先要求被访者对企业的活动作一个简短的介绍，之后再讲述企业在过去几年所做的一个重大创新的故事。在访谈的过程中，指导受访者主要围绕三个最重要的创新阶段（研究/创意、开发和实施/扩散）展开，描述每一个阶段上企业与第三方发生的所有关系。特别注意描述与客户、供应商、竞争者、联盟成员、政策制定者以及其他相关行动者之间的人际和专业关系的频率和内容。主要的目的是要调查外部关系在创新过程中所发挥的作用。访谈提纲见附录3。

如表13-1所示，本次研究访谈了23家企业，其中19家是贵州信息技术产业联盟成员，此外特别访谈了4家非贵州省信息技术产业联盟成员的企业，样本的详细情况见表13-1。在这23个访谈对象中，有14个是总经理或CEO，9个是其他方面（如研发、生产、销售、财务、营销等）的负责人。

公司编号	主营业务	规模	联盟成员资格
1	ERP 系统、协同办公管理系统等软件销售	中型	1 年以上
2	系统及软件开发	中型	1 年以上
3	信息服务	小型	1 年以下
4	安防产品销售、系统集成	中型	1 年以上
5	建筑智能化、大数据服务外包	大型	1 年以上
6	软件与服务解决方案	小型	1 年以下
7	计算机系统集成、电子施工	大型	1 年以上
8	智能化设计与施工、网络工程设计安装	中型	1 年以下
9	自动识别技术应用的高新技术	大型	1 年以上
10	RFID 技术和计算机网络技术	中型	1 年以上
11	网络系统集成、网络安全、应用软件服务供应	中型	1 年以下
12	信息服务	中型	1 年以上
13	配电系统、机房精密空调	大型	1 年以上
14	设备制造	大型	1 年以下
15	信息服务	小型	1 年以上
16	动环监控、机房资产运维管理	中型	1 年以上
17	信息服务	中型	1 年以下
18	网络安全、应用软件服务供应	小型	1 年以下
19	计算机软件开发	中型	1 年以上
20	环保节能	小型	非会员
21	运输存储	中型	非会员
22	制药	大型	非会员
23	新材料	中型	非会员

表 13 - 1　　　　　　　　　　　　　样本构成

注：微型：1～19 名员工；小型：20～299 名员工；中型：300～999 名员工；大型：1000 名以上员工。

13.4.2　内容分析

本章根据克里彭多夫（Krippendorff, 2003）提供的指导方针来确定抽样单位和语境单位。抽样单位是"为一项分析中选择性吸纳而区分的单位"。这些单位必须彼此独立。在推论统计中，抽样单位被称为观察值。在本项研究中，以企业为抽样单位，企业是可以保证观察变量之间的独立性的，因为企业是彼此独立的。语境单位是"文本内容的单位，它规定了在记录单元描述需要考虑的信息的限制范围"（Krippendorff，2003）。本次研究以句子为语境单位，这是出于对文本的整体分析要求考虑的。因为中文表达有很多的同义词，很多词语容易产生歧义，如果不参照整个句子，不能正确理解这些词的真正意义。一个词的真正含义通常取决于它在整个句子中的句法作用。

在分析单位确定之后，则是确定分析规则。分析结果有可能反映的是分析者的主观倾向而不是所分析的文件内容。分析规则就是要将这种可能性降到最低。这些规则类似于字典，列出了被访者用来指称某些特定概念（或者是一项活动或者是一种关系）的词语清单。利用 Nvivo 软件，将在文本中出现超过10次的字眼列出一个清单。从这个清单中为每一个概念分配相关的字眼（见附录4）。在13.2.1节已经列出了黏合型社会资本10要素的描述。

有3个编码员，彼此独立工作，利用 Nvivo 软件中的文本搜索功能，对相关的句子进行编码。然后对整个文本进行人工核查，找出那些由于一词多义或者是否定句而造成的编码错误。经过多重来源和参照考察过的概念清单见附录5。概念被观察的抽样单位（即企业）是来源，语境单位（即句子）是参照。节点清单（见附录5）的构建基础一是有关该主题的已有文献（Ceci & Iubatti，2012），二是采访中得到的内容。

13.5　研究结果

对所收集的数据进行分析之后，得到的主要结果如下：①在黏合型社会资本的情境下，社会资本促进了技术创新；②那些保证群体意识的社会资本要素是更重要的创新智慧；③黏合型社会资本支持了技术创新的实施和扩散，而桥接型社会资本支持了技术创新的初始阶段（即研究/创意阶段）。

13.5.1　在黏合型社会资本的情境下，社会资本促进了创新

与社会资本和创新概念相关的被编码的词语数如表13-2所示。"社会资本"概念的相关性分布在三类被访者中基本类似：11.7%的非会员的访谈文本

与社会资本概念有联系，会员资格不到 1 年的会员的访谈文本与社会资本有联系的占 13%，而在会员资格超过 1 年的会员的访谈文本中，这个数字是12.9%。由此可以得出结论，尽管他们不属于一个社区，社会资本对于他们的经济活动具有同等的相关性。

表 13 - 2　　　　　　　　　　社会资本与创新　　　　　　　　　　单位:%

编码词语	非会员	会员 <1 年	会员 >1 年
社会资本	11.7	13.0	12.9
创新	15.2	21.3	24.6
社会资本与创新	3.1	3.0	6.4

　　但是，说到与"社会资本"和"创新"两个概念都相关的词语数的时候，在成为会员 1 年以上的被访者那里，这两个概念的重叠对于他们来说似乎更重要一些（非会员 = 3.1%；1 年以下的会员 = 3.0%；1 年以上的会员 =6.4%）。我们将企业分成 3 组，以控制会员资格变量，假定刚刚加入协会的企业还没有太多的时间去发展与其他会员的关系。与产业联盟的关联时间较长的企业受益于加入网络而带来一些机会，能够获得知识和信息，能够与大量异质性行动者分享思想观念。而且，对商业活动的共同愿景促进了创新，正如一位受访者在说到产业联盟时所指出的：

　　"……我们把一群人组织在一起，虽然工作部门完全不相同，但是我们把我们的想法放在一起，想清楚我们如何才能走得更远。显然，具有与该项目相关能力的人（即企业家）成为领导者。其他的人跟随，作为参与者或者是资助者。如果我们有共同的兴趣，没有理由不分享……而且在这里什么事都更容易了，因为有人们之间的关系。我们互相信任，不隐瞒，可以有最大的透明。事情都是一起来决定。"

　　在这个例子中，我们注意到了加入联盟网络是如何促进新观念和新业务的分享的。更具体地说，在上述那段话中，我们看到了，加入联盟网络发展了凝聚力、共同的眼界和愿景、共同的规范和价值观、集体行动以及共同的经验和信任，这些都是社会资本的重要构成要素。

13.5.2　那些保证群体意识的社会资本要素是更重要的创新智慧

　　与创新以及与社会资本不同要素相关的、被编码的词语数如表 13 - 3 所示。社会资本不同要素包括凝聚力、集体行动、共同经验、共同的眼界与愿景、地理邻近、忠诚、义务、互惠、共同的规范和价值观、团结、信任等。

表 13 – 3 社会资本要素与创新活动

类别	编码词语数	占比（%）
共同的眼界与愿景	837	27.6
集体行动，共同经验	649	21.4
凝聚力	512	16.9
团结	310	10.2
共同的规范和价值观	215	7.1
信任	164	5.4
地理邻近	138	4.5
忠诚	118	3.9
互惠	52	1.7
义务	42	1.4

有意思的是，最常用到的概念是那些能够巩固群体和社区意识的概念：凝聚力，512 词；集体行动、共同经验，649 词；共同的眼界和愿景，837 词。而与一对一关系相联系的概念，其相关性减弱：忠诚，118 词；互惠，52 词；义务，42 词。这表明，创新过程以社群意识和凝聚力为支点。这一发现也有利于进一步解释表 13 – 2 的数据：出现在黏合型社会资本情境中的企业都是社区的一部分，这对于企业本身的创新性也有直接的影响：非会员的创新，15.2%；1 年以下会员的创新，21.3%；1 年以上会员的创新，24.6%。

成为社区的一部分，享有共同的理念和价值观，它们的重要性也可以从一位被访者的话中得到证明：

"他（即一项创新项目的合作伙伴）看到了我们的真实情况，看到了我们一起做企业的人，我们是一个运转良好的小群体。所以他说，我们为什么不考虑一起做个项目呢？……我们就一起建了一个公司。其他的成员还包括：一个教授（即当地大学的一个全职教授）、发明人（即商业化产品专利持有者）、G.T.（即一个会员企业家）。我们吸收 G.T.，是因为这个项目是我们共同的一个想法，也是业务交流的一种方式。"

另一位被访者则这样说道：

"……至于自动化部分，我们有另外一个合作的朋友（一个企业家），他的专业是机械。他说：好呀，我们一起做吧。我以前就说过，我总觉得单干不爽。"

从上述被访者的话中可以看出，群体凝聚力和与他人分享经验的愿望非常重要。作为社区的一部分，享有共同的眼界和愿景，促使这些被访者和创新项目的其他成员走到了一起。

13.5.3　黏合型社会资本支持了创新的实施和扩散，而桥接型社会资本支持了创新的初始阶段

为了进一步探讨黏合型社会资本在创新过程中的作用，我们将创新活动分成 3 个阶段（研究/创意、开发、实施/扩散），分别计算社会资本在 3 种情境中出现的情况：黏合型社会资本或群体内社会资本（即联盟内企业）、桥接型社会资本或群体间社会资本（即联盟外企业及产品展销会），如表 13 - 4 所示。

结果是很有意义的：在黏合型社会资本情境下，创新的实施和扩散得到更多的支持：研究/创意，14%；开发，37%；实施和扩散，49%。而在桥接型社会资本的情境下，由于社会资本的存在而得到加强的是创新的初始阶段（即研究/创意阶段）：联盟外企业，56%；产品展销会，73%。表 13 - 4 还报告了加强限制条件之后的分析结果，情况相似。计算以社会资本和创新三阶段之一编码的词语数量，以及数据的分布状况，都没有什么差异。这进一步增加了本研究结果的一致性。

表 13 - 4　　　　　创新阶段、黏合型社会资本和桥接型社会资本　　　单位:%

类　别	联盟内企业	联盟外企业	产品展销会
	黏合型社会资本（群体内）	桥接型社会资本（群体间）	桥接型社会资本（群体间）
研究/创意	14	56	73
开发	37	44	16
实施/扩散	49	0	11
研究/创意和社会资本	0	61	100
开发和社会资本	26	39	0
实施/扩散和社会资本	74	0	0

这样的结果从被访者的话中也得到了印证：

"我们正在合作（即与另一位联盟成员），我们向与联盟有关的另一家企业（即不是联盟成员）打探了一些信息。我们征求了他的意见，他对供应商市场是怎么想的。他们了解液晶面板的全球市场，所以我们还问了存储器市场的信息。……在第二次考察会议期间，他们（即联盟成员）对该项目的部分业务表示有兴趣。这对我是一种鼓舞和支持，因为显然这是一个好主意，一个好机会。"

在这个例子中，我们注意到，与联盟成员的合作，关系到项目的实施，而新想法和新信息的搜索，则是通过桥接型社会资本关系完成的。

"我们现在正在做一项新项目，我们想加入联盟。我们成立了一个非营利性协会，目的是要创办一所培训学校。在国外考察的时候，我们发现在许多国家都有这样的需求：没有很多人看重他们的产品，最重要的是，没有人会用我们的技术。所以，我们想开办一所学校，我们将和我们的一位来自象牙海岸的亲密朋友合作，他对这类项目有兴趣。……这是一个重要的项目，我正在寻求和外办的合作。"

这个例子同样说明，为了项目的实施，希望联盟合作。创意来自一位联盟网络之外的亲密朋友，但是在项目实施阶段，希望有联盟成员的加入。

13.6　本章小结

越来越多的技术创新是通过与其他行动者某种形式的外部合作而产生的。合作发生在技术创新过程的每一个环节，从创意的生成到产品市场分销。本章聚焦于黏合型社会资本，进一步了解社会资本与创新过程的关系。黏合型社会资本使我们能够捕捉到，集体凝聚力与共同的规范和价值观，是如何影响创新过程的。本章探讨了黏合型社会资本和桥接型社会资本的差异，并证明了它们是如何影响创新的不同过程的。

本案例研究的贡献表现在三个方面：第一，在黏合型社会资本的情境下，社会资本促进了技术创新。这一结果对强调社区层面社会资本重要性的文献作出了贡献。社会资本被视为一种集体物品，个人或企业都可以获取。本章研究证明，由于社区存在高水平的社会资本，人们因此可以获得多种利益。强烈的社区意识、共享的规范和价值观，从个人范围转移到工作场所，对与创新过程相关的风险决策提供了支持。社会资本促进了期望和目标的分享，降低了对正式监控的需要。社会资本还降低了与技术创新活动中必需的信息搜索以及监督和控制相关的时间和成本。共同的经验、凝聚力、共同的规范和价值观，在一定程度上起到了替代信息搜寻、控制和测度的作用，从而促进了企业的技术创新。

第二，那些保证群体意识的社会资本要素是更重要的创新智慧。这证实了嵌入性在企业技术创新过程中的重要性。群体意识增强了企业与外部合作伙伴分享知识和资源的倾向。技术创新过程不仅仅是一对一关系的结果，更主要的是理念、概念和技术不断交流和杂交的结果。

第三，黏合型社会资本支持了技术创新的实施和扩散，而桥接型社会资本支持了技术创新的初始阶段（即研究/创意阶段）。这一发现与现有社会资本与技术创新关系的文献是一致的。具体地说，关于社会资本在技术创新创始阶段（即研究/创意阶段）的重要性，本章的研究结果与劳尔森等（Laursen et al.，2012）的发现是一致的。劳尔森等（Laursen et al.，2012）的实证研究证明了社会资本在决定外部 R&D 对技术创新过程有效性的重要作用。本章则证明，在研究阶段，桥接型社会资本情境下强联结的存在至关重要。此外，本章的研究发现与塞西和尤巴蒂（Ceci and Iubatti，2012）的发现也是一致的。塞西和尤巴蒂（Ceci and Iubatti，2012）证明了社会联系对技术创新扩散的重要性。不仅如此，本章的研究进一步强调了区分黏合型社会资本和桥接型社会资本的重要性，也进一步地揭示了社会资本的不同类型（黏合型和桥接型）对不同类型的技术创新（渐进性创新和激进性创新）、技术创新的不同阶段（研究/创意、开发、实施/扩散）的影响效果和作用机制，为企业透过社会资本的机制提升技术创新的能力和效果，指明了明确的路径。

第 14 章

认知和关系社会资本对产学研联盟合作创新影响的案例研究

如前所述，产业技术创新战略联盟已经成为一个地区乃至一个国家促进产业技术创新，提升产业竞争力的重要战略举措，在世界范围内受到高度重视和广泛认可。在这些联盟中，除了企业之外，还有两类重要的成员，就是高校和研究机构，因为高校和研究机构是企业在开展创新的过程中获取新的思想和资源的重要知识来源。所以，这一类联盟也称作产学研联盟。但是，尽管产学研联盟在世界范围内都非常普遍，其中的合作仍然存在许多挑战。许多企业一方面都知道与高校和研究机构进行创新合作的重要性，一方面又往往不是很放心情愿地利用这些外部资源，因为它们觉得很难建立一种良好的合作关系。其中一个重要的原因，也许是学术机构和企业在组织的结构、管理、目标和解决问题的方式方法等方面存在差异性，使得彼此之间的合作具有一定的难度，甚至引发紧张。

当企业与学术机构共同进行一项 R&D 项目时，商业性的企业目标通常是旨在能取悦其客户的短期创新成果，而学者的主要目标是发表高质量的学术论文，因为这对他们的学术成就很重要。因此，很多企业在寻找创新来源时，都将学术机构放在较后的位置上考虑。但是，有一个事实必须引起企业的重视，那就是实际上与学术机构进行过合作的企业，往往比那些与学术机构没有联系的企业，更具创新性。所以，为了更好地释放与学术机构合作的潜能，需要更多地了解企业如何才能建立并维持富有成果的产学研合作的相关知识。

本章试图建立关于企业如何才能促进与学术机构在产学研联盟中开展富有成果的合作的理论。现有的研究证明，社会资本的不同维度对于企业和学术机构的成功合作都具有重要影响。结构社会资本反映了企业与其他行动者的社会网络的正式结构，而认知社会资本和关系社会资本主要关注正式结构的内容。前述各章从不同的角度和层面较充分地探讨了社会资本的结构维度对知识转移和技术创新的影响，本章则聚焦于社会资本的关系和认知维度。现有的研究主要探讨了社会资本的正式结构，本章则要探讨社会资本的内容以及它们之间的相互关系，这正是以前许多研究一直在呼吁的内容（Rass et al.，2013），也是目前研究比较欠缺的方面。

近年来，国际上一些研究呼吁对技术创新联盟中产学研合作随时间演变的状况进行深度研究（Lind et al.，2013；Smith，2012）。作为回应，本章试图探讨企业和学术机构如何随着时间的推移在产学研技术创新联盟中实现良好的合作，特别是探讨认知社会资本和关系社会资本作为缓解企业和学术机构面临的合作挑战、促进合作能力的作用。

本章试图通过对两个处于不同发展阶段的产学研技术创新战略联盟的纵深案例研究，来回答上述研究问题。这两个案例其中一个是已经比较完善的产业技术创新联盟，另一个是新成立的产业技术创新联盟。这两个研究联盟都得到了政府的资助，以解决产业发展过程中遇到的特定难题。本章的目的旨在了解社会资本的维度是否以及如何促进企业和学术机构之间开展富有成果的合作，从而提高企业的技术创新能力。

14.1 理论框架

14.1.1 产学研联盟的合作

虽然合作对于学习和创新都很重要，但是企业与学术机构合作时常常面临重大挑战。这些挑战主要的根源在于彼此之间存在张力，即所谓的"两种目标相互冲突的矛盾力量的共存"（Fang et al.，2011）。一种常见的张力就是学术活动和商业活动之间的差异性。学术机构进行基础研究，而企业关心的是创新的作业成本。这就使得企业更倾向于提供解决方案的短期应用研究，而学术机构则更多的是长期导向。此外，不同的文化和惯例、彼此之间缺乏信任也是造成产学合作困难的因素（Smith，2012）。

近年来，国内也有大量的研究，其中主要是定量研究，探讨了企业是否具有从产学研技术创新战略联盟中获取外部知识的能力、如何提升该方面能力的各种影响因素，以及获取的这些知识对企业的创新和经济绩效产生影响的各种决定性因素（蒋樟生和胡珑瑛，2010；曾德明等，2012；廖志江等，2013；吴绍棠和李燕萍，2014）。但是，企业究竟如何从这些外部知识来源中获益，尤其是当核心企业与其 R&D 合作伙伴之间的差异性很大的时候，这样的研究还很少。在这种情况下，定性研究能够更深刻地理解合作的过程（Smith，2012）。有些企业有能力克服合作中的困难，从与自己不相同的行动者那里识别出新的信息，并将其消化吸收和利用。在以前的研究中，我们称之为联盟能力（曹素璋，2010）。到底有哪些因素可以减轻产学研合作中的障碍，对这种研究的呼吁很强烈，但作出响应的学者不多。本章的研究工作就是试图缩小这种研究差距，从认知社会资本和关系社会资本的角度，探讨缓和产学研技术创新合作中的困难、提高技术创新合作成功率的社会整合机制。

14.1.2 社会资本

社会资本可以被定义为"内嵌于、衍生于个体或组织所拥有的关系网络，个人或组织可以从中获得的资源总和"（Nahapiet and Ghoshal，1998）。社会资本对于知识转移很重要，因为它促进了合作伙伴之间的互动和信任（Inkpen and Tsang，2005）。社会资本可以分为黏合型社会资本和桥接型社会资本。黏合型社会资本观聚焦于集体行动者的内部特征，其边界可以是组织、社区或者国家。桥接型社会资本观将社会资本看作是一种由外部关系连结起来的社会网络的强化源（Adler and Kwon，2002）。本章将以桥接型社会资本为基础，并遵循那哈皮特和戈沙尔（Nahapiet and Ghoshal，1998）对认知社会资本和关系社会资本的维度划分与界定。

对彼此的工作和期望缺乏了解是产学研合作的障碍之一（Bruneel et al.，2010），所以建立认知社会资本也许是克服这种困难的一种方式。认知社会资本指的是各方之间共享的意义系统和意义解读，共同的语言和编码，以及共享的叙事。当不同的组织有了共享的愿景和体系时，就更容易向彼此学习。认知社会资本被分为两个子类：共同目标和共享文化（Adler and Kwon，2002）。共同目标指的是对社会网络任务及其实现途径达成的共识（Inkpen and Tsang，2005），以及对目标所持有的共同观点（Masiello et al.，2015）。以前的研究证明，企业与学术机构的成功合作与彼此间相似的能力和竞争力高度相关（Pe-truzzelli，2011）。共享文化指的是规范与规则，它们决定在网络中什么样的行为是合适的。当网络中的行动者在文化上相通时，就更容易合作（Inkpen and Tsang，2005）。但是，认知相似性太强的企业也可能会降低组织间合作中的创新性和创造性。有研究表明，认知社会资本与合作创新绩效呈倒 U 型关系（Cowan et al.，2007）。

关系社会资本聚焦于关系紧密度和信任，它是指"那些通过关系而得以创造和利用的资产"（Nahapiet and Ghoshal，1998）。它描述的是经由先前的联系而形成的人际关系，涉及相互的尊重和友谊、期望和声誉。先前的合作经验可以降低产学研合作的障碍。皮特鲁切利（Petruzzelli，2011）发现，如果以前有过合作经历，那么可以促进产学研双方的信任，这说明了建立人际关系对于技术创新的重要性。社会资本作为产学研合作的驱动因素之一，考虑到信任的作用，所以关系社会资本是其中最重要的维度。因为产学研合作经常会涉及陌生伙伴之间的合作，从而存在高度的不确定性，所以通过人际关系建立信任将降低合作伙伴之间的不确定性，增强彼此开放和分享信息与资源的意愿（Tsai，2015）。而且，与合作伙伴建立信任可以降低机会主义行为风险。但是，伊利-仁寇等（Yli-Renko et al.，2010）认为，当信任达到一个非常高的水平时，它也可能不利于组织间的合作。这是因为行动者对控制权的欲望减少，冲突水平降低，对信息的需求减少，从而减弱了对新知识的创造（Masiello et al.，2015）。

总之，产学研合作的张力可能不利于双方成功地开展技术创新合作。但是，如何缓解这种张力，我们知之甚少。那么，通过建立人际关系和共同认识，随着时间的推移，社会资本能否缓解企业与学术机构在技术创新合作中所遇到的挑战呢？本章将通过一个纵深案例研究来探讨这个问题。

14.2 研究方法

14.2.1 研究设计

为了对产学研合作的复杂关系和互动过程有一个深入的了解，本章采用定性研究方法。设计一个纵深案例研究，来考察企业和学术机构在技术创新联盟中如何合作，以及社会资本的维度如何随时间而发展，以致促进双方有效合作的过程。为了扩展现有的理论框架，利用多案例研究来建立相关的理论（Yin，2009）。

14.2.2　案例选择

从研究目的出发，我们选择了来自后发地区省区的两个产业技术创新联盟①，一个是享有盛名的（联盟1），另一个是新建的（联盟2）。为了了解产学研联盟中的合作演化过程，我们详细考察了每个联盟中的三个企业。这些产学研联盟是从接受政府资助的产业技术创新战略联盟总体中挑选出来的（见表14-1），都具有环境技术创新的合作目标。

表14-1　　　　　　　　　　　所选产学研联盟案例的特征

研究联盟	目　标	参与方	资　助	创建情况
联盟1	改善环境治理，提高业内员工的技术任职资格	所有相关企业及其外部R&D合作伙伴参与所有的项目，项目主要由高校和研究机构主持	研究资金来自政府资助（30%～50%）和成员企业的参与费	2009年由行业创建
联盟2	长期高度国际化研究，以解决能源产业的具体难题，寻求创新性解决方案	项目由高校或研究机构主持，成员包括价值链分支上的大部分企业，有时还包括其他的研究机构	研究资金来自政府资助以及成员企业和研究机构的资助	2015年由研究机构创建

在选择案例时，首先初步访谈了一些项目的主持人，这些项目都是由两个联盟先前的人际关系开始的。这样做的目的是要保证有机会收集这些产学研联盟的相关信息，知道去联系哪些相关的企业和学术研究机构，掌握在接下来的深度访谈中该询问的主题。

14.2.3　数据收集

在开始正式访谈之前，收集并查阅了这两个产学研联盟的年度报告以及像

---

① 关于本书后发地区（云南、贵州、广西三省区）产业技术创新联盟的基本情况，参见第7章。

评估报告之类的二手数据，以便设计访谈问题，做好访谈准备。

关于联盟1，我们是作为观察员开始的，参加了一个由该联盟安排的研讨会，会议对一些项目进行了陈述和讨论。此外，对总共29位被调查者进行了访谈，其中21位企业代表，7位是合作的学术机构代表，还有1位代表利益组织。访谈分两个阶段进行：2016年8月访谈了第一批18位受访者，剩余的11位访谈是在2017年7月完成的。关于联盟2，我们访谈了总共26位受访者，其中7位代表企业，16位代表学术机构，3位代表利益组织。访谈也是分两阶段完成的，2016年8月访谈了第一批14位受访者，第二批12位受访者的访谈是在2017年7月完成的。

访谈的目的就是要深入了解每个产学研联盟中各合作伙伴之间的互动和创新过程是如何开展的。访谈采用半结构形式，以增强访谈的流畅性，避免僵硬。按照可追溯的原则，依照时间顺序首先从各研究联盟的创建背景开始，然后是关于联盟内对于参与程度和合作期望的规划，最后是取得的成果。为了保证信息的相关性，在开始访谈前都向受访者说明，访谈的目的是要了解联盟内企业与学术机构的合作过程。这样可以避免受访者谈一些过于专业化的技术问题。作为调查者的一方，我们也不谈理论概念。在访谈过程中，我们会加插一些提问，如"您（们）为什么要那样做？""都有谁参与了？""讲讲事情的经过吧！"等。目的是刺激他们更好地回忆与事件相关的经历，丰富我们对于合作联盟中各方互动过程独特性的理解。

14.2.4 数据分析

数据分析在交叉案例比较的基础上展开，目的是要找到交叉案例的模式。在寻找数据中的理论维度的基础上，识别出影响产学研联盟合作开展的关键特征和事件（Eisenhardt，1989）。首先，描绘合作中面临的挑战。然后，区分合作开始时、过程中和结束时的认知社会资本和关系社会资本，考察不同的社会资本水平如何随时间推移更好地促进合作各方之间的合作，帮助克服合作中面临的挑战。从转录后的数据中寻找交叉案例的异同之处。在分析完成之后，提出若干将来可以进行定量检验的命题（Yin，2009）。

14.3   结果与讨论

　　首先报告有关两个产学研联盟中企业参与度和成果体验的分析结果，然后阐述为什么有些企业能够依靠社会资本更好地促进与学术机构合作的原因。接下来呈现的研究结果和讨论是将案例研究的结果与学术文献相结合的。

14.3.1   产学研联盟中企业的参与程度与成果体验感

　　产学研联盟中案例企业的参与情况，及其对工作目标的影响和对联盟的成果体验感，如表14-2所示。

表 14-2　　　　　产学研联盟中的企业参与度、影响和合作结果

企业	参与度	影响度	结果
联盟1企业1	企业对联盟的活动很投入。"我们一直很热心联盟事务，现在比以前更积极。""企业高度参与了若干研究项目。"	影响度高。"这是一个很美妙的过程……在项目任务方面，我们没有冲突，因为我相信他们［学术机构］都是求真务实的。"	企业从合作中增长了知识。"［联盟内以及与学术机构的］合作很愉快，做了很多重要的项目……从这些项目中我们学到了非常重要的知识。""我们已经看到了参与［合作］的价值，看到了［合作］创造知识的价值。我们已经将这些知识运用到生产中。"
联盟1企业2	企业高度参与了合作事项。"我们对合作的事很投入。""我们的生产工厂是开放的，这样我们可以获得更多的信息。"	影响度高。"是的，我们对联盟的影响力很大。""我们会主动为我们的工作目标提出要求。""我们为项目设定了清楚的条件。"	企业从合作中获得了很多成果，并将合作项目的成果进行了应用。"我们进行了知识交流，产生了新的想法，从长远来看，企业从这些想法中获得了利益。""要不是利用我们和学术机构合作所取得的成果来解决问题，我们会更加困难。"

续表

企业	参与度	影响度	结　果
联盟 1 企业 3	企业高度参与了联盟中的所有项目。他们启动了一些项目，工作很有成效。随着时间推移，企业变得更专注，在合作项目的工作上花了更多的资源。	影响度高。 "我们会花很多力气去影响项目的选题，保证项目的适用性。" "在项目的早期就参与进去非常重要，这样可以按照我们的利益施加影响。"	企业从合作中获得了很多成果，并将合作项目的成果进行了应用。 "我们的目标是成为本领域中的世界领先，所以［与学术机构］合作非常重要。" "如果我们对某一个 R&D 项目的结果产生了兴趣，我们就会组织一个工业项目来实施这些 R&D 成果。"
联盟 2 企业 1	参与度低。 "我们没有优先考虑［联盟］使用太多的资源。"	影响度低。由学术机构决定工作任务。 "计划都是学术机构制定的，我们没有从中获得太多的利益。"	从研究联盟中获益少。 "我们没有从中获得太多的利益。"
联盟 2 企业 2	合作开始阶段的参与度低。 "我们没有时间和资源去过多地参与［合作］。" 在合作的过程中慢慢增加了参与度。 "我们明白了，我们必须更多地参与［合作］，提出要求，试图去制定战略。"	影响度低。由学术机构决定工作任务。 "计划主要由学术机构制定。" 合作一段时间之后，学术机构提出，希望企业对研究任务发挥影响力。	在合作开始时，企业对合作成果的期待较高。 "我们刚加入合作的时候，有过错误的期待，我们没有得到直接的结果，而是一些我们未来可以进一步开发的有趣的事情和方向。"
联盟 2 企业 3	合作开始时参与度低。没有优先考虑合作的时间和资源。渐渐地，企业的参与度提高了，因为他们明白了，合作可以获得越来越好的成果。 "我本可以更多地参与［合作］，但我不确定他们需要我投入多少……这是可以做到的事情，但是在那种情况下，我忙于企业的日常工作，把它给忽略了。"	开始时影响度低。一段时间之后，他们对学术机构提出了更多的要求。 "实际上，我们本应该占据有影响力的位置的……我记得要求过［合作的学术机构］开展一项对我们很重要的特殊任务。他们回答说，这项任务很有意思，但得下一年才能考虑。但是，后面就不了了之了。"	合作开始时，所获成果少。 "开始时，我们［对合作］期望很高。［合作的］事情很长时间才开始，我们觉得很失落。［合作］进行得不是很好。" 一段时间之后，企业明白他们需要更加投入，以取得效果。 "我们不是干坐着伸长脖子等着［学术机构］喂食的雏鸟。实际上，我们必须做点什么，［把合作］好好地利用起来。"

两组企业在合作联盟中的参与程度以及从中所获成果方面存在显著的差异。联盟1中的企业与学术机构有较深度的合作，也有较高的成果体验感："如果不是这种合作，我们的知识不可能增长得如此之多。"若干企业都讲到，这种合作对于行业总体知识基础的建设非常必要："如果我们回顾一下过去5年所获得的知识，显然都是因为有了这种合作。"而联盟2中的企业从与学术机构的合作中则没有那么高的成果体验感，因为合作并没有达到他们所期望的创新率。"开会的时候总是会提出一些'振聋发聩'的新想法，但都是与我们的核心业务不大相干的。"

联盟2中的企业在与学术机构的合作中参与度不高，与学术机构的接触不很热心："他们不露面，他们都不情愿花上一天时间来与我们以及其他合作伙伴讨论事情。"联盟2中的一些企业也承认，他们的成果体验感不高是因为他们对合作的参与度不高："我们从［合作］中所获得的东西取决于我们自己的贡献。如果我们能多花点时间去考虑［合作的］事情，我们就能从中得到更多。"

为了进一步理解，为什么联盟1中的企业比联盟2中的企业在联盟中的合作参与度和成果体验感更高，本章试图从社会资本的概念进行进一步的探索。

14.3.2 产学研联盟中企业如何开展合作

本章试图从认知社会资本和关系社会资本随时间的发展状况，来探讨案例企业是如何与产学研联盟中的学术机构开展合作的（见表14-3）。

表14-3　　　　产学研联盟中的企业认知社会资本与关系社会资本

企业	认知社会资本	关系社会资本
联盟1企业1	开始时，企业对学术机构的理解并不相同，但随着时间的推移，他们对学术机构有了更充分的理解，也有了共同的目标体验。"从一开始就有非常好的沟通和团队精神。""与他们［学术机构］的合作一直很顺利，从合作中也有了更多的了解和好的项目。"	企业的员工与一些合作的学术机构以前有过相识，随着时间的推移，他们了解了学术机构。"我们［对学术机构］很了解。""相比较于其他的研究伙伴，相比较于和以前不认识或者没有一起工作过的人进行合作，这次的合作进行得非常好。"
联盟1企业2	与合作的学术机构有共识和共同的目标。"与研究人员的谈话不难懂。我们互相理解。当然，也有一些非常专业化的人，我们不需要与他们打交道。""我们有一个共同的目标，我们清楚要干什么……我们所有的人都劲往一处使，为合作创造条件。"	企业和合作的学术机构彼此很熟悉。"我们就像一个大家庭。""熟悉很重要，有可以信赖的人际关系。""我们与他们［学术机构］联系很紧密。"

企业	认知社会资本	关系社会资本
联盟 1 企业 3	与合作的学术机构有很好的沟通和共识。有时候也有目标上的分歧，但是都能够通过沟通得到解决。 "我们必须从一开始就非常清楚，我们要［从学术机构］获得什么，不让研究人员去干他们感兴趣而我们不感兴趣的事情，要减少这种风险。如果按照他们［学术机构］的方式设定工作前提，对我们双方谁都不好。" "通常，我们［和学术机构］都有相同的目标，关于行业的发展，但有时候在长期目标和实现目标的战略方面会有一些分歧……这取决于和行业的密切互动，我们合作的项目符合行业的要求。"	企业和合作的学术机构彼此很熟悉。 "我们越来越亲密，更能够以一般的方式进行沟通。" "我们彼此很了解，这使得合作容易多了。" "当我们需要特别专业化的研究时，我们可以得到对我们的行业和我们面临的挑战都很了解的研究人员。"
联盟 2 企业 1	企业和学术机构之间的目标不同。 "他们［学术机构］就是为了发表论文。这对提高他们的竞争力有好处，但与行业的联系不大。" "我们的目标有分歧。" "我们理解他们［学术机构］的目标，但我们不知道他们是否理解我们的目标……他们与行业没有联系。"	企业和学术机构之间有熟人。 "我很了解他们［学术机构］，知道他们的体系是如何运作的……我在那里工作了 15 年。" "企业和［研究中心里的］学术机构的联系应该更紧密一些。" 随着时间的推移，从行业得到更多的反馈，学术机构与企业的合作卷入度进一步提高。 "他们［学术机构］深入行业合作伙伴更为积极主动了。"
联盟 2 企业 2	合作开始时，沟通不良，理解有分歧。在得到企业的反馈之后，学术机构变得越来越好。 "我们让他们［学术机构］长话短说，他们有了很大的改善，越来越能够'直击要害'。" "我们和他们［学术机构］之间的问题一直就是沟通不好。" "在合作的过程中，彼此的了解越来越好。"	企业和学术机构之间有熟人。 "信任一直有，我们与学术机构一起工作还是很习惯的，他们也习惯于和我们一起共事。" "之前我们与他们［学术机构］有过项目。"
联盟 2 企业 3	开始时的目标不一致。企业期望学术机构应该从事企业想要开发的事情，但他们没有做到。 "我不认为他们不想和我们有共同的目标。可能是能力的问题。我们也一样。"	企业和学术机构之间有一些熟人。合作联盟中的好几个企业代表都是主要学术机构合作伙伴的前员工。

（1）认知社会资本

在对合作的学术机构的认知社会资本方面，联盟1和联盟2的案例企业存在很显著的差异。首先，就共同目标而言，联盟2的所有企业都感受到了与学术机构目标差异的紧张。学术机构关注的主要是论文的发表，而企业是短期价值和创新成果驱动的。对于很多联盟2中的企业而言，这种紧张很令人沮丧："我认为［合作中］对产品开发关注很少。主要的重心还是为研究而研究。工作的重心应该更多地商业导向，更扎根于行业之中。"这就说明了联盟2的合作缺乏共同的根本目标，彼此之间缺乏共识。一些学术机构也意识到了这一点。"许多企业对研究人员使用的概念不感兴趣。他们只对他们能够卖出去、能够挣钱的产品感兴趣。"

与联盟2中的企业一样，联盟1中的企业也关注短期结果，但是在合作中能够将其自身的目标和合作的学术机构的目标放在一起考虑，这就为合作打下了共同的基础："我们设法不忽视所有合作伙伴的诉求，这很重要。"

有时候联盟1中的企业和学术机构之间也会产生分歧，如关于项目的目标，企业认为学术机构太过学术导向，如一个企业代表这样说道："行业和学术界会有一些根本性的冲突。行业想要的是直接的应用结果和行业的发展，而学术界更多的是科学导向，他们必须发表论文。在这方面有过很多争论，不过我们总是能够达成一致。"

由于有了良好的沟通，联盟1中的合作伙伴似乎总是能够在争论之后达成一致："我们的意见总是能被他们［学术机构］看见和听见。"关于企业和学术机构在项目目标方面的分歧，联盟1和联盟2都面临共同的挑战。但是，联盟1中的企业似乎能够通过良好的沟通把问题搞定："有时候与他们［学术机构］一起共事时，我们会得到意料中的结果。然后我们发现我们还有机会变得更好……我们必须把他们［学术机构］引向更好的结果方向。"虽然合作双方彼此之间有时会产生紧张，但是联盟1中的企业似乎能够懂得研究联盟中合作的重要性："行业与科研就是一种共生关系，相互依存。我们必须通过对话找到解决方法。"

而联盟2中的企业和学术机构似乎缺乏基本的相互理解，导致常常是由学术机构决定研究联盟该做什么。如果联盟2中的企业从一开始就更多地参与到合作的事务中去，或者如果学术机构更多地邀请企业参与合作，那么双方的理解本应该有所提升（见表14-2）。企业的参与度低导致认知社会资本水平低，从而使得研究联盟中的创新开发更困难而又更紧迫。不过，经过一段时间的合作之后，彼此有了更深的了解，联盟 2 中的企业认识到，他们必须在研究联盟中有更高的参与度，并且将他们的意见清楚地反馈给学术机构："我们［企业］努力表达我们的意见，他们也予以了考虑……他们变得越来越好，越来越直击要害。"

认知社会资本的另一方面是共同文化（共享的规则和规范）（Inkpen and Tsang，2005）。两组企业和其合作的学术机构都有着不同的文化，主要的不同之处在于不同的规划周期观。企业持短期观，需要对经营活动作出迅速应对，而学术机构持长期观，不像企业那样更多地寻求开发利用。不过，联盟 1 中的企业似乎比联盟 2 中的企业更有意识到合作双方之间的这些差异，这有助于企业明白应该如何让学术机构朝着为企业利益服务的方向去做。

总之，与联盟 2 中的企业相比，联盟 1 中的企业对于学术机构的认知社会资本水平更高。考虑到联盟 1 建立的时间更长，也就不奇怪了。同时，随着时间的推移，联盟 2 中的企业对产学研联盟中合作的本质有了更多的理解，从而提升了其认知社会资本水平。尽管如此，联盟 2 中的企业还是应该学习联盟 1 中企业的成功经验，进一步提升其认知社会资本水平。由于存在根本性的组织差异，企业与学术机构要达成完全一致的目标和文化几乎是不可能的，但是提高对彼此目标和文化的认识，就像联盟 1 中的企业所做到的那样，将有助于企业与学术机构的合作随着时间的推移变得更可行和更富有成果。因此，本章得出如下命题：

命题 1：企业与学术机构的认知社会资本水平越高，越能更好地缓解产学研联盟所面临的挑战。

命题 2：产学研联盟中较高的参与度提高了企业和学术机构的认知社会资本水平，从而提升了产学研联盟的成果水平。

（2）关系社会资本

联盟 1 中所有的企业都与合作的学术机构有私人关系，如学生、老相识或者前员工等，还有就是双方有亲属可能正在或曾经在对方单位或系统内工作。产学研联盟中若干学术机构的代表以前在行业干过，而许多企业的代表以前做过高校教师或研究机构的研究人员。"在某个时间点上，我们要么是同学，要么是师生，要么是同事，要么是邻居，要么是熟人。"在这种长期的密切接触中，企业和学术机构建立了信任，彼此开诚布公。"我们彼此信任。"通过高度的开放和信任，联盟 1 中的企业克服了与学术机构沟通的障碍。如果对工作任务有什么误解或者意见不一致时，都能迅速地得到解决："当我们一起工作多年，彼此了解之后，达成一致意见就容易多了。"这就清楚地证明，先前的合作可以降低合作的难度。

联盟 2 中的企业在与学术机构开始合作之前，也有过某种程度的联系，也有某些如前所述的社会关系，但是却没能像联盟 1 中的企业那样，与学术机构建立亲密关系。联盟 2 中的一些企业对合作的学术机构信任度较低："他们［学术机构］需要做点什么，来建立与其合作伙伴的信任。"似乎由于联盟 2 中的企业对合作的参与度低，导致他们未能形成与学术机构的值得信任的人际关系。联盟 1 中的企业对合作的承诺度更高，对合作作出了更多的资源投入（见表 14-3），而联盟 2 中的企业在与学术机构的合作中没有作出足够的资源投入。造成这种差异的原因之一，是因为联盟 1 中的企业更积极，主动为合作的项目设立框架条件。由于和学术机构有密切的人际关系，联盟 1 中的企业知道应该如何根据他们的利益去施加影响："他们［学术机构］知道，如果他们不关注我们的利益，我们就会终止合作。"而联盟 2 中的企业为产学研联盟设立框架条件的机会更少，因为学术机构在开始合作之前就已经规定了全部的工作任务。所以，通过建立与学术机构的关系社会资本，联盟 2 中的企业是可以增强其对合作目标的影响力的。

此外，企业对合作事务的参与度低导致了对彼此的期望紧张（Bruneel et al.，2010）。联盟 2 中的一些企业的期望是短期的创新成果，而学术机构则是长期导向。"我们［和学术机构］的期望有些不同。我们期望从［合作］中得到更直接的结果。"随着时间的推移，联盟 1 中的企业建立起了与学术机构非常高水平的关系社会资本，这教会了他们应该期望从合作中得到什么。"很大一部分的 R&D 成果是不可能实施的。这些成果的重要性在于他们建立了知识，而知识又能生成好的创意。"联盟 2 中的企业和学术机构需要加强他们的关系社会资本，以理解合作伙伴彼此的期望，从而构建能更好地满足双方预期的工作目标。学术机构应该更多地参与企业活动，认真考虑企业的需要，早早地在合作中发挥建立企业信任的作用。此外，他们应该与企业进行充分的沟通，说明产学研联盟是什么，将如何运行。

总之，提升关系社会资本可以防止学术机构只关注其长期目标，降低机会主义行为风险。因此有：

命题 3：企业与学术机构的关系社会资本水平越高，产学研联盟中的机会主义行为越少。

命题 4：较高的初始关系社会资本水平有助于企业对产学研联盟的项目目标施加影响，从而降低合作面临的挑战。

命题 5：较高的产学研联盟参与度提高了企业与学术机构的关系社会资本水平，从而提升了合作的成果水平。

（3）社会资本维度的交互作用

在对社会资本维度之间的交互作用进行考察时，研究发现，共同语言和共识（认知社会资本）与人际关系（关系社会资本）之间存在相互依存性。但是，还需要对社会资本不同维度之间的交互作用进行更多的研究（Rass et al.，2013）。联盟 1 中的企业通过合作期间的关系社会资本，建立起了与学术机构的认知社会资本。透过与其合作伙伴的值得信任的人际关系，随着时间的推移，联盟 1 中的企业对于产学研联盟中的工作目标有了更多的共识，从而提升了产学研联盟的成果水平。联盟 2 中的一些企业在合作开始的时候，关系社会资本水平较低，但是当他们更多地参与到产学研联盟的事务中之后，他们成功地提升了与学术机构的关系社会资本。

随着时间的推移，联盟 2 中的一些学术机构承认，他们必须与合作企业进行更多的互动："你必须在实践中与行业互动，而不仅仅是纸上谈兵。你必须拿起电话，定期与他们（企业）联系。"当企业和学术机构彼此了解更多之后，企业就看到了参与合作事务的价值，这有助于企业为合作设定框架条件："随着时间的推移，我们明白了这一点……尤其是在中期评估之后。我们必须参与［产学研联盟］更多，以影响联盟的战略。"联盟 2 中的一些企业开始的时候就有值得信赖的关系，因此随着时间的推移，建立了共识："信任一直都在，但是随着时间的推移，对如何进行合作有了更好的理解。"另一个来自联盟 2 的企业代表这样说道："现在我们合作的过程对于保证企业的要求更为谨慎。"企业与学术机构之间的互动，对于产学研联盟随着时间的推移建立认知社会资本，具有根本性的作用。

此外，当企业对合作的基础达成一致意见，并且对于产学研联盟的目的有了共同的目标和期望之后，就像联盟 1 中的企业所做那样，那么发展关系社会资本就容易多了。从一开始，联盟 2 中的企业就与学术机构有着不同的目标，这增加了他们更多地参与产学研联盟事务的难度。随着时间的推移，当联盟 2 中的企业在产学研联盟事务中的参与度越来越高，他们也更能够与合作的学术机构进行互动，从而提升了关系社会资本。既缺少认知社会资本又缺乏关系社会资本，是联盟2中的企业终止合作的原因之一。所以，企业应该至少建立一种社会资本的维度，以进一步发展另一种社会资本维度，从而提高缓解产学研联盟的紧张、实现成功合作的机会。因此有：

命题6：企业的初始关系社会资本水平越高，随着时间的推移，越能够发展与学术机构的认知社会资本水平。

命题7：企业的初始认知社会资本水平越高，随着时间的推移，越能够发展与学术机构的关系社会资本水平。

命题8：与从合作开始就缺乏认知社会资本和关系社会资本的企业相比，具有认知社会资本或者关系社会资本的企业，在产学研联盟中更能够与学术机构进行富有成果的合作。

14.4 本章小结

本章案例研究是试图揭示产学研联盟中企业和学术机构如何实现成功合作的一次新尝试。从认知社会资本和关系社会资本的角度，探讨在产学研联盟中如何缓解企业与学术机构之间的紧张，从而实现成功合作，将现有的产学研合作研究作了进一步的拓展，而这正是以前的研究一直在呼吁的。通过对两个产学研联盟的案例研究，本章提出了若干命题，概略地陈述了在研究合作中尽早建立企业与学术机构之间的认知社会资本和关系社会资本的重要性。从一开始就建立关于合作的共识和共同目标，以及创建企业与学术机构之间的人际关系，将带来越来越好的合作绩效。那些久负盛名的产学研联盟中的企业能够设法克服与学术机构之间的紧张，是因为通过长期的紧密关系建立了彼此之间的共识和良好的沟通。这些企业与合作的学术机构进行开放式对话，高度信任，相互理解。本章通过案例研究采集到的数据证实了以前一些研究提出的假设：合作双方的承诺、先前的合作关系、有效的沟通和信任是产学研成功合作的重要影响因素。

本章最关键的贡献在于对社会资本不同维度之间的交互作用进行了探讨，这一点正是现有研究的薄弱之处（Rass et al.，2013）。认知社会资本撬动了关系社会资本，因为当企业和学术机构对合作的基础达成一致意见之后，他们之间建立人际关系就容易多了。反过来，对于那些与合作的学术机构缺乏共识和目标不一致的企业而言，关系社会资本的存在有助于他们建立认知社会资本。达成共识和共同目标的方式明显地取决于关系社会资本的水平。这对于企业和学术机构的合作具有重要意义，说明在加入合作之初，至少应该发展有一种社会资本的维度。以前有研究发现，关系社会资本是组织间合作最强的驱动力（Van Wijk et al.，2010），与之不同的是，本章研究发现，认知社会资本是与关系社会资本同等强大的驱动力。本章对关系社会资本和认知社会资本的各种功能进行了阐述。认知社会资本是提升企业与学术机构之间共识和共同目标的助推器，而关系社会资本则促进了双方的互动，是实现信任的重要因素。因此，认知社会资本和关系社会资本是企业随着时间的推移逐步克服与学术机构合作的障碍、提高合作成果的有效途径。

本章的研究结果表明，企业应该建立与学术机构的认知社会资本和关系社会资本，以强化在产学研联盟中进行富有成果的合作，这对于公共政策层面和企业层面都具有重要的意义。从公共政策层面讲，最重要的意义就是，从创建产学研联盟的早期就必须让企业参与其中，将企业的参与度作为政策的基本要求。政策应该规定，在正式创建产学研联盟之前要有一个初步设计方案。在这个方案中，企业和学术机构共同设定合作的框架条件，以保证双方达成共识和共同的目标。同时，申请日期可稍微延长。初步的设计方案和延长的申请日期可以让企业对产学研联盟的项目主题有更大的影响，防止企业由于觉得项目与行业相关度低而中途退出。

政府应该激发学术机构的积极性，使他们积极主动地与企业联系，这样可以培育人际关系和信任，这是产学研联盟开展长期有效合作的必要条件。本章案例研究显示，技术（产品）开发过程的周期严重影响产学研联盟中各合作伙伴之间的有效合作。政府支持的研究项目应该具有长期导向，政府对新技术的开发也应该有足够的耐心。此外，政府应该清楚地表明，他们是如何定义公共资助项目的预期创新成果的，详细说明创新成果既可以是根本性的，也可以是渐进性的。这可以降低合作伙伴之间的期望紧张。根据项目的不同目标，分别由不同的合作方来主持不同的研究项目。如果项目的目标是开发渐进性的创新，则应由企业合作方来主持，因为企业更关注应用性研究，这样做可以刺激企业更多地卷入项目之中去。如果项目的目标是开发根本性创新，则应由学术机构来主持，因为学术机构更关心基础研究。

就企业层面而言，本章研究结果显示，为了从参与的产学研联盟中获取利益，企业必须懂得如何建立和管理与学术机构的社会资本。企业应该从合作的一开始就积极地参与联盟事务，从而发展与学术机构的人际关系，形成共识。虽然高度卷入产学研联盟可能需要付出较高的代价，但是这样做可以让企业从投资的资源中获取与自己利益一致的、更大的长期效益。

第 15 章

结　　语

15.1　完成的主要研究工作

本书共完成了 13 项研究，包括 3 项理论研究、6 项定量研究和 4 项定性与定量相结合的案例研究，主要的研究内容在第 1 章"绪论"中已有陈述，不再赘述。本书的研究工作除了查阅大量的文献资料（见参考文献）、进行了深度的理论研究之外，在实证研究方面还做了以下工作。

（1）研究层面

社会资本和技术创新的研究有个体、组织、区域、国家等多个不同的研究层面。本书的研究工作涉及全国、区域和组织三个不同的层面。

在国家层面，第 9 章以我国生物技术产业作为研究背景，研究了社会资本、知识特征对跨区域知识转移地理效应的调节作用。

在区域层面，第 5 章和第 6 章都以云南、贵州、广西三省区的数据，分别探讨了后发地区社会资本与企业技术创新绩效，以及桥接型社会资本、黏合型社会资本与区域技术创新的关系。

第 7 章、8 章、10 章、11 章、12 章、13 章、14 章都是在组织层面展开研究，分别涉及 16 家云南、贵州、广西三省区的产业技术创新战略联盟、三省区的 3 个大型制药企业、三省区的 3 家不同公司、10 家贵州省大学科技园、贵州两个白酒企业网的 109 家企业、贵州信息技术产业联盟的 23 家企业、2 个产业技术创新联盟等。

尤其第 5 章是一个多层面研究，采用多层次建模方法，将技术创新绩效的微观数据与区域社会资本的综合测度相结合，考察区域层面社会资本的差异对企业层面行为和结果的影响，避免了单一层次回归分析没有考虑环境对个体行为或结果的影响的缺陷，探讨了社会资本的区域效应，即宏观—微观机制，是对社会资本影响企业技术创新机制研究的一个重要贡献。

（2）社会资本维度

本书的研究采用那哈皮特和戈沙尔（Nahapiet and Ghoshal，1998）将社会资本划分为结构、关系和认知三个维度的分析框架。

现有的社会资本研究，结构维度是研究得最多的维度。本书的研究也一样，较多地探讨了结构社会资本。但不同的是，本书的研究为了更好地揭示不同类型的社会资本或不同社会资本维度对技术创新的具体效应和影响机制，特别对桥接型社会资本和黏合型社会资本、强连接和弱连接、社会资本的私人利益和公共利益作了单独的研究，取得了更多、更深入具体的洞察。

更重要的是，本书的研究还对结构维度与关系维度、关系维度与认知维度等不同社会资本的交互作用进行了特别的研究。第8章将社会资本理论的结构维度（关系强度）和关系维度（信任），与知识管理和组织学习理论相结合，建立一个知识转移的理论模型并作实证检验。第14章探讨了认知和关系社会资本对合作创新的影响。

（3）技术创新概念

本书的研究采用熊彼特的创新概念。按照熊彼特的创新概念，创新包括产品创新、工艺创新、市场创新、资源创新和组织创新5种类型。由于广义的产品还包括服务，所以本书的创新概念还包括服务创新。

此外，本书的研究还探讨了按创新程度划分的渐进性创新和激进性创新、利用式创新和探索式创新，按照创新不同阶段划分的创意阶段、实施阶段、扩散阶段等不同维度，以求多维度、多层面探讨社会资本透过知识转移对后发地区技术创新能力和绩效影响的机理和路径。

（4）情境因素

由于知识和知识转移以及社会资本的作用机制都是高度情境化的，所以本书的研究特别注意情境因素的影响。在知识转移方面，本书特别探讨了知识转移的结构特征、关系特征、知识转移的知识特征，以及三种特征的综合，构建了知识转移情境管理的综合分析框架。在社会资本方面，本书尽可能地探讨社会资本的不同维度、不同因素针对不同知识情境、不同技术创新情境的作用机制，如桥接型社会资本和黏合型社会资本、强连接和弱连接、仁善信任和能力信任等，对显性知识和隐性知识转移，对渐进式创新和激进式创新，对创新的不同目标和创新过程的不同阶段等所起的不同作用。在研究背景方面，尽量选择更多样的产业，如生物技术产业、信息技术产业、白酒产业、制药业和其他制造业等，尽量选择更多样的企业网络，如大学科园、产业技术创新战略联盟、酿酒工业协会和白酒企业商会等。在企业规模方面，既有大型企业，也有中小型企业，在企业网络成熟度方面，既有久负盛名的成熟网络组织，也有成立不久的新兴网络组织。总之，尽量考虑不同的情境因素，以期研究有更好的科学性。

15.2　主要结论

本书的研究包括理论研究、定量研究和案例研究三部分，综合起来，即理论探讨和实证检验。

（1）理论探讨方面

本书进行了 3 项理论探讨的工作，首先构建了一个社会资本、知识转移和技术创新情境管理的整合模型。社会资本存在于一个智力因素、组织因素和环境因素都在影响着技术创新的动态环境中。现有的智力资本、创新的性质、类型和阶段、内部和外部网络以及社会资本的成本等因素都有可能起到调节作用，所以需要将社会资本、知识转移和技术创新的多种情境因素进行综合并具体地考虑，并寻求合理、有效的治理机制。

由于知识及知识转移具有高度的情境属性，所以第 2 项理论工作就是探讨如何理解知识转移情境下的关系动态，以及如何通过关系情境管理促进知识转移。为此，探讨了信任与承诺在知识转移中的作用、伙伴间的相互依赖性、关系管理与组织间学习的相互依赖性，构建了组织间知识转移影响因素及情境管理的框架，着重指出了：由于知识和能力的转移是一种过程式的现象，所以需要解决 3 类动态：情境、内容和过程。这不仅需要过程的环境情境（即关系和网络情境），也需要过程本身（即知识转移），以及过程的内容和结果（即知识特征和能力的发展）。

第 3 项理论探讨工作探讨了企业内外部网络结构、社会资本利益与知识转移的关系。理论分析表明，一个企业由于参加战略联盟网络而获得的知识转移程度，不仅取决于其与联盟伙伴之间外部关系的类型与质量，还取决于其自身业务单位之间的内部关系。本项工作还区分了内部知识转移和外部知识转移、社会资本的私人利益和集体利益。就外部知识转移而言，一个居于中心地位并桥接了非冗余联系人之间结构洞的业务单位提供的私人利益是最高的，因为它能够接近多样化的信息源和许多中介机会。因此，当组织必须搜寻并获取超出其知识域的信息时，社会资本的中介观就占据支配地位。但是，就内部知识转移而言，社会资本的闭合观占了上风，因为它强调由黏合型社会联系所产生的集体利益和密集嵌入性关系的积极效应，以及它对于资源保留和维护的好处。任何关于闭合观或者中介观的有效性评价都需要对因变量进行澄清和界定，就像本书中多层面的知识转移一样。

（2）实证研究方面

本书完成了 6 项定量研究和 4 项定量与定性研究相结合的案例研究，得出如下一些研究结论：

第 5 章从企业和区域两个层面构建多层面回归分析模型，分析了云南、贵州、广西三个我国相对后发省区的 1602 家样本企业的数据，结果表明：在社会网络和社会联系相对发达的地区，企业一般更有可能进行技术创新；企业在 R&D 支出和员工培训方面的政策对技术创新绩效的影响受社会资本水平的影响而改变，其调节效应取决于技术创新活动对新颖性的要求。在技术创新对内部创造性和学习要求相对较高的情况下，社会网络的调节作用往往很强。

第 6 章将社会资本区分为桥接型社会资本和黏合型社会资本，进一步检验不同类型的社会资本对区域技术创新的影响。通过对采自云南、贵州、广西三个相对后发省区的数据进行回归分析，研究得出的结果是：只有桥接型社会资本对技术创新活动有积极影响，而黏合型社会资本要么与技术创新负相关，要么不显著。这个结果说明，当且仅当社会资本成为非冗余、互补性知识交换的渠道时，才是技术创新的根本性驱动因素。

第 7 章利用社会网络分析法，选取云南、贵州、广西三个相对后发省区的 16 家产业技术创新战略联盟样本，调查了 194 家企业，得出的研究结果是：①在区域创新网络中，强关系的效益比弱关系的效益更大；②网络凝聚性（网络成员的整体连通性）对知识和信息转移有积极影响；③中间人位置产生相当大的私人和社会收益。

第 8 章，将社会资本的结构维度（关系强度）和关系维度（信任），与知识管理和组织学习理论相结合，建立一个知识转移的理论模型并作实证检验，研究结果对知识转移模型提供了实证支持，并有三个重要的发现：第一，证明了仁善信任和能力信任对强关系和有用知识接受之间的联系具有中介作用；第二，一旦控制这两个信任维度，则揭开了弱关系对有用知识接受的效益，即弱关系提供了接触非冗余信息的途径；第三，证明了虽然仁善信任改善了隐性知识和显性知识二者的知识交换有用性，但是对于隐性知识交换而言，能力信任尤其重要。

第 9 章考察了我国生物技术企业对国内和国际专利的引用情况，以检验社会资本和知识特征对跨区域知识转移地理效应的调节作用。研究发现，在生物技术产业，地理的边界和界限确实影响了知识的流动。但是，关于知识流动与相隔距离负相关这一虽然被广泛接受但确实过于简单化的观点，并不是一个准确的经验刻画。事实上，在某些情况下，地理邻近性并不重要，而在另一些情况下，地理邻近性具有与人们的假定相反的明显的非线性效应。

第 10 章检验社会资本与知识转移的治理机制。利用采自云南、贵州和广西三个省区的三家公司的 472 位多样性调查对象的数据，得出的研究结论是：社会资本对知识转移具有正向影响，三种不同的治理机制以各种不同的方式影响着社会资本的提升。社交治理机制促进了个体对社会资本的正评价，是社会资本的重要驱动因素，而层级治理机制的应用效应往往为负。市场治理机制的效应则是复杂的，其对社会资本的正间接效应被其负直接效应所抵消。

第 11 章以贵州省大学科技园为背景，探讨了社会资本如何为产品开发中的知识转移过程赋能。偏远地区的中小型（大学）科技园缺乏完备的与知识相关的服务，行动者的数量也不多，在知识创造能力本就不强的不利条件下，知识向产品开发转移的效果也不理想。在研究知识向企业转移的过程时，产品开发过程和知识需求的差异很大，这取决于企业的独立性、产品开发过程的独立性、中介机构的作用以及其他一些因素。其中相互信任和知识整合尤其重要。为此，本项研究提出了 5 个方面的具体建议：①培育基于信任的创新生态系统；②规划有利于社会资本成长的科技园空间布局；③提高信息中介服务水平，促进知识向产品开发转移；④加强知识供应链管理，提高知识转移效率；

⑤构建集成知识网络，加强显性知识和隐性知识的整合。

第12章，选择贵州省酿酒工业协会和贵州省白酒企业商会两个企业网络中的白酒制造企业进行案例研究。通过对这两个网络中的109家企业的访谈和数据分析，得出的结果是：社会资本没有直接影响企业的技术创新，而竞争力因素直接影响了企业的技术创新；但社会资本影响了竞争力因素，通过竞争力因素影响到企业的技术创新。

第13章，选择一个贵州省近年来发展势头良好的产业——信息技术产业，以该产业的产业联盟——贵州省信息技术产业联盟为研究案例，采用内容分析法，对通过开放式访谈采集的23家企业数据进行分析，探讨黏合型社会资本和桥接型社会资本对企业技术创新的作用机制。得到的主要结果如下：①在黏合型社会资本的情境下，社会资本促进了技术创新；②那些保证群体意识的社会资本要素是更重要的创新智慧；③黏合型社会资本支持了技术创新的实施和扩散，而桥接型社会资本支持了技术创新的初始阶段（即研究/创意阶段）。

第14章，选择两个来自后发地区省区的、处于不同发展阶段的产学研技术创新战略联盟作纵深案例研究，探讨企业和学术机构如何随着时间的推移在产学研技术创新联盟中实现良好的合作，特别是探讨认知社会资本和关系社会资本如何在缓解企业和学术机构面临的合作挑战、促进企业技术创新能力的提升方面发挥作用的社会整合机制。研究的结果得出如下结论：①企业与学术机构的认知社会资本水平越高，越能更好地缓解产学研联盟所面临的挑战；②产学研联盟中较高的参与度提高了企业和学术机构的认知社会资本水平，从而提升了产学研联盟的成果水平；③企业与学术机构的关系社会资本水平越高，产学研联盟中的机会主义行为越少；④较高的初始关系社会资本水平有助于企业对产学研联盟的项目目标施加影响，从而降低合作面临的挑战；⑤较高的产学研联盟参与度提高了企业与学术机构的关系社会资本水平，从而提升了合作的成果水平；⑥企业的初始关系社会资本水平越高，随着时间的推移，越能够发展与学术机构的认知社会资本水平；⑦企业的初始认知社会资本水平越高，随着时间的推移，越能够发展与学术机构的关系社会资本水平；⑧与从合作开始就缺乏认知社会资本和关系社会资本的企业相比，具有认知社会资本或者关系社会资本的企业，在产学研联盟中更能够与学术机构进行富有成果的合作。

15.3 管理启示和政策建议

基于本书的研究发现，提出以下管理启示和政策建议。

（1）后发地区企业提升技术创新能力尤其需要重视社会资本的培育和维护

本书研究明确指出社会资本对企业技术创新绩效的影响具有重要的区域效应。在社会网络和社会联系相对发达的地区，企业一般更有可能进行技术创新，因为社会网络和社会关系改善了企业获得外部相关但不相同的知识的效果，这些知识支持了交互式学习，有助于实现新的或改进的产品和工艺流程。同时，企业在 R&D 支出和员工培训方面的政策对技术创新绩效的影响受社会资本水平的影响而改变，其调节效应取决于技术创新活动对新颖性的要求。在技术创新对内部创造性和学习要求相对较高的情况下，社会网络的调节作用往往很强。这一结果可能对理解企业的技术追赶能力很重要。通过增加企业获得外部新知识的渠道，社会网络和社会联系可能在形成超越以复制性模仿为特征的 OEM 阶段的能力方面发挥重要作用。如果一个企业处于一个弱连接的社会中，将需要特别重视发展与其他企业和组织的联系网络，以便提高其新产品开发的能力。后发地区企业应该特别重视社会资本的培育和维护，发展与外部组织尤其是先进地区组织的联系，拓宽知识转移渠道，改善知识转移效果，强化企业对外部知识的获取能力，有效地提高企业技术创新能力和绩效。

（2）注重社会网络质量，提高社会资本效益

第 12 章的案例研究表明，企业的规模和地位影响了其在网络中的社会资本水平，以及由此导致的企业技术创新的信息和知识来源。当网络成员的规模和实力较大时，其在网络中容易处于中心位置，从而可以获得更多的资源和互惠合作的机会，因此其用于技术创新的信息和知识的来源就更多地与网络伙伴有关。相反，如果网络成员的规模和实力较小时，其在网络中的位置往往比较边缘化，能够获得的有价值资源较少，合作和互惠的水平较低，那么这样的网络成员就更倾向于在客户、供应商和组织内部环境中寻求技术创新的源泉。这实际上为中小型企业，扩而广之，后发地区企业如何融入网络，进而通过网络社会资本促进企业的技术创新提出了一个非常现实的问题。如果企业加入的社

会网络质量不好，不能提供太多的有用知识，或者受到企业在网络中所处地位的影响，获得资源和机会的可能性变小，即加入社会网络所获得的社会资本利益不显著，都将影响到企业透过社会资本促进知识转移、提升技术创新能力和绩效的成果。所以，中小企业要设法融入大企业网络，后发地区企业要设法融入先进地区创新和知识网络。管理者可以通过策略运作，进入可以获得重要知识、关键技术或其他资源的联盟中，并争取获得网络中的关键位置。

（3）平衡社会资本三个维度的建设，重视三个维度的交互作用效应

在社会资本的建设中，除了人们普遍比较关注的结构维度（网络密度、中心性、强连结、弱连接、结构洞、桥接型社会资本、黏合型社会资本）之外，要特别加强对关系维度和认知维度的重视。从一开始就建立关于合作的共识和共同目标，以及创建企业与学术机构之间的人际关系，将带来越来越好的合作绩效。那些久负盛名的产学研联盟中的企业能够设法克服与学术机构之间的紧张关系，是因为通过长期的紧密关系建立了彼此之间的共识和良好的沟通。合作双方的承诺、先前的合作关系、有效的沟通和信任是产学研成功合作的重要影响因素。认知社会资本撬动了关系社会资本，因为当企业和学术机构对合作的基础达成一致意见之后，他们之间建立人际关系就容易多了。反过来，对于那些与合作的学术机构缺乏共识和目标不一致的企业而言，关系社会资本的存在有助于他们建立认知社会资本。达成共识和共同目标的方式明显地取决于关系社会资本的水平。这对于企业和学术机构的合作具有重要意义，说明在加入合作之初，至少应该发展有一种社会资本的维度。认知社会资本是提升企业与学术机构之间共识和共同目标的助推器，而关系社会资本则促进了双方的互动，是实现信任的重要因素。因此，认知社会资本和关系社会资本是企业随着时间的推移逐步克服与学术机构合作的障碍、提高合作成果的有效途径。

（4）正确认识不同类型社会资本对不同类型技术创新及技术创新不同阶段的影响和作用机制

社会资本不是自然给定的，而是通过有意的投资策略构建起来的。它需要经济和文化投资的承诺。获得和维持组织成员在组织内外的社会联系通常会对创新产生有利的影响。不过需要清楚地了解建立额外联系的成本，并仔细计算并权衡其潜在利益。当创新的首要任务是要获得支持时，培养团队内的凝聚性是关键，而不是从外部寻找资源。当创新的主要任务是要产生创意时，广开对个人、组织和社区等各种主体的接触渠道，将使组织成员健康地接触到新思想

和新方法，这将加快创新的速度。内部联结似乎对创新理念的实施有重要影响，而外部联结对创意产生的影响更大。因此，管理层需要保持一种平衡，即鼓励内部凝聚以协调行动，同时帮助组织成员建立外部联系，引入新的思想观念。

第 6 章的研究表明，只有桥接型社会资本对技术创新活动有积极影响，而黏合型社会资本要么与技术创新负相关，要么不显著。这个结果说明，当且仅当社会资本成为非冗余、互补性知识交换的渠道时，才是技术创新的根本性驱动因素。社会资本对于技术创新的影响，是由社会资本促进分属于不同认知社群的个体之间互补性知识交换的能力（桥接型社会资本）形成的，而不是由促进志趣相投的同质性群体内部知识交换的能力（黏合型社会资本）形成的，因为前者使得接触非冗余信息和防止认知锁定成为可能。

黏合型社会资本有利于技术创新的实施和扩散，而桥接型社会资本有利于技术创新的初始阶段（即研究/创意阶段）。黏合型社会资本通过集体凝聚力与共同的规范和价值观，影响创新过程。强烈的社区意识、共享的规范和价值观，从个人范围转移到工作场所，对与创新过程相关的风险决策提供了支持。凝聚力、集体行动、团结、信任忠诚、义务、互惠、共同的经验、共同的规范和价值观，在一定程度上起到了替代信息搜寻、控制和测度的作用，从而促进了企业的技术创新。处于发展早期的企业从凝聚性更高的网络中获益更多，而当它们进入更成熟的发展阶段后，它们会得益于桥接结构洞而产生的网络利益。

强关系有利于渐进性创新，弱关系有利于激进性创新。弱关系提供了接触非冗余信息的途径。强关系对信息和知识的分化特别重要。但是强关系的嵌入性也可能导致锁定效应或者熵死亡，对创新绩效可能很有负效应。企业一方面要能够在必要的强关系和区域嵌入性之间找到最佳的平衡，另一方面也可以通过寻求区域网络外部的异质性知识，避免认知上的锁定效应。

（5）通过社会资本缓解跨区域知识转移的地理效应

第 9 章研究发现，地理的边界和界限确实影响了知识的流动。但是，社会资本和知识特征对跨区域知识转移的地理效应具有调节作用。在某些情况下，地理邻近性并不重要，而在另一些情况下，地理邻近性具有与人们的假定相反的明显的非线性效应。为后发地区学习、吸收先进地区的知识提供了启示。从外部获取知识是企业持续创新至关重要的因素，知识的流动是创新的源头活水。后发地区企业技术创新能力的发展是一个学习、吸收、赶超的过程，尤其需要外部知识的流入，特别是先进地区的知识跨越地理边界向后发地区的转移。所以，后发地区企业要穿透知识转移的地理阻隔，加强社会资本的培育和维护是有效途径。

（6）信任降低了知识转移的成本，提高了知识转移的效率

信任是社会资本的核心范畴之一。社会资本和相互信任为解释社会互动提供了一套非常有用的工具。信任是知识共享与合作的前提，而知识共享与合作通常是企业创新的前提。建立信任是创新团队乃至企业领导者的首要任务。仁善信任改善了隐性知识和显性知识二者的知识交换有用性，但是对于隐性知识交换而言，能力信任尤其重要。仁善信任和能力信任是强关系产生有用知识接受的使能因素。仁善信任在知识转移中一贯的非常重要，而当知识交换涉及隐性知识时，能力信任最重要。了解到这一点，能够帮助管理者找准切入点，加大对旨在提高信任的干预设计，组织更可能得到回报。个体和组织都能从发展被信任的弱关系中受益，而不仅仅是强关系。弱关系的维护成本更低，因此弱关系加信任的效益将尤其远大。作为一种更便宜而又切实可行的促进有用知识转移的方法，管理实践者致力于提高信任的措施，会取得丰硕的成果。交往与熟悉和信任相伴。加强与社会交往、特别是内部交往的互动，通常有助学习、知识分享和合作。但是，要注意这些互动所需要的成本，并时刻警惕如果忽视其他潜在的知识和创造力来源可能产生的危险。

（7）寻找社会资本与技术创新之间的中介因素和传导机制，重视促进社会资本与知识转移治理机制的设计与建设

社会联结的存在并不一定意味着为组织创造了价值。第12章的案例研究表明，社会资本的存量并不直接影响网络内企业的技术创新。社会资本对提高竞争力的因素（组织资产、内生资源和网络）有显著影响，而这些因素又反过来影响了技术创新的某些类型。这说明，社会资本在促进技术创新和提高企业绩效方面的重要性，可能取决于其他中介因素，如本书项目所假定并予以检验的知识转移以及其他情境因素。所以，企业要透过社会资本促进技术创新能力和绩效的提升，必须找到社会资本与技术创新之间的中介因素和传导机制，如知识转移和情境管理。同时，选择并加强促进社会资本和知识转移治理机制的设计与建设。本书研究发现，社交治理机制被证明对促进社会资本具有强正向影响，而层级治理机制的效应一般为负。市场机制的影响趋于中性。这些发

现，对于管理者为促进知识分享而提升社会资本的努力，具有直接的启发意义。层级关系、市场关系和社交关系在组织中占到多大的比例，管理者有很大的决定权。至少在科技型企业中，或者旨在创新驱动发展的企业中，适当弱化严格的层级治理、强化社交治理，促进社会资本的发展，促进知识的创造、转移和利用效率，从而提升技术创新的能力和绩效，应该受到企业管理者的重视。

（8）加强科技园、产业技术创新联盟、企业网络等合作创新生态系统的建设与管理

科技园或者创新生态系统，作为一种社会环境和社会资本，是促进组织间网络化使能因素的两个方面，在促进企业技术创新的知识转移过程中发挥了重要作用。为此管理者需要做好以下几项工作：

第一，培育基于信任的创新生态系统。创造性活动中的合作是否成功很大程度上取决于创新者网络中的人际关系动态。合作效能取决于各种行动者之间是否存在相互信任。在涉及多元行动者的复杂网络情境中，基于信任的关系具有至关重要的作用。信任程度越高，交易成本越低，越能促进创新思想的传播。但是，信任不是一蹴而就的，它需要花费许多的时间和努力，需要创新共同体成员之间的重复互动，需要有共同的利益。

第二，规划有利于社会资本成长的科技园空间布局。科技园区的空间分割，使得园区内的企业过分孤立，不同的创新主体之间相互交流和互动的机会较少，园区缺乏凝聚力和认同感，社会资本较弱，创新能力不强。交往与互动是社会资本形成与增值的核心环节，社会资本的一些核心维度，如关系、信任、承诺、互惠等，无不与交往和互动密切相关。因此，需要：①适当提高园区内布局的紧凑度；②加强公共交通建设，提倡公交出行，园区内建设好舒适宜人的自行车道和人行步道系统，为人们交往、交流、互动，建立感情和信任提供有效载体；③加大第三生活空间（即公共交流空间）体系的构建力度，交流不仅增进感情、促进信任，而且从知识转移的角度，隐性知识的传递更依靠面对面的交流。

第三，提高信息中介服务水平，促进知识向产品开发转移。从促进知识向产品开发过程转移看，科技信息中介具有不可替代的重大作用。为了促进大学科技园内的知识流动，尤其是向产品开发过程的精准知识转移，急需提高科技信息中介的服务水平。从管理层面讲，应该建立大学（科研机构）与企业、

企业与企业之间知识和技术共享平台。还可以建立知识转移协调中心，实现企业与大学（科研机构）、企业与企业、企业的不同部门（技术部门、生产部门、财务部门、市场营销部门）之间精准高效对接，大学（科研机构）的研究成果及时向企业转移，通过企业的检验，要么快速进入生产程序，要么及时反馈给大学（科研机构）做再研究。研发部门的新技术通过生产部门产生新产品或对原产品进行改进，产品投放市场后的市场信息再反馈给研发部门和生产部门，使新技术扩散时间尽可能缩短，并得到迅速应用。

第四，加强知识供应链管理，提高知识转移效率。创新是一种新的产品、流程、服务或技术的成功实施。在创新的过程中有两条链条，即物质供应链和知识供应链，它们都对创新起到支持作用。知识供应链相当于一条知识生成的价值链。它表明发现新的知识，使知识发生转换（从隐性到显性），通过文档将知识从一个人转移到另一个人，最后是对这些知识的运用，所有的环节都类似于一条物质供应链。通过加强对知识供应链的管理，提高知识转移效率，促进创新的开展速度。

第五，构建集成知识网络，加强显性知识和隐性知识的整合。组织中最有价值和最新的知识是将已经获取的（显性的）知识与存在于个人头脑中的（隐性的）知识结合起来的集体知识。从本质上说，创新基本上是一个隐性和显性知识交换的演进过程。为了将显性知识和隐性知识有效地结合起来，促进企业的创新产品设计，必须建立一个集成的知识网络。一个集成的知识网络中，由彼此相互联系紧密的三个不同层次组成。第一层是促进条件，即发生知识过程和网络工作的环境。第二层是知识工作过程，包括网络成员之间的所有过程和步骤。第三层是网络架构，描述网络的结构和支持工具。这些工具包括组织工具、信息和通信工具及系统。

15.4 存在的研究局限

本书的研究工作虽然作了大量的努力，但是由于各方面的原因和因素的影响，仍然存在一些局限。

①由于社会资本是一个多维度、多层面的概念，对社会资本的测度一直是一个难题。本书采用那哈皮特和戈沙尔（Nahapiet and Ghoshal，1998）将社会

资本划分为结构、关系和认知三个维度的分析框架，虽然在现有文献常用测度的基础上，尽可能地根据研究情境作了一些改进和完善，但仍然存在不够全面、不够精准的缺陷。

②由于社会资本更多的是一种主观数据，技术创新的测度也存在一些主观评价方法，所以本书尽管尽量使用客观的统计数据，但仍然需要大量的问卷调查和访谈来收集相关数据，所以在数据收集上不可避免地可能存在一些方法偏差。

③有些研究只聚焦于某一个产业、某一类网络，本书所指的后发地区也只涉及云南、贵州、广西三个省区，所以研究结果可能存在普遍性的问题。

④本书的研究更多地着重于企业外部网络的社会资本和知识转移，对于企业内部的社会资本和知识分享的研究相对较少。

⑤受研究条件的限制，在研究方法上更多地使用统计分析的工具和方法，没有涉及实验和仿真等更多样性的研究方法。

以上局限既是本书研究的缺陷，也是未来研究的努力方向。

附录

附录1　基于信任中介作用的关系强度 与知识转移调查问卷题项

感知的有用知识接受

我从这个人那里接受到的信息/建议对下列各项造成（或可能造成）的影响：（1）客户对项目的满意度；（2）该项目团队的总体绩效；（3）该项目对本人组织的价值；（4）该项目的质量；（5）项目符合预算或接近预算；（6）降低项目成本；（7）我在该项目上所花时间更少；（8）缩短了整个项目的时间。

（1＝非常大的负面影响；2＝负面影响；3＝稍微有一些负面影响；4＝既无正面影响也无负面影响；5＝稍微有一些正面影响；6＝正面影响；7＝非常大的正面影响）

关系强度

在该项目中向这个人寻求信息/建议之前：

（1）你与这个人的工作关系有多紧密？（1＝非常紧密；4＝稍微有些紧密；7＝非常生疏）

（2）你们彼此多长时间沟通一次？（1＝每天；2＝1周2次；3＝1周1次；4＝1个月2次；5＝1个月1次；6＝2个月1次；7＝3个月1次或更少或从不）

（3）你通常与这个人的互动到什么程度？（1＝没有；2＝几乎没有；3＝有一些；4＝大；5＝很大）

仁善信任

在该项目中向这个人寻求信息/建议之前：（1）我以为他/她总是会留意我的兴趣；（2）我以为他/她会想尽办法不让我受到损失或伤害；（3）我觉得他/她关心发生在我身上的事。

（1＝非常不同意；2＝不同意；3＝比较不同意；4＝无所谓；5＝比较同意；6＝同意；7＝非常同意）

能力信任

在该项目中向这个人寻求信息/建议之前：（1）我相信他/她在工作上很专业、很敬业；（2）鉴于他/她过去的成就，我没有理由怀疑这个人的胜任力和准备度。

（1＝非常不同意；2＝不同意；3＝比较不同意；4＝无所谓；5＝比较同意；6＝同意；7＝非常同意）

隐性知识

（1）所有的信息/建议都是以书面的形式（书面报告、说明书、电子邮件、传真等）向你做过充分解释了的吗？（1＝全部是；4＝一半是；7＝全部没有）

（2）你从这个人那里接受的信息/建议其文件齐备程度如何？（1＝文件非常齐备；4＝文件齐备程度一般；7＝文件不齐备）

（3）你从这个人那里接受的信息/建议是什么类型的？（1＝主要是报告、说明书、文件、无需说明的软件；4＝一半是技术诀窍，一半是报告/文件；7＝主要是个人的实践秘诀、诀窍）

组织紧密度

请说明在这个项目期间每个人所处的位置。

（1＝相同部门相同职能；2＝不同部门相同职能；3＝相同部门不同职能；4＝不同部门不同职能；5＝公司外部）

物理邻近度

请说明在这个项目期间每个人与你的物理距离。

（1＝就在我旁边；2＝同一个楼层同一条楼道；3＝同一个楼层不同的楼道；4＝不同的楼层；5＝不同的办公楼；6＝不同的城市；7＝不同的国家）

层次等级

请说明在这个项目期间每个人与你的层次级别关系。

（1＝比我低两个以上的级别；2＝比我低一个级别；3＝合我同级别；4＝比我高一个级别；5＝比我高两个以上级别；6＝不可比）

接受方的专门知识

在该项目向这个人寻求信息/建议之前：（1）我对向这个人求助的问题有充分的认识；（2）我对向这个人求助的问题没有充分的专门知识；（3）我相信自己有能力成功完成我向这个人求助的问题的所有活动。

（1＝非常不同意；2＝不同意；3＝比较不同意；4＝无所谓；5＝比较同意；6＝同意；7＝非常同意）

友谊

在该项目向这个人寻求信息/建议之前：（1）与这个人讨论与工作无关的问题，我会觉得尴尬；（2）在工作以外的领域，我对这个人也非常了解。

（1＝非常不同意；2＝不同意；3＝比较不同意；4＝无所谓；5＝比较同意；6＝同意；7＝非常同意）

开放度

在该项目向这个人寻求信息/建议之前：（1）我认为这个人一般会告诉我他/她所知道的东西；（2）我认为这个人一般会和我分享他/她的想法；（3）我认为这个人一般会告诉我他/她正在思考什么。

（1＝非常不同意；2＝不同意；3＝比较不同意；4＝无所谓；5＝比较同意；6＝同意；7＝非常同意）

可得性

在该项目向这个人寻求信息/建议之前：（1）我认为很难与这个人取得联系；（2）我认为只要我想找他/她谈谈，一般能够找到他/她；（3）我认为只要我需要，他/她总是在我身边。

（1＝非常不同意；2＝不同意；3＝比较不同意；4＝无所谓；5＝比较同意；6＝同意；7＝非常同意）

附录2　社会资本、竞争力因素与企业技术创新调查问卷

　　本问卷调查纯粹出于学术研究的目的。您的参与和意见对我们很重要。请您根据实际情况如实作答。答案没有对错之分。请您从 1~5 的数字中选择一个数字回答 A 部分和 B 部分的问题。1 代表完全不同意、2 代表不同意、3 代表部分同意、4 代表同意、5 代表完全同意。我们保证对您的个人信息保密。谢谢您的支持！

A 部分：社会资本

1	大部分成员都知道并同意协会的目标	1	2	3	4	5
2	协会成员总是会与他人分享信息	1	2	3	4	5
3	没有参加协会的人也很清楚协会的目标	1	2	3	4	5
4	我们参加协会是因为我们同意协会的目标	1	2	3	4	5
5	本公司和协会中其他成员在专业知识交流方面没有障碍	1	2	3	4	5
6	参与者之间的相似性（品位、信仰、地位……）使得协会富有活力	1	2	3	4	5
7	政府行为会影响我的公司	1	2	3	4	5
8	即使我的意见与大多数成员的意见相左，也能愉快地进行讨论	1	2	3	4	5
9	协会中大多数的成员都是可信赖的	1	2	3	4	5
10	协会成员总是努力做到在思想、资源、信息等方面相互合作	1	2	3	4	5
11	我对协会的成员表示认同	1	2	3	4	5
12	公司之间的差异不会影响到协会	1	2	3	4	5
13	个人和我公司的培训问题会经常在协会的会议上讨论	1	2	3	4	5
14	如果我需要帮助，我可以依靠协会的其他成员	1	2	3	4	5
15	在协会中，成员们的言行都会考虑大家的利益	1	2	3	4	5
16	大部分协会成员都会参与协会举办的活动（会议、竞赛、讲座、研讨班、旅游等）	1	2	3	4	5
17	在协会中，每个人都要做到不有意去占他人便宜	1	2	3	4	5
18	在协会的正式活动中，我感觉自己就是群体的一部分	1	2	3	4	5

续表

19	协会中不同的意见越多越好	1	2	3	4	5
20	我公司有和协会成员进行机密信息的交易	1	2	3	4	5
21	协会内有信息交流的机会	1	2	3	4	5
22	我把协会成员看作是朋友	1	2	3	4	5
23	协会存在一个层级结构（理事长、常务理事、理事或不同的职位……）	1	2	3	4	5
24	如果我决策需要信息，我知道在协会中的哪个地方可以找到	1	2	3	4	5
25	协会与其他的实体、商业协会、工会、政府机构、大学等都有联系	1	2	3	4	5
26	我与协会中其他成员至少一个月联系一次	1	2	3	4	5
27	协会组织集体活动：培训、赛会以及当地社会活动	1	2	3	4	5
28	总体而言，协会成员之间有集体协同与合作	1	2	3	4	5

B 部分：竞争力要素

29	我们多次在市场上打败我们的竞争对手	1	2	3	4	5
30	大部分协会成员都具备成为领导者的能力	1	2	3	4	5
31	在协会的正式活动之外，我也会与协会成员保持联系	1	2	3	4	5
32	如果协会成员之间有冲突，我建议调解	1	2	3	4	5
33	协会内有不同类型的技能，如技术技能、管理技能和人文技能	1	2	3	4	5
34	我有加入协会的积极性	1	2	3	4	5
35	通过加入协会，我公司获得了宝贵的人脉关系	1	2	3	4	5
36	协会对于我公司的持续发展非常重要	1	2	3	4	5
37	当协会中出现问题时，协会成员共同去解决它	1	2	3	4	5
38	协会的活动与主要目标是一致的	1	2	3	4	5
39	协会成员负责为协会带来新的商机	1	2	3	4	5
40	鼓励协会成员提出变革性想法	1	2	3	4	5
41	如果协会中有公司出现问题，其他公司会和他一起去解决	1	2	3	4	5
42	协会领导尊重每个协会成员的意见	1	2	3	4	5
43	加入协会之后，我公司能够向客户提供质量更好的产品和服务	1	2	3	4	5
44	企业联盟的形成使得我公司对市场需求的反应更为迅速	1	2	3	4	5
45	协会举行活动，以刺激和促进本地区的旅游潜力	1	2	3	4	5
46	协会促进了本地区的酒文化和美食节事活动	1	2	3	4	5
47	协会促进了成员的文化发展，促进了其家庭和社区对旅游观光者的接纳	1	2	3	4	5
48	协会促进了本地区为发展旅游而对当地物理空间和景观的开发和保护工作	1	2	3	4	5
49	总体上，我公司加入协会之后的竞争力提高了	1	2	3	4	5

C 部分：技术创新

本问卷的目的是评估贵公司的技术创新情况。请根据贵公司过去 5 年的实际情况作答。在您认为"是"的题目后面，按照以下表格内的 1 ~ 12 个数字选择您的答案。您的个人信息是保密的。再次谢谢您的支持！

创新的知识或信息来源 12 分量表

1	企业自己的主意	5	合作伙伴/员工	9	商品交易会展览会
2	客户	6	竞争者	10	政府机构
3	供应商	7	协会成员或协会组织的活动	11	大学
4	家人亲朋	8	其他协会/组织的成员	12	媒体（如电视、报纸、互联网）

产品创新

请您先回答"是"还是"否"。如果您选择"是"，则请继续选择一个代表创新的知识或信息来源的数字。

50	本公司在产品成分上作了改进	否	是	1	2	3	4	5	6	7	8	9	10	11	12
51	本公司在产品设计上作了改进	否	是	1	2	3	4	5	6	7	8	9	10	11	12

服务创新

请您先回答"是"还是"否"。如果您选择"是"，则请继续选择一个代表创新的知识或信息来源的数字。

52	本公司在服务方式上作了改进	否	是	1	2	3	4	5	6	7	8	9	10	11	12
53	本公司在服务类型上作了改进	否	是	1	2	3	4	5	6	7	8	9	10	11	12

工艺创新

请您先回答"是"还是"否"。如果您选择"是"，则请继续选择一个代表创新的知识或信息来源的数字。

54	本公司改进了生产的工艺流程	否	是	1	2	3	4	5	6	7	8	9	10	11	12
55	本公司使用了新设备或新技术	否	是	1	2	3	4	5	6	7	8	9	10	11	12

市场创新

请您先回答"是"还是"否"。如果您选择"是"，则请继续选择一个代表创新的知识或信息来源的数字。

56	本公司产品有新的营销目标	否	是	1	2	3	4	5	6	7	8	9	10	11	12
57	本公司产品有新的细分市场	否	是	1	2	3	4	5	6	7	8	9	10	11	12

资源创新

请您先回答"是"还是"否"。如果您选择"是",则请继续选择一个代表创新的知识或信息来源的数字。

58	本公司开始使用新的原材料	否	是	1	2	3	4	5	6	7	8	9	10	11	12
59	本公司有了新的原材料来源	否	是	1	2	3	4	5	6	7	8	9	10	11	12

组织创新

请您先回答"是"还是"否"。如果您选择"是",则请继续选择一个代表创新的知识或信息来源的数字。

60	本司采用了新的生产管理制度	否	是	1	2	3	4	5	6	7	8	9	10	11	12
61	本司采用了新的生产质量控制	否	是	1	2	3	4	5	6	7	8	9	10	11	12
62	本司简化了决策流程	否	是	1	2	3	4	5	6	7	8	9	10	11	12
63	本司采用了新的人力资源培训和开发的方法	否	是	1	2	3	4	5	6	7	8	9	10	11	12

附录3 黏合型社会资本与企业技术创新访谈提纲问卷

1. 能否请您简单地说说您在公司中是做什么的？您的工作职责是什么？

2. 能否请您简单地描述一下贵公司的业务？

围绕贵公司的核心业务，您能否挑选一项贵公司发起或者实施的创新？（我们所说的创新是指新产品、新工艺或者新的组织安排）。您能给我们讲讲这个创新的故事吗？

1. 这项创新是什么内容？

2. 谁提出的这个主意？

（1）谁参与了这个创意的构想？

（2）您们碰到的最主要的问题是什么？

3. 这项创新是如何开发的？

（1）谁参与了？

（2）您们碰到的最主要的问题是什么？

4. 这项创新是如何实施并扩散的?

（1）谁参与了?

（2）您们碰到的最主要的问题是什么?

5. 您能否描述一下公司外部合作伙伴（客户、供应商、咨询顾问、竞争对手）的联系人情况?

（1）他们担任什么角色?

（2）您们与他们是一种什么样的关系（例如正规化的关系、合同关系）?

（3）您们首选的沟通方式是哪种（例如电话、e-mail、信件、见面）?

（4）联系的次数?

（5）有没有任何使与外部合作伙伴的交流和会议更便利的情境?

6. 您能否特别地描述一下与下列这些人的关系（如果有的话）?

（1）联盟成员企业

（2）非联盟成员企业

（3）其他相关人员

7. 就上面提到的那些人员，请您解释一下:

（1）他们担任什么样的角色?

（2）您们与他们是一种什么样的关系（例如正规化的关系、合同关系）?

（3）您们首选的沟通方式是哪种（例如电话、e-mail、信件、见面）?

（4）联系的次数?

（5）有没有任何使与联盟成员的交流和会议更便利的情境?

附录4　黏合型社会资本与企业技术创新访谈文本词语

节点	用　词
社会资本	
地理邻近	距离，远近，毗邻，邻居，地区，范围，区域，本地，当地
信任	尊重，尊敬，相信，信任，控制，证明，参考，安全，保密，手，肩，心，肝胆，朋友，兄弟

续表

节点	用　词
凝聚	一起，一道，共同，网络，群体，团体，团队，集体，面对，解决，应对
团结	合作，协作，帮助，帮忙，解决，搞定，困难，难题，困境，尊重，需要，需求，团结，紧密，问题，支持
共同规范和价值观	联合，信仰，信任，相信，网络，团体，团队，梦想，价值，知识，心态
集体行动，共同经历	一道，一起，系统，营销，网络，经验，经历，解决，故事，困难，培训，结果，开会，协作，取得，成功，成长，长大，事件，实验室，工地，比较，投资，记忆，朋友，干涉
共同愿景	一同，一致，协作，协同，体系，系统，相信，信仰，团队，沟通，风险，成长，梦想，理想，愿景，心态，追求，感觉，价值
互惠	一起，伙伴，同伴，帮忙，帮助，请求，需要，支持，援手
忠诚	一条心，二意，二话，沟通，说话，合作，精忠报国，肝脑涂地
义务	伙伴，帮助，帮忙，解决，请求，要求，援手
创新	
研究/创意	项目，新，主意，想法，创意，创新，研究，问题，技术，方案，改变，变革，变化，创造，知识，创新性，实验室，引擎，改良，改进，改善，进化，机会
开发	开发，发展，项目，新，创新，研究，科研，问题，技术，过程，流程，工艺，专利，方案，变化，知识，技巧，实验室，引擎，证明，改进，进化
实施/扩散	新，创新，科研，技术，生产，产品，工艺，流程，专利，方案，变化，销售，市场，营销，知识，诀窍，副产品，改进，改良

附录5　黏合型社会资本与企业技术创新访谈节点、来源与参照

节点	来源	参照
产品展销	11	39
联盟外企业	4	13
联盟内企业	19	74
社会资本	22	131

节点	来源	参照
地理邻近	8	15
信任	9	13
凝聚	7	16
团结	12	19
共同规范与价值观	11	18
共同眼界与愿景	11	37
互惠	2	2
忠诚	7	11
义务	1	1
集体行动，共同经历	10	28
创新	23	381
研究/创意	23	169
开发	23	116
实施/扩散	23	138

参 考 文 献

1. 拉比尔 S. 巴塞著，石晓军等译. 情境管理全球新视角 [M]. 北京：机械工业出版社，2000.

2. 边燕杰. 城市居民社会资本的来源及作用：网络观点与调查发现 [J]. 中国社会科学，2004（3）：136－147.

3. 边燕杰，丘海雄. 企业的社会资本及其功效 [J]. 中国社会科学，2000（2）：87－99.

4. 曹素璋. 产业技术创新联盟中企业联盟能力的构建——一个多层面互动的模型 [J]. 技术经济与管理研究，2010（6）：37－41.

5. 陈乘风，许培源. 社会资本对技术创新与经济增长的影响——基于中国的经验证据 [J]. 山西财经大学学报，2015，37（10）：23－32.

6. 陈传明，周小虎. 关于企业家社会资本的若干思考 [J]. 南京社会科学，2001（11）：1－6.

7. 陈怀超，蒋念，范建红. 转移情境影响母子公司知识转移的系统动力学建模与分析 [J]. 管理评论，2017，29（12）：62－71.

8. 陈劲，李飞宇. 社会资本：对技术创新的社会学诠释 [J]. 科学学研究，2001，19（3）：102－107.

9. 陈劲，阳银娟. 协同创新的理论基础与内涵 [J]. 科学学研究，2012，30（2）：161－164.

10. 陈劲，尹西明，梅亮. 整合式创新：基于东方智慧的新兴创新范式 [J]. 技术经济，2017，36（12）：1－10.

11. 陈萍，彭文成. 强关系与弱关系下企业网络中的知识共享进化博弈分析 [J]. 情报理论与实践，2014，37（4）：28－31.

12. 陈晓萍，徐淑英，樊景立. 组织与管理研究的实证方法 [M]. 北京：

北京大学出版社，2008：24 – 25.

13. 储节旺，吴川徽. 知识流动视角下社会化网络的知识协同作用研究 [J]. 情报理论与实践，2017，40（2）：31 – 36.

14. 党兴华，孙永磊. 技术创新网络位置对网络惯例的影响研究——以组织间信任为中介变量 [J]. 科研管理，2013，34（4）：1 – 8.

15. 邸强，张超，唐元虎. 组织知识产生和分享的情境研究 [J]. 情报科学，2005，23（10）：1564 – 1567.

16. 丁娟. 创新理论的发展演变 [J]. 现代经济探讨，2002（6）：27 – 29.

17. 方芳. 发达国家大学科技园建设经验及启示 [J]. 中国高校科技，2017（7）：61 – 62.

18. 冯科，曾德明，周昕，万炜. 创新网络结构洞非均衡演进对技术创新的影响 [J]. 系统工程，2014，32（8）：110 – 116.

19. 高霞，其格其，高群婷. 知识转移效果的结构性指标对企业创新绩效的影响 [J]. 科学学与科学技术管理，2018，39（5）：89 – 100.

20. 高祥宇，卫民堂，李伟. 信任促进两人层次知识转移的机制的研究 [J]. 科学学研究，2005，23（3）：394 – 400.

21. 巩宿裕，王聪. 社会资本对城镇家庭金融市场参与的影响 [J]. 金融论坛，2015（6）：61 – 70.

22. 郭柯磊，欧阳昭连，杜然然，等. 国际生物技术专利计量分析 [J]. 生物技术通讯，2011，22（2）：248 – 251.

23. 韩春民. 大学科技园与区域经济的技术融合机理研究 [J]. 技术经济与管理研究，2013（10）：24 – 28.

24. 何斌，郑弘，李思莹，魏新. 情境管理：从全球本土到跨文化本土 [J]. 华东经济管理，2012，26（7）：88 – 91.

25. 何郁冰，张迎春. 网络类型与产学研协同创新模式的耦合关系 [J]. 科学学与科学技术管理，2015，36（2）：65 – 68.

26. 洪勇，李琪. 基于主体间多维交互的产学研知识转移机理 [J]. 科学学研究，2018，36（5）：857 – 867.

27. 胡远华，董相苗. 员工信任关系对知识转移促进作用的实证研究 [J]. 情报科学，2015（9）：81 – 87.

28. 胡志坚，周寄中，熊伟. 发现、发明、创新、学习和知识生产模式 [J]. 中国软科学，2003 (9)：92 – 95.

29. 黄昱方，范芸. 基于情境管理的创新网络跨边界知识治理研究 [J]. 科技管理研究，2013 (19)：146 – 149.

30. 江辉，陈劲. 集成创新：一类新的创新模式 [J]. 科研管理，2000，21 (5)：31 – 39.

31. 蒋樟生，胡珑瑛. 产业技术创新战略联盟的知识转移效率模型 [J]. 哈尔滨工程大学学报，2010 (9)：1265 – 1270.

32. 荆青，崔林林. 校企合作创新中的知识转移机制研究 [J]. 辽宁工程技术大学学报 (社会科学版)，2014，16 (5)：510 – 512，535.

33. 鞠晓伟，张晓芝. 组织间知识转移治理模型构建分析：基于传播能力与吸收能力角色 [J]. 情报理论与实践，2018，41 (9)：83 – 89.

34. 科技部，财政部，教育部，等. 关于推动产业技术创新战略联盟构建的指导意见 (国科发政〔2008〕770 号) [Z]. 2008.

35. 柯江林，孙健敏，石金涛，顾琴轩. 企业 R&D 团队之社会资本与团队效能关系的实证研究 [J]. 管理世界，2007 (3)：89 – 101.

36. 李勃，和征，李随成. 供应商参与技术创新的效能提升机制研究——社会资本视角 [J]. 科技进步与对策，2018，35 (16)：22 – 28.

37. 李春利. 基于情境理论的知识转移情境的动力机制研究 [J]. 图书馆学研究 (理论版)，2011 (10)：2 – 5.

38. 李峰，肖广岭. 基于 ANT 视角的产业技术创新战略联盟机制研究——以闪联联盟为例 [J]. 科学学研究，2014，32 (6)：835 – 840.

39. 李江，和金生，王会良. 基于情境管理的隐性知识管理方法研究 [J]. 科学学与科学技术管理，2008 (8)：77 – 82.

40. 李洁瑾，黄荣贵，冯艾. 城市社区异质性与邻里社会资本书 [J]. 复旦学报 (社会科学版)，2007 (5)：67 – 73.

41. 李金龙，熊伟. 社会资本、制度与区域技术创新关系的实证研究 [J]. 科学管理研究，2012，30 (2)：46 – 49.

42. 李晓红，黄春梅. 社会资本的经济学界定、构成与属性 [J]. 当代财经，2007 (3)：17 – 20.

43. 李志宏，朱桃. 社会资本对个体间非正式知识转移影响的实证研究

[J]．科学学与科学技术管理，2009（9）：77－84．

44．梁双陆，刘燕，张利军．社会资本积累、创新与地区经济增长［J］．经济与管理，2018，32（2）：32－39．

45．廖志江，高敏，廉立军．基于知识势差的产业技术创新战略联盟知识流动研究［J］．图书馆学研究，2013（1）：78－83．

46．林洲钰，林汉川．中国制造业企业的技术创新活动——社会资本的作用［J］．数量经济技术经济研究，2012（10）：37－51．

47．刘芳．桥接型社会资本与新移民社会融入——兼论社会组织与基层社区对新移民融入的推动作用［J］．学习论坛，2015，31（11）：67－72．

48．刘寿先．结构性社会资本如何影响技术创新——基于组织学习的视角［J］．经济管理，2014（4）：148－159．

49．刘婷，王震．关系投入、治理机制、公平与知识转移：依赖的调节效应［J］．管理科学，2016，29（4）：115－124．

50．刘希宋，甘志霞，吕海军．区域创新能力与中国科技园的发展［J］．机电产品开发与创新，2002（6）：8－12．

51．柳卸林．技术创新经济学［M］．北京：清华大学出版社，2014．

52．刘洋，应瑛．不对称国际研发联盟中的知识转移机制［J］．科学学研究，2016，34（8）：1195－1202．

53．龙勇，游博．目标企业学习意图对联盟知识转移的影响机制研究［J］．研究与发展管理，2016，28（2）：82－91．

54．吕雪晴，党建民．国家大学科技园协同创新服务体系建设研究［J］．技术经济与管理研究，2016（3）：39－42．

55．马骏，仲伟周，陈燕．基于知识转移情境的知识转移成本影响因素分析［J］．北京工商大学学报（社会科学版），2007，22（3）：102－107．

56．马庆斌，刘晓丽，李同升．企业孵化器及其空间分析——以西安创业服务中心为例［J］．人文地理，2002，17（2）：14－17．

57．马仁锋，张海燕，袁新敏．大学科技园与地方全面融合发展案例解读［J］．科技进步与对策，2011（3）：41－46．

58．马腾，曹吉鸣，王立强．项目型组织成员知识转移动机实证研究——与组织情境的跨层次作用［J］．科研管理，2017，38（11）：126－136．

59．梦非，魏建良．关系如何影响知识转移？中介效应和调节效应的实证

研究 [J]. 情报杂志, 2011, 30 (11): 101-104, 139.

60. 潘海英, 郑垂勇, 刘丹丹, 等. 技术生态位结构特征对技术变迁影响的实证研究 [J]. 科学学研究, 2011, 29 (6): 825-832.

61. 潘宏亮, 余光胜. 社会资本、知识共享与企业技术创新能力的关系 [J]. 情报杂志, 2013, 32 (1): 180-184.

62. 彭晖, 张嘉望, 李博阳. 社会资本、正式制度与地区技术创新——基于2000-2009年省级面板数据的分析 [J]. 商业研究, 2017 (7): 67-73.

63. 钱锡红, 杨永福, 徐万里. 企业网络位置, 吸收能力与创新绩效——一个交互效应模型 [J]. 管理世界, 2010 (5): 118-129.

64. 秦红霞, 陈华东. 基于员工信任关系的企业知识共享研究 [J]. 科学学与科学技术管理, 2007 (10): 103-106.

65. 秦夏明, 夏一鸣, 李汉铃. 论江西区域创新体系建设的意义 [J]. 企业经济, 2004 (10): 119-122.

66. 邱均平, 谢辉. 基于情景转换的知识转移理论模型研究 [J]. 情报科学, 2010, 28 (3): 325-329.

67. 任秋芳, 李晓红. 组织内社会资本与组织效益的关系——一个初步性的探讨 [J]. 华东经济管理, 2007, 21 (7): 80-85.

68. 任胜钢, 胡春燕, 王龙伟. 我国区域创新网络结构特征对区域创新能力影响的实证研究 [J]. 系统工程, 2011, 29 (2): 50-55.

69. 沈能, 周晶晶. 基于两阶段共同边界DEA的国家大学科技园创新效率研究 [J]. 管理工程学报, 2018, 32 (2): 188-195.

70. 盛亚, 范栋梁. 结构洞分类理论及其在创新网络中的应用 [J]. 科学学研究, 2009, 27 (9): 1407-1411.

71. 苏敬勤, 洪勇. 后发国家企业技术能力发展理论与实证研究 [J]. 管理评论, 2008, 20 (3): 31-38.

72. 孙华林. 论大学科技园的本质和运行机制——基于知识创新理论的一种阐释 [D]. 沈阳: 东北大学, 2004.

73. 孙笑明, 崔文田, 董劲威. 发明家网络中结构洞填充的影响因素研究 [J]. 科研管理, 2013, 34 (7): 31-38.

74. 万建香, 汪寿阳. 社会资本与技术创新能否打破"资源诅咒"?——基于面板门槛效应的研究 [J]. 经济研究, 2016 (12): 76-89.

75. 万建香，钟以婷. 社会资本对企业绩效的影响——基于中国经济转型阶段的研究 [J]. 管理评论，2018，30（1）：60-66.

76. 王端旭，国维潇，刘晓莉. 团队内部社会网络特征影响团队创造力过程的实证研究 [J]. 软科学，2009，23（9）：25-28.

77. 王海军，成佳，邹日菘. 产学研用协同创新的知识转移协调机制研究 [J]. 科学学研究，2018，36（7）：1274-1283.

78. 王健聪. 生物医药产业发展规律与政策研究——基于产业经济的视角 [D]. 湖北：华中师范大学，2014.

79. 王疆. 团队社会资本平衡与团队效能 [J]. 科技与管理，2014，16（3）：82-86.

80. 王江涛. 基于三螺旋理论的大学科技园协同创新发展策略 [J]. 创新与创业教育，2018，9（3）：62-64.

81. 汪金爱. 创始人初始社会地位与社会资本对创业绩效的影响研究 [J]. 管理科学，2016，29（5）：45-56.

82. 王清晓，杨忠. 跨国公司母子公司之间的知识转移研究：一个情境的视角 [J]. 科学学与科学技术管理，2005（6）：81-86.

83. 王婷，杨建君. 组织控制协同使用、知识转移与新产品创造力——被调节的中介研究 [J]. 科学学与科学技术管理，2018，39（3）：34-49.

84. 王晓文，张玉利，李凯. 新企业生成过程中社会资本来源及转化路径研究 [J]. 软科学，2009，23（3）：6-9，14.

85. 王雁飞，朱瑜. 组织社会化、信任、知识分享与创新行为：机制与路径研究 [J]. 研究与发展管理，2012，24（2）：34-46.

86. 汪永星，赵西萍，周密，曲源美. 人际信任、知识特性在知识转移作用机制中的调节效应研究 [J]. 软科学，2012，26（9）：24-29.

87. 魏江，冯军政. 国外不连续创新研究现状评介与研究框架构建 [J]. 外国经济与管理，2010，32（6）：9-16.

88. 魏江，葛朝阳. 组织技术能力增长轨迹研究 [J]. 科学学研究，2001，19（2）：69-75.

89. 吴贵生，王毅. 技术创新管理（第2版）[M]. 北京：清华大学出版社，2009.

90. 吴洁等. 中介机构参与下联盟企业知识转移的三方利益博弈分析

[J]. 中国管理科学, 2018, 26 (10): 176 – 185.

91. 吴平, 卫民堂. 大学科技园的战略地位与功能定位 [J]. 改革与战略, 2002 (3): 85 – 87.

92. 吴绍棠, 李燕萍. 企业的联盟网络多元性有利于合作创新吗——一个有调节的中介效应模型 [J]. 南开管理评论, 2014, 17 (3): 152 – 160.

93. 吴晓波. 二次创新的进化过程 [J]. 科研管理, 1995, 16 (2): 27 – 35.

94. 夏太寿, 王园磊, 田丽丽. 基于专利分析的江苏生物医药发展现状与对策研究 [J]. 中国生物工程杂志, 2016, 36 (8): 123 – 130.

95. 肖亮. 基于情境管理的分布式企业知识管理系统研究——以浙江企业为例 [J]. 科学学与科学技术管理, 2008 (3): 81 – 85.

96. 谢荷锋. 关系结构、信任与员工知识分享决策的关系研究 [J]. 科学学研究, 2008, 26 (S1): 145 – 151.

97. 谢洪明, 葛志良, 王成. 社会资本、组织学习与组织创新的关系研究 [J]. 管理工程学报, 2008, 22 (1): 5 – 10.

98. 谢洪明, 张霞蓉, 程聪. 网络关系强度、企业学习能力对技术创新的影响研究 [J]. 科研管理, 2012, 33 (2): 55 – 57.

99. 谢伟. 技术学习过程的新模式 [J]. 科研管理, 1999, 20 (4): 1 – 7.

100. 辛文卿. 知识转移过程中的社会互动与情境转换分析 [J]. 情报杂志, 2010 (12): 162 – 164.

101. 熊捷, 孙道银. 企业社会资本、技术知识获取与产品创新绩效关系研究 [J]. 管理评论, 2017, 29 (5): 23 – 39.

102. 余光胜, 刘卫, 唐郁. 知识属性、情境依赖与默会知识共享条件研究 [J]. 研究与发展管理, 2006, 18 (6): 23 – 29.

103. 徐海波, 高祥宇. 人际信任对知识转移的影响机制: 一个整合的框架 [J]. 南开管理评论, 2006 (5): 101 – 108.

104. 徐建中, 朱晓亚. 社会网络嵌入情境下 R&D 团队内部知识转移影响机理——基于制造企业的实证研究 [J]. 系统管理学报, 2018, 27 (3): 422 – 432, 451.

105. 徐金发, 许强, 顾惊雷. 企业知识转移的情境分析模型 [J]. 科研管理, 2003, 24 (2): 54 – 60.

106. 许露, 刘志伟, 江洪. 基于专利生产力与影响力的全球生物技术发展现状研究 [J]. 现代情报, 2016, 36 (5): 149 – 157.

107. 许强, 刘翌, 贺燕敏. 母子公司管理度剖析——基于情境的知识转移研究视角 [J]. 科学学研究, 2006, 24 (2): 273 – 278.

108. 许庆瑞. 全面创新管理: 理论与实践 [M]. 北京: 科学出版社, 2007.

109. 余向前, 李小情, 潘珍莹. 企业社会资本、知识转移及创新绩效基于浙江民营企业的实证研究 [J]. 温州大学学报 (社会科学版), 2018, 31 (3): 74 – 81.

110. 徐小钦, 唐潜宁. 我国大学科技园推动区域创新问题研究 [J]. 科技进步与对策, 2008, 25 (1): 48 – 51.

111. 严成樑. 社会资本、创新与长期经济增长 [J]. 经济研究, 2012 (11): 48 – 60.

112. 杨靳. 人力资本、社会资本与劳动者收入决定 [J]. 集美大学学报 (哲学社会科学版), 2007, 10 (1): 52 – 55.

113. 杨晓娜, 彭灿, 杨红. 开放式创新对企业双元创新能力的影响——外部社会资本的调节作用 [J]. 科技进步与对策, 2018, 35 (12): 86 – 92.

114. 姚小涛, 张田, 席酉民. 强关系与弱关系: 企业成长的社会关系依赖研究 [J]. 管理科学学报, 2008, 11 (1): 143 – 152.

115. 应洪斌. 结构洞对产品创新绩效的作用机理研究——基于知识搜索与转移的视角 [J]. 科研管理, 2016, 37 (4): 9 – 15.

116. 于茂荐, 孙元欣. 供应商创新能力、知识距离与企业创新能力——来自上市公司的经验证据 [J]. 科学学与科学技术管理, 2017, 38 (10): 82 – 91.

117. 于茂荐, 许学国, 孙元欣. 知识联盟中的信任: 一个多层次的分析框架 [J]. 科技进步与对策, 2010, 27 (9): 119 – 122.

118. 袁新敏, 马仁峰. 大学科技园区与区域经济融合发展的作用机制分析——以长三角地区为例 [J]. 科技与经济, 2011 (2): 39 – 44.

119. 曾德明, 成春平, 禹献云. 产业技术创新战略联盟的知识整合模式研究 [J]. 情报理论与实践, 2012, 35 (4): 29 – 33.

120. 曾德明, 黄玉勇, 禹献云. 产业技术创新战略联盟知识转移障碍及

对策研究 [J]. 情报理论与实践, 2012, 35 (2): 64 –67.

121. 章丹, 胡祖光. 网络结构洞对企业技术创新活动的影响研究 [J]. 科研管理, 2013, 34 (6): 34 –41.

122. 张方华. 企业的社会资本与技术创新——技术创新理论研究的新视野 [J]. 自然辩证法通讯, 2003, 25 (6): 55 –61.

123. 张光宇, 廖建聪, 马文聪. 中美日产业技术创新战略联盟比较研究 [J]. 社会工作与管理, 2015, 15 (4): 79 –83.

124. 张国芳. 社会资本视域下乡村社区社会关系研究 [J]. 湖南科技大学学报 (社会科学版), 2011, 14 (1): 35 –39.

125. 张培, 夏立真, 马建龙, 孔海东. 多维信任、知识转移与软件外包绩效 [J]. 科研管理, 2018, 39 (6): 169 –176.

126. 张其仔. 社会资本论: 社会资本与经济增长 [M]. 北京: 社会科学文献出版社, 1999.

127. 张维迎, 柯荣住. 信任及其解释: 来自中国的跨省调查分析 [J]. 经济研究, 2002 (10): 59 –70.

128. 张向先, 李昆, 郭顺利. 企业研发团队隐性知识转移绩效的影响因素及实证研究——基于知识生态的视角 [J]. 情报理论与实践, 2016, 39 (10): 57 –64.

129. 张哲, 赵云辉. 社会资本视角下知识转移的影响因素研究 [J]. 技术经济与管理研究, 2016 (1): 74 –77.

130. 赵国梁, 王太师, 干江东. 抢抓大数据时代变革机遇, 共建新一代信息技术产业 [J]. 当代贵州, 2014 (8): 13 –14.

131. 赵晓庆, 许庆瑞. 技术能力积累途径的螺旋运动过程研究 [J]. 科研管理, 2006, 27 (1): 40 –46.

132. 赵云辉, 李亚慧, 郭毅. 社会网络结构对跨国公司知识转移的影响研究——看门人角色的中介作用 [J]. 中国软科学, 2018 (5): 147 –159.

133. 郑国. 社会资本视角下的科技园区空间规划 [J]. 地域研究与开发, 2013, 32 (6): 63 –66.

134. 郑会. 我国大学科技园区创新绩效比较研究——基于相对效率角度 [J]. 科技管理研究, 2010 (19): 45 –49.

135. 钟书华. 科技园区管理 [M]. 北京: 科学出版社, 2004: 49.

136. 周建波. 中国管理环境：暧昧文化因子、管理真实形态与情境嵌入机理 [J]. 管理学报, 2012, 9 (6): 785 – 791.

137. 周建波. 中国文化解构与中国情境管理的结构机理——基于文化、人口与制度环境的情境理论研究 [J]. 管理学报, 2016, 13 (3): 325 – 335.

138. 周荣, 喻登科, 涂国平. 基于加权交叉效率 DEA 的国家大学科技园科技成果转化效率评价 [J]. 科技管理研究, 2015 (20): 67 – 72.

139. 周小虎. 企业家社会资本及其对企业绩效的作用 [J]. 安徽师范大学学报 (人文社会科学版), 2002, 30 (1): 1 – 6.

140. 朱兵. 产业集群合作创新网络最优关系强度演化机理分析 [J]. 安徽师范大学学报 (人文社会科学版), 2016, 44 (4): 481 – 489.

141. 朱明洁, 林泽炎. 创新团队中隐性知识的有效管理 [J]. 中国人力资源开发, 2007 (9): 45 – 48.

142. 祝锡永, 潘旭伟. 基于情境的知识共享与重用方法研究 [J]. 情报学报, 2007 (4): 179 – 184.

143. 朱亚丽, 徐青, 吴旭辉. 网络密度对企业间知识转移效果的影响——以转移双方企业转移意愿为中介变量的实证研究 [J]. 科学学研究, 2011, 29 (3): 427 – 431.

144. 庄宁, 杨小鹏. 大学科技园的建设与发展 [M]. 北京: 中国水利水电出版社, 2005: 31.

145. 邹东涛, 陈志云. 技术创新模式下的社会资本与网络关系的影响研究 [J]. 浙江工商大学学报, 2018 (1): 66 – 76.

146. Adam, F. Roncevic, B. (2003). Social capital: recent debates and research trends. *Social Science information*, 42 (2): 155 – 183.

147. Adler, P. S. and Kwon, S. (2002). Social capital: prospects for a new concept. *Academy of Management Review*, 27 (1): 17 – 40.

148. Agrawal, A. K., & Cockburn, I. (2003). The anchor tenant hypotheses: exploring the role of large, local, R&D-intensive firms in regional innovation system. *International Journal of Industrial Organizations*, 21 (9): 1227 – 1253.

149. Ahuja, G. (2000a). Collaboration networks, structural holes, and innovation: a longitudinal study. *Administrative Science Quarterly*, 45 (3): 425 – 455.

150. Ahuja G. (2000b). The duality of collaboration: inducements and opportunities in the formation of interfirm linkages. *Strategic Management Journal*, 21 (3): 317 – 343.

151. Ahuja, M. K., Galletta, D. F, & Carley, K. M. (2003). Individual centrality and performance in virtual R&D groups: an empirical study. *Management Science*, 49 (1): 21 – 38.

152. Albino V., Garavelli A. C., & Sehiuma G. (1998). Knowledge transfer and interfirm relationship in industrial districts: the role of the leader firm. *Technovation*, 19 (1): 53 – 63.

153. Alesina, A., & Giuliano, P. (2010). The power of the family. *Journal of Economic Growth*, 15 (2): 93 – 125.

154. Almeida, P., & Phene, A. (2004). Subsidiaries and knowledge creation: the influence of the MNC and host country on innovation. *Strategic Management Journal*, 25 (8 – 9): 847 – 864.

155. Alsharo, M., et al. (2017). Virtual team effectiveness: the role of knowledge sharing and trust. *Information and Management*, 54: 479 – 490.

156. Anderson, A., Park, J. & Jack, S. (2007). Entrepreneurial social capital: conceptualizing the social capital in new high-tech firms. *International Small Business Journal*, 25 (3): 245 – 272.

157. Anderson, P., & Tushman, M. L. (1990). Technological discontinuities and dominant designs: a cyclical model of technological change. *Administrative Science Quarterly*, 35 (4): 604 – 633.

158. Angrist, J. D., and Krueger, A. B. (2001). Instrumental variables and the search for identification: from supply and demand to natural experiment. *Journal of Economic Perspectives*, 15 (4): 69 – 85.

159. Argote L., & Ingram P. (2000). Knowledge transfer: a basis for competitive advantage in firms. *Organizational Behavior and Human Decision Processes*, 82 (1): 150 – 169.

160. Ayers, D. J., Gordon, G. L. and Schoenbachler, D. D. (2001). Integration and new product development success: the role of formal and informal controls. *Journal of Applied Business Research*, 17 (2): 133 – 148.

161. Bae J, & Gargiulo M. (2004). Partner substitutability, alliance network structure, and firm profitability in the telecommunications industry. *Academy of Management Journal*, 47 (6): 843 –859.

162. Banfield, E. C. (1958). *The moral basis of a backward society*. Chicago: Free Press.

163. Benner, M. J., and Tushman, M. (2003). Exploitation, exploration, and process management: the productivity dilemma revisited. *Academy of Management Review*, 28 (2): 238 – 256.

164. Berger, P. L. and Luckmann, T. (1966). *The Social Construction of Reality: a Treatise on the Sociology of Knowledge*. Anchor Books, New York, NY.

165. Beugelsdijk, S., & Smulders, S. (2003). Bonding and bridging social capital: which type is good for economic growth? in W. Arts, L. Halman, J. Hagenaars (eds.) *The Cultural Diversity of European Unity*. Brill: Leiden, 147 – 184.

166. Bjønskov, C., & Søderskov, K. M. (2013). Is social capital a good concept? *Social Indicators Research*, 144 (3): 1225 –1242.

167. Bock, G., Zmud, R., Kim, Y., and Lee, J. (2005). Behavioral intention formation in knowledge sharing: examining the roles of extrinsic motivators, social-psychological forces, and organizational climate. *MIS Quarterly*, 29 (1): 87 –111.

168. Bogliacino, F., Perani, G., Pianta, M., & Supino, S. (2012). Innovation and development: the evidence from innovation surveys. *Latin American Business Review*, 13 (3): 219 –261.

169. Bourdieu, P. (1986). The forms of capital. In Richarson, J. G. (ed.), *Handbook of Theory and Research for the Sociology of Education*. New York: Greenwood, pp. 241 –258.

170. Bowles, S., and Gintis, H. (2002). Social capital and community governance. *The Economic Journal*, 112 (483): 419 –436.

171. Brockman, P., et al. (2018). Societal trust and open innovation. *Research Policy*, 47: 2048 –2065.

172. Brockner, J., Siegel, P., Daly, J., Tyler, T., & Martin, C.

（1997）. When trust matters: the moderating effect of outcome favorability. *Administrative Science Quarterly*, 42 （3）: 558 – 583.

173. Bruneel, J. , D' Este, P. & Salter, A. （2010）. Investigating the factors that diminish the barriers to university-industry collaboration. *Research Policy*, 39 （7）: 858 – 868.

174. Brûderl, J. & P. Preisendôrf. （1998）. Network support and the success of newly founded businesses. *Small Business Economics*, 10: 213 – 225.

175. Burchard, J. , & Cornwell, B. （2018）. Structural holes and bridging in two-mode networks. *Social Networks*, 55: 11 – 20.

176. Burt, R. S. （1992）. *Structural Holes: The Social Structure of Competition*. Cambridge, MA: Harvard University Press.

177. Burt, R. S. （1997）. The contingent value of social capital. *Administrative Science Quarterly*, 42 （2）: 339 – 365.

178. Burt, R. S. （2000）. The network structure of social capital. In: sutton RM, Staw BM （ed. ） *Research in organizational behavior*, vol. 22. Greenwich, CT: JAI Press, pp. 345 – 423.

179. Burt, R. S. （2001）. Structural holes versus network closure as social capital. In: Lin N, Cook K S, Burt R. S （ed. ） *Social capital: theory and research*. New York: Aldine de Gruyter, pp. 31 – 56.

180. Burt, R. S. （2004）. Structural holes and good ideas. *American Journal of Sociology*, 110 （2）: 349 – 399.

181. Büchel, B. , and Raub, S. （2002）. Building knowledge creating value networks. *European Management Journal*, 20 （6）: 587 – 596.

182. Callois, J. M. , & Aubert, F. （2007）. Towards indicators of social capital for regional development issues: the case of French rural areas. *Regional Studies*, 41 （6）: 809 – 821.

183. Capaldo A. （2007）. Network structure and innovation: the leveraging of a dual network as a distinctive relational capability. *Strategic Management Journal*, 28 （6）: 585 – 608.

184. Capello, R. , and Faggian, A. （2005）. Collective learning and relational capital in local innovation processes. *Regional Studies*, 39 （1）: 75 – 87.

185. Ceci, F. , & Iubatti, D. (2012). Personal relationships and innovation diffusion in SME networks: a content analysis approach. *Research Policy*, 41 (3): 565 – 579.

186. Chattopadhyay, P. (1999). Beyond direct and symmetrical effects: the influence of demographic similarity on organizational citizenship behavior. *Academy of Management Journal*, 42 (3): 273 – 287.

187. Chen, M. H. , Chang, Y. C. , & Hung, S. C. (2008). Social capital and creativity in R&D project teams. *R&D Management*, 38 (1): 21 – 34.

188. Chesbrough, H. W. (2003). *Open Innovation: The New Imperative For Creating And Profiting From Technology.* Boston, MA: Harvard Business School Press.

189. Choo, C. W. (1998). *The Knowing Organization: How Organizations Use Information to Construct Meaning, Create Knowledge and Make Decisions.* Oxford: Oxford University Press.

190. Chow, W. S. , and Chan, L. S. (2008). Social network, social trust and shared goals in organizational knowledge sharing. *Information and Management*, 45 (7): 458 – 465.

191. Christensen C. M. , & Raynor M. E. 2003. *The Innovator's solution: creating and sustaining successful growth.* Boston, MA: Harvard Business School Press.

192. Clegg, C. , Unsworth, K. , Epitropaki, O. , and Parker, G. (2002). Implicating trust in the innovation process. *Journal of Occupational and Organizational Psychology*, 75 (4): 409 – 422.

193. Cohen, W. M. , and Levinthal, D. A. (1990). Absorptive capacity: a new perspective on learning and Innovation. *Administrative Science Quarterly*, 35 (1): 128 – 153.

194. Cohen, D. , & Prusak, L (2001). *In Good Company-How Social Capital Makes Organization Work.* Boston, MA: Harvard Business School Press.

195. Coleman, J. S. (1988). Social capital in the creation of human capital. *American Journal of Sociology*, 94 (S): 95 – 120.

196. Coleman, J. S. (1990). *Foundations of Social Theory.* Cambridge, MA: Harvard University Press.

197. Conrado, D. J. , et al. (2017). Open innovation: towards sharing of data, models and workflows. *European Journal of Pharmaceutical Sciences*, 109: S65 – S71.

198. Cook, J. D. , and Wall, T. D. (1980). New work attitude measures of trust, organizational commitment and personal need non-fulfillment. *Journal of Occupational Psychology*, 53 (1): 39 – 52.

199. Courtright, C. (2007). Context in information behavior research. *Annual Review of Information Science and Technology*, 41 (1): 273 – 306.

200. Cowan, R. , Jonard, N. , & Zimmermann, J. B. (2007). Bilateral collaboration and the emergence of innovation networks. *Management Science*, 53 (7): 1051 – 1067.

201. Cramton, C. D. (2001). The mutual knowledge problem and its consequences for dispersed collaboration. *Organizational Science*, 12 (3): 346 – 371.

202. Cummings J L. , & Teng, B. S. (2003). Transferring R&D knowledge: the key factors affecting knowledge transfer success. *Journal of Engineering and Technology Management*, 20 (1): 39 – 68.

203. Daft, R. L. (1978). A dual-core model of organizational innovation. *The Academy of Management Journal*, 21 (2): 193 – 210.

204. Dakhli, M. , and De Clercq, D. (2004). Human capital, social capital, and innovation: a multi-country study. *Entrepreneurship and Regional Development*, 16 (2): 107 – 128.

205. Damanpour, F. (1991). Organizational innovation: a meta-analysis of effects of determinants and moderators. *Academy of Management Journal*, 34 (3): 555 – 590.

206. Das, T. K. , & Rahman, N. (2001). Partner misbehaviour in strategic alliances. *Journal of General Management*, 27 (1): 43 – 70.

207. Despres, C. , & Chauval, D. (2000). A thematic analysis of the thinking in knowledge management. Knowledge Horizons: the present and the promise of knowledge management. Boston, M A, USA: Butterworth Heinemann, 27 (6): 55 – 86.

208. Doty, H. D. , & Glick, W. H. (1998). Common methods bias: does

common methods variance really bias results? *Organizational Research Methods*, 1 (4): 374 – 406.

209. Duriau, V. J. , Reger, R. K. , & Pfarrer, M. D. (2007). A content analysis of the content analysis literature in organization studies: research themes, data sources, and methodological refinements. *Organizational Research Methods*, 10 (1): 5 – 34.

210. Durlauf, S. N. (2002). On the empirics of social capital. *The Economic Journal*, 112 (483): 459 – 479.

211. Edmondson, A. (1999). Psychological safety and learning behavior in work teams. *Administrative Science Quarterly*, 44 (2): 350 – 383.

212. Edquist, C. (2005). Systems of Innovation. In: J. Fagerberg, D. Mowery and R. R. Nelson, Eds. , *The Oxford Handbook of Innovation*, Oxford: Oxford University Press, pp. 181 – 208.

213. Eisenhardt, K. M. (1989). Building theories from case study research. *The Academy of Management Review*, 14 (4): 532 – 550.

214. Eisenhardt, K. M. , and Santos, F. (2002). Knowledge-based view: a new theory of strategy? in Pettigrew, A. , Thomas, H. and Whittington, R. (Eds.), *Handbook of Strategy and Management*, SAGE publications.

215. Elfring, T. , & Huisink, W. (2003). Network in entrepreneurship: the case of high-technology firms. *Small Business Economics*, 21 (4): 409 – 422.

216. Ernst, & Young. (2003). *Endurance: the European biotechnology report*. London.

217. Ettlie, J. E. , Bridges, W. P. , & O' Keefe, R. D. (1984). Organization strategy and structural differences for radical versus incremental innovation. *Management Science*, 30 (6): 682 – 695.

218. Etzkowitz, H. , & Leydesdorff, L. (1995). The triple helix-university-industry-government relations: a laboratory for knowledge based economy development. *EASST Review*, 14 (1): 1 – 12.

219. Etzkowitz, H. , & Leudesdorf, L. (2000). The dynamics of innovation: from national systems and "Mode 2" to a triple helix of university-industry-government relations. *Research Policy*, 29 (2): 109 – 123.

220. Evans, R. , and Davis, W. (2005). High performance work systems and organizational performance: the mediating role of internal social structure. *Journal of Management*, 31 (5): 758 – 775.

221. Fagerberg, J. , & Verspagen, B. (2002). Technology gaps, innovation diffusion and transformation: an evolutionary interpretation. *Research Policy*, 31 (8): 1291 – 1304.

222. Fang, S. R. , Chang, Y. S. , & Peng, Y. C. (2011). Dark side of relationships: a tensions-based view. *Industrial Marketing Management*, 40 (5): 774 – 784.

223. Fey C. F. , & Birkinshaw J. (2005). External sources of knowledge, governance mode, and R&D performance. *Journal of Management*, 31 (4): 597 – 621.

224. Fiol, C. M. , & Lyles, M. A. (1985). Organizational learning. *Academy of Management Review*, 10 (4): 803 – 813.

225. Fleming, L. , and Marx, M. (2006). Managing creativity in small worlds. *California Management Review*, 48 (4): 6 – 27.

226. Fleming, L. , Mingo, S. , and Chen, D. (2007). Collaborative brokerage, generative creativity, and creative success. *Administrative Science Quarterly*, 52 (3): 443 – 475.

227. Fleming, L. , & Sorenson, O. (2004). Science as a map in technological search. *Strategic Management Journal*, 25 (8 – 9): 909 – 928.

228. Florida, R. , Cushing, R. , and Gates, G. (2002). When social capital stifles innovation. *Harvard Business Review*, 20: 20.

229. Florin, J. , Lubatkin, M. , & Schulze, W. (2003). A social capital model of high-growth ventures. *Academy of Management Journal*, 46 (3): 374 – 384.

230. Foss, N. J. (2007). The emerging knowledge governance approach: challenges and characteristics. *Organization*, 14 (1): 27 – 50.

231. Foss, N. J. , and Pedersen, T. (2002). Transferring knowledge in MNCs: the role of sources of subsidiary knowledge and organizational context. *Journal of International Management*, 8 (1): 49 – 67.

232. Fritsch, M. , & Lukas, R. (2001). Who Cooperates on R&D? *Research Policy*, 30 (2): 297 –312.

233. Fukuyama, F. (1995). *Trust: The Social Virtues and The Creation of Prosperity.* New York: Free Press.

234. Fukuyama, F. (1999). *Social Capital and Civil Sociology.* The Institute of Public Policy Gorge Manson University.

235. Gabbay, S. M. , & Zuckerman, E. W. (1998). Social capital and opportunity in corporate R&D: the contingent effect of contact density on mobility expectations. *Social Science Research*, 27 (2): 189 –217.

236. Garcia-Morales, V. J. , Moreno, A. R. and Llorens-Montes, F. J. (2006). Strategic capabilities and their effects on performance: entrepreneurial, learning, innovator and problematic SMEs. *International Journal of Management and Enterprise Development*, 3 (3): 191 –211.

237. Ghoshal, S. , & Bartlett, C. A. (1990). The multinational corporation as an interorganizational network. *Academy of Management Review*, 15 (4): 603 – 625.

238. Gilsing, V. , & Nooteboom, B. (2006). Exploration and exploitation in innovation systems: the case of pharmaceutical biotechnology. *Research Policy*, 35 (1): 1 –23.

239. Gittel, J. (2000). Organizing work to support relational co-ordination. *International Journal of Human Resource Management*, 11 (3): 517 –529.

240. Glaeser, E. , Kallal, H. , Scheinkman, J. , & Shleifer, A. (1992). Growth in cities. *Journal of Political Economics*, 100 (6): 1126 –1152.

241. Goh, S. C. (2002). Managing effective knowledge transfer: an integrative framework and some practice implications. *Journal of Knowledge Management*, 6 (1): 23 –30.

242. Grandori, A. (2001). Neither hierarchy nor identity: knowledge governance mechanisms and the theory of the firm. *Journal of Management and Governance*, 5 (3 –4): 381 –399.

243. Granovetter, M. S. (1973). The strength of weak ties. *American Journal of Sociology*, 78 (6): 1360 –1380.

244. Granovetter, M. S. (1983). The strength of weak ties: a network theory revisited. *Sociological Theory*, 1 (6): 201 –233.

245. Granovetter, M. S. (1985). Economic action and social structure: the problem of embeddedness. *American Journal of Sociology*, 91 (3): 481 –510.

246. Granovetter, M. S. (2005). The impact of social structure on economic outcomes. *Journal of Economic Perspectives*, 19 (1): 33 –50.

247. Griliches, Z. (1979). Issues in assessing the contribution of research and development to productivity growth. *Bell Journal of Economics*, 10 (1): 92 –116.

248. Guiso, L. , Sapienza P. , & Zingales L. (2004). The role of social capital in financial development. *American Economic Review*, 94 (3): 526 –556.

249. Gulati, R. (1994). Does familiarity breed trust? The implications of repeated ties for contractual choice in alliances. *Academy of Management Journal*, 38 (1): 85 –112.

250. Gulati, R. (1995). Social structure and alliance formation patterns: a longitudinal study. *Administrative Science Quarterly*, 40 (4): 619 –652.

251. Gulati, R. (1998). Alliances and networks. *Strategic Management Journal*, 19 (4): 293 –317.

252. Gupta, A. , & Govindarajan, V. (2000). Knowledge flows within the multinational corporation. *Strategic Management Journal*, 21 (4): 473 –491.

253. Halpern, D. (2005). *Social Capital.* Cambridge, MA: Polity.

254. Hamdoun, M. , et al. (2018). Knowledge transfer and organizational innovation: impacts of quality and environmental management. *Journal of Cleaner Production*, 193: 759 –770.

255. Hamel, G. (1991). Competition for competence and inter-partner learning within international strategic alliances. *Strategic Management Journal*, 12 (S): 83 –103.

256. Hansen, M. T. (1999). The search-transfer problem: the role of weak ties in sharing knowledge across organization subunits. *Administrative Science Quarterly*, 44 (1): 82 –111.

257. Hansen, M. T. (2002). Knowledge networks: explaining effective

knowledge sharing in multi-unit companies. *Organization Science*, 13 (3): 232 –
248.

258. Hargadon, A. , & Sutton, R. I. (1997). Technology brokering and in-
novation in a product development firm. *Administrative Science Quarterly*, 42 (4):
716 –749.

259. Heyman, R. (1994). *Why Didn't You Say That at the First Place? How
to Be Understood at Work*. San Francisco: Jossey-Bass Publishers.

260. Hite, J. M. , & Hesterly, W. S. (2001). The evolution of firm net-
works: from emergence to early growth of the firm. *Strategic Management Journal*,
22 (3): 275 –286.

261. Howells, J. (2002). Tacit knowledge, innovation and economic geogra-
phy. *Urban Studies*, 39 (5 –6): 871 –884.

262. Hsing, C. , & Liu, S. (2018). Examining social capital, organization-
al learning and knowledge transfer in cultural and creative industries of prac-
tice. *Tourism Management*, 64: 258 –270.

263. Hutchison, J. , and Huberman, M. (1994). Knowledge dissemination
and use in science and mathematics education: a literature review. *Journal of Science
Education and Technology*, 3 (1): 27 –47.

264. Ibarra, H. (1993). Network centrality, power, and innovation involve-
ment: determinants of technical and administrative roles. *Academy of Management
Journal*, 36 (3): 471 –501.

265. Inglehart, R. (1997). *Modernization and Postmodernization: Cultural,
Economic and Political Change in 43 Societies*. Princeton, N. J. : Princeton Universi-
ty Press.

266. Inkpen, A. C. , & Tsang, E. W. K. (2005). Social capital, networks,
and knowledge transfer. *The Academy of Management Review*, 30 (1): 146 –165.

267. Ireland, R. D. , Hitt, M. A. , & Vaidyanath, D. (2002). Alliance
management as a source of competitive advantage. *Journal of Management*, 28 (3):
413 –446.

268. Iturrioz, C. , et al. (2015). How to foster shared innovation within
SMEs' networks: social capital and the role of intermediaries. *European Management*

Journal, 33: 104 – 115.

269. Jaffe, A., Trajtenberg, M., & Henderson, R. (1993). Geographic localization of knowledge spillovers as evidenced by patent citations. *Quarterly Journal of Economics*, 108 (3): 577 – 598.

270. Janssen, M., and Mendys-Kamphorst, E. (2004). The price of a price: on the crowding out and in of social norms. *Journal of Economic Behavior & Organization*, 55 (3): 377 – 395.

271. Johannessen, J. A., Olaisen, J., and Olsen, B. (2002). Aspects of a systemic philosophy of knowledge: from social facts to data, information and knowledge. *Kybernetes*, 31 (7 – 8): 1099 – 1120.

272. Johns, G. (2006). The essential impact of context on organizational behavior. *Academy of Management Review*, 31 (2): 386 – 408.

273. Kaasa, A. (2009). Effects of different dimensions of social capital on innovative activity: evidence from Europe at the regional level. *Technovation*, 29 (3): 218 – 233.

274. Kadushin, C. (2002). The motivational foundation of social networks. *Social Networks*, 24 (1): 77 – 91.

275. Kakabadse, N. K., Kakabadse, A., & Kouzmin A. (2003). Reviewing the knowledge management literature: towards a taxonomy. *Journal of Knowledge Management*, 17 (4): 75 – 91.

276. Kallio, A., Harmaakoorpi, V., and Pihkala, T. (2010). Absorptive Capacity and social Capital in Regional innovation System: the Case of the Lahti Region in Finland. *Urban Studies*, 47 (7): 303 – 319.

277. Kenis P, & Knoke D. (2002). How organizational field networks shape interorganizational tie-formation rates. *Academy of Management Review*, 27 (2): 275 – 293.

278. Kim, L. (1997). *Imitation to Innovation: The Dynamics of Korea's Technological Learning*. Boston: Harvard Business School Press.

279. Kim, P. H., and Aldrich, H. E. (2005). Social capital and entrepreneurship. *Foundations and Trends in Entrepreneurship*, 1 (2): 245 – 268.

280. Kim, T., and Lee, G. (2010). Examining social capital and knowl-

edge sharing as antecedents of service innovativeness and business performance in the hotel industry: an application of the resource-based view (RBV) theory. *Journal of Tourism Sciences*, 34 (7): 13 – 36.

281. Knack, S., & Keefer, P. (1997). Does social capital have an economic payoff. *Quarterly Journal of Economics*, 112 (4): 1251 – 1288.

282. Koen, P., Ajamian, G., Burkart, R. et al. (2001). Providing clarity and a common language to the "Fuzzy Front End". *Research Technology Management*, 44 (2): 46 – 55.

283. Kogut, B. (1991). Country capabilities and the permeability of borders. *Strategic Management Journal*, 12 (4): 33 – 48.

284. Kogut B., & Zander U. (1992). Knowledge of the Firm, Combinative Capabilities and the Replication of Technology. *Organization Science*, 3 (3): 383 – 397.

285. Kogut, B., & Zander, U. (1996). What firms do? Coordination, identity and learning. *Organization Science*, 7 (5): 502 – 517.

286. Kostova, T., & Roth, K. (2003). Social capital in multinational corporations and a micro-macro model of its formation. *Academy of Management Review*, 28 (2): 297 – 317.

287. Krackhardt, D. (1992). The strength of strong ties: the importance of philos in organizations. In Nohria, N. and Eccles, R. G. (eds.), *Networks and Organizations: Structure, Form, and Action*. Cambridge, MA: Harvard University Press, pp. 216 – 239.

288. Krippendorff, K. (2003). *Content Analysis: An Introduction to Its Methodology*. Sage Publications.

289. Lai, H. C., & Shyu, J. Z. (2005). A comparison of innovation capacity at science parks across the Taiwan Strait: the case of Zhangjiang High-Tech Park and Hsinchu Science-Based Park. *Technovation*, 25 (7): 805 – 813.

290. Lambert, D. M., Cooper, M. S., and Pagh, J. D. (1998). Supply chain management: implementation issues and research opportunities. *The International Journal of Logistics Management*, 9 (2): 1 – 19.

291. Landry, R., Amara, N., and Lamari, M. (2002). Does social cap-

ital determine innovation? *Technological Forecasting and Social Change*, 69 (7): 681 –701.

292. Lane, P. J. , & Lubatkin, M. (1998). Relative absorptive capacity and interorganisational learning. *Strategic Management Journal*, 19 (5): 461 –477.

293. Lang, T, & Ramirez, R. (2017). Building new social capital with scenario planning. *Technological Forecasting and Social Change*, 124: 51 –65.

294. Laursen, K. , Masciarelli, F. , & Prencipe, A. (2012). Regions matter: how localized social capital affects innovation and external knowledge acquisition. *Organization Science*, 23 (1): 177 –193.

295. Leana, C. , and Van Buren Ⅲ, H. (1999). Organizational social capital and employment practices. *Academy of Management Review*, 24 (3): 538 –555.

296. Lee, H. , and Choi, B. (2003). Knowledge management enablers, process, and organizational performance: an integrative view and empirical examination. *Journal of Management Information Systems*, 20 (1): 179 –228.

297. Lee, K. , & Lim, C. (2001). Technological regimes, catching-up and leapfrogging: findings from the Korean industries. *Research policy*, 30 (3): 459 –483.

298. Leenders, R. T. A. J. , Van Engelen, J. M. L. , and Kratzer, J. (2003). Virtuality, communication, and new product team creativity: a social network perspective. *Journal of Engineering and Technology Management*, 20 (1): 69 –92.

299. Lefebvre, V. M. , et al. (2016). Social capital and knowledge sharing performance of learning networks. *International Journal of Information Management*, 36: 570 –579.

300. Lewicki, R. J. , and Bunker, B. B. (1996). Developing and maintaining trust in work relationships. In Kramer, R. M. and Tyler, T. R. (eds.), *Trust in Organizations: Frontiers of Theory and Research*, Thousand Oaks, CA: Sage, pp. 114 –139.

301. Lewis, J. D. , and Weigert, A. (1985). Trust as a social reality. *Social Forces*, 63 (4): 967 –985.

302. Lieberman, M. B. (1984). The learning curve and pricing in the chemical processing industries. *The Grand Journal of Economics*, 15 (2): 213 –228.

303. Lin, N. (1999). Building a network theory of social capital. in Nam Lin, Katern Cook and Ronals S. Burt, *Social Capital: Theory and Research*. New York: Aldine de Gruyter.

304. Lin, N. (2001). *Social Capital: A Theory of Social Structure and Action*. Cambridge, MA: Cambridge University Press.

305. Lin, N., Ensel, W. M., & Vaughn, J. C. (1981). Social resources and strength of ties: structural factors in occupational status attainment. *American Sociological Review*, 46 (4): 393 –405.

306. Lind, F., Styhre, A., & Aaboen, L. (2013). Exploring university-industry collaboration in research centers. *European Journal of Innovation Management*, 16 (1): 70 –91.

307. Little, R. J., & Rubin, D. B. (2002). *Statistical Analysis With Missing Data*. New York: John Wiley & Sons.

308. Loebbecke, C., et al. (2016). Managing inter-organizational knowledge sharing. *Journal of Strategic Information Systems*, 25: 4 –14.

309. Loury, G (1977). *A Dynamic Theory of Racial Income Differences*. Lexington, Mass: Lexington books.

310. Lubit, R. (2001). Tacit knowledge and knowledge management: the keys to sustainable competitive advantage. *Organizational Dynamics*, 29 (4): 164 – 178.

311. Malerba, F. (2005). Sectoral systems, how and why innovation differs across sectors. In: J. Fagerberg, D. Mowery and R. R. Nelson, Eds., *The Oxford Handbook of Innovation*, Oxford: Oxford University Press, pp. 380 –406.

312. March, J. G. (1991). Exploration and exploitation in organizational learning. *Organization Science*, 2 (1): 71 –87.

313. Masiello, B., Izzo, F., & Canoro, C. (2015). The structural, relational and cognitive configuration of innovation networks between SMEs and public research organizations. *International Small Business Journal*, 33 (2): 169 –193.

314. Maurer, I., Bartsch, V., & Ebers, M. (2011). The value of intra-

organizational social capital: how it fosters knowledge transfer, innovation performance, and growth. *Organization Studies*, 32 (2): 157 – 185.

315. Mayer, R. C., Davis, J. H., and Schoorman, F. D. (1995) An integrative model of organizational trust. *Academy of Management Review*, 20 (3): 709 – 734.

316. McAllister, D. J. (1995). Affect-and cognition-based trust as foundations for interpersonal cooperation in organizations. *Academy of Management Journal*, 38 (1): 24 – 59.

317. McFadyen, M. A., and Cannella, A. A. (2004). Social capital and knowledge creation: diminishing returns of the number and strength of exchange relationships. *Academy of Management Journal*, 47 (5): 735 – 746.

318. Meier, M. (2011). Knowledge management in strategic alliances: a review of empirical evidence. *International Journal of Management Reviews*, 13 (1): 1 – 23.

319. Meléndez, A. P., Obra, A. D., & Lockett, N. (2012). Shifting sands: regional perspectives on the role of social capital in supporting open innovation through knowledge transfer and exchange with small and medium-sized enterprises. *International Small Business Journal*, 31 (3): 296 – 318.

320. Michailova, S., and Foss, N. (2009). Knowledge governance: themes and questions, in Foss, N. and Michailova, S. (Eds.), *Knowledge governance approach*: 1 – 24. Oxford: Oxford University Press.

321. Minbaeva, D., Pedersen, T., Björkman, I., Fey, C., and Park, HJ. (2003). MNC knowledge transfer, subsidiary absorptive capacity, and HRM. *Journal of International Business Studies*, 34 (6): 586 – 599.

322. Misztal, B. (1996). *Trust In Modern Societies*. Cambridge: Polity Press.

323. Moran, P. (2005). Structural vs. relational embeddedness: social capital and managerial performance. *Strategic Management Journal*, 26 (12): 1129 – 1151.

324. Mors, M. L. (2010). Innovation in a global consulting firm: When the problem is too much diversity. *Strategic Management Journal*, 31 (8): 841 – 872.

325. Nahapiet, J., and Ghoshal, S. (1998). Social capital, intellectual

capital, and the organizational advantage. *Academy of Management Review*, 23 (2): 242 – 266.

326. Nanus, B. (1992). *Visionary Leadership: Creating a Compelling Sense of Direction for Your Organization.* San Francisco, CA: Jossey-Bass.

327. Nonaka, I. (1994). A dynamic theory of organizational knowledge creation. *Organization Science*, 5 (1): 14 – 37.

328. Nonaka, I. , and Takeuchi, H. (1995). *The Knowledge-Creating Company: How Japanese Companies Create the Dynamics of Innovation.* New York: Oxford University Press.

329. Nooteboom, B. (2000). *Learning And Innovation In Organizations And Economies.* Oxford: Oxford University Press.

330. Nooteboom, B. (2003). Problems and solutions in knowledge transfer. In: Fornahl D, Brenner T (eds.) *Cooperation, Networks and Institutions in Regional Innovation Systems.* Edward Elgar, Northampton, pp 105 – 127.

331. Obstfeld, D. (2005). Social networks, the tertius lungens orientation, and involvement in innovation. *Administrative Science Quarterly*, 50 (1): 100 – 130.

332. OECD. (2001). Using patent counts for cross-country comparisons of technology output. *STI Review*, 27: 129 – 146.

333. Oh H, Chung M H, & Labianca G. (2004). Group social capital and group effectiveness: the role of informal socializing ties. *Academy of Management Journal*, 47 (6): 860 – 875.

334. Olaisen, J. , & Revang, O. (2017). The dynamics of intellectual property rights for trust, knowledge sharing and innovation in project teams. *International Journal of Information Management*, 37: 583 – 589.

335. Onyx, J. , & Bullen, P. (2000). Measuring social capital in five communities. *Journal of Applied Behavioral Science*, 36 (1): 23 – 42.

336. O' Reilly, C. (1989). Corporations, culture, and commitment: motivation and social control in organizations. *California Management Review*, 31 (4): 9 – 25.

337. Orlikowski, W. J. (2002). Knowing in practice: enacting a collective

capability in distributed organizing. *Organization Science*, 13 (3): 249 – 273.

338. Osterloh, M. , & Frey, B. (2000). Motivation, knowledge transfer and organizational form. *Organization Science*, 11 (5): 538 – 550.

339. Ortiz, B. , et al. (2016). Relational and cognitive social capital: their influence on strategies of external knowledge acquisition. *Procedia Computer Science*, 99: 91 – 100.

340. Parkhe, A. (1998a). Understanding trust in international alliances. *Journal of World Business*, 33 (3): 219 – 240.

341. Parkhe, A. (1998b). Building trust in international alliances. *Journal of World Business*, 33 (4): 417 – 437.

342. Pearce, C. L. , and Ensley, M. D. (2004). A reciprocal and longitudinal investigation of the innovation success process: the central role of shared vision in product and process innovation teams. *Journal of Organizational Behavior*, 25 (2): 259 – 278.

343. Perry-Smith, J. E. (2006). Social yet creative: the role of social relationships in facilitating individual creativity. *Academy of Management Journal*, 49 (1): 85 – 101.

344. Perry-Smith, J. E. , & Shalley, C. E. (2003). The social side of creativity: a static and dynamic social network perspective. *Academy of Management Review*, 28 (1): 89 – 106.

345. Petruzzelli, A. M. (2011). The impact of technological relatedness, prior ties, and geographical distance on university-industry collaborations: a joint-patent analysis. *Technovation*, 31 (7): 309 – 319.

346. Podolny, J. M. (1994). Market uncertainty and the social character of economic exchange. *Administrative Science Quarterly*, 39 (3): 458 – 483.

347. Podsakoff, P. M. , MacKenzie, S. B. , and Podsakoff, N. P. (2003). Common method bias in behavioral research: a critical review of the literature and recommended remedies. *Journal of Applied Psychology*, 88 (5): 879 – 903.

348. Portes, A. (1998). Social capital: its origins and applications in modern sociology. *Annual Review of Sociology*, 24 (1): 1 – 24.

349. Powell, W. W. , Koput, K. W. , and Smith-Doerr, L. (1996). Inter-

organizational collaboration and the locus of innovation: networks of learning in bio-technology. *Administrative Science Quarterly*, 41 (1): 116 – 145.

350. Powell, W. W. , & Smith-Doerr, L. (1994). Networks and economic life. In N. J. Smelser, & R. Swedberg (Eds.), *The Handbook of Economic Sociology*. Princeton University Press, 368 – 402.

351. Putnam, R. D. (1993). *Making Democracy Work: Civic Traditions in Modern Italy*. Princeton: Princeton University Press.

352. Putnam, R. D. (1993). The prosperous community: social capital and public life. *American Prospect*, 13 (4): 35 – 42.

353. Putnam, R, D. (1995). Bowling Alone: american's declining social capital. *The Journal Democracy*, 6 (1): 65 – 78.

354. Putnam, R. D. (2000). *Bowling Alone: The Collapse and Revival of American Community*. New York: Simon and Schuster.

355. Rabash, J. S. F. , Browne, W. , & Prosser, B. (2005). *A User's Guide to MLwiN: Centre for Multilevel Modelling*. University of Bristol.

356. Rass, M. , Dumbach, M. , Danzinger, F. , Bullinger, A. C. , & Moeslein, K. M. (2013). Open innovation and firm performance: the mediating role of social capital. *Creativity and Innovation Management*, 22 (2): 177 – 194.

357. Reagans, R. , and Zuckerman, E. W. (2001). Networks, diversity, and productivity: the social capital of corporate R&D teams. *Organization Science*, 12 (4): 502 – 517.

358. Reagans R, Zuckerman E, & McEvily B. (2004). How to make the team: social networks vs. demography as criteria for designing effective teams. *Administrative Science Quarterly*, 49 (1): 101 – 133.

359. Ritter, T. , Wilkinson, I. F. , and Johnston, W. J. (2004). Managing in complex business networks. *Industrial Marketing Management*, 33 (3): 175 – 183.

360. Rodan, S. , and Galunic, C. (2004). More than network structure: how knowledge heterogeneity influences managerial performance and innovativeness. *Strategic Management Journal*, 25 (6): 541 – 562.

361. Rodriguez, N. G. , Perez, M. J. S. , & Gutierrez, J. A. T. (2005).

Interfunctional trust as a determining factor of a new product performance. *European Journal of Marketing*, 41 (5/6): 678 – 702.

362. Rodríguez-Pose, A., and Storper, M. (2006). Better rules or stronger communities? on the social foundations of institutional change and its economic effects. *Economic Geography*, 82 (1): 1 – 25.

363. Rogers, E., M. (1983). *Diffusion of Innovations* (3rd ed.). New York, NY: The Free Press.

364. Rothwell, R. (1995). Industrial innovation: success, strategy, trends. In M. Dodgson, & R. Rothwell (Eds.), *The Handbook of Industrial Innovation* (pp. 33 – 53). Cheltenham: Edward Elgar.

365. Rousseau, D. M., Sitkin, S. B., Burt, R. S., and Camerer, C. (1998). Not so different after all: a cross-discipline view of trust. *Academy of Management Review*, 23 (3): 393 – 404.

366. Rowley, T., Behrens, D., and Krackhardt, D. (2000). Redundant governance structures: an analysis of structural and relational embeddedness in the steel and semiconductor industries. *Strategic Management Journal*, 21 (3): 369 – 386.

367. Russell, R. D., and Russell, C. J. (1992). An examination of the effects of organizational norms, organizational structure, and environmental uncertainty on entrepreneurial strategy. *Journal of Management*, 18 (4): 639 – 656.

368. Salvendy, G. (1992). *Handbook of Industrial Engineering*. Canada: John Wiley & Sons.

369. Saxenian, A. L. (1990). Regional networks and the resurgence of Silicon Valley. *California Management Review*, 33 (1): 89 – 112.

370. Schoorman, F. D., Mayer, R. C., and Davis, J. H. (2007). An integrative model of organizational trust: past, present, and future. *Academy of Management Review*, 32 (3): 344 – 354.

371. Schumpeter, J. A. (1912/1934). *The Theory of Economic Development*. Boston, MA: Harvard University Press.

372. Seabright, M. A., Levinthal, D. A., & Fichman, M. (1992). Role of individual attachments in the dissolution of interorganizational relationships. *Acad-*

emy of Management Journal, 35 (1): 122 – 160.

373. Senge, P. M. (1990). *The Fifth Discipline*: *The Art and Practice of the Learning Organization*. New York: Random House.

374. Seufert, A. , Von Krogh, G. , and Bach, A. (1999). Towards knowledge networking. *Journal of Knowledge Management*, 3 (3): 180 – 190.

375. Shan, W. , & Song, J. (1997). Foreign direct investment and the sourcing of technological advantage: evidence from the biotechnology industry. *Journal of International Business Studies*, 28 (2): 267 – 284.

376. Simonin, B. L. (1999). Ambiguity and the process of knowledge transfer in strategic alliances. *Strategic Management Journal*, 20 (7): 595 – 623.

377. Simonin, B. L. (2004). An empirical investigation of the process of knowledge transfer in international strategic alliances. *Journal of International Business Studies*, 35 (5): 407 – 427.

378. Singley, M. K. , and Anderson, J. R. (1989). *The Transfer of Cognitive Skill*. Cambridge, MA: Harvard University Press.

379. Smith, K. G. , Collins, C. J. , and Clark, K. D. (2005). Existing knowledge, knowledge creation capability, and the rate of new product introduction in high-technology firms. *Academy of Management Journal*, 48 (2): 346 – 357.

380. Smith, P. (2012). Where is practice in inter-organizational R&D research? A literature review. *Management Research*, 10 (1): 43 – 63.

381. Solow, R. (1999). Notes on social capital and economic performance, in Dasgupta and Serageldin, eds. *Social Capital*: *A Multifaceted Perspective*, Washington: The World Bank.

382. Sparrowe, R. T. , Liden, R. C. , Wayne, S. J. , & Kraimer, M. L. (2001). Social networks and the performance of individuals and groups. *Academy of Management Journal*, 44 (2): 316 – 325.

383. Srholec, M. (2011) A multilevel analysis of innovation in developing countries. *Industrial and Corporate Change*, 20 (6): 1539 – 1569.

384. Steinmo, M. , & Rasmussen, E. (2018). The interplay of cognitive and relational social capital dimensions in university-industry collaboration: overcoming the experience barrier. *Research Policy*, 47: 1964 – 1974.

385. Storper, M. (1995). The resurgence of regional economies, ten years later: the region as a nexus of untraded interdependencies. *European Urban and Regional Studies*, 2 (3): 191 – 221.

386. Stuart, T. E. (2000). Interorganizational alliances and the performance of firms: a study of growth and innovation rates in a high-technology industry. *Strategic Management Journal*, 21 (8): 791 – 811.

387. Subramaniam, N. , and Youndt, M. A. (2005). The influence of intellectual capital on the types of innovative capabilities. *Academy of Management Journal*, 48 (3): 450 – 463.

388. Szulanski, G. (1996). Exploring internal stickiness: impediments to the transfer of best practice within the firm. *Strategic Management Journal*, 17 (S2): 27 – 43.

389. Tabellini, G. (2010). Culture and institutions: Economic development in the regions of Europe. *Journal of the European Economic Association*, 8 (4): 677 – 716.

390. Teece, D. , Pisano, G. , and Shuen, A. (1997). Dynamic capabilities and strategic management. *Strategic Management Journal*, 18 (7): 509 – 533.

391. Thompson, M. (2018). Social capital, innovation and economic growth. *Journal of Behavioral and Experimental Economics*, 73: 46 – 52.

392. Tomes, A. , Erol, R. , & Armstrong, P. (2000). Technological entrepreneurship, integrating technological and product innovation. *Technovation*, 20 (3): 115 – 127.

393. Tsai, W. (2001). Knowledge transfer in intraorganizational networks: effects of network position and absorptive capacity on business unit innovation and performance. *Academy of Management Journal*, 44 (5): 996 – 1004.

394. Tsai, W. (2015). Social capital, strategic relatedness and the formation of intraorganizational linkages. *Strategic Management Journal*, 21 (9): 925 – 939.

395. Tsai, W. , and Ghoshal, S. (1998). Social capital and value creation: the role of intrafirm networks. *Academy of Management Journal*, 41 (4): 464 – 476.

396. Tsui, A. (2006). Contextualization in Chinese management research.

Management and Organization Review, 2 (1): 1 –13.

397. Un, C. A. , Cuervo-Cazurra, A. , & Asakawa, K. (2010). R&D collaborations and product innovation. *Journal of Product Innovation Management*, 27 (5): 673 –689.

398. Uzzi, B. (1996). The sources and consequences of embeddedness for the economic performance of organizations: the network effect. *American Sociological Review*, 61 (4): 674 –698.

399. Uzzi, B. (1997). Social structure and competition in interfirm networks: the paradox of embeddedness. *Administrative Science Quarterly*, 42 (1): 35 –67.

400. Uzzi, B. , and Spiro, J. (2005). Collaboration and creativity: the small world problem. *American Journal of Sociology*, 111 (2): 447 –504.

401. Vallejos, R. V. , Macke, J. , Olea, P. M. , & Toss, E. (2008). Collaborative networks and social capital: a theoretical and practical convergence. *IFIP (Boston)*, 283: 43 –52.

402. Van de Ven, A. H. and Angle, H. L. (1989). An introduction to the Minnesota Innovation Research Program. In Van de Ven, A. H. , Angle, H. L. and Poole, M. S. (eds.), *Research on the Management of Innovation*. New York: Harper Row, pp. 3 –30.

403. Van den Hooff, B. , and Huysman, M. (2009). Managing knowledge sharing: emergent and engineering approaches. *Information and Management*, 46 (1): 1 –8.

404. Van der Panne, G. , van Beers, C. , and Kleinknecht, A. (2003). Success and failure of innovation: a literature review. *International Journal of Innovation Management*, 7 (3): 1 –30.

405. Vanhaverbeke, W. V. , Duysters, G. , and Beerkens, B. (2002). Technological capability building through networking strategies within high-tech industries. In Nagao, D. H. (ed.), *Proceedings of the Sixty-second Annual Meeting of the Academy of Management (CD)*, ISSN 0896 –7911.

406. Van Wijk, R. , Jansen, J. J. P. , & Lyles, M. A. (2010). Inter-and intra-organizational knowledge transfer: a meta-analytic review and assessment of its antecedents and consequences. *Journal of Management Studies*, 45 (4): 830 –853.

407. Veryzer, R. W. (1998). Discontinuous innovation and the new product development. *Product Innovation Management*, 15 (4): 304 – 321.

408. Walker G, Kogut B, & Shan W. (1997). Social capital, structural holes, and the formation of an industry network. *Organization Science*, 8 (2): 109 – 125.

409. Walsh, J. P. (1995). Managerial and organizational cognition: notes from a trip down memory lane. *Organization Science*, 6 (3): 280 – 321.

410. Wasko, M. M., and Faraj, S. (2005). Why should I share? Examining social capital and knowledge contribution in electronic networks of practices. *MIS Quarterly*, 29 (1): 35 – 57.

411. Wenger, E., and Snyder, W. (2000). Communities of practice: the organizational frontier. *Harvard Business Review*, 78 (4): 139 – 145.

412. Whetten, D. A. (2009). An examination of the interface between context and theory applied to the study of Chinese organizations. *Management and Organization Review*, 5 (1): 29 – 55.

413. Williams, T. (2005). Cooperation by design: structure and cooperation in interorganizational networks. *Journal of Business Research*, 58 (2): 223 – 231.

414. Woolcock, M. (1998). Social capital and economic development: toward a theoretical synthesis and policy framework. *Theory and Society*, 27 (2): 151 – 208.

415. Woolcock, M. (2002). Social capital in theory and practice: where do we stand. In Isham, J., Kelly, T. & Ramaswamy, S. (Eds.) *Social Capital and Economic Development: Well-being in Developing Countries*, Edward Elgar Publishing, 18 – 39.

416. Wu, W. (2008). Dimensions of social capital and firm competitiveness improvement: the mediating role of information sharing. *Journal of Management Studies*, 45 (1): 122 – 146.

417. Wuyts, S., Colombo, M., Dutta, S., & Nooteboom, B. (2005). Empirical tests of optimal cognitive distance. *Journal of Economic Behavior and Organization*, 58 (2): 277 – 302.

418. Xu, Y. (2011). A social-cognitive perspective on firm innova-

tion. *Academy of Strategic Management Journal*, 10 (2): 33 – 54.

419. Yan, Y. , & Guan, J. C. (2018). Social capital, exploitative and exploratory innovations: the mediating roles of ego-network dynamics. *Technological Forecasting and Social Change*, 126: 244 – 258.

420. Yin, R. K. (2009). *Case Study Research-Design and Methods*. Sage Publications.

421. Yli-Renko, H. , Autio, E. , & Sapienza, H. J. (2010). Social capital, knowledge acquisition, and knowledge exploitation in young technology-based firms. *Strategic Management Journal*, 22 (6 – 7): 587 – 613.

422. Youndt, M. , and Snell, S. (2004). Human resource configurations, intellectual capital and organizational performance. *Journal of Managerial Issues*, 16 (3): 337 – 360.

423. Zaheer, A. , & Bell, G. G. (2005). Benefiting from network position: firm capabilities, structural holes, and performance. *Strategic Management Journal*, 26 (9): 809 – 825.

424. Zaheer, A. , Gozubuyuk, R. , & Milanov, H. (2010). It's the connections: the networks perspective in interorganizational research. *Academy of Management Perspectives*, 24 (1): 62 – 77.

425. Zaheer, A. , McEvily, B. , & Perrone, V. (1998). Does trust matter? Exploring the effects of interorganizational and interpersonal trust on performance. *Organization Science*, 9 (2): 141 – 159.

426. Zaheer, A. , & Zaheer, S. (1997). Catching the wave: alertness, responsiveness, and market influence in global electronic networks. *Management Science*, 43 (11): 1493 – 1509.

427. Zheng, W. (2010). A social capital perspective of innovation from individuals to nations: where is empirical literature directing us? *International Journal of Management Reviews*, 12 (2): 151 – 183.

428. Zimmermann, A. , et al. (2018). Sourcing in or out: implications for social capital and knowledge sharing. *Journal of Strategic Information Systems*, 27: 82 – 100.